当代世界学术名著·经济学系列

增长的文化

现代经济的起源

A CULTURE OF GROWTH THE ORIGINS OF THE MODERN ECONOMY

乔尔·莫基尔（Joel Mokyr）——著
胡思捷——译

中国人民大学出版社
·北京·

策划人语

经济学到了 20 世纪才真正进入一个群星璀璨的时代。在 20 世纪，经济学第一次有了一个相对完整的体系。这个体系包容了微观经济学和宏观经济学这两个主要的领域。经济学家们在这两个主要的领域不断地深耕密植，使得经济学的分析方法日益精细完美。经济学家们还在微观和宏观这两个主干之上发展出了许多经济学的分支，比如国际经济学、公共财政、劳动经济学等等。体系的确立奠定了经济学的范式，细致的分工带来了专业化的收益。这正是经济学能够以加速度迅猛发展的原因。

走进经济学的神殿，人们不禁生出高山仰止的感慨。年轻的学子顿时会感到，在这个美轮美奂的殿堂里做一名工匠，付出自己一生的辛勤努力，哪怕只是为了完成窗棂上的雕花都是值得的。

然而，新时期已经到来。经济学工匠向窗外望去，发现在更高的山冈上，已经矗立起一座更加富丽堂皇的神殿的脚手架。我们的选择在于：是继续在旧有的经济学殿堂里雕梁画栋，还是到革新的经济学的工地上添砖加瓦。

斯蒂格利茨教授，这位诺贝尔经济学奖得主曾经发表过一篇文章，题为《经济学的又一个世纪》。在这篇文章中他谈到，20 世纪的经济学患了“精神分裂症”，即微观经济学和宏观经济学的脱节，这种脱节既表现为研究方法上的难以沟通，又反映出二者在意识形态上的分歧和对立。21 世纪是经济学分久必合的时代。一方面，宏观经济学正在寻找微观基础；另一方面，微观经济学也正在试图从微观个体的行为推演出总量上的含义。这背后的意识形态的风气转变也值得我们注意。斯蒂格利茨教授曾经讲到，以下两种主张都无法正确估计市场经济的长期活力：一种是凯恩斯式的认为资本主义正在没落的悲观思想；另一种是里根经济学的社会达尔文主义，表达了对资本主义的盲目乐观。我们已经接近一种处于两者之间的哲学，它将为我们的时代指引方向。

当代经济学从纸上谈兵转变为研究真实世界中的现象。炉火纯青的分析方法和对现实世界的敏锐感觉将成为经济学研究的核心所在。

“当代世界学术名著・经济学系列”所翻译的这些著作在学术的演进过程中起到的更多是传承的作用，它们是当代经济学的开路先锋。这些著作的作者大多有一个共同的特征。他们不仅是当代最优秀的经济学家，而且是最好的导师。他们善于传授知识，善于开拓新的前沿，更善于指引遥远的旷野中的方向。如果不惮“以偏概全”的指责，我们可以大致举出新时代经济学的若干演进方向：博弈论将几乎全面地改写经济学；宏观经济学将日益动态化；政治经济分析尝试用经济学的逻辑对复杂的政策决策过程有一个清晰的把握；经济学的各个分支将“枝枝相覆盖，叶叶相交通”；平等、道德等伦理学的讨论也将重新进入经济学。

介绍这些著作并不仅仅是为了追踪国外经济学的前沿。追赶者易于蜕变成追随者，盲目的追随易于失去自己的方向。经济学是济世之学，它必将回归于现实。重大现实问题的研究更有可能做出突破性的创新，坚持终极关怀的学者更有可能成长为一代宗师。中国正在全方位地融入世界经济，中国的国内经济发展也到了关键的阶段。我们推出这套丛书，并不是出于赶超的豪言或是追星的时髦。我们的立足点是，经济学的发展正处于一个新的阶段，这个阶段的思想最为活跃，最为开放。这恰恰契合了中国的当前境况。我们借鉴的不仅仅是别人已经成型的理论，我们想要从中体会的正是这种思想的活跃和开放。

这套丛书的出版是一项长期的工作，中国社会科学院、中国人民大学、北京大学、南京大学、南开大学、复旦大学、中山大学以及留学海外的许多专家、学者参与了这套译丛的推荐、翻译工作，这套译丛的选题是开放式的，我们真诚地欢迎经济学界的专家、学者在关注这套丛书的同时，能给予它更多的支持，把优秀的经济学学术著作推荐给我们。

献给我的兄弟姐妹
Rob、Miriam 和 Ada
感谢他们一直以来对我的支持

解释任何王国商业的兴起和进步，都比解释知识的兴起和进步来得容易。……贪婪，或对财富的欲望，是一种人类普遍的激情，它可以在任何时候、任何地点、任何人身上起作用。不过好奇心，或是对知识的热爱，影响则非常有限，为了使它能够支配每一个人，需要青春、闲暇、教育、天赋、榜样等的共同作用……在追溯技艺与科学的历史时，我们必须比在研究其他学科时更加谨慎，以免我们将技艺与科学的发展归功于一些根本不存在的原因，或是将其偶然性过度简化为稳定且普遍的原则。不论在哪个国家，研究科学的人总占少数。支配他们的激情是有限的；他们对事物的品味和判断足够精妙却又容易扭曲；而即使是很小的事故，都会打断他们的努力。因此，偶然性，或是什么神秘的未知原因，一定对所有高雅技艺的兴起和进步产生了巨大的影响。

——大卫·休谟，1742 年

中文版序言

欧洲人一直对中国及其历史深感兴趣。李约瑟于 1942 年抵达中国，在多年的时间里，他最终完成了一部因为“李约瑟之谜”而闻名的巨著并提出：为什么欧洲在 17—18 世纪经历了科学革命和工业革命，而中国却没有？这个问题自提出以来就一直困扰着学者们。彭慕兰的著作必然是李约瑟之后在这个话题上最具影响力的一本书，并提出了“大分流”一词，而它也已成为整个历史现象的一个提喻概念。最近，学者们发现这个术语不太实用。迪尔德丽·麦克洛斯基提出的“大丰富”这一术语在我看来更加恰当，它描述了 1800 年以后收入和生活水平类似于曲棍球曲线变动的时间序列。“分流”是一个关于西方与其他地区相对收入的比较说法，而“丰富”指的是人们所能想到的每一种测量生活水平的指标在全世界范围内的增长。当然，分流所导致的差距正在逐步缩小：1960 年的中国人均收入为当年美国人均收入的 2.98%，1970 年仅为美国人均收入的 2.16%，而现在则增长至 14.14%（根据 2016 年数据，按时价计算）。绝对差距仍然很大，并且随着差距的缩小，亚洲经济体想要完全赶上西方的收入水平也会变得越来越困难。

我们不应该忘记的是，在 21 世纪使整个世界变得更加富裕的技术主要都源自西方。可以肯定的是，在过去的岁月里，尽管有时欧洲人自己可能也会独立地创造出一些新想法，可他们也毫不愧疚地采纳借鉴了其他国家所发明出的不少技术。然而，当他们借来之后，他们会改进、精简这些技术，使它们更能适应新的环境。最终，世界其他地方又不得不从欧洲重新进口新的思想，而这一过程和变化经常是不可察觉的——19 世纪后期印度进口的曼彻斯特制造的棉纺纱机就是一个很好的例子。印度和中国在过去三十年中的经济增长，以及在此之前，韩国和中国台湾地区的发展，都是相当惊人的，但它们都主要依赖于首先于西方发展出的工业技术。

关于为什么“大丰富”发生于彼时彼地的答案有许多，而这个问题可能是由多种因素决定的：我们给出的答案太多，而不是太少。我在这本书中给出的答案其实在18世纪中叶就已可察端倪了。在一段有趣（被广泛引用）的章节中，塞缪尔·约翰逊博士虚构出的阿比西尼亚王子拉塞勒斯(Rasselas)询问他的哲学家朋友，“欧洲人采取了何种手段才变得如此强大？或者为什么他们能够如此轻易地征服亚洲和非洲，从事海外贸易活动，而亚洲人和非洲人却不能占领欧洲人的海岸，在他们的港口建立殖民地……何况将欧洲人带去亚洲和非洲的海风明明也可以带领我们抵达欧洲。”书中给出的答案大概会吓倒今天那些政治正确的资本主义历史学家：“先生，他们比我们更强大，是因为他们更聪明；有识之士必然会主宰无知之人。但为什么他们所知比我们更多，我不知道。”不过，这个问题并非无法回答的。到1750年，欧洲人对可以影响或将会影响经济表现，从而影响国民生活水平和国家军事能力的科目肯定比非欧洲人了解得更多。在一个世纪以后，这些知识被转化为了一个帝国主义全盘计划，在侵略中国的鸦片战争、镇压印度民族起义，以及后来欧洲各国征服非洲和东南亚之时达到了顶峰。如果我们说，在埃里克·琼斯提出的“欧洲奇迹”的背后，起决定性作用的是伽利略、牛顿、拉瓦锡，以及亚伯拉罕·达比、詹姆斯·瓦特和亨利·贝塞麦的思想革命，这并不夸张。

但是约翰逊博士的解释，正如他所承认的那样，是不充分的。问题不在于欧洲的知识比中国或印度或中东地区更“多”，而是欧洲人掌握的是不同的知识。1500年以后欧洲受过良好教育的精英们越来越关心他们所学知识的有用应用，并制订了一个扩大知识的研究计划，明确了将知识应用于实践中的实际目的。伟大的英国科学家罗伯特·波义耳，他作为科学界的巨匠之一，曾经写道：“我不敢认为自己是一个真正的自然主义者，除非相比于那些不懂得生理学（自然哲学）的人来说，我可以在我的花园里种出更好的草药和鲜花，在我的果园中种出更好的水果，在我的田地上种出更好的玉米，或者在我的牧场里产出更好的奶酪。”

为什么会这样？正如我在本书中指出的那样，文明社会在科学和技术进步方面并不一定表现突出。科技的进步在很大程度上取决于智力活动所发生于的文化和制度环境。制度制定了能够推动知识创新者的激励因素，也决定了创新发展的方向。文化确定了这些制度背后的价值观和信念，但是同时，很多（比许多历史学家所认为的多得多）进步的出现都纯属偶然。以欧洲的犹太文化为例，犹太人识字率高，智力活动也非常先进且复杂，他们的文化程度可以说（平均来说）比他们周围的非犹太人口要高。可是犹太文化，直到1800年左右，仍是回瞻性的，主要固守于古代著作和法典的研究和解释之中，对自然哲学、数学或医学几乎没什么兴趣。一句来自犹太圣人*的名言是："如果我们的前辈是天使，那我们只是凡人；如果我们的前辈是凡人，那我们就只能称得上一群驴子了。"尽管中国人与欧洲犹太人之间存在巨大差异，但元朝后的中国文化慢慢变得与这样的犹太文化很相似。中国最重要的制度不存在于犹太教会堂或是塔木德学院，而存在于中央行政部门和为加入其中寒窗苦读的需求。人力资本在中国并没有失踪，只是中国对人力资本的培训完全只针对于对新儒家学派"四书"（《四书集注》）的考察。在欧洲，对存在于宗教和世俗的古典书籍中的科学知识的盲目崇拜在 16 世纪就开始渐渐消失了。到了牛顿的时代，在科学上活跃的人中就已经基本不存在这种崇拜了。

从哥伦布到艾萨克·牛顿去世前的时期，发生于欧洲社会中的巨大变化中最关键的就是其"思想市场"的转型。与中国不同，欧洲并不存在一个单一的买家规定了此市场的所有参数。在欧洲，思想市场极具竞争力，而就像经济学家所知道的那样，竞争性市场产生的结果与垄断性市场的结果是截然不同的。不过，竞争性市场只有在为竞争程序制定了规则的制度的支持下才能奏效。使这一市场得以运转，并驱使了欧洲知识分子的文化和态度变革的是一个欧洲社会下潜在的制度，它确定了绝大多数参与者都接受的学术游戏规则——"文人共和国"——一个非政府的跨国网络，知识分子在其中传播知识，评判他人学术作品的质量，也获得他人对自己学术作品的评价。通过这一制度他们能获得的奖励包括在学术界的名誉（虽然这并不能为他们带来多少财富）、社会认同和地位、保护，以及资助者为他们提供的职位。因为许多强大且富裕的顾客经常会期待从学者研究中获得一些实际的好处，所以自然哲学家们也要努力使他们的知识变得实用。

至今为止还没有严肃的学者认为，与此同时亚洲或中东所发生的一切应该被视作"失败"（虽然过去有一些中国学者确实是这样认为的）。在工业革命之前，无论世界上的哪个角落，技术进步的发展一直很缓慢，从长远来看，它们也都无法真正提高人们的生活水平。在这个意义上，1800 年前后发生的事件可以看作一种"相变"——经济动态下的限定因素发生了翻天覆地的变化。这里要强调的重点是，欧洲在这方面的成就不是任何欧洲文化"优越性"的结果，也不是其资源禀赋、地理位置、一神论或希腊罗马古典遗产（大部分想象出来的）的优势或更好的市场所带来的结果。身处历史舞台中心的是人，以及人们所相信、重视和担心的，是这些驱使了创新方法的产生。欧洲与"其他地区"之间在 1700 年之后出现的差距的源头其实相当微不足道，可是这些微小的差异最终导致两个文明走上了不

---

* Chazal，此词为犹太教早期圣人姓名首字母的缩略词。——译者注

同的道路，欧洲知识分子选择的研究议程最终让他们能够更好地理解物理、数学、化学和生物学，而这些都是工业革命中的机械和其他设备得以出现和发展的根本基础。

即使我们认为中国的命运本是可以扭转的，这也并非荒唐。宋朝时中国本能够大力发展煤炭、钢铁和棉花产业，创造出最为先进的技术和产品，也就是说，中国在当时就本可以产生工业革命。此外，我们也可以认为，如果欧洲在16世纪是一个处于宗教不宽容和高压政治之下的保守和愚昧的社会的话，伽利略和牛顿必然会被认定为异端分子而被处死，智力创新也将被扼杀在摇篮里了。

亚洲的历史表明，制度变迁对后续的技术和经济发展有多么重要。日本、中国、韩国、印度和土耳其各自都以不同的方式和时机完成了深刻的体制改革，才跟上了现代经济增长的大潮。日本1868年的明治维新是亚洲国家中的第一个，在某些方面也是最成功的革命；在中国，人们尝试了不止一种制度设计，直到邓小平时期，中国才找到了那条最合适的道路。制度变革本身还不够；朝鲜与韩国的对比表明，有些制度形式并不像其他形式那样有效。此外，经济增长能够出现于不止一种（甚至是全部）政治体制之中。只关注于一个国家内部的体制是具有误导性的：多国和跨国制度可能同样重要。

我们还没有一套统一的理论来解释制度是如何变迁的，以及为什么它们是如此变迁的。通常，这些都是历史偶然性的结果，而不是深层且必然会产生的经济和文化力量所造就的。当然，文化和制度之间存在联系，但关联甚微。例如，人们可能会认为如果一个社会的盛行文化是相信市场可以更好地分配资源，那么这个社会将由自由企业所主导，但实际上，这种信仰在1989年到1991年期间，在东欧一夜之间就被推翻。历史是重要的：国家现状和偶然事件可能会阻碍社会正常发展，制度也可能产生突然的剧烈改变，例如在法国大革命和俄国革命中发生的那样。制度上的结果可能会以某种方式反映出大多数人所相信和重视的内容。反过来说，这些信仰和价值观可能又是因为制度所产生的——大多数学者认为它们是共同演变的。然而，文化自身也会改变，本书的部分内容解释了其改变的原因和方式：首先知识创新者提出思想和文化变体，其次受众根据证据、逻辑和其他标准来评判它们的价值。不论好坏，思想市场就是如此运作的。我也希望本书中提出的想法可以以同样的方式被大家评判。

于伊利诺伊州埃文斯顿

2017年8月

序言

经济史和思想史是充满生机和活力的两大学科，可是遗憾的是，关于两者的交叉研究却很少。唯物主义者通过为经济结构的霸权辩护来解释人们已知和所相信事物的变化，而除了他们粗糙的解释之外，并没有什么研究显示出了世界上多数经济体在过去三个世纪发生的多数变化都是出于人们的信念。特别是，现代经济增长或者是“大丰富”（the Great Enrichment）的产生，其实是依赖于一系列信仰、价值观以及偏好上的彻底改变——也就是我会称之为的“文化”改变，即使有很多人已经对“文化”一词的过度使用以及它的不准确性表达过合理的担忧。

然而，是哪些信仰发生了变化？又是谁的信仰发生了变化？在早先的研究中，我已经论证过欧洲的启蒙运动（或者至少其中的一大部分）对 19 世纪经济增长的推动起到了关键作用。除了极少数认为启蒙运动是一个倒退进程的人，或是那些将 20 世纪的某些灾难归咎于启蒙运动的人之外，对于大多数人来说，这似乎是个显而易见到乏味的观点。但事实上，启蒙运动并非一个大规模的运动。它是一个出现在精英阶层的小范围现象，其影响力极大限制在了知识分子、学者、有文化且受过教育的少数人之中，这不光包括了医生或是哲学家，也包括了那些实用型人才，像是工程师、实业家、仪器制造师等，不过他们仍只占到总人口中很小的一部分。新科学见解的产生、新技术的发明，以及它们在生产中的成功应用——这些成就都只是由总人口中那一小部分人来实现和完成的。我也认为，重要的不仅是人们对社会契约、政治多元化、宗教宽容、人权等问题的看法，重要的也包括人们对人与现实环境的关系，以及“有用知识”在现实生活中提高生活质量的应用等这一类问题的看法。事实上，是人们最基本的信念导致了文化上的突破，文化上的突破又使得后来的一切得以发生。这一最基本的信念就是，通过理解自然现象及规律，并将这一理解应用到生产领域，人类是可以获得持续的进步的。

但这些信念究竟是如何产生，以及为何产生的？从哥伦布到牛顿的这两个世纪中，欧洲的精英文化经历了彻底的思想变革。在这本书中，我将使用思想史及科学技术史中的实例来分析这一变革，并试图解释一个经济学家们总会反复提出的问题："我们究竟应该怎样解释'现代经济'这一概念？"本书中使用的方法论来源于社会科学——主要是来源于经济学，但也有来自文化进化理论的方法。本书试图分析的是关于思想创新中最为深层的问题。究竟为什么人们总会产生一些新想法？这些新想法又是如何成功取代旧观念的？为什么是这一种新观点而不是另一种？通过提出这些问题，我将展示"早期现代"欧洲是如何为18世纪的大量变革打下基础的：也就是经济史中的三大引擎——启蒙运动、工业革命和有用知识的兴起。

致　谢

这本书最初的原型是我于 2010 年 11 月在格拉茨大学约瑟夫·熊彼特讲座中的授课内容。我极为感谢邀请我参与讲座的熊彼特学会的主办者们，感谢他们的热情，以及他们对讲座提出的深刻见解。一般来说，根据讲座所完成的专著篇幅相对都较短。不过这本书不仅是当时讲座的文字版，它更是一本具有独立生命的著作，其中加入了很多新的章节。我在之前的研究中都提到，工业革命后的欧洲历史的标志就是经济和技术奇迹，而像启蒙运动这样的文化现象的出现则是奇迹出现的关键。这一关键则明确了我们接下来该探索的更深层的问题，有关知识创新的起源和出现，以及完成这次重大突破的极具创造性的学者与工程师们的问题。现代经济学已经接受了这一挑战——尝试理解不在其研究范围之内长达半个世纪之久的两大要素：文化与制度。在这本书中，我研究了从哥伦布发现美洲新大陆到牛顿出版《数学原理》一书这段时期间的欧洲文化与制度，并提出了现代经济增长出现的条件是如何产生及为什么会产生的疑问。

像这样的大部头书籍从来不可能凭一己之力完成。许多不研究知识分子和文化历史的同事和朋友都耐心地倾听了我关于这两个问题断断续续的胡言乱语。他们的问题和疑惑使我更下定了决心要深入地探索这一话题，虽然在这本书中，我肯定没能回答出他们提出的所有问题。在我的同路人中，我应该提到三个学者，他们的研究和与我的友谊是我的灵感源泉，即使他们的背景都各不相同：社会学家杰克·戈德斯通、历史学家玛格丽特·雅各布以及一位无人能与之相媲美的经济学家，历史学家和通才迪尔德丽·麦克洛斯基。

在西北大学，我已经享受了多年身处两个充满活力而又大不相同的系别的好处——经济学系和历史学系。虽然人们总对经济学家有点成见，但他们通常都是非常有见地且博学多才的知识分子。他们中许多人也是我终生忠诚的朋友，其中，经济史学家当然是最重要的：我的朋友和经济史学家同事们——路易斯·凯恩、约瑟夫·费里、马拉·斯基奇卡里尼和雷吉纳·格雷夫（现在在欧洲大学）。在其他经济学家中，我应该特别提及拉里·克里斯蒂亚诺、埃迪·德克尔、马赛厄斯·多克、马丁·艾切博姆、罗伯特·J. 戈登、乔尔·霍洛维茨、琳内·基泽林和查尔斯·曼斯基。在历史学系，曾经帮助我进行这本书的写作的同事有肯尼斯·阿德尔、莉迪亚·巴尼特、彼得·卡罗尔、萨拉·马萨、梅利莎·麦考利、爱德华·穆尔和尤哈南·彼得罗夫斯基。与拉比·阿基瓦非常相似，在我整个职业生涯中，我从我的学生们身上学到得最多，他们是：兰·艾布拉米茨基、盖尔戈·拜克斯、玛丽斯特拉·柏特琴、乔斯·埃斯皮、阿维纳·格雷夫、罗尔夫·梅森萨赫勒、约翰·奈、孙端辉、扬奈·斯皮策、里克·索斯塔、克里斯·维克斯、马洛斯·范瓦詹博格、玛丽安·亨德斯·瓦纳马克、安东尼·弗雷、卢多维科·萨拉加、尼古拉斯·齐巴斯和阿里尔·齐曼。

在西北大学之外，加拿大高级研究所（Canadian Institute for Advanced Research，CIFAR）下的一个非常美妙的“制度、组织和增长小组”也许有任何学者可以想象得到的学术氛围最好的环境。这个小组包括了社会科学领域在这个世界上最优秀的学者们，其对经济史的兴趣也是无与伦比的。这个小组帮助我联系到了很多优秀学者，并从他们身上学到了很多。这些学者包括达龙·阿西莫格鲁、罗兰·贝纳布、蒂姆·贝斯利、罗伯·博伊德、毛里西奥·德雷利克曼、阿弗纳·格雷夫、埃尔哈纳·赫尔普曼·约瑟夫·亨里奇、罗杰·迈尔森、托斯滕·佩尔森、詹姆斯·罗宾逊、肯·谢普瑟和圭多·塔贝利尼。每一个社会科学领域的研究项目都会从这个杰出群体的意见和建议中受益良多。四十年来，我从我的爱尔兰朋友和合著者科马克·奥·格拉达无穷无尽的智慧、学问和善良中学到了太多。他和我们另一位好伙伴摩根·凯利（现在在都柏林大学），对这份手稿提出了太多有价值的贡献和建议。我还要感谢林琴科学院院长阿尔贝托·奎德里奥·克奇奥教授的鼓励和劝诫。在以色列，我受益于两个部门：特拉维夫大学的贝格拉斯经济学院以及在兹维·埃克斯坦领导下的赫尔兹利亚跨学科中心。我要特别感谢的其他来自以色列的朋友，包括我的合作者和亲爱的朋友阿米拉·奥费尔和卡琳·范德比克，我的终身同路者、开放大学的校长雅各布·梅泽尔以及周到和聪明的曼努埃尔·特拉滕贝格，他此前在特拉维夫大学工作。在这些机构之外，我尤其要感谢四位经济史界的泰斗：埃里克·琼斯、已故的戴维·兰德斯、已故的道格拉斯·诺斯和已故的内森·罗森伯格。虽然已经过去很久，但我从来没有忘记的，是我对我已故的西北大学同事乔纳森·R. 休斯和他的妻子玛丽·格雷的回忆。

除了这些人之外，还有许多参加了研讨会和讲座的其他学者都帮助我提炼出了各种想法和观点，最终完成了这本书。其中包括以下机构的经济史和经济学研讨会：巴依兰大学、加州大学伯克利分校、本·古里安大学、剑桥大学、卡尔顿学院、哈佛大学、希伯来大学、赫尔兹利亚跨学科中心、麻省理工大学斯隆商学院、普林斯顿高级研究中心、加州大学洛杉矶分校、北京大学、特拉维夫大学和耶鲁大学。

我和普林斯顿大学出版社的长期合作关系使这本书的出版变得特别愉快。与彼得·多尔蒂和塞斯·迪奇克合作这个项目以及许多其他项目，一直是一种享受。我的手稿由锡德·威斯特摩兰和玛丽·比尔登精细和耐心地编辑，并由能力极强的马克·贝利斯完成制作。我对各位以及这一切心怀感激。同时，我也十分感谢为我提供资金支持的西北大学温伯格艺术与科学学院、西北大学经济史中心、Valor Equity（一家芝加哥私募股权公司），特别是安东尼奥·格拉西亚斯和克里斯·墨菲、查塔姆资产管理公司的安东尼·梅尔彻雷尔和巴尔赞国际基金会。

最后，和往常一样，任何语言都无力表达我对我妻子玛格丽特·莫基尔的感谢，她的耐心和忠诚只能与她的聪明才智、她的能力和她的决断力相配。

于伊利诺伊州斯科基

2016 年 3 月

目　录*

* 本书索引可登录中国人民大学出版社网站查阅。

第四篇　启蒙运动的序曲

第五篇　中西方的文化变革

第一篇
发展、文化与经济史

第一章　文化与经济学

今天的世界比历史上任何时期都丰富多彩。很多学者都深入研究了 3
1800 年后近代经济增长的各个方面。正是因为他们留下的大量文献资料，我们才有幸了解关于塑造了现代世界的几次经济转型的很多知识。我们知道在转型中发生了什么，我们也知道转型是怎么发生的以及在哪儿发生的。不过，转型为何会发生却仍旧是个谜。本书就旨在为这个谜提供一种解释。

关于经济转型的基本事实是确定的。18 世纪末期的英国工业革命为现代世界开拓了前所未有的新局面。当然，在之前漫长的历史进程中，并不乏创新出现。早期的几个发明或多或少也算是里程碑式的突破——包括水磨、马项圈挽具，以及印刷术的出现——它们所创造的经济价值是可以估量的。在它们出现之后，总是会给一些相关产业带来变革，但是一旦技术与生产结合之后，接下来革新的进程就开始减缓，甚至有时就直接停止了。这些突破并没有引起持续的技术进步，并且它们带来的收益也较小，在很多情况下，人口增长就抵消了这部分收益。直到 1754 年，大卫·休谟(David Hume) 用这样一段话总结了当时的世界经济史，“如果说世界万物的体系或是人类社会存在任何缓慢变革的话，它们的变革速度也过于缓慢了，以至于在短期内很难让人们分辨出来……就像人类的高度和力量、寿命的长度，甚至是他们的勇气或是天赋，至今看来似乎在各个时代也都是相同的”(Hume，[1754] 1985，p. 378)。要是把这段话当作对于过去的描述，休谟的叙述也与当今经济史研究所达成的共识保持了一致（或许我们可以先不谈勇气这一点）。

但要是把这段话当成对未来的预测，就显得极为错误了，不过休谟很明智地加上了限定词“至今”。1760 年后发生在棉纺织业、钢铁制造业，
以及蒸汽动力方面的早期技术改良，在 19 世纪，都变成了一连串能够自我 4

强化的创新，即使在今天，我们仍在应用这些技术，并且它们似乎还在变得更普及且更有力。如果说工业革命之前的经济增长主要是被贸易、更有效的市场以及更完善的资源分配所驱动的，那么现代经济的增长则主要是由在启蒙运动时期被称作“有用知识”的广泛应用所驱动的。

在英格兰中部地区和苏格兰低地地区的几个郡县首先发生的技术进步，很快就传播至整个欧洲大陆以及美国。到 19 世纪末期，工业革命已经改变了欧洲大部分经济体以及欧洲的殖民地，也已经传播到日本以及其他非西方经济体。变革性的技术进步已经从一个引人注目的稀有现象变成了人们预期得到的常规现象。1890 年之前，一个人可能不知道技术变革究竟是一个怎样的进程，也不知道一系列的变革到底是在哪儿发生的，可是他一定知道一些重要的事正在发生。工业革命带来的结果是必然的：这个星球上几乎所有人的寿命都延长了，吃得更好了，闲暇时间更多了，并且有机会接触到那些多数本来都是未知的或是原本只提供给有权和有钱人的资源和乐事。但伴随着这些幸事，也存在着对社会的破坏和环境灾难，有时候它们甚至是不可逆转的。技术和经济也许是仅有的使人类进步的强大工具。今天，即使工业世界的经济增长已经逐渐放缓，但是这些祝福和诅咒仍在不断累积。19 世纪和 20 世纪的工业经济体的年均经济增长率达到了 1.5%～2%，比 19 世纪前的增长速度快了约 10 倍。此外，工业革命带来的经济繁荣是持久稳定的。即使在 20 世纪出现了一系列社会自我造成的政治和经济灾难，工业化的西方世界在 1950 年后奇迹般地自动痊愈了，那时人们的生活水平要是让生活在 1914 年的人们来看是难以想象的，更别提生活在 1800 年的人们了。

有一点是毋庸置疑的，就是这种由创新推动的全球性的经济增长首发于西方。曾经这在文献中被称作“西方世界的兴起”或是“欧洲奇迹”［此词来自埃里克·L. 琼斯（Eric L. Jones）1981 年的著作《欧洲奇迹》（*The European Miracle*）］——现在则通常被称为“大分流”或是“大丰富”（the Great Enrichment）——这些词都记录描述了在现代经济增长中西方国家的领导力。但是直到今天，学界也没有对为何“大分流”会出现达成共识。① 一些学者将这些认为现代经济增长的起源是西方国家的文章都
5 打上了“西方中心主义”的标签，认为这些解释都在暗示西方文化和制度存在着某种内在的优越性。虽然不可否认的是，有些文章确实尝试将这一问题的某些解释归功于西方文明，但其实多数学者都回避给出这样一个简

① 在最近发表的一篇概述中，皮尔·弗里斯（Peer Vries，2013）对这些年来对大分流以及摆脱贫困的起源这些问题提供解释的文献做了一个调查。最后遗憾的是，他发现多数这些解释都不够有说服力，有些他自己本来支持的解释也似乎缺乏准确性，并且也很难被证实。

单的论点，并且也避免从文化方面，或是从为什么西方国家与其他国家在某些价值观与信仰方面都存在着根本不同这一方面给出解释。这样写出的历史可以显得不那么带有“必胜主义者”幸灾乐祸的感觉（Goldstone，2012）。本书接下来的部分也可以被看作这种传统的一部分。

在这本书中，我主要根据欧洲的情况提出了一种全新的解释。这个解释以我所认为的“文化”为基础，这里的“文化”不同于很多解释中所提到的那一个模糊的概念，而是一个有着明确定义的概念。伟大的经济学家罗伯特·索洛（Robert Solow）曾经指出，所有希望通过文化来解释经济表现的不同及经济增长的努力最终都不过是“外行人的社会学研究”而已（Krugman，1991，p. 93，n. 3）。也许他说的是真的，但是如果我们都可以用制度来解释历史发展，那么为什么文化不行？

我的方法同时解决了“大分流”文献中的两大难点：一个是关于历史的，另一个是关于经济的。关于历史的谜团就是被称为新制度经济史中经典的两难问题。多数尝试解释各国经济表现及生活水准差异的经济史的文献，不论是经济学家或是历史学家的研究，都接受了道格拉斯·诺斯（Douglass North）的观点，即将制度问题与关于经济增长的叙述融合在一起（Acemoglu and Robinson，2012；Sened and Galiani，2014）。按照这样的观点，适宜一个经济体发展的制度安排包括精心设计和被人尊重的产权制度、有约束力的合同制度、健全的法律及规则体系、低水平的机会主义及寻租行为、较高的政治参与度、发展红利被多数人享有，并且政治组织的权力要最大限度地与其财富分离。历史上不少经济发展都归功于这样的制度安排——不论是不是正式政治架构的一部分（例如是在宪法中体现的），还是以私人规则为基础的：更有效的产品及要素市场的兴起（同时也是更有效的分配市场）、国家及地区间贸易的增长、资本的积累等。然而，也像很多学者提出的那样（Vries，2013，p. 433；McCloskey，2016b），这里的谜团在于，更好的市场、更合作的经济行为、更有效的分配本身并非简单地就能被归类为导致现代经济增长的要素。更难解释的是，18 世纪中期之后西欧在技术方面创造力和创新性的提高以及大量相关发明。工业
革命，从它作为技术进步的加速过程这一个角度来说，乍一看并不像是对 6
任何明显的制度激励的回应。事实上，关于何种制度可以培养或激励技术进步，或是知识创新，我们所知甚少。

第二个谜团与第一个紧密相关，只是从更偏向于经济学的角度关注这一问题。如果新科学或技术中的“有用知识”的产生和持续改进是现代经济增长的核心，那么这个谜题即是创新的动机。知识，就像一直以来被人们所理解的那样，是一种特殊的商品。它具备公共产品的基本特性：在使用知识的过程中，要将其他人排斥在此消费过程之外是很困难的。同时，

对于知识的拥有者来说，分享知识的成本是可忽略的，基本为零。因此，经济学家认为知识倾向于长期处在供不应求的状态下，因为那些花费了资源、时间和努力去创造知识的人们很难获得任何回报。就技术或是指令知识（prescriptive knowledge）而言，知识产权制度的存在或是其他奖励发明人的方式为其提供了一（小）部分解决方案。① 但对于自然哲学和命题知识（propositional knowledge）来说，它们的发现或是进步是很难被产权保护的。这一现象是值得人们思考的，因为如果没有某些正式或是非正式的科学研究与技术性知识相结合，那么技术性知识自身是无法产生历史上所发生的那样快速的发展的。在工业革命中，科学到底扮演了怎样的角色？这一话题直到今天仍在被不同的学者所讨论。但毋庸置疑的是，伴随着不断加速的增长过程，科学方面投入的增加在 1830 年之后的某一时间点成为了发展最主要的动力。

这本书清楚地指出，解决这两个历史和经济谜题的答案是一致的。我关注的时间段是 1500 年至 1700 年，也就是现代增长的文化基础所建立的时期。这些基础产生于一系列的政治、制度发展以及文化变革，但这些变革产生的本意并非是要为科学技术创新提供条件。它们偶然性的本质也是本书反复出现的主题。

犹太法典与其他所不同的一点即在于它阐明了两种事物间的不同——与制度相联系的现象类型，以及由于人类自然现象知识的累积而产生的大量创新。犹太教的塔木德传统区分了人与人之间的关系以人与“makom”之间的关系。makom 是犹太教中对“神性”一词的特殊表达，字面意思为
7 “地方”，通常被解释为一个人所处的实体环境。② 贸易，劳动分工，劳动力、信贷及土地的有效市场，以及与斯密增长中相似的制度安排，都是现代人的“游戏”所产生的结果。它们的产生都依赖于人们自己的价值观，以及对他人价值观及行为的理解。不过，在之前的研究中缺乏讨论的是这个游戏中一系列与“自然”相违背的文化信仰，人们尝试理解自然规律，同时也想最大化地利用自然。人们的宗教信仰和超自然信念使得社会产生了探索自然奥秘的兴趣和永久改变生活的实体环境的意愿，人们玩起了“扮演上帝”的游戏。技术就是人与实体社会之间，而非人与人之间关系的核心。但当说起新技术传播及应用这类实际问题时，社会关系就成为技术进步中的核心。不过到最后，这种想要挑战自然、揭秘自然的意愿却是以个体层面上每个人的超自然信仰为基础的。

---

① 关于欧洲经济增长初期专利制度的评析可参见莫基尔（Mokyr，2009b）

② 这一区别在弗洛伊德（Freud）的研究中也有体现。弗洛伊德指出“人类文明”描述的是人们为达到两种目的所获得的成就的总和：“保护人类免受自然威胁，调和人与自然的关系”(Freud，[1930] 1961，p. 36)。

技术进步以及之后的经济增长的驱动力是人们的态度和天赋。态度决定了哪些人会花费心思和力气解释他们周围的自然世界；天赋则决定了他们是否能够成功将他们的解释转化为更高级的生产力和更高的生活水平。[①]在本书中，我关心的是人们的态度。我的主要观点是，文化变革使得西方所经历的技术爆炸成为可能。“文化”直接影响了技术的发展，改变了人们对于自然世界的看法，同时，它也间接影响着技术的发展，创造并培养出了能够刺激并支持“有用知识”的积累和扩散的制度。近年来，经济学家越来越意识到如果想要深入分析长期经济变革，那么“文化”本身是如何变化的以及为什么这些变化是重要的，都是不可忽视的分析要素。麦克洛斯基（McCloskey）的大部头巨著“资产阶级三部曲”（2006，2010，2016a）就是现有研究中对文化分析的最为深刻的，不过很多主流经济学家现在致力于研究的是文化在现代经济演变中的重要性。[②]至于原因，早就已经是显而易见的了。每个个体都被假定为拥有自己的偏好和信仰，这些 8
都决定了他们如何对其他人做出反应以及如何对待他们周围的自然环境。然而，这些文化要素是会变化的，我们想知道的就是为什么这些要素会变化，以及为什么有时变化像地壳变化一样缓慢，有时却又经历了惊人的高速变化（Jones，2006）。但“文化”本身的意义就模糊不清，所以也不是个很合适的词语：在这里要明确的是，我们所指的是哪些人的文化和为什么这些文化中的某些特质是重要的。而且，我们还必须理解为什么文化会变化，为什么不同的社会会产生不同的文化。如果经济学家对这些文献不能做出贡献，那么他们就应该将这个问题留给其他社会科学家，可这种情况就意味着，经济学家们也同时必须将解释现代经济增长的重任交给其他人。不过对于经济学家来说还有一种选择，就是看看历史学家和学习“文化”（从某种意义上来说）的学生们有什么独创的见解，并将这些见解应用到他们的经济学解释当中（Vries，2001）。

让我们从这里开始：文化对于不同的人来说意义也不同，我们首先要明确的是文化的概念以及我们将如何应用这个概念。鉴于在社会科学、人文学科中关于文化的概念有着庞大的数量，再加上应用到研究中的定义的惊人数量，对于一个经济学家来说，为了探寻文化到底在现代经济增长的起源中扮演了什么角色，明确地定义哪些要素属于“文化”、哪些要素不

① 天赋的区别也在例如为何工业革命最先出现在英国而非其他欧洲国家的研究中出现过（Mokyr，2009a；Kelly，Mokyr，and Ó Gráda，2014）。

② 两个很有趣的例子是德普克和奇李博迪（Doepke and Zilibotti，2008）以及克拉克（Clark，2007）的研究。他们都着力于解释某种特定文化特质的发展是与勤奋工作和推迟享乐等企业家精神相关的，同时他们也尤其强调这些特质是如何被一代代传承的。最新的调查可见阿莱西纳和朱利亚诺（Alesina and Giulano，2016）。

属于“文化”、“文化”又是怎么区别于“制度”的，是非常必要的。[①] 我在这里所使用的定义［也是非常类似于博伊德和理查森（Boyd and Richerson，1985，p. 2）所提出的定义］是：文化是一套能够影响人类行为的信念、价值观以及偏好的组合，它们通过社会（而非基因）传播，它们也被社会中的不同子集所共享。接下来，我的研究方法与一些人类学家类似，也是他们关于文化演变的研究启发了我。这个方法与“文化研究”中的方法和社会构成主义（social constructivism）在文化分析中所使用的方法也有一些相似之处。

为什么我们采纳这个定义？第一，信仰一词囊括了关于世界中实际的（真实的）自然的观点，范围包括实体环境、超实体环境和社会关系。[②] 第二，价值观属于关于社会和社会关系的规范性陈述（通常是类似于伦理及意识形态等的想法），而偏好则是关于个人事务（如消费等私事）的规范性陈述。第三，文化是可分解的，也就是说，它包含了可分离的文化要
9 素及特质。正如基因，这些特质在身处相同文化背景下的人是共享的；一个独立的个体不会拥有一种不被他人所拥有的文化特质，但是每个人又都是独特的，因为很难有两个人会拥有一模一样的文化要素组合。这里没有什么谜团需要解开：类似的是，所有个体所拥有的基因型或多或少都是不同的（同卵双胞胎除外），但每个个体都与其他个体拥有大量相同的基因，甚至与其他不同基因型的哺乳动物都是如此。此外，这个定义强调了文化与社会学习（social learning）相关，所以一个人的信仰、价值观和知识并不是自己胡写乱画出来的，而是通过学习他人而形成的。两个关键概念，即态度与天赋，隶属于更广义的文化范畴，它们也是我们要讨论的核心问题。

有人可能会说，“行为”（或者说“行动”）本身是否也可以被加入文化的概念之中？将人类行为（通常，行为会被各种文化上的或其他方面的原因所驱动）和会指导或是限制行为的文化区分开来其实是很有必要的。就像没有编码的“垃圾 DNA”一样，很大一部分的文化仅仅是存在于我们的头脑之中，并不会让我们产生任何具体的行为。使用这些与生物进化相关的词汇，将文化看作一种基因型的概念，将行动视为表现型的概念，虽然显得很诱人（并且它也是大量文献的主题），但是做这样的类比一定要很谨

---

① 在克罗伯和克拉孔（Kroeber and Kluckhohn，1952）的著名文章中，他们列举了不少于 156 种关于“文化”一词的不同定义。不过在他们的文章中没有提到的是，“文化”一词从那时候开始就被社会科学家和历史学家不断地应用，或是滥用在不同的文本之中，所以现在，关于该词定义的数量一定更多了。

② “信念”应该被解读为包含型知识（containing knowledge），是可更改的，也是隐性的，就像人们的技巧和能力一样。在我的研究中，“信念”最重要的组成部分是“有用知识”。

慎。草率地将一个领域与另一个领域相联系容易产生很多问题。用生物学来分析社会现象或历史发展的论点其实并非有益，反而更具误导性。我在这里的研究方法直接来自奥德里奇等（Aldrich et al.，2008）的方法，我们认为在历史框架中的达尔文主义更多的是一种通用的分析工具。我们不会将复杂的社会现象硬塞进一个从生物学衍生出的分析框架，这里我们指的是一种广义的达尔文主义，它“是一个关于人类社会和生物世界中共同的抽象特质的主张；它本质上表现的是本体共同性的程度，是一个高度抽象而非有关细节的观点”（Aldrich et al.，2008，p. 579）。[①]

在继续我们的研究之前，同样重要的是要区分“文化”与“制度”的概念。为了达到我的研究目的，最好是将文化完全看作人类精神活动的产物，它因个体而异，并且在某种程度上，它也是个人选择的产物。而制度则是社会确定的有限定的激励，是行为的结果。这些激励被参数化地赋予每个个体，并且超出个体的控制。这样，制度就在社会中创造出了一个激
励结构。作为“规则”的制度可以被视为一种特殊情况：规则明确了某种 10
特定行为是不是正当或合法的，同时也明确了违反规则后的惩罚和依规办事的奖励。[②] 用道格拉斯·诺斯（Douglass North，2005）的话来说，信仰和偏好是制度中的“支架”。从某种意义上来说，文化构建了制度形成的基础，因为文化为制度提供了合法性。[③] 在一个不同的语境中，雷顿和洛佩斯（Leighton and López，2013，pp. 11，112-122）创造出了一种类似的框架，其中激励决定了行为，而制度“框住”了激励，观念则影响了制度(如果现有状况是有利的)，企业家创造革新。当然，这并不是说每种制度都必须被大多数人所支持；很多制度只为一小部分人服务，使他们能从他人身上攫取资源（Acemoglu and Robinson，2012）。将人们的信念作为制度的基础有些过于简化问题了。格雷夫（Grief）谨慎地定义了制度，并且指出了“作为规则的制度”（institutions-as-rules）这一观点存在的一个问题，即在不存在一种元规则（meta-rule/ethic，或称“元规范”）规定人们认为

---

① 很多学者提出过更为明确的大自然和经济史之间的同构现象。例如，韦梅耶（Vermeij，2004，p. 247）就曾经主张“人类历史实际上概括了更为漫长的全部自然生命的历史”。

② 这与鲍尔斯（Bowles，2004，pp. 47-48）定义的制度不同，他将制度定义为“赋予社会交往长期结构的法律、非正式的规则以及习俗等，并且对于相关群体中的所有成员来说依照这些规则行事都是最佳选择”。

③ 不过，从一方到另一方的映射远非单调的。将信念转化为制度的政治过程是复杂的，它不仅取决于信念本身，而且取决于那些持有这些信念的人说服或强迫他人同意这一制度的能力。正如绍斯塔克（Szostak，2009，p. 234）所指出的，许多制度只是不同信念的一个简单“汇编”。因此，社会中对暴力的反感可能导致反抗暴力的正式立法，同样，认为在汽车上系紧安全带会减少致死事故的信念（文化信念）使得系安全带成为强制性的法规（制度），认为使用麻醉药是不好的文化信念也可能会产生一个对使用麻醉药判刑的制度。

规则理应被尊重并遵守的情况下，规则和法律可能只是空泛且不具强制力的对人类行为的建议而已。[①] 他认为，制度应该是一组要素，它们共同形成了人类行为中的规则。在这一定义下的制度，由于仍不可避免地包含了信念，所以也不利于我们将文化与制度明确区分开。可以肯定的是，制度也会通过不同的方式和不同的机制反作用于文化信念（Alesina and Giuliano，2016，pp. 6-7）。可能在这里思考这两者关系的最好的方法就是认识到它们两者是共同作用、共同进化的，就像一个物种和它所生存的环境一样。最近经济学家以及其他社会科学学者的研究检验了这一共同作用过程中的细节，他们的结论是，这一过程很容易产生多个均衡结果，“好的
11 制度”（定义为那些能产生更好的经济绩效和经济发展的制度）与使得它们形成的文化相互作用，而坏的制度可能会强化那些使得它们存在的文化，并使这些文化存在得更为长久。

还有学者使用了其他相关的但也不同的定义。罗兰（Roland，2004）建议文化可以被定义为一种“缓慢移动的制度”（slow-moving institution），但它可以较为快速地改变政治上或法律上的制度安排。他倾向于限制“文化”为由社会规范所驱动的关于个体间互动的信念。然而，无论是何种定义，都存在一种共识，即社会的激励结构是基于一些观念所构建的，有些观念是关于自然的，有些是关于人类互动的，还有一些是道德性的。换句话说，制度所依赖的根基就是人们所相信和知道的（或更准确地说，他们认为他们所知道的）。如果文化与制度不一致，这一根基就不稳定。如果文化和制度之间存在冲突，在某些制度的基本信念或合法性已经不再牢固的情况下，一种政治不均衡状态就出现了。不幸的是，还没有好的理论能预测那时会发生什么；在某些情况下，制度被推翻，在其他情况下，通过政治和军事手段，受益于制度现状的人会在很长一段时间里仍然维持着他们拥有权力和资源的状态。

如果制度确实已经成为了为什么一些国家在经济上能够取得成功的主要原因之一——正如现代对于这一观点越来越多的认同所表现出的那样——制度是如何与文化信念相关的？[②] 乍一看，文化和制度之间的联系似乎微不足道。地球上多种多样的制度表明，即使是具有类似文化和环境特征的社会都可能存在完全不同的制度设置。一个已经了无新意的例子当然就是朝

---

① 如格雷夫（Greif，2006，p. 7）所说，规则“仅仅只是可以被忽略的指令。如果对行为的规范性规则真的要产生作用，一定要存在使得个体愿意遵从它们的动机……这里‘动机’包括期望、信念和内化规范在内的广义激励”。

② 阿西莫格鲁和罗宾逊（Acemoglu and Robinson，2012，pp. 56-63）忽略了文化作为一个自变量的作用，仅仅强调制度的重要性，而没有完全认识到主流的信念和价值观对所产生的制度可能起到的作用。

鲜半岛，一条线将一个国家分离成了两个截然不同的社会。在过去十年里委内瑞拉和哥伦比亚的不同发展道路可以作为另一个例子。纯粹因为运气不好，一些国家被掠夺型领导所统治，或是与侵略型统治者比邻而居，这些统治者都创造出了阻碍经济增长，造成大量人类苦难的不良制度。虽然这些制度的合法性很低，但它们却可以通过高强度的高压政策来维持其存在——这本身就是维持不良制度既昂贵又低效的方式，从而更加剧了这一社会的贫困和落后。

因此，文化有助于决定什么样的制度会出现，但它不能保证结果。事实上，第一篇，也是最重要的分析制度在经济史中的作用的文章之一（Greif，1994）就使用了“文化信念”（cultural beliefs）这一术语来表示支撑制度变化的力量，从而通过这一概念来理解它是如何支持市场运作和商 12
品交易的。格雷夫的观点是：如果经济博弈的目标就是寻求一个合作性的均衡，那么在经济史学家所感兴趣的各种情形下，人们实际上认为的他人会采取的行动则会有助于他们确定自己将采取的行动。总之，如果经济学家承认经济史研究中不能不包含制度，那么同样，它也不能不包含对文化更好的理解。然而，经济学家喜欢的是清晰、精确的要素，如果可能的话，是可以建模和可检验的要素。对于文化来说，这是一项艰巨的任务。

此外，如前所述，文化与制度之间并非只存在一个简单的因果关系。制度创造了文化演变发生的环境。下面的大部分内容所描述的是一系列文化变化，它们是制度环境所提供的激励和刺激的结果。另外，制度结果中存在很重要同时又是很偶然的组成部分。它们是战争、王朝更迭、权力斗争、对某个极有影响力或强大的人物的盲目崇拜、政治妥协，或是由将军或政治家绘制的地图所带来的结果。17 世纪低地国家和英国选择了相对宽松的制度，其中并没有什么非选择不可的理由，第二次世界大战之后在朝鲜半岛或德国出现的非常不同的体制结果亦是如此。这种差异似乎往往是历史偶然的结果，而不是因为什么深刻的文化进程。而且，制度一旦就位，即使它们不符合大多数人的文化信念，也可以表现出相当强大的持久性。只要少数有权势的团体的利益得到保证，他们就可以在很长一段时间内保持一套符合他们利益的制度（Acemoglu and Robinson，2006）。在一个社会中引入一个并没有被广泛接受的启蒙文化所支持的，包含自由进入市场、公平与普遍选举，以及言论与结社自由等在内的制度，确实是一场艰难的斗争。然而，这也不是不可能的。

正如前面提到的，文化是共享的，但每个个体所相信的又是不同的，就像每个人的基因也不同一样。不过，这个类比也不应该延伸得太远；毕竟，文化信念不像基因，基因是“终生不变的”。文化信念是一个有关选择的问题。[①] 个人可以明确地选择是接受从自己出生起就存在的默认的文化特征，抑或是拒绝这些默认特征，并从自己的文化菜单中选择其他的文化
13 特征来替换。当然，我们并不总是知道这些偏好或是信念是如何获得的，甚至不知道它们是何时获得的，因此想要摆脱这些偏好和信念是困难的。然而，将偏好与口音进行类比的做法并不完全正确（Bowles，2004，pp. 372），因为大多数人的口音在青少年时期得以确定，而对某种艺术形式或者食物的偏好完全可能在一生的时间里一直在变化，即使它们发生改变的可能性随着年龄的增长会逐渐下降。

理论和实证经济学家已经做出了一些关于文化经济学和信念是如何影响经济绩效的开拓性研究。[②] 一种机制是从认为文化会影响经济绩效这一点展开研究的。在这种机制下，人与人之间信任的增加与合作的加强会减少交易成本，从而促进了商品交易和运作良好的市场的出现。另一种机制与公众意识相关。在集体行为中，一种倾向于放弃“搭便车”行为的公众意识及意愿必然会使得更高的公共产品供应和基础设施投资出现。使这种行为成为可能的信念极大程度上依赖于人们对于他人行为的信念。这是关于信念的频率依赖选择中的一个经典例子，我将在第五章中回到有关这一问题的讨论。[③] 这些要素的重要性很早就由约翰·斯图尔特·穆勒（John Stuart Mill，［1848］1929，pp. 111-112）指出。不同程度的信任也被证明可以用来解释国家之间的收入差异（Zak and Knack，2001）。

如上所述，理论家和应用经济学家都对文化经济学表现出了越来越大的兴趣。在经济学家对文化起源做出的理论研究中，比辛和维迪尔（Bisin and Verdier，1998，2011）的开创性论文，首次将文化人类学和人口动态学学者所做的关于文化进化的重要研究引入经济学之中。关于文化经济学的实证研究在很大程度上来自世界价值观调查（World Values Survey）、盖洛普世界民意调查（Gallup World Poll），以及其他一些类似的数据来源（Guiso，Sapienza and Zingales，2006；Tabellini，2008，2010；Deaton，

---

① 可以确定的是，即使在生物学中，现代研究也会模糊其中的一些明显的区别。虽然人们因为遗传获得的 DNA 序列是终生不会改变的，但细胞可以将它们存活期间获得的信息通过 DNA 甲基化的基因表观遗传（epigenetic inheritance）机制传递给它们的后代。它们不改变蛋白质，但影响了它们被转录的机会。参见（Jablonka and Lamb，2005，pp. 113-146）。

② 比辛和维迪尔（Bisin and Verdier，2011）以及阿莱西纳和朱利亚诺（Alesina and Giuliano，2016）都详细调查了关于这方面的研究。令人震惊的是，现在关于文化要素在科技和技术变革过程中所起到的作用的研究仍然很少。

③ 在格雷夫（Grief，1994，p. 915）的研究中，文化信念就是个体对于他人可能采取的行为的预期。我们还应在这一概念上加上一点，即个体所持有的对于一种特定行为的道德判断。

2011)。这些调查成功地解决了一系列对于经济学家来说至关重要的问题，比如家庭行为、女性劳动力参与度、腐败，以及移民问题等（Fernández, 2011)。这些实证研究充分利用了实验数据，表明文化会以许多方式来影响人们的行为。在类似于简单最后通牒博弈这些明显的情境下，这些方式通 14
常会限定和区分关于个人效用最大化的标准经济学假设（Bowles, 2004, pp. 110−119)。罗德里克（Rodrik）在他最近的一篇文章中抱怨说，在现代政治经济的模型中，“观点”这一概念“莫名其妙地缺席了”(Rodrik, 2014, p. 189)；其实对于经济增长和创新的模型来说也是如此，尽管最近已经有研究开始着手探寻现代经济增长现象中的文化根源（Spolaore and Wacziarg, 2013)。

经济学家对文化的大多数研究主要关注于人们的社会态度、信念和偏好，尤其是当它们能够促进合作、互惠、信任、有效的经济运转模式的非正式和正式制度产生的时候（Guiso, Sapienza, and Zingales, 2008; Bowles and Gintis, 2011)。最近，经济学家的兴趣逐渐又转移到了人们对纪律、教育、工作、时间、自我控制等其他类似领域的态度上去。文化信念还有助于确定，例如，偏好是不是“涉他”(other-regarding) 偏好（即他人的消费是否影响某个个体自身的幸福感)，以及它们是不是“过程相关”(process-regarding) 偏好（也就是说，某个人从一个状态中获取的效用并不与这一状态本身的质量相关，而是与个体是如何达到这个状态相关)。这两种类型的偏好通常都不是传统意义上经济偏好分析的一部分，但也没有什么理由让两者不存在于经济偏好分析之中。[①] 一个人思索自己是应该通过创业赚取收入，还是应该通过寻租或腐败的方式重新分配财富以获得更多收入，这个选择就是关于“过程相关”偏好很好的例子。一个人是否会以同样的标准看待一美元的价值，无论这一美元是如何赚得的？他是否会在乎是不是因为做了一件对社会有利的事才得到这一美元？赚取的一美元和被盗的一美元，这两个一美元的价值相等吗？这些偏好都会对那些对公民经济和经济增长的出现至关重要的制度产生影响（Bowles, 2004, pp. 109−111; Bowles and Gintis, 2011, pp. 10−11, 32−35)。

在下文中，我主要集中于讨论文化信念中的一个要素，一个迄今为止基本已被经济学家完全忽视的要素——人们对自然的态度，以及为了满足人类物质需求而驾驭自然的意愿和能力。其与“makom”间的终极关系，

① 当然，很多现代经济学家都发现了其中明显的相关性，所以人们才会概括道：“人们所相信的那些能让人生变得更富裕的其实基本上就是他们自身的处事之道”(M. Porter, 2000)。

以及与我们周围的物理世界的关系，最终决定了有用知识的增加和累积，而这也是引致技术驱动型增长产生的根本原因。[①] 技术先是人类调查、操
15 纵和利用自然现象和规律的意愿的结果。在这种意愿下，技术代表着人类可用知识库库存的增加（可用知识库库存支撑着也限制着人类对知识的应用）。人们对于获得、传播和利用这些知识的意愿和能力本身就是文化的一部分，它们也决定了对自然知识探索的强度、研究计划的安排、关于管理研究机构的制度、获取及审查知识的方法、如何判定知识是否有效的惯例，以及将知识传播给其他可利用它的人的途径。正是在这样一个大范围下，现代经济增长的根源才是我们真正应该探寻的事物，并且我们尤其应该在18 世纪启蒙运动和工业革命之前的时期所发生的事件里寻求这一根源。这一时期通常被称为“早期现代欧洲”(early modern Europe)，大概就是从哥伦布发现美洲新大陆到牛顿出版《数学原理》(*Principia Mathematica*) 一书的这一段时期。本书的基本论点是，正是在这几个世纪中，欧洲形成了那些有利于产生大量经济变化的特有文化和制度，而它们也是最终创造出现代经济的关键。

---

① 拉克尔·费尔南德斯（Raquel Fernandez，2008；2011）在关于文化和经济学详尽完美的研究中，并没有涉及很多关于科学或是技术的问题，也没有讨论到任何一种知识积累的方式，不过她也指出“技术与文化之间的关系是值得被研究的”(Raquel Fernandez，2008，p. 10)。

第二章　自然与技术

我在前一章中已经指出，解释长期经济增长时将重点放在制度上存在明显的局限性。信任、诚实、合作、节俭、公益心、法治等现象确实可以解释大量的经济表现：贸易的出现和增长、非个人关系信用网的演变与发展、土地和劳动力市场的改善，以及更有效的资源配置。但最后，这些改变都无法解释过去的两个半世纪以来科学技术奇迹般的爆发，以及它所带来的现代经济增长。 16

若将经济增长高度抽象化，斯密增长与熊彼特增长之间的差异在于，前者将基于信任或法律的交流与合作视为人与人之间的游戏，而后者的本质则基于对自然规律和现象的操纵，因此实际上应该被视为对抗自然的游戏。然而，创新只有到了极限，才会成为一种完全对抗自然的游戏。鲁滨逊·克鲁索（Robinson Crusoe）的经济模式中可能会出现技术变革，但在任何社会中，提出解决问题的技术方案仅仅只算是成功的开始。在实践中，创新需要与债权人、工人、供应商、客户和政府当局进行大量的社会互动，而所有这些关系都是“公民经济”（civil economy）的一部分。社会可以建立各种机制以奖励创新者——如专利、奖励或赞助；社会也可以阻止创新发展，例如指责它们为某种“黑魔法”。经济发展中的关键问题，也是近年来人们经常讨论的关于文化很特别的一点，就是公共部门腐败以及创新必须依托的制度环境。老牌企业们维持了现有技术下产生的租金，而它们的既得利益以及对未知与新鲜事物的恐惧都让它们在抵制创新上充满了动力。如果让这样的团体控制国家运作，那它们必然会阻挠创新出现。此外，某 17
些文化决定的偏好将对技术产生积极的溢出效应，即使这些积极效应并非出自它们的本意，这些偏好包括它们愿意对儿童的人力资本进行投资，倾向于选择低时间偏好率和风险规避型的组合。

因此，文化可以通过制度影响技术创造力。但创新型增长在很大程度上取决于文化和技术的直接联系，即人们对自然的态度以及人与自然环境之间关系的观念。文化和信仰与技术间最直接的联系当属宗教了。形而上学对自然的操纵和控制会引起恐惧和内疚感。在这种情况下，技术创造力将不可避免地在范围和程度上受到限制。有关普罗米修斯（Prometheus）和代达罗斯（Daedalus）这样悲惨命运的创新者的传说就体现了古希腊人的宗教信仰与他们对技术的态度间极为模糊的关系。如果一种文化极其尊重且崇拜古人的智慧，那么任何智力创新都会被认为是离经叛道、亵渎经典的，技术创造力同样也会受到限制。对前人的不敬是进步的关键。但是，正如林恩·怀特（Lynn White，1978）所指出的那样，这种不敬是人类中心主义的体现。在他的经典作品中，怀特强调了一种创世者信仰的重要性，即人们相信创世者创造世界的本意就是让人类使用世界上的资源，人们利用和开发自然恰巧体现了他的智慧和力量。

怀特和其他许多学者也都强调，社会对生产及工作（和闲暇）的态度是决定创新会否出现的另一个主要因素。技术进步的社会往往也是相对平等的社会。在一个由少数富有，却没有生产力又剥削他人的精英所主导的社会中，没有人愿意从事社会生产的行径可能会使精英阶层有兴趣去考虑如何提高和倡导社会创造力和创新活动。受过良好教育的精英会集中力量建设他们的军事实力和行政权力，或关注于文学、游戏、艺术、哲学等休闲活动，而不是花费精力去思考农民在土地上、船员在航船上、工匠在工场里会遇到的平凡问题。在那些享受生活的精英的会议上，相比于农民和工人的问题来说，关于18世纪哈布斯堡地区的音乐爱好者的问题显然更为重要。奥地利创造出了海顿（Haydn）和莫扎特（Mozart），而不是工业革命。而正如麦克洛斯基（McCloskey，2006）所说，17世纪荷兰和英国的资产阶级社会正是适合技术进步发生的候选社会。技术进步当然也可能发生在与军队或其他管理部门有接触的地区，例如在罗马帝国的全盛时期，罗马人在水利和建筑工程方面取得了很多进步，可在农业和制造业上几乎没有发展。

18 潜在的技术创造力与潜在的文化价值观之间还存在一个稍微有些不同的联系，这与是个人主义还是集体主义的文化规范相关（Gorodnichenko and Roland，2011；Triandis，1995）。戈罗德尼琴科（Gorodnichenko）和罗兰（Roland）定义了一个变量，将“个人主义”作为衡量社会奖励创新等个人成就的程度。社会若对个人主义赋值较低，人们则更易采取集体行动；同时，低赋值也削弱了对个人行为的奖励程度，从而阻止了独立个体脱颖而出。因此，个人主义通过不惩罚异端学者的方式来刺激创新，让那些学者们能创造出不寻常的、不正统的“歪理邪说”，让他们能跳出盒子去思考（Triandis，1995）。这种特别的文化信仰构成了激励创新制度的基础，这也是说明文化信仰如何影响创新的一个很好的例子，但其实文化信仰更关心的问题是社会运作的方式，而不是个人与环境之间的关系。不同的社会和国家对这些文化规范的估价也各不相同，不过似乎更为个人主义的文化规范是更加符合产生技术进步的要求的——如果它们所加固的制度是会鼓励技术创造力的，而非那些鼓吹军事实力这样更具破坏力的个人主义形式。戈罗德尼琴科和罗兰认为，在相当贫穷的社会中，集体主义价值观可能更容易促进生产率的增长，但是对于真正的原创创新来说，个人主义价值观更为重要。他们使用的是现代国家的横截面数据，结果也证明个人主义和经济表现间存在明确的关系，但其实并没有太多证据表明在历史上个人主义真的发挥了类似的作用。①

一个与此相关的重要文献则着重于对“一般化”（general）和“专门化”（或“有限的”，specialized，limited）道德的区分（Tabellini，2008，2010）。在一个“专门化”道德社会中，个人主要关心他们自己以及与他们直接相关的人（比如亲戚和朋友），而不太关心他们身处的社会，所以他们在与陌生人接触时会更倾向于采取机会主义的行为方式。“一般化”道德（社会）则意味着人们也会关心他们不了解的人。因为创新能为一个更大的群体（也可能是全人类）带来好处，所以至少在某些程度上，创新更有可能在一个一般化道德社会中发生。在这个社会中，创新者的动机是想为一个较大的群体做出自己的贡献，或至少是想要得到关心这些事情的其他人的尊重。特别是因为在有用知识的产生中，几乎所有的经济盈余都最终由不知姓名的消费者们获得，对于创造者来说，他们根本不能得到直接和即 19
时的回报，所以相对于“专门化”或“本地化”（local）道德来说，“一般化”道德更能鼓励这样的研究。

也就是说，除了形而上学和个人主义以外，文化还能在许多方面影响技术的进步，它们也将会是本书探讨的核心。从某种意义上来说，文化可以是回顾性的或前瞻性的。有些人可能会对前人的知识高度崇敬，以至于他们会认为新的想法都是背叛过去、背叛经典的。在另一个极端中，文化将所有新鲜事物都视为对现有事物的改进，所以只有最新的思想和小发明才能受到高度重视。除了极个别的例外，一般来说，宗教在这方面都倾向于保守主义。纵观犹太教的历史，在其圣殿被毁之后*，教徒们都在致力于恢复前辈们无可挑剔的权威，他们的新思想必须要伪装成对古典典籍中

---

① 麦克法伦（MacFarlane，1978）明确表示，英国在中世纪后期是一个极为强调个人主义的社会，他也认为个人主义与18世纪的工业革命之间存在着某种联系。

* 原文为post-temple history，译者认为此处的temple指代犹太教的第一圣殿和第二圣殿被毁的典故。——译者注

某些语句的说明或注释。在基督教中，物理学和形而上学间经常相互冲突，因此哥白尼（Copernicus）和达尔文（Darwin）的变革理论，即使在不同的时代，都受到虔诚的基督教徒的强烈抵制。经济史学家最感兴趣的科技创新，在回顾性的文化中往往都会遭遇各种抵制，甚至直到今天有些文化都还在抵制科技创新。这在很大程度上是因为基本上每一个创新举动都是一次对历史悠久的信仰的挑战，对根深蒂固的文化习俗的对抗。

一种批判性的且能驱动经济增长的文化信念是一种进步的信念，特别是一种经济进步的信念，它们能够补充对“技术的良性”（virtuousness of technology）这一概念的理解。这样的信念由实证性、规范性和规定性成分三部分组成。第一，实证性成分意味着接受物质进步是可能的观念，即历史呈现上升趋势，而不仅仅是平稳的周期性运动，且这种上升趋势是可持续的。它是“《传道书》历史观”的对立面，《传道书》中认为长期变化是不可能的，因为“太阳底下没什么新鲜事”。当然，这样相信未来是不断发展的观念需要的是一个暗示性的模型，它包含了有可能带来这些进步的因素，也展示了历史上这些进步发生的证据。正如我在第十四章中详细论述的那样，这种模型和支持它的证据出现在 17 世纪的欧洲，也成了启蒙运动中的主要力量。该模型假设我们现在所称的“有用知识”（大致来说就是科学和技术）可以通过改进生产技术以成为经济进步的引擎。

第二，规范性成分假定经济进步是可取的，以避免任何一种观念认为财富和物质的积累在某种程度上来说是罪恶的或无用的。这种信念很好地展现了当经济学家们试图思考文化时所面临的困境。《新约》中说，富人没什么可能升入天堂。柏拉图（Plato）也认为如果富人在国家得到的尊重越
20 多，那么有德行的人所能得到的尊重就越少。在一个技术没有进步、实行攫取型制度的难以发展的经济体中，贫穷是无可避免的。《新约》和柏拉图之所以认为财富积累是罪恶的，是否就是为了合理化这种无可避免的贫穷？或者这种观念是否就是某种自主文化力量中的一部分？而这种文化力量本身就是造成贫穷的原因，因为它一直在指导和激励着社会中最优秀和最聪明的成员去从事不利于经济增长的活动。我们在这里也可以做一个相似的“韦伯式分类”，智力活动究竟是一种顺从于环境的、神秘且超脱尘俗的活动，还是一种相信通过控制自然并利用自然资源就能够获得美德与救赎的、直面现实的、实践性的唯物主义的活动？无论属于哪种分类，至关重要的是看这种思维定式在欧洲是如何遭到破坏，并最终引领工业革命和现代增长出现的（McCloskey，2006，2016a）。

第三，一旦接受经济进步的可能性和可取性，就必须规划、阐述、拟定和实施一套具体的政策和制度改革计划，以期获得长期发展。这个计划在 18 世纪变得越来越具体和详细，并以各种不同的方式在 18 世纪后期在

一些欧洲国家得以执行，在19世纪得到了更广泛的实施。当然，执行这个计划并没有什么特定的方式。在一些国家，“政策”主要依靠于私人倡导和自发组织。在其他国家，国家需要发挥主动作用。无论确切的议程如何，政策都会产生一些人们意想不到的后果。至少在这方面，它们就像所有的生物进化过程一样：凌乱、不准确、充满着错误的开始和无力发展的瓶颈。

这三个文化元素的起源远可追溯至欧洲早期的历史，至少是中世纪晚期甚至更早。但在1750年之前，没能产生任何类似工业革命或由技术进步推动的可持续经济增长的进程。虽然在较早的时候也有一些人持有这样的信念，可这种态度毕竟没能普遍到足以改变世界。这些信念只存在于极少数个体的头脑中是不足以产生经济增长的；它们必须在正确的环境中兴起。这种正确的环境有利于观念和信仰快速转变，这些转变最终影响了社会的各个方面。这里的关键因素是，提出新思想的人必须有机会劝说别人接受新思想。文化变迁在很大程度上取决于“说服力”。使说服成功的——虽然不是必然的——是一种足以传达至每个重要听众的话语和沟通技术，以及足以说服他们的一套修辞规则（McCloskey，1985，p. 27－28）。另一个关键因素是，那些因为某些原因而企图抵制智力创新的保守分子的稳固力量被削弱了。最后，我们期望在社会中观察到新思想数量的激增，那里有一些令人信服的理由让我们怀疑传统智慧的正确性，因为它们与近年来出现 *21*
的很多无可辩驳的新事实是不一致的。当一直没有联系的两个社会建立了联系，并且互相学习的时候，这种旧信仰与新事实不符的状况就有可能发生。以上对环境的描述是对1500年后的两个世纪的欧洲的还算公平公正的（如果不是太过概要的和过度简化的）描述。

第三章　文化进化与经济

在本章中，我运用了进化论方法来研究文化。[①] 如前所述，将某一个
22 学科的方法“硬塞”到另一个学科中可能是极具误导性的。尤其是经济学，或者更概括地说，社会科学与生物学是截然不同的学科。强行寻找出两者间的平行和类比并不是一个有效的策略。但如果我们能指出实际存在的相似之处以及它们之间的不同，则确实能带来很多启发。

进化模型在经济学上已经有不少运用；不过受到纳尔逊和温特（Nelson and Winter，1982）的经典著作的影响，主流经济学通常将进化模型与博弈论等理论等同对待，降级到一个狭小的壁龛之中，只运用于某几个经济学的分支中。鲍尔斯和金迪斯（Bowles and Gintis，2011）对运用基因与文化的共同演化来解释人类社会中成功的合作形式的出现做出了新的尝试。在经济史上，除了个别几个运用进化模型来解释技术进步的尝试，这一观点在其他方面的影响并不大。[②] 将它们引入经济史的这一进程发展得很慢，甚至在经济史中最为适合使用进化观念的那些领域中的发展都很慢。最近，达尔文的自然选择模型被用来解释西欧的经济转型和现代增长的出现（Galor and Moav，2002；Clark，2007）。这标志着运用达尔文模型来解释经济增长这一方法取得了极大的进步。这些文献中主要表达的观点是，在经济中最有可能表现良好，也最有可能引领经济增长的群体的生育率通常比别的群体要高，所以他们在总人口中的份额也在不断上升。这些个体所代表的文化特征或许可以被称为“中产阶级价值观”。他们强调对人力资本、勤劳、节俭和其他

① 关于文化演化方法论的近期文献综述，详见梅苏迪（Mesoudi，2011），以及理查森和克里斯蒂安森（Richerson and Christiansen，2013）。

② 详见例如康斯坦特（Constant，1980）；文森蒂（Vincenti，1990）；齐曼（Ziman，2000）。

被误认为纯粹是“新教伦理”的要素的投资。正如迪尔德丽·麦克洛斯基 23
(Deirdre McCloskey, 2006) 所强调的那样，资产阶级伦理包含了一种对进步价值的默许：努力工作和教育可以让人们的生活变得更好，从而使得社会总体产生了一种不断累积的进步趋势。这种“资产阶级价值观”的盛行和其社会声望的增加也就成了能够解释经济表现的重要因素。可是运用达尔文模型我们能更好地理解这样的兴起吗？严格的进化论方法虽然不同于我们在这里运用的方法，但包含了一个极为重要的假设，那就是文化从本质上来说是可遗传的，因此可以由父母传递给孩子。这一有些约束性的假设恰巧使得我们在这里使用达尔文的选择模型成为可能。此处的基本思想是，生育率间的差异通过大量“高质量”儿童的存活这一渠道得以发挥作用，导致中产阶级文化的扩大，从而最终实现了成功的经济增长。

这些论点并非像它们听上去那么玄奥，反倒是非常可靠有效的。不过即使是一个生育率很高的而初始数量相对较小的群体，也要花费数百年的时间才能变成总人口中的大多数。① 构成技术进步引擎的“中介”们通常是总人口中占比极小的一部分，处在人力资本分布的末端。除了伟大的发明家之外，工业革命的出现还需要依靠大量的机械师、高级技工、企业家、金融家、商人和不同类型组织者们的力量。但最终，这样一个有用发明的世界仍然被罗伯特·胡克 (Robert Hooke) 所称的“科尔特斯式军队”* 所征服，这样的军队“虽然士兵人数不多，但军纪严明”(Hunter, 1989, p. 233)。工业革命并不需要，也没有导致整个经济或劳动力的转型，而依靠关键群体通过较高生育率获得人数增长的进化模型也因为改变速度太慢，只能错失引领转型的良机。在机械达尔文模型中，文化在其构想中就被假设为一种持久存在而无需改变的要素；在这些模型中几乎都没有学习、说服或模仿的空间。

在经济增长中更为合理地运用进化模型的方法是将“文化要素”作为选择的单位，而不是选择的载体。这样做使得模型摆脱了一个关于人类选择的棘手问题所造成的影响，即由于一代人要经历较长的时间跨度，文化
变化速度缓慢。文化元素本身，而不是它们的载体，会受到进化力量的影 24

① 在前工业化的西方社会中，对成功实现达尔文模型的一大限制是“一夫一妻制”的制度约束，这或多或少都限制了最成功的男性繁殖自己的基因［在拿破仑·查冈 (Napoleon Chagnon) 所记录的一个名叫亚诺马马的印第安古老部落中最具攻击性的男性可以拥有更多数量的妻子］。他们当然有拥有很多私生子的可能（然而，在大多数西方社会，这些孩子通常是有缺陷的），可若将这一可能性撇开不谈，则更成功的个体在社会中可以拥有生殖优势的唯一途径就是降低婴儿死亡率。在 17 世纪的英国有一些文献可以证明有些小样本已经实现了这一下降，但数量太少，并不是一个足以依靠的证据。

* 科尔特斯式军队取名来源于埃尔南·科尔特斯，他在 1518 年率领一支不到 1 000 人的军队抵达墨西哥，用 5 年时间成功攻占了当时的阿兹特克帝国。——译者注

响。重要的是我们不能做太过分的类比，企图从中寻找到任何类似“模因”* 的元素，与基因同源的，甚至可能像基因一样“自私”的离散的单位。进化模型远比理查德·道金斯（Richard Dawkins）提出的模型要涉及更广，甚至超过查尔斯·达尔文的模型（Hodgson and Knudsen，2010）。最重要的是，进化模型所涉及的选择，并非通过人口动态而发生的自然选择，而是个体所做出的有意识的选择。

每个个体都生成了一个独特的文化表型，就像每个个体都具备一个独特的生物基因型一样，但是这种文化表型是如何形成的？文化进化论认为这本质上是一个准拉马克过程（quasi-Lamarckian process），在这个过程中，个体在一生中都会通过学习和模仿获得文化特征，并将其传递给他人。每个人选择每个人自己的文化元素（或者坚持其原有的文化特征不变，这些特征是在社会化过程中他们从父母处获得的信念和偏好）。这一观点并不排斥在选择过程中会涉及遗传性的部分。①

在《人类的由来》（*Descent of Man*）一书中，达尔文首先指出，文化具有某些进化特征。② 这一涉猎甚广的巨著中提到，有三个要素使得研究框架具备了达尔文特质（Aldrich et al.，2008，p. 583）。第一个要素是，文化就像物种一样，各种特质之间差异极大，也包含着旧时创新的结果。很多特征在某些群体中的个体之间共享，并将他们与属于其他群体的个体区分开来。然而，区分的界线往往是模糊的，因为在物种之间，文化重叠是极为常见的。

第二个要素是，文化与基因非常相似，都能在个体之间传递，无论是垂直地在代与代之间传递，还是水平地在不同个体间传递。基因遗传通过
25 真核细胞中的有丝分裂发生，而文化传递则是通过文化过程中的社会化和学习行为而进行。孩子们被父母社会化，但社会化（即信息从父母到孩子的垂直传播）并不是以选择为基础的文化进化的全部内容；儿童也会被其

① 詹姆斯·福勒（James Fowler）及其他学者近期出版的著作表明，通过遗传获得的多巴胺受体基因，可能让思想意识和其他文化变体都包含一个遗传性的组成部分（Fowler and Schreiber，2008）。

② 对于任何文化的主要组成部分之一语言来说，达尔文指出了切中要害的一点。见(Darwin，1859/1871，466)。卡瓦利-斯福尔扎和费尔德曼（Cavalli-Sforza and Feldman，1981）以及博伊德和理查森（Boyd and Richerson，1985）在 20 世纪 80 年代中期的经典作品都强调了文化的进化特征。最近在人类学和社会科学方面的研究表明，即使仍存争议，但运用进化方法确实会在这些领域造就不少成果（Henrich，Boyd，and Richerson，2008；Hodgson and Knudsen，2010；Mesoudi，2011）。这些方法也成为与理查德·道金斯（Richard Dawkins）及其追随者所提出的一系列相关的文化论点的基石，他们试图识别出与基因相当的文化分析单位。

* meme，用了与基因（gene）相似的发音，表示出自相同基因而导致相似。——译者注

他儿童和非父母的个体社会化，而即使在成人之后，他们仍然可以服从别人对他们的劝说和其他形式的文化型的个体发生过程，也依然可以进行基于选择的学习过程，尽管这些转变和学习的速率会随着年龄的增长而下降。①

第三个要素是，文化特征的数量“太多”，以至于每个个体都不得不在其菜单中做出选择。在生物学中，推动进化的是过量繁殖：物种有能力以比其延续所需快得多的速度进行繁殖，这意味着并不是所有已经出生的或能够出生的个体都能够或将会生存下去。这就是达尔文“物竞天择”的道理。自然选择是被一个只有拥有最合适特质的个体拥有最大可能生存和繁衍的过程所驱动的。文化特征是“过度繁殖的”，因为它的数量远远超过了个体能够容纳的极限，所以人们必须面对着品项繁多的菜单做出选择。世界上有 10 000 种不同的宗教，有 6 800 种不同的语言。没有任何一个人能信仰所有的宗教、掌握所有的语言。每个人都必须做出选择。在其他方面也是同样。举例来说，对于造成商业周期的解释，人们也要选择出自己的答案：它们主要是由实体经济的生产力冲击造成的，还是金融部门的冲击造成的？然而，在许多其他情况下，新信息堆积在旧信息的位置上，当接收新信息是有效的时候，人们不一定要在新旧信息之间做出选择。在这一方面，进化模型的“过度繁殖”特征并非一个在每种情况下都同等有效的约束。

正如达尔文所表明的那样，这三个特征——变异、遗传性和过度繁殖，足以确保选择是适应性的：当环境发生变化时，文化特征趋向于通过保留某些元素和消除其他元素来做出相应的改变。这种选择的确切单位仍然是处于这场辩论中心的“文化要素”（Mesoudi，2011）。文化进化论文献认为，文化进化并不要求继达尔文之后的新达尔文主义所提出的那些进化所需的更为严格的条件。这些附加条件假定进化还存在进一步的限制：所谓的魏斯曼屏障*（Weismann barrier，后天获得性状不会传给下一代）；突变的随机性和不定向性（自然选择决定了进化中的所有方向）；以及由离散单位（基因）所进行的传播的颗粒性质（Mesoudi，2011，pp. 40－47）。达尔 26
文的进化论建立在并不知晓新达尔文主义存在的基础上，而后者在使进化

① 如温斯顿·丘吉尔（Winston Churchill）的著名警句所示，社会价值观可能是不断变化的生命周期的一部分。但法国历史学家弗朗索瓦·基佐（François Guizot）则曾首先提出，如果你 20 岁时不是一个左倾的自由主义者，那么你就没有良心，但如果你在 40 岁时不保守，那么你就没有大脑。这意味着随着年龄的增长，人们会逐渐变得保守。根据图斯曼（Tuschman，2014）的观点，人的性格会与其一生中所发生的变化紧紧相关，基因表达的变化也可能会改变人们对新观念、良心和其他特征的开放性。

* 在魏斯曼的种质论中，种质与体质明确对立，两者之间的区分就被称为魏斯曼屏障。——译者注

论成为一个一致且明确的生物学说的过程中发挥了重大作用，但梅苏迪(Mesoudi)也提出了一个有说服力的情况，即在文化进化论中并不需要遵从新达尔文主义的原则。当生物学的严格限制是不必要的时，我们该做的就是忽略它们。进化发生在文化变体上，既不是现有变体上的随机突变，也不一定是选择性保留下的缓慢且累积的变异。这里的离散单位（模态）是纯虚构的，也并非每一个都能发挥作用。最重要的是，后天习得的特征是可以传递的——这也恰好就是文化变革的引擎。在文化变革的各个方面，这里研究的核心是有用知识的变化，是它们的改变最终导致了技术和经济福利的变革。

奇怪的是，当颇有见地的文化进化论者们开始研究技术史时，在他们警告别的学者不要犯某些错误的语句中，他们自己似乎也都正好犯了那些错误。因此，在忽略了基因型突然和离散的飞跃式变化会导致表现型出现变化的概念之后，他们又机械地将遗传学上的循序渐进主义概念扩展到了发明史上。理查森和博伊德（Richerson and Boyd，2005，p. 51）断言，技术的发展史依赖于“由许多创新者的技术累积改进而逐步创造出的复杂的手工制品……这些手工制品每一个都对最终的惊人发展做出了自己的小贡献”(相似的观点另见 Mesoudi，2011，p. 33)。根本没有什么明显的证据可以证明技术史是以进化渐进主义的延伸概念为基础的。声称每种新技术都体现了之前某种旧技术的组成部分［像 Basalla（1988）所论证的那样］，与其说是某种进化突变论的观点，不如说是指出了一点，即使是理查德·高兹史密特［Richard Goldschmidt，德国遗传学家，曾提出“有希望的怪物假说”(Hopeful Monster Hypothesis)。——译者注］的有希望的（也许是奇特的）怪物理论中和古尔德（Stephen Jay Gould，著名古生物学家）和奈尔斯·埃尔德里奇（Niles Eldredge，著名古生物学家）提出的间断平衡模型中，都是涉及预先存在的 DNA 的。事实上讽刺的是，很少有例子比理查森和博伊德在书中使用的例子（哈里森的 H-4 航海钟）和梅苏迪的例子(纽科门的蒸汽机）更能突出地展示出，在技术史上，这种突发和离散的飞跃实际上是存在的。事实是，技术的发展史中充满了各种大大小小的不连续性，使得新颖的设计为人们创造出了很多全新的选择。时不时地，人们都可以观察到一个“有希望的怪物”——托马斯·纽科门（Thomas Newcomen）1712 年在达德利堡安装完成的蒸汽机是一个最好的例证。[①] 更广泛地说，我们在文化中也很容易发现不连续的飞跃。每一次飞跃都不可避免地包含一些

① “有希望的怪物”一词是由进化生物学家理查德·戈德史密斯（Richard Goldsmith，1940）最先提出的。他的观点现在很大程度上被认为是不可信的：进化有时会通过离散的量子飞跃而产生，全新的物种会突然出现。

早期特征的元素，但它们不论从表现形式上，还是功能上，都与之前的文化
特征完全不同，足够让它们不同到成为有希望的怪物。但这些都不能反驳一
点，即对于每一个成功且全新的设计来说，在发明人的工作台上所发生的大 27
部分艰苦的故事都被人们遗忘了，记得的故事少之又少。想一想我们对 1816
年发明的斯特林发动机，或是缆索铁路的发明过程又知道多少呢？

可以肯定的是，大多数技术进步和生产力增长都是很多小变化缓慢而逐渐积累的结果。循序渐进主义并不否认这一点。然而，这些小变化，或是像我在别处所称的微观发明（microinventions）（Mokyr，1990），经过一段时间后它们所带来的收益也会递减。持续创新所需要的是新想法的注入，或至少是一个来自非常不同的领域的想法，就像马特·里德利（Matt Ridley，2014）用一个令人难忘的短语所形容的那样，“想法是有性别区分的”。不论你如何提高马匹的质量，或是改善马车，你永远都不会从改善它们的过程中得到一辆自行车；无论你怎么改良你的自行车，它永远不会变成赛格威电动车。认为即使最新颖的设计也包含着一些旧有的部分，这一观点并不会减损任何一点这些新设计的革新本质。[①] 也许更重要的一点是，乔治·巴萨拉（George Basalla）和其他人提出的原教旨主义的渐进主义都忽视了指令知识（技术）与命题知识之间复杂的相互作用，以及命题知识对指令知识的支撑作用（它是指令知识的认识基础）。这两者之间互动的积极反馈可以创造出快速，甚至爆炸性的进步，而这显然是对任何将其与渐进主义进行不准确类比的明确驳斥（Mokyr，2002）。因为各式各样的原因而开始变得盛行的有希望的怪物不只存在于技术方面。反观文化的历史，也充满了突然的不连贯性，在事后看来，这些改变是无可避免且必然的，但在事前看来，基本上是无迹可寻，从牛顿的《自然哲学的数学原理》（*Principia*），到贝多芬的《英雄交响曲》（*Eroica*），再到达尔文的《物种起源》（*Origins*）皆是如此。无论这些最终取得成功的“怪物”的起源是什么，它们都导致了不连续的变化出现。

借鉴进化生物学中的概念以理解文化变革的做法有许多注意事项。例如，有关物种和物种形成的生物学概念在文化模型中究竟是什么意思？因为如果物种是通过生殖隔离来定义的，那它们在文化背景下就没有意义。文化进化中“世代”的概念同样如此。在新达尔文主义模型中，代际信息仅在有丝分裂的过程中传播，尽管现在人们也很清楚，某些细菌实际上可以通过转导等机制从其他实体上获取遗传信息。文化进化对文化来源的数量没有设置任何上限。此外，我们也没有理由相信创新和突变一样，完全

① 在莫基尔（1991）中，作者提供了工业革命期间这种宏观发明的五个例子：煤气灯、中射式水轮、提花织机、氯漂白和热气球。

是随机发生的。在生物学中，我们不会因为需要它们而就此获得更多的特定突变。在文化中，在创新与人类的感知需求之间的关系中存在着不少不
28 确定因素，但是二者间的相关性似乎是合理的。那些创造、创新的人不会毫无目标地随意努力，不过他们也经常能发现一些意想不到的新奇事物，创造出许多无意的和意料之外的成果，这些都意味着一个有不确定性但又完全随机的过程。例如，经济学中有关技术进步的大量文献都指出在劳动力价格高的经济体中会有寻求节省劳动力的创新行为出现，而在这些文献受到严重批评的同时，我们也得承认，人们会期待创新者们能够研究那些因为各种原因而成为人们心中社会需要高度重视和优先处理的问题，无论这个问题是研发天花疫苗还是制造核弹。

那么，我们实际上能从文化进化论的方法中获得什么？如奥德里奇等（Aldrich et al.，2008，p. 589）所述，这种方法为解释进化过程随着时间推移而出现的复杂且偶然的结果提供了一个框架，它同时涉及两个方面：一是文化信念会不断适应着变化的环境；二是通过选择，其他不再符合社会现实的文化也会逐渐消失。经济学家们仍然遵从于波普尔（Popperian）的观念，即科学必须是可证伪的。不过这一观念在这里几乎没什么用处。对于经济史学家来说，采用进化论思想的巨大优势在于，通过与历史相结合，它能帮助我们试图解释为什么现在社会呈现这样一个形态，而非其他形态。它鼓励我们运用达尔文的思想来研究过去是如何塑造现在的，尤其是选择的概念，以及如何从过去的选择和创新中做出选择。进化思维不能像标准经济学一样为我们提供清晰而现成的方法，但是对于智力创新的历史分析来说，它具有一定的优点。下面我会列出使用文化史中的进化论方法的一些主要优点。①

第一，进化系统的一大特征在于其基因型和表型中所包含的信息和行动的基本二元性。将基因型和表型之间的区别延伸到文化史的研究中是冒险的行为，但我们仍然能从中学到一些知识。文化是人类思维的产物，行为和行动是人们的偏好和知识所产生的可观察的结果（Mesoudi et al.，2013）。然而，如上所述，从信念到行为的映射并不比从基因到表型的映射简单；至多存在着一系列掩盖着许多变量相互作用的不够准确的统计学关联。② 其一个原因是，与其他基因型过程非常相似，信念会影响其他“相

① 关于一个类似的但强调点稍有不同的论点，详见梅苏迪等（Mesoudi et al.，2013）。

② 我们可以再一次从技术史中找到一个很好的例子。在莫基尔（Mokyr，2002）中，我区分了命题知识和指令知识，前者大致可以对应于一个基因型，后者是一种可观察到的技术。两者之间不存在简单的映射。有时人们在几乎完全不掌握某种技术的原理和运作方式的知识的情况下也创造出了这种技术，并能很好地应用。而在其他时候，人们掌握了必要的基础知识，但没能发明出相应的技术。此外，它们之间没有明确的因果关系；我们至多可以说它们共同作用、共同演化。

邻的”信念。与在进化过程中一样，我们也确实可以用多效性（pleiotropy）来形容文化。在文化中，因为一个近似突变的过程或是类似基因包中对基 29
因产生的溢出效应，多效性意味着某种基因型变化可以导致多种表型效应。一个与此类似的是异位显性现象，在这种现象中，需要多于一条的信息共同作用，产生某种特征或行为。这种捆绑也通常发生在文化进化中：尽管没有什么必要的联系，但商业活动中道德信念的增长可能与有用知识价值信念的增长有关。

第二，进化是关于现有环境（引入创新的环境）与创新本身之间的相互作用的。如已经指出的那样，创新仍然是一个随机变量，即使它在某种意义上是有方向性的，而不是完全随机的（就像在纯粹的韦斯曼世界中的突变一样）。我们不知道为什么某个特定想法会出现在某个特定时期的某个人的思维中，而为什么在某些特定社会中某些想法根本就不会产生。任何想法出现的可能性都受到环境和感知需求的影响。然而，即使创新的流动是完全可预测的，除非我们能够在它们所产生的环境中衡量决定它们能否流行的“适应性”，否则我们也无法确切地预测它们能否成功。使得这个过程更加复杂的是，即使在某一给定环境中，我们可以以某种方式预测这些创新成功的可能性，这个成功也会产生复杂的反馈效应，因为它也可能会改变环境本身。

第三，进化系统是以过度繁殖和选择所产生的动力为基础的。这个系统会产生出比社会所能接纳的多得多的文化变体，所以对它们必须采取某种形式的精挑细选。在生物学中自然选择的概念纯粹是隐喻的。没有人真正做出了选择，选择机制完全是由差异性繁殖和存活概率所驱动的。相比之下，人们在文化上是做出有意识的实际选择的，从包含各种选项的菜单中选定一个文化元素，通过自己的行为来显示出这个选择。像不同的物种一样，在面对一个强大的新竞争者时，有些旧观念（例如，地心说或瘴气理论）可能会“灭绝”，但在其他情况下，当环境还没能足够适合到使新想法完全占据主导地位时，新旧思想可能会以某种融合且平衡的方式共存。正如我将在第五章中论证的那样，当新知识还不够密封（tight）* 的时候，即当新知识还不够确定、还没能被时间完全证明的时候，这种情况是可能的。在这里用“壁龛”，或者专营市场的概念是恰当的：有一些特定环境就为少数民族的文化信仰提供了生存和维持他们自己文化的机会——如阿米什人、地球扁平论者或托派分子。

---

* 在《雅典娜的礼物》中，当时的译者翻译为“知识严谨性”，我认为严谨性不够准确，于是我在涉及此词时翻译为了“密封”、“不密封”（untight），以及密封性和密封程度。——译者注

第四，进化模式的种类和数量很多：它们在不同的层次上可以做出各
30 种相应的改变。很长时间以来，人们都在争论这一情况是否真实发生在生物系统中，以及到底什么才是选择最合适的单位。由乔治·威廉姆斯（George Williams）和理查德·道金斯（Richard Dawkins）所带领的一批生物学家认为，所有的选择都只发生在基因水平上，而其他生物学家则强烈地反对这一观点，并认为在细胞、生物体、物种，甚至在整个种群的水平上都可以进行选择。无论这本书的结论如何，似乎毫无疑问的是，文化的进化选择在许多层面上都会发生。为了证明这一点，我们要考虑一个特定社会为个体提供的一种新颖的文化特质。如果这个个体选择了某种文化变体而不是另一种，那么这就是选择性文化进化发生的一个层面。如果现在假设，这种变体增加了个体的适应度，延长了他的预期寿命和/或增加了与他保有相同文化特质的幸存后代的数量。这就增加了这一特质的传播机会，无论是通过后代的社会化的垂直式方式，或是通过“传染”他周围的人的水平式方式传播。此外，假设整个社会现在都已采纳了这一特质，提高了一整个社会群体的适应度（例如，通过更紧密的合作或是更优越的技术的方式）；这可能就意味着这个拥有此种特质的社会会拥有更高的人口增长率，因此也就在全球人口中提高了他们所占的份额。进化不是一个单一的过程，而是一个复杂的，与其他过程交织在一起的，在不同水平上都存在有意识的选择和“自然选择”的系统。

第五，像所有进化体系一样，文化也抵制变化。在进化动力学的技术语言中，普遍的文化变体是为了应对大多数可想到的创新（“突变体”）所产生的进化性稳定策略。存在内在的机制以保持系统一定的稳定性，并为现有的文化变体提供优势以对抗创新，而这些机制的有效性本身就是这一系统里内容的作用之一。恩斯特·迈尔（Ernst Mayr，1989，p. 35）指出基因是“以团队的形式发挥作用的”，“上位相互作用对面临选择下的基因型所产生的反应形成了强大的约束”。文化元素也形成了一个连贯的系统，其组成部分间的相互依赖也会起到抵制变化的作用（Bateson，1979，pp. 176-180）。① 例如，一种包含的某些元素和人们所能感知的现实不一致的复杂的宗教文化，可能会选择适应现实以反映新的信仰，但它也可能选择依附于越来越陈旧的信仰。这些组织中依靠这些信仰的权力结构（如今天天主教会的情况）可能会掘壕固守，采取更激烈的方式来抵制变化，或者它们也会直接选择适应现实。在文化体系中（在生物学上并没有明显的

① 所有进化系统都存在关于惯性和抵抗激进变化的想法，参见科恩和斯图尔特（Cohen and Stewart，1994，pp. 92ff，332），他们定义了“渠化”的概念。另见迈尔（Mayr，1991，pp. 160-161），他使用了“凝聚”这一术语。

相似点)，文化与我们称为文化资本的东西紧密相连，如果当前盛行的信仰被修改或被推翻，那么人们之前对于它们的投资会贬值。物理学家一开始 31
抵制量子力学，医生抵制细菌理论，化学家抵制原子理论，都是基于同样的原因。无论我们正在研究什么样的文化体系，都会有一些抵制变化的地方，许多看似“适合”的创新在偏向保守主义的敌对创新的环境中也同样有可能失败。[①] 在其他情况下，“文化物种”在长期确实可以共存。在16世纪和17世纪出现的“新科学”在几年或几十年的时间跨度里并没能取代亚里士多德的正统观念，但这两种观念在同一时期共享了同样的环境，有时候它们互相替代对方，但更多时候，它们往往处于某种和谐或是妥协的环境下，这在现在的我们看来，似乎是难以置信的。

第六，一个进化论的研究框架意味着任何关于文化变革的速度和方向的简单概括或预测都是注定的。在大多数时间中，文化都是以地壳运动的速度发生变化，保留下了戏剧性的制度和政治冲击。但是也有些时候，当抵制力减弱时，或者是一些强大的外部冲击出现并强烈地动摇现有的文化信仰时，文化又会以很快的速度变化 (Jones, 2006)。与进化科学非常相似，进化论方法的优势在于它能帮助我们理解过去，而不是预测未来。正是由于分析单位与其身处的环境持续不断地相互作用，同时也因为几乎不存在不随时间改变的关系，文化进化的研究变得无法预测 (Saviotti, 1996, p. 31)。此外，正如约翰·齐曼 (John Ziman, 2000, p. 50) 所指出的那样，选择主义的模型强调，起重要作用的不是大量相似国家或个体的统计平均数，而是作用被扩大的罕见事件，也是这些事件最终决定了结果。[②] 历史学家所面临的挑战随后变成了尝试去理解是哪些罕见事件能发挥这样的作用，在什么环境下这些事件被“选择”了。原则上，我们当然没有理由假定进化模式应该被局限于像人类一样的群体之中，这种群体的生命长度都是有限的，每个个体的基因型来自于父母中的一人或两人，都受到差异性繁殖的限制。换句话说，运用进化学概念的思维模式来思考，可以归结为迈尔 (Mayr, 1982, pp. 46-47) 所认为的进化模型的主要力量，也就是他所谓的“整体思维模式” (population thinking)。这个观点强调了总体中个体差异的重要性，以及从少数人中产生的，而最终足以影响整体的变

① 最近，经济学家 (Benabou, Ticchi, and Vindigni, 2014) 已经研究出了形式化这一问题的模式，指出某些创新通过“信念侵蚀”的方式来使现有观念的价值下降，即使这并不是这些创新原本的意图。这造成了那些信仰受到威胁的人和整个社会之间的明显冲突，因为社会能从这些新想法中受益，提高经济绩效。

② 进化生物学家早就认识到了这一点，他们假设主要的进化来自不寻常和特殊的基因型，是它们有机会先在小范围的人口中起主导作用，并辐射到了其他边缘地区。参见斯特宾斯 (Stebbins, 1969, p. 142)。

32 化的能力。如果我们对宏观层面上的经济变化感兴趣，这样的整体思维是至关重要的。很多经济变化是从少数人中产生，并最终影响多数人的。

第七，进化方法使我们有了更为合理的思路来思考历史轨迹是如何以及为何出现的。它使得我们可以将分析放置在一个唯物主义分析的极端和虚无主义的方法之中，前者认为历史发展进程是不可阻挡的，结果也是早已注定的，而后者则只能看见无处不在的不可预测性。若是引用雅克·莫诺（Jacques Monod，1971）的著作《偶然性与必然性》（*Chance and Necessity*）的书名，我们可以说，导致大分流和工业革命出现的原因既非偶然，也非必然。科学革命或启蒙运动也是如此。[①] 它们之所以出现，是因为当时的历史条件恰好适合那已存在土壤中的种子开始发芽。进化创新出现是因为突变恰好产生于适宜它发展的环境之中。然而，发生的这一突变是可能发生的所有有利突变的一个极小的子集，也是实际发生的所有突变中一个较小的集合，其他实际发生的很多突变都以失败告终。进化论正在提醒历史学家，偶然性是无处不在的：并不是所有发生的事情都是必然发生的，很多可能发生的事情却最终没有发生。它还提醒着我们，相似的情况并不总是能导致相同的结果，相似的结果也不代表都出于同样的原因。有关进化的语言就表明了这种不同：同源（homologies，相似来源的相似结果）与类似（analogies，不同来源的相似结果）不同。经济学家关于文化和制度之间相互作用的研究也加强了这一解读，认识到经济学模型中存在着多重均衡，“取决于不同的历史特质”，不同社会可能是从类似的情况开始发展的，最终却处于非常不同的境况之中（Alesina and Giuliano，2016，p. 44）。在这两种方法中，同样的指导原则就是，没有一个我们所观察到的实际历史结果是不可避免的。然而，即使全球不同地区的发展从来不是互相独立的，但若是我们论证在各个国家的发展进程中仍然有历史规律和因果关系所起的作用，这也似乎是合理的；并非所有历史皆是偶然。正如韦梅耶（Vermeij，2004，p. 250）所言，比较历史有助于我们区分偶然与必然。因此，将欧洲的经验与另一种文化的经验（例如中国）进行比较是非常重要的（见第十六章和第十七章）。

此外，进化系统也被论证是可以产生一种进步的总体趋势的，至少在
33 日益增加的复杂性和多样性的意义上是这样。虽然这个问题仍存争议，但一位知名的生物学家已经恳请他的同事们能采纳这一观点，即历史中的这一趋势是一条处于中心地位的组织原则。“历史，不只是随意的变化。在具

① 关于科学革命的强大声明，参见科恩（Cohen，2012，p. 204）。他认为，“现实主义的数学”（即现代）科学的出现总是一种可能性，但它的实现并不是前卫的——我们可能仍然生活在以阿基米德和托勒密为代表的科学成就高峰的世界中，“星光雕刻”和“机械钟”是工具制作的最高榜样，“自出生一年之内死亡是迄今为止最可爱的人类命运”。

备竞争优势的个体中，有一个随着时间流逝而能力增加的趋势……一个成员多样性和生产率的不断增加和提高的趋势”（Vermeij，2004，p. 252）。其他学者则持更加怀疑的态度［例如，菲秋马（Futuyma，1986，p. 366）］。正如我们将在第十四章中看到的那样，有关历史存在一个可辨认的趋势的概念成为1500—1700年文化的一部分。如果我们将文化的历史和存活物种的历史都视为一个一般的达尔文系统的实例，那么一篇论证将某种趋势视为进步的可靠性的论述就是合理的。

历史上被科技和技术兴盛洗礼的时代有很多，但在1700年后发生在欧洲的科技变革在许多方面都是独一无二的。这不是西方历史中一个不可避免的高潮，也不是西方文化比其他文化更有活力的迹象，而是一系列影响了欧洲一些地区文化的事件所产生的无心的、意料之外的结果，而通过这些变化，也产生了一系列制度，设置了欧洲智力发展的参照系。无论是古典时期、中世纪的教会时期，还是文艺复兴时期，都没能使这次物质大发展成为西方历史中必然会出现的一部分（Goldstone，2012）。确实，在哺乳动物进化了6 500万年后的时间里，各种物种又出现灭亡，我们可以将过去2个世纪的经济发展与50万年前智人的出现相提并论，但它们中却没有一个足够幸运到能发展成为改变世界的中枢神经系统（Vermeij，2004）。它们每一个都可能发生在另一个时间点，或者根本就不发生，或者在发展的初期就被扼杀在摇篮中。进化的故事大体上就是有关幸存下来的物种的故事——至少在这些物种存活下来的时间里是如此。

有关文化进化的文献主要关注于古代社会中工具的出现。模仿和干中学是改变的主要机制。在这样的世界中，技术进步会慢一些，因为“通常来说，通过试验和纠正错误的方式产生大规模的改进比产生小规模的改进要难”（Boyd，Richerson，and Henrich，2013，p. 135）。但是当文化进化到开始涉及说服人们接受技术背后的自然原理时，这个关于创新的游戏就被永远改变了，同时越来越不连续的技术飞跃开始变得越来越频繁。这也就是最后，“大丰富”（the Great Enrichment）出现的背后的故事。

第四章　基于选择的文化进化

34 研究文化的任何进化论方法都需要明确地说明文化是如何从一代传递到下一代的，这也是一个通常被称为“社会化”的过程。社会化主要通过直接的模仿，通常是无意识的模仿，或通过象征手段——口语、书面语、图像和示例等方式而实现的过程。经济学家最近开始认识到代际文化传播作为经济绩效的基本决定因素之一的重要性（Spolaore and Wacziarg，2013；Giuliano，2016）。当然，童年时期的社会化并不代表社会学习的全部。每个个体都可以在其一生的时间里改变自己的价值观和信仰，不过就像学习语言或演奏乐器一样，随着年龄的增加，人们也越来越难以获得新的能力及接纳新的信念。同样，成年人在宗教信仰、社会关系、政治信仰、时间价值、物质消费等方面都在做着自己的文化选择。在一个讲求知识的社会中，终身学习本身就是其中的成功成员所必需的技能。

从 20 世纪 80 年代中期出现以来，基于选择的文化进化一直是社会科学研究中的重要研究课题，而且就像贝辛和维迪尔（Bisin and Verdier，1998，2001）的论文中所体现的那样，学者们对文化进化进行调整，将其运用于经济学领域，产出了不少重要的成果。在他们所使用的模型中，父母可以选择是否由他们自己进行其孩子的社会化过程（也就是说，赋予子女自己的文化特质），或将这个职责全部交于社会上某个任意个体，而这个个体的文化特质可能与父母的相似，也可能不相似。贝辛和维迪尔的文章非常有影响力，并启发了很多学者运用同样的框架来解释其他重要的社会现象，例如腐败（Hauk and Saez-Marti，2002）、道德（Greif and Tadelis，
35 2010），以及一些其他状况，例如不同于贝辛和维迪尔的观点，有些父母就是希望他们的孩子能与自己不同，或者希望孩子的社会化能够受到媒体和其他外界资源的影响（Christopoulou，Jaber and Lillard，2013）。

那么，任何一种文化进化都是由社会学习和说服力所组成的。许多社会学习都是垂直出现的：大多数人主要是被父母社会化的。在过去的社会中，这是人们大部分社会化的来源，不过也不是唯一的来源。父母可以将孩子的社会化进程交给他们所选择的几个人（但他们也并非完全控制这些人选），如学校里的老师和社会上有名的大师。或者他们也可以将孩子的社会化交予他们所选择的某个人或是某一组织。在一些情况下，如在一个集体农场或是一个多代共同生活的大家庭中，具有与父母相似文化特质的其他人（例如祖父母）都会对孩子的社会化造成影响。然而，随着年龄的增长，个体本身也会开始自主选择文化特质以及选择自己的社会化来源，通常是来自那些具有他们想要效仿或是采纳的特质的个体。通过水平和倾斜渠道所获得的社会化相对于垂直学习的社会化的比例则取决于个体与其家庭环境之外的信息来源有多少联系。制度因素也在这里发挥了作用。信奉原教旨主义的极端正统的犹太男孩们很少能接触到外在社会中的世俗文化信息，这并非因为他们没有技术获得这些信息。其实，这是因为一系列制度限制了他们获得这些信息的机会。

文化选择的社会化方法是从更一般的情况中抽象出来的，父母的决定只是决定社会化，或者说是决定下一代文化的众多因素之一。在更一般的设置中，个体可以选择坚持默认选项，即选择从父母那里获得文化特质，或者选择不同于父母的文化特质。所有社会科学家都还远未弄清的是，个人是如何做出这样的选择的。没有一个明显的最大化进程能直接使人们相信高程度的收入不平等、麻醉剂的不正当使用或进化论都是不道德的。

以选择为基础的文化进化并不是一个无约束的选择。显然，每个人都受到他或她所处环境的约束，这决定了一组可能的选项。人们可以选择，但通常只能从一个预先设定好的菜单中选择。这个菜单被参数化地赋予了大多数个体。一个人被暴露于某些信息和影响之下，它们使得这个人做出选择；从来没有听过舒伯特音乐的人不太可能建立起对舒伯特的偏好，对于一个在中世纪的蒙古族出生和长大的人来说，也不太可能信仰迈蒙尼德*的哲学思想。因此，个体可能在文化上与父母相似，但相似的确切程度是内生于文化本身以及制度和技术环境的。在某种程度上，这就解释了埃里克·琼斯（Eric Jones，2006）关于文化和经济学的著作中所暗示的困
境。琼斯指出，不论是将文化视作一种限制经济行为的固定的外部环境， 36
还是认为文化对于经济需求有完全的适应性和可塑性，这两个相对立的观点都非常有说服力。因此，他将文化置于两者之间，有时是灵活的和易适应的，有时却会表现出极大的黏性。然而，我们还需要了解更多的是，在

* Maimonides，中世纪犹太教神学家。——译者注

什么条件下文化会改变得很快或很慢，以及如果可以，文化移动的方向又是怎样的。

技术显然是重要的。印刷品的出现，提高了识字率和社会流动性，改善了邮政网络，增加了人们在城市广场上或办公室里的互动，为不识字的农民提供了他们从未有过的信息来源。电视、网络和社交媒体以一种人们直到1914年都无法想象的方式增加了一大批信息来源。随着人们能够获取到的信息越来越多，文化水平越来越高，基于选择的社会学习的重要性在过去两三个世纪以来一直呈现指数级增长。这种现象的历史影响是极其深远的。

基于选择的社会学习是文化进化的核心，包括博伊德和理查森（Boyd and Richerson，1985，2005）在内的很多学者都指出过这一点。我们可以借鉴博伊德和理查森的研究以完成这里的分析。考虑如图4－1所示的情况。个体的偏好、态度和信仰的总体组合有两个来源：他或她的父母（无论是通过遗传获得还是通过垂直社会化获得）和“所有其他人”[倾斜（对角线）来源，如学校老师和崇拜的偶像，或是来自同龄人或媒体的水平传播]。如果垂直社会化占据主导地位，社会只能通过不同的繁殖率和传播过程中的遗传漂变来发生改变。[1] 在一个有限制的情况下，当所有的文化特质都准确无误地从父母传递给了孩子时，我们就回到了克拉克（Clark，2007）和盖勒（Galor，2011）所描述的世界中，儿童是父母文化的有机物复制品，其中主要的变革动力就是达尔文式对具备某些特质的人的选择，这些特质让他们更适应这个社会。

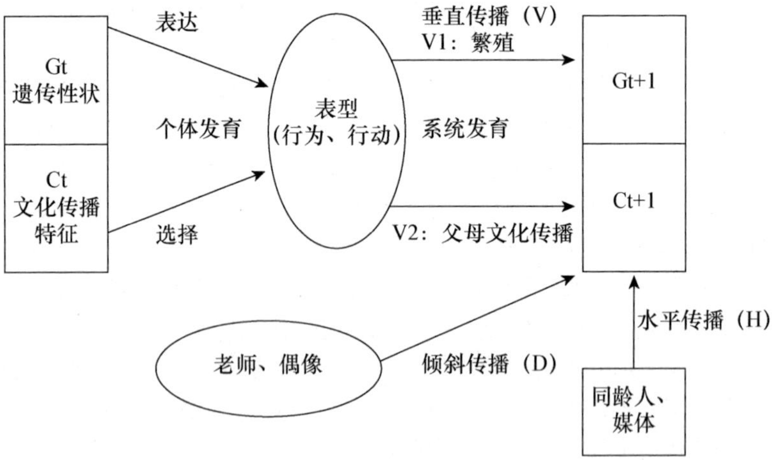

图4－1 文化特质的代际传递

① 严格来说，这只有在只通过父母中的一方进行垂直文化传播的条件下才是正确的；在父母双方都参与文化传播的情况下，从父母双方获得的文化特质的重组可以产生与父母都不同的个人文化特质。

如上所述，人们偏离其默认选项而选择新文化特质的程度是允许剧烈文化变革产生的关键变量。有用知识，包括科学和技术，占文化中很大的一部分，因此工业革命就是一个关于突然加速的文化变革对经济造成深刻影响的很好的例子。菜单上有多少水平信息和倾斜信息？正如贝辛和维迪尔所说，这在某种程度上取决于父母本身。总的来说，父母喜欢自己的孩 37
子能成为他们自身文化的反映，这体现了他们所称为的“不完美移情”(imperfect empathy) 的特征。由于家庭式学校教育费用高昂且效率不高，所以父母偏好任命他人来社会化他们的孩子。学校教师在很大程度上反映了父母的文化信仰，但鉴于学童们来自拥有不同文化信仰的家庭，父母文化特质的完美复制并不完全可行。去上学的孩子不可避免地会被暴露于一个比在完全被父母社会化的情况下所能获得的选项更多的文化菜单。但在过去的社会中，很多其他因素也总是在这方面发挥作用，特别是任何形式组织的宗教，它们旨在将一套文化信仰（以及它们所暗示的行为准则）强加至青少年身上。因此，在欧洲历史上大部分的时间里，宗教教育都发挥着重要的作用。其他类型的意识形态和文化信仰也由类似的机制传递，如中国古代教授儒家思想的各式学堂。

现代经济的特点就是非父母文化传播的高速增长，实际上这种代际传播机制也是现代性的标志之一。在贝辛和维迪尔（Bisin and Verdier, 1998）的框架中，这种变化是由父母社会化其子女的机会成本的上升来解释的。一旦机会成本上升，父母牺牲孩子与自己文化信仰的相似性，将子女的社会化外包给他人的做法就显得很合理了。不过这绝不是唯一的原因。学校教师取代了家庭教育，部分原因是因为他们具备专业化的优势，还因为在教育行业中其他规模经济存在的情况下，公共部门选择对学校教育进行补贴。在现代，单通道垂直传递路径是不切实际的。不同学科的知识的分化使得大多数家长无法掌握其子女为完成社会化所需要的所有知识和文 38
化。此外，相对于一代人的时间跨度而言，文化和知识是快速变化的，这意味着等到父母需要社会化他们的孩子时，他们掌握的技能和知识可能已经过时了。学习新的文化变体，无论是宗教的、科学的还是技术的，都是由激烈的信息革命所促成的，它们使得文化的传播比以往任何时候都更容易和快捷。除了技能和知识外，21 世纪以来，个人可以选择的文化菜单中其他方面的内容也得到了极大扩展：宗教、意识形态、哲学、文学、艺术、音乐所含范围之广是任何人连做梦都想不到的。鉴于年轻人所面对的可以从中自由选择的文化变体的洪流，父母们为了保持“不完美移情”，哪怕只是一点点，都要付出越来越多的努力。父母在学校教育方面当然没什么可选择的，但有工作的父母们对于课后活动和夏令营的热衷则表明，这一模型还是能说明一些问题的。在现代美国，家庭教育还是存在的，虽然受众不大，并主要局限于非主流的宗教群体之中。①

孩子和大人一样，都做出了自己的文化选择。名人传记中充斥着各种叛逆子女（虽然反叛的女儿不太常见）的故事，他们想要与自己权威型的父母或是宗教对着干，所以就要选择一种完全不同的文化。出身于富裕资产阶级家庭的显赫子弟最终成为马克思主义者，正统犹太教家族出生的孩子最后成为了天主教主教或是一个具有世俗化思维的物理学家，等等。这通常不仅仅是因为父母或是类似父母的人对孩子的社会化是不完整的，也体现了孩子自己对社会化的反应。

为什么文化上孩子与父母之间存在差异？一个原因是贝辛和维迪尔所假设的"不完美移情"可能不是对父母行为的全面描述。如果假设一个利他主义的效用函数可能更有说服力，父母若只从孩子们的角度来看待他们自己的幸福，则意味着他们为自己的孩子所选择的文化可能与他们自己的文化大不相同，特别是如果父母们后悔他们自己以前的文化选择时更是如此（Christopoulou，Jaber，and Lillard，2013）。或者，即使父母选择一个与自己文化特质相同的外人来代替自己社会化他们的后代，这里也可能存
39 在一个严重的委托代理问题，因为父母不能完美地监督孩子的社会化过程。

人们可能会认为，在现代，垂直传播相对来说已经变得不重要了。哈里斯（Harris，2009）在她著名的《教养的迷思》（*The Nurture Assumption*）一书中，积累了大量证据以证明在当今社会中，父母对子女的文化影响是有限的。她认为，证据表明，社会行为主要是儿童与其同龄人（即其他儿童）之间互动的结果，而父母在孩子过了蹒跚学步的年纪之后，对他们的影响并不大。虽然毫无疑问的是，儿童与其同龄人间的社会化是重要的，但哈里斯的观点只是故事的一部分。② 即使我们认识到孩子更多会被他们的同龄人同化，但他们能接触到的同龄人也多是由父母所选择的，虽然不是直接选择的（通过选择住宅位置和孩子的学校间接选择）。此外，同龄人们并不太能相互影响对方的道德和宗教价值观，以及政治观念，他们

---

① 2007年，美国教育部"全国家庭教育调查计划"的调查结果显示，约有150万儿童或2.9%的学龄儿童接受的是家庭教育。其中36%的受访者表示，他们选择家庭教育的主要原因是为了向孩子"提供宗教或道德教育"，另有21%的受访者对"学校环境"表示担忧，17%的受访者对学校能够给孩子提供的学习指导总的来说不太满意（US Department of Education，2008）。

② 在一篇著名的论文中，卡瓦利-斯福尔扎等（Cavalli-Sforza et al.，1982）的研究得出，斯坦福大学学生的文化特质与他们父母的强烈相关。他们一个重要发现就是，即使在看待一些事物上拥有较高相关性的家长与孩子，例如他们在宗教上的相关性能达到0.57，但他们对于"有争议的问题"（如星象和不明飞行物）的观点的相关性则要低得多。结论是，个体可以明确选择他们是否想要采纳其默认选项，或者想要通过水平传递或倾斜传递而获得不同的信念。

也不会系统地向对方传递技能和技术知识。孩子们似乎也不会从小伙伴那里学习到资本主义生产所要求的品质，例如守纪律、守时、自觉自律、尊重上级等。而且，技术变革需要的是打破常规的魄力，需要的是有人愿意提出一些不同寻常的新奇的建议。然而，正如哈里斯本人所强调的，儿童文化是高度一致的，不合群的孩子和造反派们都是异类，正所谓“冒尖的钉子挨锤敲”（Harris，2009，p. 158）。换句话说，文化是一个大量异质性信息的集合，但对经济发展来说最重要的特质可能仍来自父母和老师的垂直传递，其中相当多的特质在成年时期仍具有很强的可塑性，通过日常交流或是书面媒体还是能被劝说而发生改变的。

无论如何，在现代，国家也大踏步进入了社会化的过程之中，有一部分甚至在与父母竞争。儿童社会化被认为具有重要的外部性，因此国家引入了义务教育和服兵役的概念，至少从某种程度上给孩子们灌输了一些国家认为孩子需要具备的文化元素。这种社会化过程扩展到了文化下的每一个子集：信仰和知识（科学教育传播了一整套关于地球运转模式的客观知识）；例如读、写、算这样的必备技能；价值观（如宗教或意识形态信仰、民族主义以及对国家主导政治话语的忠诚）；兴趣和偏好（例如音乐、艺术
欣赏、反吸毒教育）。政治社会化往往不能很好地完成其目标：美国的天主 *40*
教学校培养出了一大批不可知论者。当然，在某种程度上国家在这方面取代了教会，并且国家也更强大，不留给人们什么其他的选择余地。

这里有一个例子：工业社会向儿童教授的一个特别的文化特质就是让他们关注时间、学会准时（Levine，1998）。这些偏好似乎都不是固定不变的，它们是通过文化扩散而传授并传承的，因此在不同的社会中可能会有很大差异。守时就是技术和文化因素相互作用而产生巨大差别的一个很好的例子。在供给方面，守时需要的是精确、廉价、无所不在的能够准确可靠的显示时间的设备；在需求方面，必须有足够的对于高度合作和监督的需求。两者在19世纪中期的西方世界的工业化市场经济中都存在，其结果是将对时间的管理（有些人甚至会说是暴政）渗透到了每个人的日常生活之中，人们甚至意识不到在没有时间观念之前，生活是怎样的了（Landes，1983）。1881年美国学校五年级的教科书为我们说明了社会化过程曾经是如何向孩子们灌输守时的重要性的。这本书中列举了由于缺乏时间观念而导致的各种失败和灾难，甚至有些不太符合史实的故事，例如书中说拿破仑在滑铁卢的失败就是因为他手下的一个将军耽误了时间（O’Malley，1990，p. 148）。

正如前面提到的那样，成年也并不意味着完成了对新文化和信息的接受过程。经常与他人互动的成年人也更愿意学习和听从劝说（包括简单的模仿）。因此，文化变革的速度取决于文化互联的程度，也就是他们与某一个

人有多少互动，以及他们与多少人有互动（Henrich，2009）。对于给定的人口规模，个体对他人的影响与他们通过社会互动所受到的影响是均衡的，这些联系“强”，则通常意味着这一互动来自家庭内部；联系“弱”，则是和来自家庭外部的人的互动的结果（Granovetter，1973，1983）。

要看到这一点，我们需要做的就是假设创新是作为其他活动的副产品而产生的，因此也是随机出现的。一旦形成了某种创新，在一个简单的模仿模型中，它的传播速度就取决于社会中是否可以观察到或是找到一种别的方式来改进技术的其他成员的数量。在这个模型中，技术进步的速度取决于两个参数：一个人意外研究出发明的（给定的）可能性，以及与这一个人有关联的人数。亨里奇（Henrich）指出，相比于一个人能制造出一个
41 发明的可能性，这一结果（有多少人最终使用了新技术）对于这个人有多少社会关系要敏感得多。

事实上，亨里奇的模型仍然忽略了技术变革中互联性程度的重要性。互联性对技术来说十分重要的主要原因是因为发明创造大多不是意外事件。发明出现的概率与支撑它的认知基础有关，也就是说，与理解使得这项技术出现的相关自然规律和现象有关。有些发明要求发明人对其背后的科学原理具备相当广泛的知识储备——核反应堆的研发显然不是偶然事件。确实在很多其他情况下不是这样，但通常也需要一定量的知识储备。[①] 即使许多发明并不完全依赖于已存在的科学知识，财富喜欢的也是“有准备的人”。持续的进步要求的是有关技术的一个更广泛的认知基础，使得技术发展的过程更快、更有效率，并更好地避免踏入死胡同或是不停地做无用功。[②] 发明人可以通过各种社会关系来获取这些知识，例如咨询或雇用懂得这些知识的人（如爱迪生所做的那样，他就为他在门罗帕克的工场聘请了不少之前已接受过培训的专家）。因此，亨里奇所描述的现代社会中的互联性程度包括了很多可以决定有用知识获取成本的因素；因此它不仅影响了创新的扩散速度，还影响了创新本身出现的速度。

此外，亨里奇所描述的互联性还暗含一个假设，即文化特质的典型传播过程通常在一对一的基础上进行。然而，人们很容易就会发现，信息传

① 一个经典的例子就是18世纪蒸汽机的发展；蒸汽机的运作原理，如何运作，是什么让它能够高效作业，这些知识直到19世纪20年代之前其实都没有被人们完全掌握，但有关大气压力和蒸汽在压力作用下的反应等知识对于制造蒸汽机来说是必需的。很多关于蒸汽机的知识是人们在实际操作和实验中获得的。

② 此外，更广泛传播的以及更便捷获取的技术知识加速了技术发展的速度，因为很多发明都涉及其他技术元素，或者借鉴参考其他很不同的技术。关于已经存在的其他技术的知识，假定创新者们可以从他人处学会这些知识，这样，创新进程中的很多障碍就被铲除了，创新出现的速度也加快了。

播可以采取一对多的形式，单个来源可以将信息传输给许多接受人；也可采取多对一的形式，单个个体可以从多个来源接受不同的信息（Cavalli-Sforza and Feldman，1981）。支持一对多传输机制的技术的兴起应该是显而易见的，电子通信（推特和博客就是两个最近的例子）大大扩展了印刷品和广播在之前所起到的功能以及它们的传播范围。

基于选择的社会学习所需要的沟通技术依据的参数对现代技术的发展 42
至关重要。因此，交通和通信技术也是具有深刻的历史意义的，因为它们决定了获取知识的成本。1500 年后的文化创新，从宗教改革到哥白尼天文学问世，再到微积分的出现，都是依靠印刷技术、更好的邮政服务以及水陆运输方式的改良，才最终得以出现，并在全球范围内传播的。但制度也是重要的。一个重要的发展是科学和思想协会及学院的兴起，这使人们可以互相交流各种有用知识。虽然这些机构中的少部分在启蒙运动之前就已经出现，而到了 18 世纪下半叶，它们才开始真正兴起，各种正式和有组织的学术机构层出不穷，成为在英国被称为“社团社会”（associational society）的一部分（Clark，2000）。在这里，商业和技术精英可以会面，互相交流有用知识；社会团体的会员人数大量增长就是体现亨里奇“互联性”思想的一个很好的例子。①

互联性的程度本身就部分取决于文化，即人们与其他人交往时的偏好以及他们认为有用知识应该被广泛分享及传播的这样一个日益增强的信念。启蒙社会本能地认识到，这种知识是非竞争性的，因此传播有用知识就是改善社会的方法之一。然而，互动同样也是技术的一个功能，从更好的邮政服务到改良的路灯，再到电报和电话的进步都意味着人们能更快捷地接受信息，并有更便捷的渠道享受到创新的成果。这一模型的预测是，在 20 世纪后期通信技术的爆炸将导致技术进步加速，因为无论距离有多远，社会互动和信息交换本质上都是无成本的。

① 其实大多数协会与经济史学家们所热衷讨论的科学与学术协会截然不同，例如当时流行的有：政治团、乐队、美食美酒团、咖啡馆常客团等。

第五章　文化进化中的偏见

43 将文化进化的丰富性作为理解历史发展的工具，首先是由两位生物学家伊娃·贾布隆卡和马里恩·兰姆（Eva Jablonka and Marion Lamb，2005）在他们的研究中提出的。他们辨识出了进化中的四个维度，认为文化特征通过生物的和非生物的两种方式世代相传。四个维度可以被归结为两个方面：生物性传播（通过基因或通过表观遗传传播）和通过学习文化元素的文化传播（通过模仿或是符号传播）。我在这里想到的这种影响了早期现代知识分子们的文化进化模型，大部分都是属于贾布隆卡和兰姆“第四条腿”中的一部分，知识分子们通过信件、出版物和会议等这些能够影响参与者的信念和信息的方式，互相交流、增进沟通。

贾布隆卡和兰姆所描述的多种进化机制的力量在于，它们允许生物进化和文化进化在基因和文化的共同进化中携手发生。长期以来的人类历史显然受到这两者的共同影响，但是当我们越关注这几个世纪而非这几千年来的历史时，文化因素就显得越重要，而生物选择机制则显得有些无关紧要了。变革发生得太快以至于我们无法纯粹认为它们都是由于基因变化所造成的。同样，我们也有理由相信，相比于只通过繁殖率不同带来变革的达尔文主义模型中所暗示的缓慢的遗传漂变，基因变化的速度可能更快。①

44 近来关于进化与人类文化的研究并没有都建立在一个对文化变迁如何

---

① 表观遗传机制最近在人类族群中其实比人们所认为的更加重要，它可以为经典的遗传选择所不能带来的人口快速变化提供一个新的解释（Spolaore and Wacziarg，2013，p. 25）。最近的研究发现，纯粹的达尔文式选择其实可以以比人类所假设的更快的速度运作。一种名为HIF的基因被证明在中国西藏的高原人口中变成了固定基因，它能够防止高原人口的血液增厚（这是低地人在高原地区移动时通常会出现的反应），以使高原人口能够更加适应高原环境。参见西蒙森等（Simonson et al.，2010）和尼尔森等（Nielsen et al.，2010）。

发生做出非常详尽和可实验的描述之上，但显而易见的是，纯粹依赖于不同繁殖率的简单的达尔文主义模型，其本身并不能解释西方世界中的文化和经济变革。有些学者提出，“拉马克式”这个术语在这里很适用，因为个体后天获得的文化进化特征是可以被保留且传递的。然而，霍奇森和克努森（Hodgson and Knudsen，2010，pp. 64－65）指出，这是人们的一个误解，因为达尔文本人从未否认过后天获得的表型特征可以被传递这一点——这一后天获得的性状不能遗传的见解是由达尔文之后的遗传学家魏斯曼提出的。因此，在某些方面，文化的动态与传染病类似，不仅仅因为它们内部都存在着不同的存活率和繁殖率。与生物进化中发生的现象不同，文化选择不是自然支配的，更多是靠意识支配的。问题在于，在获得文化性状的过程中会发生什么，以及人们是如何做出选择的。

经济学家经常假设的理性，甚至有限理性的优化过程，在人们做出一生一次的或只有几次的选择（或根本不选择，只是坚持他们社会化时所默认的初始文化特征）时似乎并没有什么帮助。不过他们也并非是进化生物学无意识的复制者。相反，我们正在研究的是一个处于这两种机制之间相当微妙和复杂的过程。用鲍尔斯（Bowles）的话来说，他们是“适应性施动者”，他们在接触到新的文化变体时会先了解、学习它们，再通过各种标准衡量选择是否采纳它们（Bowles，2004，p. 60）。从这个角度来分析历史更适合我们现在研究的问题。

智力创新是受过教育的精英们的菜单中的新选项。然而，这些人为什么以及如何被新的信息、想法、信仰和价值观说服？在 1500—1700 年间，很多种类的发明和创新出现了。它们中的有些是关于物理环境的新信息、新的数学概念和新技术的，有些则包含了新的宗教或哲学思想，还有人在思考一个“好的社会”应该是什么样子的。如果它们被认为是具有足够吸引力的（意味着它们代表了在某些环境中的改善），那么它们在进化意义上就是“适合的”，并会以基于选择的文化进化的方式传播，率先接受了这些新思想的个体会劝说他人加入他们的行列。

这个选择适用于我所定义为“文化元素”中的所有三个主要类别。例如，偏好通过艺术、音乐、服装甚至人体的流行趋势而改变。同样，价值 45
观的变化也是如此。有时候，它们以难以察觉的缓慢速度改变，而有些时候却迅速得多，快速激烈到与“革命”类似，例如 16 世纪加尔文主义的迅速崛起，或是 17 世纪下半叶宗教宽容的流行。关于这一物理的可见世界是如何运作的信念，有时可能仅仅因为人们所采纳的“实验”的修辞标准不同而发生急剧变化。亚里士多德认为真空不可能存在的观点被一系列无可辩驳的实验和观察证明是错误的，证明木星卫星的存在也经历了同样的过程。

这些实验并不总能很好地滤除大多数被认为是错误或迷信的信念。知识和信仰可以是“密封”的，也可能不是。“密封”信念的含义是，大多数人以高度的确定性相信这些信念，由于大多数人都依赖它们，所以它们也不需要被验证。今天只有极少数人还坚持托勒密宇宙体系，认为吸烟对身体无害。然而，许多其他信仰是“不密封”的，仅仅是因为我们提出有说服力的证据（即满足我们这个时代的修辞标准）的能力有限。在早前的社会中更是如此了：世界是由某种微粒子物质所组成的？地球上所有的物质都是由它组成的吗？什么是热量？它与燃烧又有什么关系？人们发烧的原因是什么？一种物质可以转化成另一种物质吗？上帝有意识吗？结果就是，文化进化往往会产生各种各样的思想，它们彼此间既不相容，矛盾又无法调和，在能够更好地验证竞争观点正误的方法出现之前，这些争议都无法得到解决。

说服他人接受新思想和传播新思想取决于许多因素。一个看似不容置疑的因素是当知识是有效的时候（即当基于这种知识的技术或预测都是有效的时候），信念可以迅速改变。一旦人们看到飞机飞行，他们就会接受比空气重的物体也可以克服重力作用这样一个陈述性命题，附加接纳这一原理背后的航空物理学。一个典型的例子是在 19 世纪的最后 30 年中，关于传染病的扩散原因和模式的一套信念的传播。一旦人们证明可以杀死细菌的某些特定行为可以降低感染率，那么就很少还会有人怀疑传染病是由微生物引起的这一命题。从纯粹的逻辑观点来看，这可能会导致假言推理的谬误，因为很有可能的情况是，一种技术很有可能以一个错误原理为基础但仍能发挥作用。如果人们认为沼泽地造成了空气污染，之后又导致疟疾出现，则在疏干沼泽后疾病也消失的现象似乎就证实了疾病传播的瘴气假说。但这一推论是错误的。

检验知识并使得其被接受和成功传播的修辞标准本身就是受文化进化
46 影响和制约的社会习俗（McCloskey，1985）。论证这些命题在被证据支持之后被人们接受并没有什么意义，因为我们必须具体说明“支持”的真正含义，以及哪种证据是可采信的。一个“证据”被定义为历史上圣人所支持的观点的社会，和一个认为“证据”必须通过实验才能获得的社会是截然不同的，不过后者也必须确定究竟怎样的实验设计是被允许的、是合理的，又是哪些结果可以被认为是有决定性的。当一个统计学检验的回归系数远大于其被预测的标准误，则代表在某一个显著性水平上我们不能拒绝这个假设的情况下，它在什么时候可以被认为是有说服力的？并且不能拒绝这一假设是否代表它就是真实的，或至少是可信的？也许我们最多能做的不过是为一个命题赋予其可能真实的主观概率，尽管某些概率可能明显就等于 1。

文化进化有不同的研究方法。最极端也是最受欢迎的方法是由理查德·道金斯最先提出的。这个方法将文化进化类比于遗传学，遗传学中的经典复制者——基因，在这个方法中被“模因”（meme）所取代。苏珊·布莱克莫尔（Susan Blackmore，1999）进一步推进了这一概念，她认为模因是“自私的”进化复制者。在她看来，文化进化必须被理解为两种自私的复制者——基因和模因——相互作用的结果。与鲍尔斯和金迪斯（Bowles and Gintis，2011）讨论的基因-文化共同进化的概念相似，她认为世界是基因-模因共同演化的结果，人类只不过是这两种复制者的临时储藏室，在自己不知情的情况下成为它们的载体（Blackmore，1999，p. 235-236）。这种简化方法是否有助于历史叙述还有待观察。已经被多次指出的是，模因的问题在于，知识“复制”自己所采取的方式不只是基因复制自己的方式这样一种。事实上，知识被发送、被接收、又被解读（Sperber，1996，p. 101-106）。重要的是接受者能否被说服，他们是否会选择接受某个文化信息，并将其加入他们自己的信仰或偏好组合中。他们决定接受，可能是因为这一新知识被认为是正确的，因为它与他们已有的倾向或各种其他标准是一致的。基因的接收者没有这样的选择权利。

再从历史上说，人们从文化菜单中做出选择，但我们很难确定他们是如何以及为何选择某个项目的。不过，我们可以追溯到的是谁编辑了这份菜单、为什么是这些选项而不是那些选项、每个选项又有多大吸引力。当经济学家研究做出选择的个体时，他们倾向于将他们都放置于某种优化框架中。不论是在静态还是动态的框架下，受制约的选择最终构成了经济模型中的基本要素。可以说，文化选择是很难适应这一框架的。一个人是如何决定他要成为一个马克思主义者？选择相信进化论？选择喜欢泰国菜？

关于文化的经济意义的文献数量庞大，文化多元性被琼斯（Jones，2006，pp. 31-51）很恰当地用“既具流动性，又具黏性”来形容。其中的
一个方法完全出自唯物主义考量：文化适应于其所处的经济环境。人们真 47
的是因为这些文化因素与他们的经济利益是一致的才选择了这些信念吗？历史唯物主义断言，当经济条件成熟时，适当的文化将以某种形式出现，这是一个根据实际条件而会产生的必然结果，人们也会选择符合他们物质利益的文化。强大的非人格力量决定了结果，人类自身能做出改变的空间很小。在最近一本涉猎广泛的著作中，伊恩·莫里斯（Ian Morris，2010，pp. 476，568，621）反复强调，每个社会都“会获得它所需要的想法”，并且赞同一种“地理的，而非人类”（maps，not chaps）* 的历史观（p. 427）。但这个观点并不完全令人满意。是什么决定了这些需求？又是什么保证这

---

* 不确定此短语应该如何翻译，但莫里斯强调的是人类的命运是由地理环境所决定的，所以我将 maps 翻译为了地理。——译者注

些符合需求的想法真的能出现？如果社会中不同阶层或阶级有不同的需求，或是他们不同意这些需求呢？相比之下，文化决定论者则认为文化包含了“几乎所有的事物”，它决定着社会的经济命运（Landes，2000）。这个观点提出了让人们更难回答的问题，为什么一些社会获得了与其他社会完全不同的文化信仰？为什么一些文化特征比其他的文化特征在社会上持续的时间更长？这一观点也忽略了思想和实际状况是相辅相成的可能性。“正确的情况”可能因为缺少必要的想法就错失良机而无法出现，而一个好的想法可能又因为需要的条件没能得到满足，也只会陷入毫无用武之地的境地。[①]这似乎是一种不符合史实又过度简单化的表达文化选择的方式。但如果不采用一种最大化的框架，我们又应该如何看待这些选择？社会生物学家和进化心理学家提出了一种功能主义的方法。许多文化特征是在人类还处于漫长的狩猎采集的原始社会时就被选中的，这些特征需要做出调整和改变，否则它们就只会与现代社会的需求相冲突。在一个瞬间就能做出决定的环境中，人类的大脑为了生存而出现的进化是至关重要的（Cosmides and Tooby，1994）。然而，文化选择通常不会在几秒钟内完成，它们也很少涉及立即就能决定生死存亡的问题。

认识到工业革命中的技术及其后续发展，以及支撑它的命题知识都是受制于进化力量的文化现象，是理解现代经济增长的关键。技术型或指令型知识，是一种需要意会的知识，个体通过教导对方如何制作、如何服务，
48 使这些知识得以在不同个体间传递，从音乐课到工厂学徒制都是如此。当然人们也会教授作为技术的基础的命题知识（科学），虽然通常在不同的环境下，也不总是教授给同样的一群人（尽管所有的工程师和技术人员都需要接受数学和物理方面的培训）。命题知识几乎总是以某种特定的方式来编写。这两种类型的知识都允许世代之间的垂直、水平和倾斜传递，也正因如此，其改变的速度或快或慢，甚至可能会受遗传漂变限制而变得停滞不前。然而，像贾布隆卡-兰姆的世界中多个进化过程相互叠加的那样，指令知识和命题知识的进化，可以通过多种方式互相影响和互相补充，而最终成为爆炸性自我强化式的正向反馈动力（Mokyr，2002）。

那么，早期现代欧洲的知识分子究竟是如何决定从文化选择菜单中选出一个与初始选项不同的选项的？基于选择的社会学习或文化进化受到了理查森和博伊德所说的“偏见”的影响。他们所说的偏见是指文化选择是

① 约翰·斯图尔特·穆勒（John Stuart Mill）很好地表述了这种情况，尽管是在一个不同的语境之中：“思想，除非外部条件能与它们协同发展，否则它们在一般的人类事务中并不能产生快速或直接的效用。而人们可能会错过最有利的外部环境，或是无法展现环境的有利，只是因为缺乏适合它的思想。但是当正确的情况和正确的想法相遇时，它们所产生的惊人效果就会很快地显现出来了”（Mill，[1845] 1967，vol. Ⅳ，p. 370）。

遵循某些可识别的模式所进行的，使得人们可以做出对文化元素的选择（Richerson and Boyd，2005）。当一个孩子或一个成年人被暴露于一个与他的父母所给予他的选项极为不同的文化菜单的情况下，他越能从这个不同的菜单中做出可信的选择，这种偏见就越重要。

偏见的类型和等级取决于文化传播中的技术参数及其文化和制度结构。如印刷品、义务教育，以及通过互联网和社交媒体进行的大众传播等技术发展都明显影响了这些偏见的重要性和力量。有时候，即使是通过倾斜或水平传播，父母的文化也会在孩子身上被复制。如果父母选择了与自己很相似的老师，或者他们身处的团体中人与人之间的差异很小，那么偏见的作用可能相当小。例如，在 1970 年以前的以色列基布兹农庄或极端正统的东正教社区，每个孩子的父母都是这种同质文化的代表，所有孩子的社会化也都是同质的。

我们可以区分出各种不同的偏见。这些偏见也可以明确地被分为以下类别［主要基于理查森和博伊德（Richerson and Boyd，2005）的论述］。

基于内容的偏见：根据文化变体的内在性质和内容，人们会选择与父母所传递给他们的不同的文化变体。然而，人们是如何评估内容的？知识是如何被证实、被合法化、最终被接受的？如果这个新变体是对事实的陈述，那么他们依赖证据而判断这一陈述的做法确实是合理的，但如上所述，他们如何解读证据、何时认为证据足够支撑事实，其实都是社会所采纳的修辞标准在起作用。人们被看起来无可辩驳的新事实所说服［他们有时候也试图忽视这些新证据，如贝纳布（Benabou，2008）中所说的］，或接受新的有说服力的理论。此外，如果文化信仰产生了人们可感知到的结果 49
（例如成功的技术被发明），那么这就可能会产生“结果偏见”（Shennan，2013）。马克思主义和进化论是 19 世纪下半叶出现的新颖的文化变体，它们说服了许多人在新一套信仰的内在逻辑及其符合事实的基础上改变了自己原先的信仰，并让他们根据新的理论重新解读了自己的环境和生活。对于他们来说，马克思主义或达尔文主义是真实的，也是值得追求的。

然而，在许多情况下，当知识是不密封的或更难评估时，某种信念可能不会是在人群中固定存在的——讽刺的是，这就是进化论的命运（达尔文的理论仍存在很大的争议，在 1859 年《物种起源》出版数十年后仍争论不断）。缺乏密封性往往会导致难以预测的知识分布：几乎所有美国人都不相信地球是扁平的或传染性疾病是由瘴气引起的，但不是所有美国人都相信进化论的存在。[①] 有神论信仰是一个内在并不密封的信念，它的分布非

① 2009 年盖洛普民意调查报告指出，39％的美国人相信进化论，而 25％不相信，36％的人无意见。如预期的那样，相信进化论的受访者的比例随着他们教育水平的提高而升高，并随着去教堂的频率提高而下降。

常多样化，而美国无神论者的数量远远少于欧洲。真正说服人们相信某个信念正确与否的，在某种程度上取决于支持这一信念的信息的种类。如果它准备好了接受被认为程序合理的检验（例如，在大样本上进行的双盲试验），并且这一信念本身是容易理解的，或（如上所述）如果它支持了某种已成功的技术，则人们就可以预期此时内容偏见会指导人们的文化选择。

直接偏见：所有社会学习的核心特征都是，社会会指定文化权威作为一种成本节约型的信息传递方式，因为文化权威可以对他人的文化信仰产生很大影响。这些权威在宗教环境中特别重要（如牧师），在现代社会中他们也处于中心地位，像科学家和医生等专家就可以帮助他人决定什么信息是真实的，什么信息是道德的。之所以如此，很明显是因为社会知识依赖专业化分工，因为知识总量实在太大，一个人的思维根本无法理解所有的知识。外行人往往无法理解那些复杂的社会过程和物理过程，可是关于它们的信息可能对于指导某些重要行为来说非常重要。人们可能需要用精妙的统计学模型和复杂的实验设计来辨别区分一些重要的假设，例如某些食物对人类健康或是对犯罪原因的影响。特别是对于命题知识来说（人们
50 当下使用的技术的原理知识），文化权威与知识分工都是不可或缺的部分，因为只有通过专业化对知识进行精细的分工，这些知识才能有效地发挥作用。卡瓦利-斯福尔扎和费尔德曼（Cavalli-Sforza and Feldman，1981，p. 62）认为有些文化权威恰好阐明了一对多的文化传播形式。并且在合理的假设下，这种传播形式与更快速的文化变革相关（Seki and Ihara，2012）。文化“权威”往往没有什么特殊的专门知识，却能以某种方式成为文化选择中的权威性或是焦点的来源。就像奥普拉·温弗瑞（Oprah Winfrey）或露丝医生（Dr. Ruth），尽管她们没有专业的资格或证书，但对社会的影响却很大。

在直接偏见中以权威为导向的社会学习过程要求社会解决三个大问题。第一个是谁有资格任命这些权威并监督他们的可靠性，以及谁又能任命这些可以任命权威的人，谁又能去监督这些任命权威的人。[①] 第二个是当专家们不同意某些做法时人们应该如何应对，以及如何在互相冲突的命题中做出选择。一个简单的规则是与大多数人保持一致（“多数专家现在相信……”），尽管这样做的缺陷也是显而易见的。直接偏见的第三个也是最致命的问题是，如果权威变得过于强大，当他们的影响根深蒂固时，他们可能会采取行动来具体化和稳固化他们的信仰，减少他们的竞争对手。这

① 通常，权威是由其同僚（即相关从业人员）任命的。这让人想起爱因斯坦的一句名言，“为了惩罚他蔑视权威，命运使他成为自己的权威，尽管这当然也属于一种完全正常的发展。”

样的行为使得文化未来的发展难以为继。一个开放和文化上活跃的社会的标志就是，所有的权威都是可被质疑的、可争论的，会受到不断的批判和审查。不论出于什么原因，当他们的观点与现实不符时，或者出现了其他疑点的时候，这些观点就可以轻松地被推翻。在 18 世纪坚持当时主流的燃素说的化学家们，被迫要求接受拉瓦锡（Lavoisier）和达尔顿（Dalton）所提出的能证明一个全新的化学学科的有力证据。也有化学家抵制这些新证据，但仅仅在一代人之内的时间里，这场战斗就结束了。一个世纪以后，在医学界为对抗瘴气理论也发生了类似的事情，结果注定是瘴气理论被细菌理论所打败。

一致性和确认偏见：除非有相对直白和明确的评价文化信念的方式，否则人们可能更愿意选择与自己已有的其他信念相兼容的文化变体，以形成一个和谐的整体。个人倾向于过滤掉与自己所持有的观念和成见相抵触的信息和想法。[1] 如果人们认为他们知道世界是如何运作的，他们往往会 51
给与自己看法不一致的证据的真实性打个折扣，或是非要鸡蛋里挑骨头，想要证明这些证据是有问题的。正如罗德里克（Rodrik，2014，p. 194）和其他一些学者在不同的语境下所指出的那样，对认知能力的限制意味着人们经常会扭曲新信息的含义和逻辑，以坚持他们自己已有的文化信念是正确的。因此，文化创新不论何时何地，永远都会受到抵制，这种抵制不仅仅来源于根深蒂固的经济利益，也来源于那些致力于保护现有的文化信念不受破坏的人们。

以进化术语来说，文化变体受多效性影响，也就是说，相邻的信念往往会一起出现。文化信仰大多成群产生。例如，那些坚持福音派的美国人通常也认为大范围持枪是可取的、婚姻应该只局限于异性夫妻、气候变化不是真的、大规模的联邦再分配政策是不可取的，虽然逻辑上这些信仰并不都明显相关。即使面对与他们所持信仰相矛盾的强有力证据，人们也会试图去诋毁证据，抱着无所谓的态度忽视它们，坚持他们所认定的权威观点。因此，例如对物种进化提出新观点的达尔文主义就对某些群体的文化信仰产生了深刻的（和意料之外的）后果。许多人根据它的价值来评判它，

① 认知科学家已经证明，人们对于能够确认已存在的信念的想法普遍存在一种偏好。像这句话所说的那样，“人们倾向于寻求他们认为能支持他们所偏好的假设或自己已有的信念的信息，并以偏向于这些假设或信念的方式来解读这些信息。相反，他们往往不会去追求，甚至可能会避开那些会反驳这些假设和信念的信息，或是支持其他某种对立假设的信息”（Nickerson，1998，p. 177）。另见，沃森（Wason，1960）、亨里奇（Henrich，2001）或者里昂斯和鹿岛（Lyons and Kashima，2001）。人们的心理直觉是，有相同模式化概念的信息，而不是不同模式化概念的信息对于个体来说更容易接受，因为它更容易被理解，也更有可能被认为是真实的。

但也有些人只是因为它与他们的其他信仰相冲突，便拒绝接受它。这种一致性偏见使得知识系统变得稳定和保守。

在历史上，特别是在1500年后的西方，这一效应还没有强大到足以使文化陷入停滞的境地。当一个受过教育的精英愿意自己来考虑新信息时(不一定只基于单一的内容偏见)，这一新信息可能就会克服确认偏见，让人们接受关于宇宙、生命或其他核心问题的全新观点。

基于榜样的偏见：文化进化学者早已认识到，大量文化学习的特质是通过模仿而发生的。榜样所持有的信念看起来是更值得模仿的，而这些信念也创造出了一个人们可以追随的范例，因为这些特征与被认为是可取的其他特征相关联。在这里，问题不仅仅是选择什么样的文化特质，而且在于选择哪些人是值得被模仿的。显然，社会化的一部分就是儿童模仿他们在长大过程中所接触到的直系亲属。除此之外，个人（或团体）还会观察社会中最成功和最有声望的那群人所持有的文化元素，并将这些人的偏好
52 和信念加入自己的文化组合之中。选择值得模仿的榜样的其他因素可能还包括年龄和与自身相似的程度，例如，哥哥和姐姐也是通常会被模仿的榜样。在过去，这种直接的偏见往往与多数人想要效仿的政治权威或是有高贵出身的人相关。在早期现代社会，上流社会赞助，有时也参与某些智力创新活动的做法，提高了这些活动的社会声望，也增加了这些创新成果的可信度。在当今社会，成功的电影或体育明星也成了一些产品和行为的代言人，商家希望，他们身上一些与这些产品无关的优良品质可以鼓励其他人采纳他们所代言的偏好和文化信仰。

修辞偏见：通过劝说也可以给予他人偏见。一些极富个人魅力和说服力的个体很善于说服别人相信他或她所持观点的正确性。商业广告和宣传运动都是修辞精准的尝试说服他人相信某些文化变体（可以是信仰、价值观或偏好）的行为。这种劝说行为通常以内容为基础，但更注重于形式。在许多情况下，新想法能取得成功，不仅是因为它本身的内容，也是因为它的框架，即它是如何被表达出来的。① 人们通常用“优雅”来形容理论和命题中的美学设计。修辞偏见可以由提出者，或是他的追随者们创造出来。因此，例如，加尔文主义被广泛传播，不仅仅是因为让·加尔文(Jean Calvin）的说服才能，而且因为他的追随者约翰·诺克斯（John Knox）和吉多·德布利（Guido de Bres）的努力。亚当·斯密教义的扩散，也与他在爱丁堡大学的追随者杜加尔德·斯图尔特（Dugald Stewart），一

① 一个例子是1858年佛罗伦斯·南丁格尔（Florence Nightingale）制作的著名的“玫瑰图”(或“鸡冠花图”)。她当时使用玫瑰图以说明克里米亚战争期间斯库塔里医院卫生措施的有效性。正如一个当代评论家所说，“她意识到，关于公共卫生的真相至关重要，而不能只用单调枯燥的统计数据来表达。它需要被唱出来”(Harford，2016，p.17)。

位极有影响力的老师有很大的关系。马克思主义的传播，也有赖于如列宁(Lenin)、葛兰西（Gramsci）等有影响力的人士。

频率依赖偏见： 人们通常倾向于仅仅通过确定他们周围大多数人所相信的理念来决定自己选择的文化信念。这种偏见的经济逻辑与直接偏见相似，假设其他人接受某一新的文化变体是因为他们已经验证过了这一变体，从而节省自己获取信息的成本。在某种程度上，频率偏见出现是为了规避不一致者会被社会制裁的风险，当然，不信任多数人所持有的传统思想的人也可能会伪装他们的偏好（Kuran，1997）。但不同制度在对待文化变体的方式上也有所不同，有些制度会迫害异教徒，消灭创新者；有些 53
制度则追求自由的百花齐放的政策。在这个意义上，文化选择是自反的。多元化是一个重要的文化价值观：对不相容的价值观和信仰能否宽容相待，能否给予新的文化因素——无论它们听起来多么荒唐——一个能在思想和价值观市场中公平竞争的机会，这本身就是一种需要被广泛接受的价值观。当文化（包括宗教）宽容和言论、思想自由的信念本身以及它们所暗含的制度（例如美国《宪法第一修正案》）还不够盛行的时候，如果某一社会具备了这些条件，那它们就能给这个社会带来极大的经济价值。因为这就能为这个经济体吸收很多富有创造性和丰富社会关系的宗教和政治难民。[①] 荷兰及后来的英国和美国对犹太人和非基督教徒的宽容，对其自身经济发展都做出了巨大贡献，特别是在高技能制造业和金融服务业上。

如果仅在一个方向上发挥作用，那么一致性偏见将倾向于产生同质化。然而，一种反常的频率依赖会在一个“反常”团体中由于其成员“叛逆”或是反社会的行为而出现，特别是当这种叛逆行为并不会受到严重惩罚的时候。在比辛-维迪尔的研究框架中，频率依赖偏见被引入，因为父母只能选择自己社会化孩子，或是让他们在社会中随机选择的其他个体来完成孩子的社会化。这里的随机性似乎不那么随机：正如已经指出的那样，父母很可能会选择另一个与他们持有相同价值观的人，但是由于代理问题，传播错误发生的可能性更大。此外，当与同龄人接触时，孩子们会受到一致性偏见的影响。然而，在一个少数人的小团体中，叛逆偏见也会出现，当然，这样一个叛逆小团体的成员也很有可能会创造出一个最终将大大增加传统智慧的可信度，抑或是推翻传统智慧的新发明。艾伦·图灵（Alan Turing）就是一个很好的例子。

---

① 奇波拉（Cipolla，1972，p. 52）指出，“几个世纪以来，不宽容和狂热主义盛行的国家将所有可能的财富形式中最珍贵的一种拱手让给了文化和宗教更宽容的国家：智慧的人类大脑……在 16 世纪和 17 世纪，英国、荷兰和瑞典之所以成功，很重要的两点就是不断引入有智慧的人才，以及对新观念的高接纳度。令人很高兴的是，付出宽容是有所回报的。”

合理化偏见：对现有制度的合理化可能会促进，也可能会抵制文化变革的出现，从而使制度产生出对文化的反馈。人类社会存在着一种内在趋势，即内化现有的社会习俗、规范和社会规定的规则，并将它们与其理想
54 的价值观联系起来。假设法律或社会规范规定要处罚某种行为。这种惩罚最终可能会导致某种行为看起来是不可取的，仅仅是因为这种行为与处罚相关。“犯罪”是对制度规则的破坏，而“罪恶”则是对道德的侵犯，是违反了文化信仰的。在试图合理化某种制度的情况下（如果想要惩罚一种行为，必须要存在一个合理的理由），制度就会被投射于道德之上；或者父母在社会化其孩子的过程中，想要灌输给孩子罪恶感的价值观，教导他们某些行为会违反法律的时候，制度与道德也会被联系起来。父母教导其子女犯罪是罪恶的，以降低他们因为触犯规则而被惩罚的可能性，这种做法是理性的。例如，“不要杀人”这样的规则，既反映了法律规范，又反映了道德要求；而犹太教的饮食规定以及美国的大麻法规则都是道德嫁接于规则上的例子。曾经被禁止的行为现在变成了禁忌。有些人甚至在自己独自吃饭的时候也会按照严格的用餐礼仪吃饭，只是因为他们将右手持刀、左手持叉的规则内在化了。将制度和习俗内化至偏好之中可能会相当不稳定，除非它们能得到某些更深层的道德或其他知识的支持。因此，单独用餐的人最终可能不会遵从那一套正式的餐桌礼仪，但是出于卫生考虑，他们在吃饭之前还是会先洗手；父母也不会像警告孩子不要服用诸如五氯苯酚（PCP）或甲基苯丙胺等物质那样严厉地警告他们不要吸食大麻。

强制偏见：在一个高度专制或强制性的社会中，文化信仰可能会被强加于人。如上所述，没有任何一个政府或宗教权威能够强迫人们真正相信某些命题，而只能让他们假装好像他们真的相信一样，这就可能会造成偏好伪造，以及格里夫和塔德利斯所说的“隐蔽道德”（Kuran，1987，1997；Greif and Tadelis，2010）。总体来说，这些强迫人们相信某种理念的计划是不稳定的，甚至可能会导致对于这一理念的信心崩塌，例如极权主义国家倒台之后，支持它的意识形态思想也会垮台。然而，虽然强制政权不能控制人们的思想，但可以控制和操控倾斜和水平的传播机制（学校、教会、媒体），从而试图影响人们的信仰，推行所谓的政治和意识形态社会化。专制政府也可以逮捕它们所知道的持不同政见者，或强制他们出境，从而试图使该国信仰分布同质化。在柏林墙建成之前，民主德国就施行了这样的政策，但从长远来看，这些政策是无效的。关于这种对于价值观的压迫和强制真的起到作用的历史证据是杂乱的，从法国的政治革命就可见一斑。但显而易见，政府控制的实体，如学校和军队，可以在人们身上复制社会
55 化中的某些要素，包括守时、律己、克制欲望、遵守法律、勤奋工作、相

信技术的力量等信念。①

突出事件偏见：高度戏剧化和破坏性的事件可以通过强大的框架效应对文化产生间断性的影响。像黑死病、纳粹大屠杀或“9·11”这样的灾难，都通过它们自身对现有信仰的强大冲击，改变了人们现持的意识形态和信念。这些突出事件对于政治意识形态和与国家角色相关的社会“价值观”领域来说尤其重要。自由市场戏剧化的大失败给国家干预的经济模式带来了更多的支持（如 20 世纪 30 年代大萧条时期在工业化的西方所出现的那样），而苏联计划经济的失败又增加了在受其解体影响的社会和与其竞争的社会中支持自由市场经济的思想的产生和流行。②

偏见不应被视为参数给定型的变量，它们是随时间变化的，是具有历史偶然性的。例如，内容偏见在很大程度上取决于修辞标准：什么能被当作证据，或至少是什么能让它们产生足以让人信服的感觉。在数学、天文学、医学和植物学中，可接受的证据类型在现代早期发生了巨大变化：在思想界，实验证据、数学化、在数据中寻求实证规律的归纳方法越来越处于核心地位。正如夏皮罗（Shapiro，2000，p. 106）和伍顿（Wootton，2015，p. 251－309）所强调的那样，在 17 世纪，曾经被认为是“事实”的事物发生了极大变化，而真理（verum）和事实（factum）之间的区别也被削弱了。科学观念越来越多地被人们从一种合理性的角度来看待，通过它们是否具备足够的证据来判别其价值，而不是通过它是否与古代经典著作中的观点相一致来判断。自然规律是上帝制定的法律，我们需要做的就是发现它们。

这些偏见在早期现代欧洲是如何变化的？关于物理世界的所有理念都必须通过设计最精良的实验来验证。技术加速了这些发展：显微镜、望远镜、气压计和其他新仪器的出现，为充满好奇和怀疑的自然哲学家们开辟 56
了一个新世界。在新工具的影响下，知识分子们的思想开始改变。科学工具的出现及其传播又依赖于玻璃、造纸、造船、航海和制表业的技术发展。

---

① 最近关于纳粹政权对文化信仰的影响的研究表明，被灌输最多纳粹思想的群体相比于在其之前和之后出生的群体持有极为强烈的反犹太观点（Voigtländer and Voth，2015）。纳粹在灌输这些信仰方面的成功当然是强制偏见和修辞偏见的结合，也有可能包含一致性偏见。福伦达和沃斯（Voigtländer and Voth，2015，p. 7935）引用了约瑟夫·戈培尔（Joseph Goebbels）的著名声明，即“政治宣传只有在符合已存在的观念和信仰的情况下才能有效”。

② 一个有趣的研究这种破坏性事件对具有相对平凡历史的国家的影响分析，参见布鲁姆等（Broomé et al.，2011）。他们以瑞典为样本（以各式各样的证据为基础），并声称，“那些决定性的时刻将自己刻在了人们的脑中，特别是在时间发生时已经成年的人的脑中”。清除各种“主义”和某种政府类型的事件，并且使家庭受到伤害的事件，都可以使“一个人的生活和价值观”完全转向（Broomé et al.，2011，p. 31）。不过作者无法承诺他们能够预测这种变化发生的确切方向。

直接偏见的变化同样是戏剧性的：正如本书所强调的那样，古典文明及其圣典中的权威在这个时代消失了，他们被一批新出现的专家所取代。这些专家必须在同行中获取一定的声望，才能在知识金字塔的顶端获得一席之地。一个人要想成为权威、拥有特权，仅仅学习是不够的，他还要能为整个知识体系做出贡献。由于新技术的出现，修辞偏见和表达信息的框架也发生了变化：印刷机在当时发挥的作用与20世纪广播和电视的效用旗鼓相当。同时，书籍终于可以以本地语言而不是拉丁语出版也是一种强大的修辞手段，这使得从没接受过拉丁语训练的人们也能接触到各式各样的智力创新。在法国，到路易十四（Louis XIV）国王执政时期，用拉丁语写出的作品如果不被翻译成法语的话，那就只能落得无人问津的下场（Fumaroli，2015，pp. 63-64）。

第二篇
文化企业家与经济变革（1500—1700 年）

第六章　文化企业家与基于选择的文化进化

文化变革是如何发生的？为什么文化选择以及它们所产生的结果在不 59
同社会里有所不同？是否有人力施为的空间存在，如果有，那具体是什么呢？正如格雷夫（Greif，1994；2005，p. 269－271）所指出的，通常每个人都是依照他所认定的别人的想法是什么来做出自己的文化选择。然而也有例外，而且这些例外也很重要。如果你愿意的话，你可以想想胡克的“科尔特斯式军队”，这一小群个体不仅从一个给定菜单中为他们自己选择了一套文化特质，也增加了他人可用菜单中的选项。这样的个体可以被称为“文化企业家”，他们也是一对多传播机制的最终表现形式。这个术语与格雷夫（Greif，2009）所提出的“道德企业家”[1] 的概念类似。不过最接近的概念是由道格拉斯·诺斯（Douglass North，1981，p. 65）提出的“意识形态企业家”，他们发现了人们对世界的认识与人类和世界互动的实际经验之间的不同，并利用这一差距来宣传一种新颖的意识形态，或对世界的新解读。[2] 理查德·斯威德伯格（Richard Swedberg，2006）认为，我们可以从熊彼特的早期著作中提取出一个“社会企业家”的概念，他们都是“实干家”，在适当的时机将想法付诸实际。

---

① 格雷夫指出，“道德企业家是具有新道德观念的且试图寻求追随者的个体。当他们失败时，他们如果还能在历史书中出现的话，就会变成无政府主义者、反叛分子、假先知、邪教领袖和异教徒。但如果他们赢了，他们就是书写历史的人”（Greif，2012，p. 31）。林玛（Ringmar，2007，p. 96）也做了一个类似但有所不同的有影响力的人和企业家的类比。雷顿和洛佩斯（Leighton and López，2013，pp. 179－182）也在政治学上运用了这一观点。

② 正如维吉尔·斯托尔（Virgil Storr，2011）所指出的，诺斯的观念一直还不够完善，需要补充一些关于企业家精神的理论。

这里所提出的论点的精髓就是萧伯纳（Bernard Shaw）的《致革命者的箴言》(Maxims for Revolutionists，1903）中第124条准则所说的，“合理的人适应世界，不合理的人坚持让世界适应自己。因此，所有的进步都
60 来自不合理的人。”文化企业家可以被看作特殊而不寻常的样本，是进化变革的来源：他们不将他人的文化选择当作自己被给定的选择，而有意地想要改变这些选择。但他们在经济学上也被赋予了一个直白的定义。他们的功能与生产领域的企业家相似：他们都是“跳出盒子去思考”的人，拒绝将现有的技术或市场结构作为被指定的选择，而尝试着要去改变它们，同时在这一过程中他们自身也能受益。他们大多愿意承担很大的风险；是工作狂；极富人格魅力；当然也都很幸运。就像经济企业家那样，几乎所有的文化企业家对文化菜单上做出的改变都是极小的边际变动。然而，他们中有些人脱颖而出，对菜单做出了极为重要的明显改变；他们改变了存在于社会重要子集中的人们的信仰、价值观和偏好。

因此，我们可以将成功的文化企业家认为是一群在特定文化领域推翻了现存权威，创造出了对抗文化变体的个体：这是其中一种看待马丁·路德、亚当·斯密、卡尔·马克思和查尔斯·达尔文的方式。从文化进化模型的角度来说，文化企业家可以被看作第五章中我们所提到的一对多传播模式的典型例子。卡瓦利-斯福尔扎和费尔德曼（Cavalli-Sforza and Feldman，1981）指出，这种传播发生得很快，同时在减少人口内部差别的方面效用很大。文化企业家至少是一个协调员，也是一个创新者。他们协调不同信仰间的矛盾，创造出一套更一致的文化特质，并因此成为托马斯·谢林（Thomas Schelling）所说的“聚焦点”。因此，在马克思之前就已经有了很多类型的社会主义思想，而他的伟大成就是将这些信念统一、聚合在了一起，形成了一个高度一体化的学说。精神病学的知识结构在弗洛伊德（Freud）完成了精神病学知识体系的建立之前一直十分凌乱。有关历史上这些伟大的文化企业家的研究浩如烟海。单是研究亚当·斯密和弗洛伊德·西格蒙德的著作就不知道要放满多少书架，再加上关于更多偏小众的文化企业家的研究，如艾茵·兰德（Ayn Rand）、约瑟夫·熊彼特、米歇尔·福柯（Michel Foucault）和赫伯特·马尔库塞（Herbert Marcuse）等。人们可能会从这些书中发现这些作者们很爱一字一句地解析文化企业家们说过的话，仿佛这样做就能知道这些大师“真正想要表达的意思”。然而，由于我的目的是揭示文化变革是如何影响实际事件和结果的，所以我更关心的是人们从文化企业家那里提取和学习到的知识，以及他们是如何根据这些知识改变自己的经济行为的。

近年来，经济学家对一些有影响力的个体所采用的影响他人信仰和偏好的方式越来越感兴趣。格莱斯（Glaeser，2005）就已经展示了某些政治企业

家，或“讨厌的企业家”，是如何说服别人讨厌某些团体以让他们自己受益的。在一个非常不同的语境下，阿西莫格鲁和杰克逊（Acemoglu and Jackson，2015）表明，社会中重要人士的领导足以影响未来的社会规范变得更强 61
调合作或是更不强调合作（在普遍信任的意义上）。这项研究的重点在于这些施动者与他人之间的关系，以及信任与合作所产生的经济结果。我的兴趣则在于人们对自然环境的态度，以及他们为了自己的需求而理解和操纵自然的意愿。但在这里，我们还应该详细讨论一下“文化企业家”一词的概念。

历史到底在多大程度上是由“极少数人”所推动的，以及这些极少数人是不是不可或缺的，对这两个问题人们一直争论不断。大多数现代历史学家倾向于通过藐视“少数人的智力和说服力”来消除个体对历史进程的影响，并将文化变革强调为一个“现有思想的融合”，尽管人们也不禁会疑惑，这些有影响力的想法最初是在哪里形成的?[①] 相比之下，乔纳森·休斯（Jonathan Hughes，1986，p. 2）则写道：“忽视个体对历史发展的影响，就好比研究生理学，却不考虑器官和细胞对身体的影响一样。”今天的大多数经济史学家仍然会同意大卫·休谟的说法，“依靠极个别人而产生的事件，在很大程度上会被归因于侥幸，或是出于什么神秘且未知的原因；但因为大多数人而发生的事件，则可能常常由确定且已知的原因来解释”（Hume，［1742］1985，p. 112）。成功的企业家真的很重要吗？也许最安全的说法是，即使他们中没有一个人是真正不可或缺的，可他们就是与其他人明显不同，因为如果没有他们，历史的发展就会不同。尽管我们仍需讨论的是，他们到底给历史带来了多大的不同。

似乎毫无疑问的是，休谟笔下的“大多数”需要团结协作才能将所有的信念收敛到一个或多或少更一致的集合之中，这种协作至关重要。有时候，大部分的协作工作是留给那些建立起文化企业家的名声和知名度的信徒和追随者们去完成的（就像基督教的出现一样）。这些协调员不仅仅是更深层的历史力量的马前卒，他们自己本身也有极强的能动性。当这种能动性对结果而言变得重要时，我们就可以说历史处于一个分歧点，或是“紧要关头”了（Acemoglu and Robinson，2012），在那时，一些只涉及一个人或几个人的小事件或小决定，就可能将历史进程设置在一个不同的轨迹上 62
了。约翰·齐曼（John Ziman）等进化理论家所指出的一些罕见和不寻常的事件可能会在进化系统中产生层叠效应，就正是这里的这种进化机制。这些个体也正是莫诺（Monod，1971）所说的“偶然性”出现的原因。但

① 这一观点援引自罗文加德（Lowengard，2006，p. 6）。托尔斯泰在《战争与和平》（*War and Peace*）中有一句经典的话，“为了研究历史规律，我们就必须彻底改变我们所观察的主体，必须抛开帝王将相，而选择观察民众，虽然他们是无穷小的个体，但他们也正是这个社会的大多数。”

并非所有历史都是偶然：规则、规律和制约都构成了“必然性”的部分。

那文化企业家究竟做了些什么？他们的影响力大到可以改变足够多人的文化菜单，并且说服了这其中的大部分接受他们所提出的文化变体。被他们说服的人的数量必须足够大，这样才能明显地改变制度和人们的行为。当然到底有多少人会被说服，这就要具体情况具体分析了。像凯恩斯（Keynes）这样的文化企业家只需要说服相对较少的经济学家和政策制定者，就能对他身处的时代造成重大影响了。不过，希特勒（Hitler）就需要说服大批德国选民和其他公民。正如休谟所建议的那样，这些个体本身是如何想到这些新想法的，无论怎样分析都仍是不可知的，但通常这些新想法会建立在现有的但重点不明确的观念的基础上，并以更尖锐和连贯的命题或信仰体系来表达，也就随即成为了他们同时代的人所关注的焦点。在这个意义上，他们创造出了新的文化。

“企业家”一词也让人想起了“市场”的概念。基于选择的文化进化可以被认为是在市场背景下发生的。“思想市场”的概念并不新（Polanyi，1962；Stigler，1965；Coase，1974；Gans and Stern，2003，2007）。[①] 在这个市场中，人们试图说服大众相信他们信仰的正确性，以及他们价值观的优越性，并向不持有这些观点的人提供大量相关信息。[②] 文化选择不像经济学中的其他选择，因此“思想市场”的概念也不完全简单对应于其他市场。我们也已经在一些商品的买卖无法用价格表示的领域使用了市场的概念，例如“婚姻市场”和“政治市场”。但至少在婚姻市场上，选择一个伴侣的机会成本，在一夫一妻制的社会中是有明确定义的。在思想市场上，
63 采纳新观念的机会成本则没那么明确了。在某些情况下，就像婚姻市场那样，选择是明确的：一个人不能同时信奉天主教和犹太教，也不能同时既相信托勒密的地心说，又相信哥白尼的日心说。但在许多其他情况下，新概念与已有信念是不矛盾的，它们只是叠加在了一起。[③] 预算约束是明码

① “思想市场”一词在美国关于高等教育的讨论中很常见［例如，梅南（Menand，2010）］，并被美国最高法院用于《宪法第一修正案》中与言论自由有关的部分。

② 这个概念或许对于经济学家来说更为自然，但库克（Cook，2007，p. 411）描述了一个知识被完全商品化的世界。用他的话来说，知识在这个世界中被生产、积累和交换。哈贝马斯（Habermas，1989，pp. 36-37）在讨论了启蒙运动中大部分思想的发源地，即非正式的公共团体的兴起时，也谈到了一个“市场”的概念。他认为这个市场使得文化产品和信息更易获得，不过这个观点只有在他所说的市场是一个思想市场的条件下才有意义。

③ 在进化术语中，这就意味着选择环境不是很严格。思考这一点的另一种方法是，即使 A 与 B 是互不相容事件，但我们还是可以找到某种情况，使得这两者都可能发生且概率均不为 0。任何一种文化信仰的选择标准都是偶然的；我们可以很容易地设想出一个文化环境，当人们在这个环境中提出“但这是真的吗？”这个问题时，“有时吧”“也许吧”“如果上帝同意的话”都是这个问题老一套的但也是令人满意的回答。

标价的商品市场能够有效运作的核心，可思想市场中却没有一个明确的文化概念可以与之对应。即便如此，卖家和买家能够在思想市场中会面以及交易的想法仍然是一个有效且有用的比喻。

文化企业家是这个市场上是非常成功的卖家。像所有成功的创新型企业家一样，文化企业家将自己"阅读"市场的能力与他们的原创见解相结合，通过在文化选择菜单中添加选项来改变文化，这样也不会使菜单显得过于离经叛道而变得无效。他们中的一部分通过感知潜在的需求来改变菜单：对某些文化信仰或知识不满，或是对一些早期存在的对新现实杂乱又不连贯的解释不满。要使文化企业家取得成功，流行的文化元素与一些与之不相称的新信息之间就一定存在着需要解决的断层。这就像托马斯·库恩（Thomas Kuhn）提出的认知失调的概念一样，也就是他所谓的"反常意识"（awareness of anomaly），它是由与当前范式不一致的证据积累以及因此而导致的科学革命而引起的。对于 16 世纪的天文学、解剖学和神学来说也都是如此。因为这种失调是独立演变的，所以它会引起一些在初期很容易扩散的回应，而在后期也要对它们进行一定的协调和标准化。因此，例如，我们可以很容易找到 15 世纪的欧洲人对国教越来越失望的记录，但只有马丁·路德、加尔文、印刷术三者携手，才能为他们创造出一个符合要求的新选择。

多数成功的文化企业家都是站在巨人的肩膀上才成功的。马克思生活在一个对社会的主流解释已不再符合新的工业化和城市化现实的社会，他的研究跟随着无数个迥然不同的社会学思想出现了。他所创造的历史唯物主义，是古典政治经济学、乌托邦社会主义、黑格尔历史主义和其他一些元素的混合体。结合这些元素再加入新的元素，他就创造出了一种新的标准化综合论，成为了正统的马克思主义。亚当·斯密，也许是经济学中最
成功的一位文化企业家，通过综合和重新表述从他人那儿收集来的经济学 64
教义而取得了成功。[①] 凯恩斯在其《通论》（*General Theory*）"关于重商主义的注释"一节中，对启发他思想的前辈们的谢意直言不讳。

为起到聚焦点的作用，文化企业家们的信念和观念必须被大多数人广泛传播和接受，才能被更多的人看来是可信的，从而减少分歧。这种分歧从来没有被完全消除过，而且不同的解读是可以和平共存的。然而，文化企业家成功的一部分就是将人们引向文化融合。因此，他们通过提出一个更加全面和联系紧密的，同时又与在思想市场上"购物"的人们相关的文

---

① 虽然是有些不公正的评价，但熊彼特认为"《国富论》（*Wealth of Nations*）基本没有任何原创的观点……就人类思想的成就来说，根本不可以与牛顿的《数学原理》和达尔文的《物种起源》相提并论"（Schumpeter，1954，p. 185）。

化元素组合，来试图改变人们的信仰或偏好。

文化企业家精神通过如上所提到的文化进化中的各种传播偏见来发挥作用。决定他们成功的不仅仅在于其内容，也在于其修辞方式：有效的文化企业家需要找到一种能与他的预期听众产生共鸣的表达方式和语言。此外，大多数文化企业家都以同心“层”的方式来影响大众，也就是他们站在圆心位置，通过徒弟、信徒、助手、追随者，帮助他们传递信息，甚至有时通过翻译信息的群体来一层一层地向外接触观众。在历史上的某些情况下，这些传播改变和扭曲了首倡者的原意。亚当·斯密并不是一个经济自由放任主义的提倡者，但很多他的现代信徒们似乎都不太在意这一事实。文化企业家的作品所表述的确切内容，有时可能还不比后代从中提取出来的信息重要。此外，一些追随者以他们所追随的文化企业家的地位为傲，而他们的事业可能也会受到大师所得到的社会评价的影响。

文化创业者的成功取决于其身处的环境是否有利于智力创新。像所有的进化体系一样，文化体系也是抵制变化的。如果制度极度保守和刻板，且有权通过给创新者贴上亵渎者和叛教者的标签来压制他们，那么文化企业家及其追随者所面临的风险就越高，他们成功的可能性也就越小。因此，这种类型的制度会阻碍文化企业家精神的形成。带来这种阻力的主要原因是很清楚的。文化企业家提出的新观念会取代现有观念，而对于那些投资
65 在现有主导观念并从中获取了大量社会和经济租金的人来说，他们必然会有强烈的动力巩固他们自己的利益，所以也必然会选择去抹黑文化企业家们，甚至是动用武力来压制他们（Benabou，Ticchi，and Vindigni，2014）。这种抵抗甚至可以被建立在制度之中：宗教通过迫害异教徒而维系自己的正统地位。对于潜在的智力创新者来说，这种对创新的抵制和对迫害或其他形式制裁的恐惧，都对他们造成了负面激励。科学家们也设计了许多方法保护自己，以免现任文化权威们认为他们的创新太过分。马克斯·普朗克（Max Planck）曾略带夸张地指出，一个新的科学观点从不可能通过说服对手而取得胜利，如果真的成功了，那也是因为这些对手们相继死去。即使只考虑技术方面，直到现在仍存在着来自既得利益者们对创新者们所施加的强大阻力，以卢德主义著称（虽然是个不太适当的例子）。麦克洛斯基（McCloskey，2016a，p.94）指出，在过去的语境中，例如“创新”和“新奇”这类词都是有负面含义的。对传统做事方式情感上的依赖让新奇看起来很可疑。①

---

① 在1492年，约翰尼斯·特里特姆乌斯（Johannes Trithemius）写下了《赞美誊写》（*In Praise of Scribes*）一书，在书中他对使用印刷机做出了一系列强力抨击，并表达了对手工誊写的喜爱。之后，他迅速着手印刷这本书。

然而，如果环境对新的想法足够开放，企业家以及他们的个人品质又会反作用于环境，改变环境参数，这一反馈效应使未来的企业家更有可能成功。对于文化企业家来说也是如此，虽然有些细节上的不同。因此，如果说马丁·路德、亚当·斯密和卡尔·马克思仅仅是他们各自环境下的产物，那只会使历史叙述变得贫乏，并边缘化了所有涉及个体本身的审慎选择和能动性的因素。同样，有影响力的知识分子们，通过他们的努力和研究成果，共同创造出了18世纪的启蒙运动和经济奇迹，这确实是时代的产物，但反过来也是他们所带来的政治和思想变革塑造出了这样的环境。

在第五章中讨论的理查森和博伊德（Richerson and Boyd，2005）识别出的文化偏见可以帮助我们确定一些文化企业家成功的根本原因。一些新的想法其实只是与已知事实和现实条件产生了共鸣，而企业家们成功说服了观众，仅仅是因为这个信息在当时的环境下看起来是正确的。而有些成功则是与文化企业家和他们的追随者的修辞天赋相关。他们所有人的成功几乎都取决于通过有影响力和权威的追随者们而产生的直接偏见。

有天赋和幸运的文化企业家与合适的环境间的相互作用创造出了急剧的，有时甚至是革命性的文化改变。在这个意义上，文化企业家与经济学家们所设想的标准“创新者-商人”模型中的企业家是没有什么不同的。在一个理想化的完全竞争的经济学基准模型下，企业家没有可发挥作用的空间，因为没有人可以凭自己的力量影响市场结果。但在经济史上，从乔赛 66
亚·韦奇伍德（Josiah Wedgwood）到马修·博尔顿（Matthew Boulton），再到19世纪后期美国的很多伟大企业家们，他们对于历史都是重要的。他们改变了我们能生产的产品，也改变了生产的方式。文化企业家们改变了人们的信仰，如果有足够多的重要人物都选择相信他们的话，他们就能根据新的信仰来改变制度，从而构建出一个有益于下一代文化企业家的环境。但这种反馈效应也可能导致某些不可预知的动态。可以说，企业家们大多对历史的推动都是有局限性的，因为他们所需要利用的环境比他们自己大得多，也强得多。但如果没有他们的存在，可能社会就会错过这些能发生改变的机会，或者至少这些机会会以不同的方式被利用，而导致不同的结果。

因此，问题不仅仅在于为什么有些环境造就了这样的企业家，而有些没有，更重要的是为什么一些文化企业家获得了成功。什么决定了他们的成功？成功是很多变量共同作用下的结果，包括文化企业家的个人特质、能召唤更多忠实的追随者的能力、创新的具体内容，以及是否足够幸运能在恰当的时间传播恰当的创新。例如，人们可以将耶稣和查尔斯·达尔文都视为异常成功的文化企业家。几乎每一个文化领域都有许多成功的文化企业家改变了他们同时代的人，甚至后代人的信仰和偏好，从卡拉瓦乔

(Caravaggio) 到贝多芬 (Beethoven)，从莎士比亚 (Shakespeare) 再到乔伊斯 (Joyce)，都是这里的典型。在恰当的时间、恰当的地点，做恰当的人，这听起来好像是许多偶然事件的汇合，而事实也确实如此。

尤其成功的文化企业家是极少数的，他们之间也相隔甚远。但正因如此，我们很难接受原教旨主义的渐进主义描述；文化进化包括了可定义的事件和个体，他们突然地改变了许多人的文化菜单。1859 年出版的《物种起源》就是文化领域"有希望的怪物"的一个很好的例子；1953 年 DNA 结构的发现也是如此。这样的创新从来不是没有任何基础就横空出世的，但如果它们与现有知识之间存在很大差异，而它们又开始出现在文化菜单上，那它们就会带来很大不同。不过不是所有的文化企业家的行为都是有利于有用知识的进步的。

67 在所有关于企业家的讨论中，还有一个反事实问题值得人们思考，即若是没有这些关键个体存在，那历史会走上一条什么样的道路？结果会截然不同吗？不过，这也当然取决于"截然不同"的含义。历史不是纯粹偶然或纯粹必然的，而是处于两者之间。个体是重要的，即使他们不是唯一重要的，即使他们带来的影响最终受到了环境的限制。研究高度有影响力的人对他们所处环境的影响，他们是如何以及为何改变了其他人的信仰及行为的，都是有意义的课题。

总而言之，就像在任何关于创新的故事中一样，围绕几个最重要的企业家人物展开讨论，会使整个故事显得结构紧凑，也不会产生什么歧义。这几个关键企业家型的人物帮助了后来的许多学者组织和规范他们的研究，后人的许多见解（和成功）也都是受到了这几个关键人物的启发和激励。这里需要再重复一遍的是：这种分析方法并不意味着他们在某种意义上是不可或缺的，也不是说他们和他们的研究都是那个时代必然的产物。但在这些限制下，这里仍存在不少自由度，与历史上其他伟大的企业家一样，即使对故事主干没有影响，其中的细节在这些人物没有出现的情况下也会有所不同。同样重要的是，与在任何运行良好的市场中一样，有能力和运气的企业家的成功就是"矿井里的金丝雀"。成功企业家数量的激增代表这个市场运行良好。文化企业家在早期现代欧洲成功地说服他人将文化信仰的"默认选项"转变为新的，甚至是激进的观念，这一现象表明这种说服确实有效：其他人愿意倾听，并评估这些智力创新。管理着这一思想市场的制度的深刻意义也在于此。

在第七章和第八章中，我将仔细研究两位文化企业家，他们的影响力对于工业启蒙的兴起，以及最终成为了现代经济增长主要驱动力的有用知识的出现至关重要——弗朗西斯·培根 (Francis Bacon) 和艾萨克·牛顿 (Isaac Newton)。不过需要明确的是，在 1500—1700 年间，欧洲还存在很

多其他重要的知识分子，他们也都大大改变了欧洲社会的文化菜单。除了 68
路德和加尔文等明显的宗教企业家外，我们还可以轻松地列出很多人物，笛卡尔（Descartes）或斯宾诺莎（Spinoza）的作品在同时代的和未来的知识分子中都对欧洲的文化进化留下了不可磨灭的印记。科学和思想史学家们关注的开普勒（Kepler）、伽利略（Galilieo）或者莱布尼茨（Leibniz）也都是其中的关键人物。[①] 对18世纪政治思想方面影响最大的文化企业家当属约翰·洛克（John Locke）了（他于1707年去世，可他对其后一个世纪的制度变迁仍影响深远）。[②] 但就文化菜单中出现有用知识这一变化来说，我们应该从别处寻找一些更适合的例子。

在我们这个时代看来，这些文化企业家的贡献似乎并不重要，因为不是我们这个时代创造出的工业革命或现代经济增长。但重要的是，那些当时的启蒙思想家们明确地将培根和牛顿视为他们那个时代最有影响力的思想家，当他们想要给予其他知识创新者们最高的赞誉时，培根和牛顿就是他们衡量的标准。伏尔泰在讨论到“伟人”时（他一开始并不屑于理会这个“琐碎”的问题，不过后来还是从事了这方面的研究）开篇就讨论了三个最伟大的人——三个英国人：培根、洛克（Locke）和牛顿（他还很有礼貌地加了一句“将军和大臣们还要再耐心等等才会写到”）（Voltaire，[1733—1734] 2007，p. 37）。苏格兰启蒙思想家和历史学家约翰·米勒（John Millar，1735－1801）在脚注中提到了他所认为的政治经济学领域的大师：“伟大的孟德斯鸠，就是这个哲学领域的子爵培根。斯密博士就是这里的牛顿”（Millar，1790，p. 473）。同样，当年轻的杰里米·边沁（Jeremy Bentham）想赞美法国启蒙运动作家克洛德·阿德里安·爱尔维修（Claude-Adrien Helvétius）时，他写道：“培根对于物质世界来说有多重要，艾尔维修对精神世界就有多重要。所以精神世界的培根已经出现了，可牛顿还没出现”（Mitchell，1974，p. 170）。同样，孔多赛（Condorcet）也充分认识到，硬科学的进步就是“培根型科学”及“牛顿型遗产”的结果（Williams，2004，p. 95）。托马斯·杰斐逊（Thomas Jefferson），从任何人的定义上来说都是启蒙运动中的象征性人物，在1789年写道，三位英
国人——培根、洛克和牛顿——是“这个世界上曾经出现过的三位最伟大 69

① 科恩（Cohen，2012，pp. 179，362）写道：“伽利略是现代科学家中可以确定的第一个研究自然现象的思想家……是他首先将现代科学的概念引入这个世界”，同时称赞伽利略开创了“现实主义的数学科学”。他本着基于模型的文化偏见的精神，又追问道，“对于那些被数学吸引又对数学敏感的年轻人来说，（伽利略的工作）怎么可能不是他们灵感的源泉呢？”

② 彼得·盖伊（Peter Gay，1966，p. 321）写到了洛克，“他对启蒙运动来说就像（诗人亚伯拉罕）考利写过的培根对皇家科学院有多重要一样：他就是摩西，制定法律，指明道路，主宰环境，给予感谢，但在应许之地前停下了脚步。”

的人，没有任何例外，他们奠定了物质与精神世界科学中提出的上层建筑所需要的实质基础”（Jefferson，1789）。直到 1851 年，在一篇关于第一届世界博览会的“官方目录”的评论中，作者首先对世界所取得的各式工业进步都大肆赞美了一番，随后他又写道，“作为一个国家，我们（英国）不能说是我们创造出了这一能够带来如此多工业进步的伟大杠杆，但我们至少为世界贡献了两位思想家，培根和牛顿，是他们首先为工业科学的发展制定了方向、注入了力量”（*Edinburgh Review*，1851，p. 288）。

第七章　文化企业家——弗朗西斯·培根

作为一位文化企业家，弗朗西斯·培根对西方的发展具有独特意义。70
随着时间的发展，“培根主义”对于不同的人来说也具有不同的含义，而作为一个哲学体系，它是一套归纳的科学方法，也是一系列政策建议（Pérez-Ramos，1988，pp. 7-31）。[①] 本书感兴趣的是他对后来推动了经济发展的文化信仰的影响。一本已经出版了有些时日，但仍记载了很多有用信息的培根传记（Farrington，［1951］1979）以“工业科学的哲学家”为副标题来指代培根，这似乎有些奇怪又不合时宜。“工业科学”一词甚至在今天听起来都是矛盾的，更何况它在任何情况下都与哲学无关。对于法灵顿（Farrington）这样一个古典主义者来说，与其说培根是一个有关科学的归纳方法论的伟大倡导者，还不如说是一个有伟大想法的人：知识应在生产过程中发挥效用，科学应适用于工业生产，改善物质生活条件是每个人的神圣职责。罗西（Rossi，1970）采取了一种不同的研究方法，他强调了培根哲学中的一个关键创新，即“真理”与“效用”，也就是“机械”科学与“人文”科学（或称之为“科学与技术”）之间的根本互补性。对于培根来说，科学和经济进步取决于如何将技术人员的知识融入科学与自然史之中
(Rossi，1970，pp. 120，146-173)。关于培根相当庞大的文献所得出的结 71
论是，他的视野为西方世界做足了在 18 世纪实现“培根计划”的准备——

① 格雷厄姆·里斯（Graham Rees，2000，p. 69）在他关于“培根主义”论文的开篇就有意思地说道，“没有‘培根主义’这样的东西”，这个术语是一个所谓的具体化指称，指的是培根对“17 世纪欧洲动荡的智力文化”的影响。他之后进一步详细地描述了这些影响，并同时（挖苦地）指出皇家科学院的《交易史》（*History of Trade*）不值一提，因为他发现从这份记录“非常难以获得技术数据，也无法得知从投入的能源中到底获得了多少真正的改善”，而且培根计划的这方面内容到 18 世纪才能找到答案。

通过命题知识和指令知识实现物质进步，这两种知识彼此相辅相成，形成一种自我强化的（自动催化的）反馈循环机制，最终改变了世界经济史。

培根对这些变化会如何产生的构想看起来有一种神秘的先知感："科学真正的且合理的目标是赋予人类生命新的发现与资源。"他完全认识到，想要获得这样的进步，是要通过一小部分精英的努力的："绝大多数的普通人都没有这个概念，也许偶尔会有一些非常聪明的工匠，他们会花自己的钱，自己做一些新的发明。"他抱怨说，大多数研究和发展并没有依照一个重点明确的计划来进行，于是每个研究到最后都一无所获，同时这一进步又受到"对经典过度尊重，以及享有盛名的哲学权威和从权威思想中衍生出的共识"的阻碍（Bacon，[1620] 1999，pp. 66，68，aphorisms 81，84）。在他 1592 年所写的一篇被广泛引用的小短文中，培根阐述了他对知识是什么，以及它应该是什么的看法。他感叹道，直到他的时代为止，技术进步也只是由工匠们意外制造出的小发明。正式知识（我们称之为"科学或命题知识"）在他的那个时代，在发现潜在的支配着技术发展的自然规律方面都没有取得什么实质进展（Bacon，[1592] 1838，vol. 1，pp. 216-217）：

> 有没有这样一种幸福，一个人的思维可以跃至对所有事物的疑惑之上，而在那里他就能预见自然的秩序和人类的错误？然而，这只能带给人快乐，而不能带来新的发现吗？能得到满足而不能得到利益？这个人能清楚地看到大自然的仓库蕴含着多少财富，能看到大自然的商店有多美丽吗？真理一直都是贫瘠的吗？这个人不能因此而产生有价值的影响，并赋予人类无限的商品吗？

在他后来的作品中，这是一个不断重复出现的主题，也是皇家学会赞成的一个主题。在《伟大的复兴》（*The Great Instauration*）的引言中，培根说，他希望能建立"一个真实与合法的实证和理性之间的婚姻，它让我们充满希望，各式各样的发明可能在某种程度上能征服人类所需的一切，克服人类所有痛苦"（Bacon，[1620] 1999，Preface）。他在《赞美知识》（In Praise of Knowledge）结论中的话也颇具先见之明："人对自然的权威隐含在知识中，它们中很多是国王倾其财富都买不到的……现在的我们可以用思想支配自然，但我们同时也必受她控制，可如果我们的发明都是在她的
72 领导下创造出来的，我们也应该用行动来指挥她"（Bacon，[1592] 1838，vol. 1，p. 217）。

关于培根的奇怪之处在于，他没有创造出任何科学知识，而且他自己也是一个可怜的科学家：他不懂数学，也没有认识到数学在他所主张的研究计划中有多重要。他竟然还成功地让自己对那个时代最重要的科学进步知之甚少：包括哈维（Harvey）关于血液循环规律的发现、吉尔伯特（Gilbert）发现的磁力现象、哥白尼（Copernicus）对太阳系所作的研究、

伽利略在物理学上的贡献等。一位专家的结论是，培根在人生后期所撰写的百科全书型作品《木林集》（*Sylva Sylvarum*）就显示出了他的方法不可行的本质（Debus，1978，p. 105）。培根身上有一种明显的特质，这也同样存在于那个时代许多作家的身上，也就是一种对“人类智慧”的信仰——这个信仰认为研究不仅要揭示新的事实和规律，也应重新恢复那些在早期被发现却又在后继学者中消失或被曲解的原始智慧。正如哈克尼斯（Harkness）所说的，培根所呼吁的事物，大多已经在伊丽莎白女王时代的伦敦出现，即注重效用的实用自然知识的增长（Harkness，2007，p. 246）。在许多领域中，特别是在他所强调的科学方法以及与实际相关性的问题上，他拥有数不清的前辈。①

然而，在他 1626 年去世后的一个半世纪里，他对欧洲科学的影响是无法估量的。“文人共和国”里的知识分子们都表示自己蒙受了培根的恩惠。例如，约翰·洛克就对培根深表感谢，从他的作品中很明显可以看出他仔细阅读了培根的作品；波义耳（Boyle）的研究则深受培根计划第三部分的启发，即对自然历史的“准备”中的描述（Bacon，［1620b］1861—1879；Anstey，2002）。实验科学不是培根首创的，但它因为培根产生了惊人的转变。当时对实验的概念仍是很古老的，人们可以在早期历史中找到不少例子，最精彩的莫过于光学家和天文学家伊本·海塞姆（Ibn al-Khaytam）或阿尔哈曾（Alhazen，965—1040）的研究了。然而，如朗（Long，2011，p. 35）和迪尔（Dear，1995，p. 30）所指出的，实验哲学中动手研究的概念与中世纪大学中的学术传统相距甚远，因为实验设计需要解决具体问题的概念与亚里士多德的方法论基本上是不相容的。由三段论推导出的演绎知识曾是享有盛誉的最崇高的知识形式。但更重要的是，直到在早期现代欧洲它被推翻之前，亚里士多德学说一直认为自然对象和人造物体之间存在着一道不可逾越的鸿沟，两者的规则也不能通用。这个想法的极端则意味着不可能存 73
在任何人为实验可以为自然世界带来新的解释，即使人类制造出再多的设备，也无法克服自然对物体施加的限制。人们很早就开始怀疑这些信仰了，但是是培根的科学哲学和伽利略的研究最终确定地指出这些信仰是错误的。

尽管接受实验可以作为增加有用知识的有效途径的缓慢转变从较早时期就已经出现，但培根是真正使人们意识到实验重要性的人。库恩（Kuhn，1976，p. 12-13）明确表示，在培根之后，实验科学已不再只被用于确认已知的事实，更是帮助人们了解了自然在以前未观察到的或人为的情

① 参见斯特恩斯（Stearns，1943）。保罗·罗西（Paolo Rossi，1978，p. 9）明确指出，“当培根努力想要恢复机械艺术的名誉……并计划用艺术和科学史来作为知识改革和人类存在变革的基础时，他所表达的其实是那一时代的常见见解。”

况下会如何反应，例如一只老鼠在真空状态下的行为。此外，它开始依赖于新的仪器和实验室技术，其本身也是创新，同时与“思想实验”大相径庭——思想实验是指那些在人们的想象和认知中有意义的，但又从没有真正付诸实践的实验。在《伟大的复兴》“格言Ⅱ”这一部分中，培根说道：“人们不假于物而探索大自然的努力是不会产生什么影响及带来什么深刻见解的。只有借助工具才能完成这项工作……工具既给双手带来了便利，也加深了人们对自然的理解”(Bacon，［1620］1999，p. 89)。不过虽然这些革命性创新已经出现，但库恩认为，实验方法并没有对“古典科学”进行革新，而只是对它的一种补充。这两者之间的相互作用是部分的，也是缓慢的［尽管他承认牛顿和惠更斯（Huygens）以及法国的数学物理学家爱德梅·马里奥特（Edme Mariotte，1620—1684）是例外］。①

毋庸置疑，培根并不是实验科学的首倡人。在思想上，他最杰出的前辈是帕拉塞尔苏斯（Paracelsus)，他在医学和“物质理论”方面所做出的贡献都体现了他“坚持实践”的决心（Gaukroger，2001，p. 176)。帕拉塞尔苏斯是“文人共和国”中的早期居民，对整个欧洲大陆都非常有影响力，尽管培根通常引用他时都不赞成他的想法。法国作家和历史学家鲁雷［Louis（Loys）Le Roy］被弗朗西斯·耶兹（Frances Yates）认为“几乎是培根的前身”，但也是一个更现实主义的前身（Yates，1967)。另一位先驱者是卡拉布里亚的哲学家和科学家贝尔纳迪诺·特莱西奥（Bernardino Telesio，1509—1588)，他呼吁大家采纳一种纯粹的实证科学方法，并让自
74 然研究突破亚里士多德式学术的约束。② 在法国，新教哲学家彼得吕斯·拉米斯（Petrus Ramus）表达了许多相同的观点，他的影响力扩展到了英国，在那里好斗的知识分子和诗人加布里埃尔·哈维（Gabriel Harvey，1552—1631）是他的追随者之一，也是一位亚里士多德评论家。荷兰发明家和工程师科内利斯·德雷贝尔（Cornelis Drebbel）在某种程度上是培根希望的化身，许多德雷贝尔的发明都与培根的《新大西岛》(*New Atlantis*）中的理念极为吻合（Colie，1955)。而在英格兰，有一位数学家和神秘学家约翰·迪依（John Dee，1527—1608，他也是伊丽莎白女王的顾问)，他为亨利·比林斯利（Henry Billingsly）翻译的欧几里得的《几何原本》(*Elements*，1570）写了篇被广泛传阅的“数学前言”，这篇前言中提到了很多对

---

① 埃蒙（Eamon，1994，p. 298）认为，库恩的论点削弱了培根科学的革命意义，因为培根主义完全推翻了亚里士多德科学的研究界限，可以通过细致的实验和遵循规律的观察来获得有关自然想象的知识。“本质的‘自然秘密’而非其简单外观成为了新科学的研究对象。”

② 培根确实将他称为“第一个现代人”，并认为他是自己反对权威（特别是亚里士多德）的盟友，即使他不太在意特勒肖（Telesio）关于自然的具体理论，因为他觉得这些理论有点古怪（Giglioni，2010)。

知识的实际应用，如测绘、导航和水文等。迪依（Dee）主张将数学实践应用于艺术和商业领域，同时也面向非专业人士，并在不断增长的商人、手艺人和技术工匠群体中加强推广（Trattner，1964，p. 24；Harkness，2007，pp. 100－107）。另一位英国的前培根式作家是休·普拉特（Hugh Plat，1552—1608）爵士，他撰写了包括各式各样的食谱和处方在内的许多实用书籍，从肉类保质到园艺害虫控制应有尽有。[1] 我们可以列举出许多人，他们多数都生活在伦敦，都在培根之前就提出应将数学和命题知识与实际创新活动结合在一起：罗伯特·雷克德（Robert Recorde，1512—1558）是一名实用数学家，他曾在布里斯托经营过铸币厂，在爱尔兰的韦克斯福德郡开发银矿，还写过如何通过尿样诊断病症的教科书；伦纳德·迪格斯（Leonard Digges，1515—1559）也是一位数学家，他曾完成了一部名为《构造学》（*Tectonicon*，1556）的成功作品，这是一本在接下来的一个半世纪中被重印了二十次之多的写给测量师和工匠们的数学手册；他的儿子托马斯·迪格斯（Thomas Digges，1546—1595）出版了关于弹道学的书，为多佛设计了新港口，并在英格兰传播了哥白尼天文学；托马斯·胡德（Thomas Hood，1556—1620）是一名医生和数学讲师，他发明了最早几个版本的计算尺及计算器，也撰写了关于如何使用直角器和十字测天仪（早期在海面上测量纬度的工具）的书籍。然而，希尔（Hill，1965，p. 292）认为，培根的作品受到了伦敦的工匠和实用数学家们的启发只是一方面；另一方面，培根也受到 16 世纪欧洲大陆思想与伊丽莎白女王的原国家社会主义的一个古怪组合的深刻影响。

通过为这些活动提供一个连贯的思想框架，以及将智力创新各种松散的目标汇集到一起，培根扮演了一个综合论思想家的角色。他以一种更清
晰的表达方式，更清楚地重新叙述和组织了许多想法，这后来被认为是通 75
过实验哲学所进行的一个综合的进步计划（Slack，2015，p. 74）。17 世纪在英国出现了太多可以被人随意讨论的令人眼花缭乱的宗教和形而上学的概念，这些概念“被映射到自然知识的模式之上，而这种模式正是与培根的名字和作品相关”（Cohen，2012，p. 585）。培根的著作是后来两个世纪中的思想家和实验家的协调器，它协调了这些学者们考虑问题的出发点。[2]

---

① 关于培根的文化遗产，一位更批判的学者指出，许多读过普拉特（Plat）的作品的伦敦人“肯定都在疑惑培根到底有没有做过什么功课”，普拉特早在 1594 年就写道：“我们所有的私人工作和学习的结束应该是我们国家的共同利益、公共商品的开始”；“在 1605 年培根并没有什么发明创造，他不过是重复表述了这一观点”（Harkness，2007，p. 246）。

② 希尔（Hill，1965，p. 95－96）指出了在 16 世纪的英格兰所发展的两个独立的科学传统（数学和炼金术），再加上反传统的非正统清教徒的思想传统。他认为，培根加入了这三种传统之中，把它们变成了一个一致的哲学实体，从而加强了一个可以自下而上冒出很多想法的思想体系。

在这个意义上，他就是一个典型的文化企业家。在培根去世后的五十年中，欧洲大部分的学术和专业精英都或多或少采纳了一些他关于有用知识在社会中的作用的概念。海勒姆·卡顿（Hiram Caton，1988，p. 39）总结了培根的影响力，“历史上的第一次，自然哲学成为了一个进步的、扩张的社会制度”。这些发展所带来的全部经济影响在社会中潜伏了数十年，最终在工业革命和随后的技术变革进程中全部爆发了出来。

任何试图将培根不合时宜地描绘为一个提倡在工业上直接应用科学知识的先知和“现代”倡导者的做法似乎都是不适当的，培根思想的大部分仍然是炼金术和生命主义的自然哲学与更多新颖方法的奇怪混合（Rossi，1978，p. 11-20）。一位现代作家大胆指出，培根对于魔术其实比对技术更感兴趣，他的作品也更像一个魔术师写的，而不像一个工程师写的（Henry，2002，p. 50）。[①] 他的自下而上归纳法，虽然是一个对无效的自上而下的亚里士多德和笛卡尔哲学的演绎主义方法的全新纠正，但人们从未单纯从其纯粹的文字形式上认真考虑过这个方法。然而，尽管受到卡尔·波普尔对培根不屑一顾的态度影响，一些历史学家和科学哲学家对培根表示了不少质疑，但他作为经济进步先知的声誉，正如现代经济史学家应该承认的却
76 很少承认的那样，仍然完好无损地保存了下来。[②] 威廉·埃蒙（William Eamon，1991，p. 27）将培根视为“对科学研究的组成完全重新定义”的一部分，其中经院哲学的逻辑结构被对新事实的“狩猎”所取代。然而，培根从来没有主张盲目地堆积实证事实——他在《新工具》（*New Organon*）中著名的昆虫学比喻清楚地表明了他对好的科学应该如何被执行的理念。他解释说，蚂蚁只是收集东西并使用它们，蜘蛛完全用自己产生的材

① 公平地说，我们要注意当时的“魔术”可能意味着任何还没被正确理解的自然力量，任何关于知识能为人类做出某种贡献的声明似乎都像魔术。培根自己对魔术的定义与我们使用术语有明显的不同：“自然魔术提议将自然哲学从各式各样的推测简化为不同类型的实验”（Bacon，[1623] 1996，p. 143）。布莱恩·维克斯（Brian Vickers）在他对这段文字的笔记中补充说，“自然魔术”是一种折中的物理学和隐秘现象的组合，它们具有不可观察的原因，磁力就是其中一种。对“魔术”最有影响力的作家之一就是德国的人文主义者科尼利厄斯·阿格里帕（Cornelius Agrippa，1486—1535），他在比培根早将近一个世纪前写道，魔术师所产生的效果往往被“大众”认为是奇迹，“尽管它们只是自然现象”（Agrippa，1676，p. 111）。

② 解释和支持培根在经济现代性兴起中的一位有影响力的科学史学家是查尔斯·C. 吉利斯皮（Charles C. Gillispie）。吉利斯皮指出，培根所建议的计划是要通过技术进步来实现物质进步的计划，技术进步包括将归纳和实验方法应用于调查自然之中，创造一个更一般的自然史，以及将科学重组作为人类活动的一种。他将培根的愿景令人印象深刻地总结为“制造无穷无尽的捕鼠器以实现一个更好的世界的计划”（Gillispie，1960，p. 78）。关于这一精神的最新陈述，参见扎戈林（Zagorin，1998，pp. 97，121）。[“捕鼠器”（mousetrap）在英语中通常被用来比喻发明创新能力。——译者注]

料来结网，蜜蜂则采取了正确的方式：它们从鲜花中采集花蜜，之后能够将其转变为更好的东西（Bacon，［1620］2000，aphorism 95，p. 79）。他明确提出的是寻找经验性规律和模式，它们可以从数据中被发现，通过类比和联想，以富有创造性的想象力来帮助学者们填补自然史和实验结果的差距（Eamon，1994，p. 288）。他的见解是，科学是人与自然之间相互作用的产物，它产生事实和数据，以建立解释性的理论。雷谢尔（Rescher）指出，“历史上第一个如此清晰地看到这一点的人就是培根，这是他不朽的成就”（Rescher，1978，p. 165）。

可以肯定的是，培根大大地夸大了他的时代能够进行纯粹实证研究的潜力。但作为一个成功的文化企业家，他并不需要在所有问题上都是正确的，他只需要具备足够的影响力。在培根的例子中重要的不是我们今天对他的看法，而是他在去世后的几十年中他的影响和人们对他的看法，而事实上，当时受到他影响的思想过程改变了欧洲知识分子以及科学与技术精英们形而上学的观点。[①] 他的影响范围很小，但很深刻。培根对知识的概念尤其感兴趣，并提出了人们对自然现象及其“可操作性”思考应做出的彻底改变，这种思考是人类行为，特别是人类的实际“作品”的基础 77
（Pérez-Ramos，1988，chs. 12－13）。他具有持久影响力的见解是，知识是一种被组织和分配的集体活动和社会现象，为了达成物质目的而被应用和使用（Farrington，［1951］1979）。费诺内（Ferrone，2015，p. 98）补充说，培根的作品突出显示了“文艺复兴时期智者们无法言说的智慧”与现代和公众研究方法之间的不连贯性，也因为培根作品的广泛传播和其可验证性，对所有人来说，他的思考都是可被理解的。[②]

如上所述，培根本人并不是一个卓越的科学家，但他在研究自然哲学问题上有着绝佳的天赋。他在《新工具》中写下了一篇措辞激烈的批评，

---

① 芭芭拉·夏皮罗（Barbara J. Shapiro，2000，p. 107）提出了一个有趣的观点，他认为培根是将“事实”这一概念从法律领域应用到科学技术中的“核心人物”，将英国的自然哲学置于实证基础之上。其他专家指出，热力、磁力、生物等一系列应用领域被创造出来，并“被培根主义者传统认为是适合包含于自然哲学的认知范围中的”（Pérez-Ramos，1988，p. 35）。正如布莱恩·维克斯（Brian Vickers，1992，pp. 516－517）所说，这是对自然研究范围的巨大扩展并承认了其合法化地位。维克斯补充说：“培根的影响力可在广泛的科学研究中觅得踪迹，包括地质学、地形学、统计学、医学等。”

② 与经常出现的情况一样，在培根之前就有人表达了与他类似的观点，但培根并不完全承认这些想法。一个例子是关于16世纪的法国神学家彼得吕斯·拉米斯（Petrus Ramus），培根应该就会同意其“数学与工匠在艺术上所做出的学术性实践间的融合将带来伟大的公民繁荣”的观点（Smith，1994，p. 36）。希尔（Hill，1965，p. 292）则坚持认为拉米斯（Ramus）对培根，对“大多数伟大的英国清教徒”以及像夸美纽斯（Comenius）这样的思想家都产生了巨大影响。

题为《剧院里的偶像》。他想抵制人们以错误的方法增加知识，例如太过注重演绎的方法（如亚里士多德的方法），或是另一种极端，过于专门化和归纳的方法，从几个不具备代表性的实验中就总结出过于一般化的结论。相反，在《新工具》的“格言 61”中，他对严谨性和精确性非常坚持，人们必须通过专门的规则和工具来获得精确性，也就是说，为了绘制完美的圆形或直线必须使用圆规和尺子（Bacon，［1620］1999，p. 103）。培根和培根主义者强调，如果采用适当的研究方法，且如果研究者的思维也是被正确的方式指导着的话，大自然是可以为人们所理解的（Shapin，1996，p. 90）。他从来没有主张过盲目地搜集一堆事实；他的方法所代表的是，理论必须以事实为基础，并且每一步都要得到验证。研究者理应操纵自然来提取出关于它的秘密。一个被广泛引用的培根名言是，实验者应该“拧拧狮子的尾巴，看看会发生什么”*，可事实上，培根并没有说过这样的话。不过不在少数的人认为这句话出自培根，恰巧代表着人们认为培根的方法就是一个纯粹的归纳法。① 培根认为，除了揭示自然奥秘的有效性有所不同之外，人为实验与自然实验并没什么不同，而这一见解与亚里士多德的教条有本质上的差别，也是我们想要理解他的“所罗门宫”** 中关于实验文化的详细描述的关键（Eamon，1994，p. 310－311）。实验哲学的基本概念以及对它们的关注和构想很大程度上归功于培根的作品。这并不是说如
78 果培根不存在，现代科学就不会出现。然而，培根的著作在他身后的一个半世纪中对社会的巨大影响就是在告诉人们，欧洲所经历的这种文化变迁会为其今后的经济转型铺平道路。

有趣的是，培根从工业社会早期开始至今一直受到来自一些批评家的严厉批评［例如，麦钱特（Merchant，1980）］。② 讽刺的是，一位学者曾指出，那些出生得足够晚的人，从各种由于培根的思想而产生的进步中获益最多的人，恰巧是最为蔑视培根思想的人，他们蔑视培根“具有灾难性错误的信念，即大自然和宇宙中的万物生来就是为人类利益服务、为人所统治的”（Zagorin，1998，p. 121）。更令人惊讶的是，即使是那些将工业革命和随后的经济增长过程作为经济历史分水岭的经济史学家们，也从未相信

① 关于这一说法，可参见海尔布隆（2003b，p. 287）。但是，这一最初的比喻在任何培根的作品中都难以找到，这显然是由于伊恩·哈金（Ian Hacking）的缘故。

② 威廉·布莱克（William Blake）甚至认为是培根毁了英国，他把培根、洛克和牛顿归为一个邪恶的三人组，将“现代社会中唯物主义”的出现归咎于他们三个人（Damon，1988，p. 35）。

* “拧狮子的尾巴”在英文谚语中指的是故意挑衅某人。——译者注

** “所罗门宫”是培根在其《新大西岛》一书中提到的一个乌托邦式的学术研究机构。——译者注

正是因为有了培根计划，这些发展才会出现。培根和他的追随者们将现在所谓的工业启蒙的种子播撒了下去，而当我们考虑工业革命的问题时就无法不考虑之前的文化发展这一使工业革命最终成为可能的因素。最近有关培根的著作似乎都接受了这种联系，但没有明确地将它与之后的经济增长挂钩。①

培根关于有用知识的方法和目的的观点在其身后几十年中仍影响着当时的知识分子，其影响力在启蒙运动时期也持续稳步增长。② 可以肯定的是，培根从许多方面来说都是一个过渡人物，他是 16 世纪末的产物，不是一个启蒙思想家。18 世纪的启蒙思想知识分子对培根思想的采纳是高度选择性的，他们只选择了那些适合他们研究议程的思想。③ 即使是不赞成培根的学者，也赞同他是有史以来最有影响力的思想家之一。④ 从总体上看， 79
许多学科的现代学者似乎也都认同这一评价。用一位学者的话来说，“培根自然哲学的主要目的就是要产生出自然无法产生的创新”（Zagorin，1998，p. 97）。在整个工业革命中，无论当时的科学家和工程师们是否承认，培根的意识形态所暗示的一系列价值观都在深刻影响着他们。我们可以从百科全书派学者们对培根深深的钦佩中感受到培根对工业启蒙的影响，例如由佩斯特神父（the Abbé Pestré）所撰写的“培根主义”长篇文章，以及狄德罗（Diderot）在他著名的《百科全书》（*Encyclopedia*）中“艺术”和“百科全书”的条目下所给予培根的赞美（Diderot，［1751］2003）。⑤ 苏格兰启蒙运动哲学家杜加尔德·斯图尔特（Dugald Stewart）和弗朗西斯·杰

---

① 因此，例如克劳斯·齐特尔（Claus Zittel）就写道：“（培根）的哲学诞生了现代性的科学梦想，使得社会的进步与所有技术的无障碍发展紧密相连”（Zittel et al.，2008，p. XX）。

② 苏格兰数学家科林·麦克劳林（Colin MacLaurin）在 18 世纪中叶写道：“（培根）认为有必要彻底改革人们对待自然知识的方式……他在《伟大的复兴》中用强有力的论点和热情提出了他的计划，使得这个激动人心的作品让对实际知识有兴趣的人从阅读中获得了极大的快乐……他的说教显然起到了极好的效果，自从他开始，实验哲学得到了前所未有的发展”（MacLaurin，1750，p. 59）。从来都抱着怀疑的态度看待任何事物的休谟，不同意这样的观点，并将培根排在伽利略和开普勒之下——这是个有点误导性质的比较。

③ 正如亨利（Henry，2002，pp. 138，163）指出的那样，启蒙思想家认为培根是一个英雄，但他们塑造了一个“以他们自己的形象为范本”的培根，是一种“对培根心中所想的选择性和截断性的解读”，但培根主义仍然是他们“能否为改善人类状况做出实际进步的担心”的基础。

④ 法国反动派作家约瑟夫·勒马斯特（Joseph LeMaistre）指责培根发动了一连串的人类公敌出现，导致了最终法国大革命的爆发（Pérez-Ramos，1988，p. 20）。

⑤ 在他的“艺术”条目下，狄德罗（Diderot，［1751］2003）写道：“我们太过倾向于相信，堕落到失去人类精神的尊严之下才要学习，更不用说机械艺术的实践了……这种偏见使得我们的城市中充满着无用的旁观者们，使乡村中充满着各种无知、懒惰和倨傲的暴君们。这根本没能体现培根的思想，培根是英国居于首位的天才之一。”

弗里（Francis Jeffrey）也同意培根型方法和研究目的，即使他们在某些解释上不尽相同（Chitnis，1976，pp. 214－215）。①

在工业革命时代有关科学技术的权威文献直截了当地指出，“培根的影响力渗透至17—18世纪每一个研究科学的人身上，不断地鼓励他们理解这种工场式的实践方法”（Musson and Robinson，1969，p. 16）。我们很容易就能找到来自不同时代的历史学家们对培根的其他典型判断。“弗朗西斯·培根爵士与我们正在讨论的运动（英国现代科学的兴起）间的关系，就像卡尔·马克思与共产主义的兴起之间的关系一样”（R. F. Jones，[1936] 1961，p. Ⅶ）。“在由教派冲突所主导的时代……培根的思想……促使西方人的关注点转向了科学及其应用。在每一个转折点，培根的思想遗产都启发了无数的梦想家和工业家”（Jacob，1997，p. 33）。最近，一位权威将“培根意识形态”定义为信念在科学力量中的双重飞跃——它是一种信心，相信自然哲学家可以做些什么来改善人类命运；它同时也是一种信仰，相信他们这样做就是在履行神的召唤（Cohen，2012，p. 584）。

80 弗朗西斯·培根对当时知名的“实验哲学”的演变的影响是深刻的。即使是没有直接参与实验工作的知识分子，如牛津主教塞缪尔·帕克（Samuel Parker，1640—1688）都认为，“人们认识到满足对真理和真诚诉求的唯一途径就是要用严谨的经验来检验它们，检验将会消除所有的疑虑……实验知识是所有知识中最安全，最毋庸置疑的。”他随后立即承认了大师的贡献：“所以培根爵士已经全然知晓，没有什么能阻碍知识的进步，也没有什么能阻挡人类在自己的小世界中寻求真理的脚步……他们不再只是冥想自然，或是观察经验”（Parker，1666，pp. 56－58）。一位了不起的日记作者和知识分子——约翰·伊夫林（John Evelyn，1620—1706）总结了培根去世后的一整代人对培根的感情，他写道：“高贵的韦鲁勒姆伯爵（培根）……超越了他的所有前辈；他知道这个帝国所知道的所有知识，有学识的人一听到他的名字就充满动力”（Evelyn，1661，p. A5）。② 有一点讽刺意味的是，那些曾经努力将亚里士多德拖下神坛的知识分子们，在某些程度上又将其个人崇拜转移到了培根身上。不过，培根主义从来没有成

---

① 一位后来的实用主义派的启蒙运动科学家，汉弗莱·戴维（Humphry Davy）毫不怀疑地相信培根“是第一位制订计划，想要扩大对知识的普遍应用的哲学家；他大胆地断言，所有的科学都只是对事实的表达或整理……对新的研究方式的追求，在很短的时间内完全改变了每一个自然知识学科的面貌”（Davy，1840，pp. 121－122）。

② 很少的知识分子认识到了培根的重要性，至少没有一个能像占星师乔舒亚·奇尔德雷（Joshua Childrey，1623—1670）能认识到的那样。他恰当命名了其著作，《大不列颠培根百科全书》（*Britannia Baconica*）。他在其中指出，他已尽最大可能地追随“大师培根”的脚步，培根是他“前行道路上的第一盏明灯”（Childrey，1660，p. B-4）。

为一种僵化的教条——恰恰相反，亨特（Hunter，1981，p. 18）指出，培根主义鼓励思想多元化和信仰多样化，同时包含着不同且经常相互矛盾的假设，它们相互竞争，需要接受各种逻辑的测试最终被人们接受。培根主义也导致了亨特（Hunter，1985，p. 65）所提出的对自然哲学的“拉平”效应（“leveling” effect）：参与科学实践和科学活动对于只接受过较少培训或能力不足的人来说也成了可能，他们可以成为“次要观察员”，收集关于从贝壳到潮汐运动的任何事物的数据和信息。这并不意味着自然哲学成为一项大众参与的活动，只是随着人们文化水平的提高，以及对各种证据或数据需求的增长，它曾在中世纪中存在的排他性逐渐被缓解了。

戈克罗格尔（Gaukroger，2006，pp. 354-355）指出，培根实验哲学与笛卡尔-霍布斯模式的自然哲学中的逻辑-演绎系统之间的区分界限可能有些模糊，但这个区别是真实存在的。培根留下的遗产，是一个基于数据和实验的具体的和唯物主义的科学，明确拒绝了在那个时代中所谓的“假说”，也就是在我们这个时代所称的“推测”。17 世纪末的伟大实验家罗伯特·波义耳（Robert Boyle）和罗伯特·胡克（Robert Hook）在这方面对 81
培根毫无质疑。波义耳在他恰当命名的《实验哲学的实用性》（*The Usefulness of Experimental Philosophy*）一书中，展示了他对培根理念的完全信任：“我不敢认为自己是一个真正的自然主义者，除非相比于那些不懂得自然哲学的人来说，我可以在我的花园里种出更好的草药和鲜花，在我的果园中种出更好的水果，在我的田地上种出更好的玉米，或者在我的牧场里产出更好的奶酪”。当一个实验哲学家自降身份，开始考虑从事畜牧业时，他嘲笑道，他应该能够提高这一艺术的鉴赏准则，因为现在的它只是“园丁和挤奶女工这样没有文化的人所进行的愚拙的观察和实践，而如果这一肥沃的科学（生理学）中的原理能被人们所熟知、学习和应用，即使最没有想象力的人，都能想象得到它们能为这个世界带来怎样普及和有利的改变”（Boyle，1664，part Ⅱ，p. 3-4）。① 在他关于科学方法论的文章中，胡克甚至对培根有更高的评价：“智力需要不断地通过某些方法或是引擎的协助才能运转，对于这种引擎来说，只有无可比拟的韦鲁勒姆伯爵（培根）有这些思想，（他）有能力克服通常会束缚人类思维的所有困惑或是偏见，他不仅发现了人类学习的障碍，还通过发现它们来解放了自己的思想”（Hook，1705a，pp. 6-7）。

培根的工作加强了西方社会想要在自然哲学的领域与工匠和农民的领

① 波义耳在他的《生理学论文选集》（*Certain Physiological Essays*）中明确指出，他在自然史上的研究只不过是“韦鲁勒姆伯爵（培根）的《木林集》或《自然史》”的延续（Boyle，1669，p. 14）。

域之间建立起桥梁的趋势。这些桥梁对技术进步至关重要，因为它们使命题知识的创造者与指令知识的创造者和使用者之间的沟通成为可能（Mokyr，2002)。对于培根来说，工匠不仅是命题知识的受益者，更是它的创造灵感。培根强调，技术进步只有在有用知识被有效组织、协调、分配和获得的条件下才会获得成功。他认为，为此，国家需要“为发明人保护发明”，知识必须从发明人所有转移至集体所有，也就是国家所有。只有这样，他认为有用的知识才能既是累积性的，又是可获取的（Keller，2012，p. 242)。他们对材料和能量的操控向实验哲学家们展示了如何创造出一个能够检验自然现象的人造环境（Cohen，2012，p. 247)。在那个时代，许多伟大的科学家也同时是仪器制造家，如伽利略、胡克和惠更斯等。然而，这些人都绝不仅是平凡的手艺人而已。

那么群体更庞大的工匠们又如何？正如我在其他地方所强调的（Mokyr，2002，pp. 63-64)，在科学家和制造商之间构建跨越社会鸿沟的桥梁是欧洲文
82 化的一个重要特征；它牵涉一场最终的胜利来之及其不易的斗争。[①] 1500 年以后，欧洲知识分子的文化发展最显著的趋势之一就是一个逐渐成熟的概念，即“知识分子应该把自己置于传统上被视为是下等工作的实际事物之中”，他们的头等大事就是要“重新重视起工匠的工作”（Hunter，1981，pp. 99，88)。

如果技术是以严谨且可持续的方式进步的，则这两个团体必须相互尊重，并且都认为他们间的沟通与合作对整个社会来说是互惠互利的。人们通常会认为这种类型的文化演变需要花费很长时间。任何正规科学应用的演化，如工程学的数学化和实验研究、手工艺品制造或医学等，如果不需要几个世纪，也需要几十年。到 1700 年，正规科学与手工实践之间的差距和它们在 1500 年时“裂开得一样宽”，主要是因为那些寄希望于通过自然数学化和各种实验来揭秘大自然的人，都严重低估了这个世界到底有多混乱（Cohen，2012，pp. 323，325)。即使是在 18 世纪，由于科学见解而出现的对经济发展重要的技术进步的确实例子也很少见。在很多情况下，科学与工业之间的关系是模糊不清的。但不可否认的是，这两者之间的联系是存在的，而彻底忽视工业启蒙的存在（Epstein，2013）是毫无道理的。工业革命的许多重要进展是由接受过科学教育的发明家或与这些人有接触的发明家所创造出来的。其他的发明实际上是由冒险踏入技术领域的受过

① 当康斯坦丁·惠更斯（Constantijn Huygens）——著名科学家惠更斯有学问的贵族父亲，收到一封署名给“数学家惠更斯先生”的信时，他不悦地说，他“不知道他的孩子中有任何一位是工匠”（Cohen，2012，p. 335)。但迪克斯特修斯（Dijksterhuis，2007）指出，这封信的作者不是别人，正是路易十四的战争部长路瓦侯爵。他会犯这个错误，是因为“理论数学家”（géometres）和“应用数学家”（mathématiciens）的社会含义不同，但在实践中，这两个类别有很大的重叠。

训练的科学家发明的，从约瑟夫·普里斯特利（Joseph Priestley）到克劳德·贝特洛（Claude Berthollet），再到汉弗莱·戴维都是如此。

相比于其他，实验科学的失败所带来的失望最能说明培根信息所传递出的修辞力量。实验科学没能信守自己的诺言，从新的发现中产生出人们期待出现的重大技术突破。从许多方面来说，它就像一张期票一样，如果它在 1680 年或 1720 年还没有被实现，那在未来它肯定也会被实现。显然科学是进步了，但如果我们将科学看作一座山，而以山谷最低处为起始点测量高度的话，那么科学之峰的高度应该不会如今天这么高。然而，即使科学之杯在 1750 年仍是个空杯，人们仔细观察就会发现，它正被逐渐填满，尽管速度远没有那些培根热诚的信徒们所承诺得那么快。通过科学家们不断累积的显著成就，特别是牛顿学说的胜利，填满科学之杯的愿望一 83
直没有破灭。此外，聪明的工匠研制出了许多培根所梦想的工具：摆钟、温度计、显微镜和航海钟等。善于观察的医生还可以给人们接种天花疫苗。在这个故事中，总有某种科学在扮演着重要角色，但是我们不应企图在手工技术中寻找出一个关于某种新发现的科学思想快速且直接的应用。相反，我们所说的科学与技术间的相互作用是微妙而复杂的。也许透过被我称为认知基础的镜头，我们能更好地认识某一种给定的技术：我们对于一个奇妙的装置或是特殊的药物为什么能产生作用到底有多少了解？在金鸡纳树皮（用于缓解疟疾的症状）或是天花接种的这两个例子中，我们什么都不知道。而在纽可门机的问题上，我们或多或少有所了解。在中射式水轮和水利涡轮机这两个发明中，我们所知道的相当多。①

这里重要的是不要夸大文化企业家的作用。一个有一定合理性的反驳就是，培根在欧洲启蒙运动中之所以受到如此钦佩，是因为他对他 18 世纪的追随者们解释过，无论他们想以何种方式做什么，都是正确的、有道德的。这在某种程度上，正是文化企业家的功能：他们并不是要把一群不情愿的人拉去一个他们本不会走的新方向上去，而是让追随者们能像接受一个已达成共识的核心思想一样去接受一个前后一致的学说。此外，在思想市场上，大师的追随者们需要不断地说服别人，因为总是会有各种不同的障碍阻止人们接受新信息。这个行为并不是要去说服什么凶猛的对手，这

① 科恩（Cohen，2012，pp. 606－608）列出了他认为的科学革命的高期望没有实现的原因。他没有提到的其中一个因素是，那个时期几乎所有伟大的科学家，从伽利略到牛顿，关心的都是运动，无论是原子还是天体，或是它们之间的各种物体，或是光。然而，在材料加工和制造发动机方面，同样重要的是要了解热量。17 世纪自然哲学家对热量的理解几乎是一片空白，他们关于此最好的成果，就是约翰·约阿希姆·贝歇尔（Johann Joachim Becher）和乔治·恩斯特·施塔尔（Georg Ernst Stahl）的燃素学说，而这在科恩百科全书式的作品中竟然完全没有提到。

不是一个不太可能的选项；文化企业家的信息针对的是那些中立者们，或是可能改变主意的个体们。

培根与工业革命之间的数十年中存在着不少过渡人物。[①] 培根呼吁那些知道事情的人（学者）和制造东西的人（制造者）进行普遍且富有成效的合作，这在工业启蒙时期仍不断回响。托马斯·斯普拉特（Thomas Sprat），在他的《皇家学会史》(*History of the Royal Society*) 中，曾经预言道，“当任何一个机械工人拥有哲学头脑时，或哲学家拥有机械之手时，哲学将会趋于
84 完美”(Sprat，1667，p. 397)。[②] 在这条蜿蜒曲折的道路上，直到最后终于出现了几位工业革命中的关键人物，如约翰·斯梅顿（John Smeaton)、约西亚·韦奇伍德（Josiah Wedgwood）和伊桑巴德·布鲁内尔（Isambard Brunel)。这一过渡持续了几十年的事实并不是对其连续性的反驳。经济发展的深层根源在于很早之前就已经发生的文化变迁。[③] 在过渡期间，人们的价值观开始转变，从合法化自然哲学变为了一种意义更深刻的思想：它要求科学知识更容易被人们获得，被那些可以最好地使用它、那些可以为科学建立起组织的人获得。

如已经指出的那样，培根远非一个自由和开明的思想家；他的思想也不是边沁功利主义的前身，因为对他来说，有用知识首先是实现国家力量的工具，而不是为了人类福祉而存在的（Poovey，1998，pp. 98，102)。虽然威廉·哈维（William Harvey）所谓的培根像大法官一样书写哲学的嘲讽是有些不公平的，但毫无疑问，培根对于有用知识体系的态度绝对是国家社会主义的。培根担心无序的知识体系最终会变得混乱，因此他的思想改革计划就是“试图通过国家介入以稳定秩序”(Shapin，1996，p. 130)。此外，他的大部分作品都体现出了较早时代的印记。他在《新大西岛》中提出的建议，即科学中的一些重大突破应该保密（由科学家自行决定哪些发明可以发表、哪些不能)，这与“文人共和国”中的标志性主张——开放科学（也是培根自己所主张的)，明显是互相矛盾的。[④] 正如格拉夫顿（Grafton，2009b）所

---

① 在莫基尔（Mokyr，2009a）中已经列举了不少这些人物，包括约翰·特奥菲·德萨吉利埃（John Theophile Desaguliers)、亨利·贝顿（Henry Beighton)、威廉·卡伦（William Cullen)、约瑟夫·布莱克（William Cullen）和科林·麦克劳林（Colin Maclaurin）等人。

② 人们普遍观察到，这在当时那个时代远非现实，即使在半个世纪之后，曼德维尔(Mandeville，[1724] 1755，p. 121）仍然写道，“那些发明艺术和改进艺术的人与那些探寻事物原因的人，他们很少是同类型的人。”

③ 有趣的是，科恩（Cohen，1990，p. 66）引用了鲁珀特·霍尔（Rupert Hall）著名的弹道学研究，表明尽管在科学上已经取得了相当大的进步，但是 17 世纪的枪手在日常操作中并没有注意到，或是根本不知晓科学家的研究成果。

④ 《新大西岛》中的人们必须决定哪些发明是要被发表的，哪些不是，然后立下秘密誓言来掩盖那些最好不为人所知的秘密，“尽管有时我们会向国家透露一些秘密，但也不会全部透露”(Bacon，[1627]，1996，p. 487)。

指出的那样，培根乌托邦式的《新大西岛》中的大部分内容虽然都在某种程度上向人们预示了现代研究机构的模式，但启发他的并非是一个前瞻性的关于某个有用自然现象有组织的研究，而是欧洲教会的历史。此外，在某些地方，培根也是依靠千禧年主义的标准来合法化好奇心和科学研究的：《伟大的复兴》中的某些部分似乎想要说明，我们现在所做的不过是在恢复人类在亚当堕落前已经掌握的知识。培根在他的《自然的解释》中写道： 85
“知识真正的重点”并不是要满足人们的好奇心或是对物质财富的追求，而是要“恢复和再投资于人类在被创造伊始就被赋予的主权和权力”(Bacon，[1603] 1838，p. 220)。我们很难知道这样虔诚的宣告是发自培根内心的，还是他认为真正有价值的不是探索神秘的过去，而是国家力量的增强和人们对环境控制能力的增加——或者在他心里，这两个是不可分的。① 培根所表现出的那部分千禧年主义思想也是使他的作品对清教徒有吸引力的原因之一。然而，最后，他在 18 世纪的追随者们并没有保留住他作品中这一方面的特质。对他们而言，最重要的是培根对知识的作用的看法：20 世纪培根最有见识的追随者曾表示，培根对待人类与他们身处的物理环境间的相互作用的看法，可以用经济学家所谓的“有限情况下的最大化问题”来概括。只要人们遵守和尊重自然规律，那么他们就没有任何限制，可以创造出无限可能(Rossi，1978，p. 18)。不过培根的作品确实帮助人们创造出了一种使得科学研究和宗教信仰可以共存的新的方式，他们认识到，通过自然研究，人类可以获得一些实际的知识以帮助他们更正确地解读宗教经文。詹姆斯·摩尔(James Moore) 提出了一种“培根式妥协”，这是宗教与自然哲学之间一种含蓄且非正式的权宜之计，科学家们为上帝全能提供科学解释，以换取研究人员免受宗教迫害 (Moore，1986，p. 323)。这种休战并不只在英语世界国家发生；“文人共和国”中许多重要参与者的作品中都表述了这一点。

在 1626 年培根去世后，他的影响力由他的追随者们继续扩大。其中不得不提到的人物当属塞缪尔·哈特利布 (Samuel Hartlib，1600—1662)。他在培根身后不久就接受了他的思想，并使得培根的思想得以在一个不断扩张的，并致力于创造、组织、规范和传播有用知识的知识分子群体中有效传播。② 哈特利布是一个典型的信息追随者和传播者，如果用当时的说

① 培根立即补充道 (Bacon，[1603] 1838，p. 220)，“让这个世界重新变得更好、更值得追求的是人类和王国控制世界的力量的增强……这才是真正神圣的世界”。

② 哈特利布和他亲密的朋友约翰·杜里 (John Dury，1596—1680)，一位信奉加尔文主义的部长，两人都是虔诚的新教徒，他们强烈地感觉到，以培根的方式来传播知识会引领当时的新教教会走向统一。哈特利布还对农业、海尔蒙特式化学、医药等方面也很感兴趣，并研究取得了大量专利。他和他的追随者们深信，技术进步的潜力以知识的增加为基础，需要摆脱对过去历史的困惑和混淆。

法来说，就是一个非常有影响力的“情报员”[①]，他也在1649年被英国残缺
86 议会（Rump Parliament）任命为“促进普遍学习的总代理”，这是一个名誉头衔，并不意味着什么实质性的职务，但也明确反映出了他在当时所享有的尊重。他不是一个具有原创性的思想家，而是信息传播网络中的中心节点：他能够有效地组织智力精英加入统一一致的研究计划中去。他是一位经验丰富的通讯员，在从医药到园艺等各个应用领域的科学作品传播中都起到了举足轻重的作用。他和他的合作者，约翰·杜里（John Dury），都追随培根的做法，通过知识的“有用”程度来评估其价值，并且也是“改良”概念的坚定拥护者。正如斯莱克（Slack，2015，p.108）所说，哈特利布“加速了文化变革的过程，确保了‘我们今时今日所想要的’在未来能够出现”。哈特利布在从医药到园艺等各个应用领域的科学作品传播中都起到了举足轻重的作用。[②]

哈特利布以他广布的社交关系网奠定了建立英国皇家学会的基础，在他人生的最后几年中，皇家学会得以建成。哈特利布也从其他思想中得到了启发，比如德国的加尔文主义。他也为年轻的艾萨克·牛顿所在的剑桥大学引入了范·海尔蒙特（van Helmont）的新化学和笛卡尔的形而上学思想（Greengrass，Leslie，and Raylor，1994，p.18）。

这样的思想家远远不止哈特利布和杜里两位。另一位德国移民，西奥多·哈克（Theodore Haak，1605—1690）也是皇家学会的创始人之一：他会说多国语言；阅历丰富；他在学术圈的人脉很广，马林·梅森（Marin Mersenne）是他的朋友之一。知名的经济史学家，威廉·配第（William Petty）曾提出要建立一个工程学院（gymnasium mechanicum），一个为工匠和工程师专设的学院（Petty，1647）。在这个学院中，年轻人会学习手工艺的历史；他们不用浪费时间“辛苦阅读《圣经》中的希伯来文字，或者鹦鹉学舌般地复述各种不规则变化的名词与动词”，他们将花费10～12年的时间在“学习事物”上，“在他们被雇用之前，需要学习有关贸易的理论”（Petty，1647，pp.23-24）。配第有些天真地补充说，他希望“从各种
87 研究中所产生的可敬的、盈利的、令人愉快的发明的数量会大幅增加，而

---

① 这个词首先被马萨诸塞州州长约翰·温思罗普（John Winthrop）用来形容哈特利布。韦伯斯特（Webster，1970，p.3）认为，哈特利布是一个承担着培根的理想，想要以“高尚且慷慨的兄弟情谊”来将欧洲的知识分子都联系起来——显然，这是18世纪的“文人共和国”的前身。他发起的一个主要项目就是“地址与通信办公室”项目。这是一个虚拟的“所罗门宫”，在这里，有用知识将通过书信网络以传播和分享。这是启蒙运动中一个基础项目的前身，通过减少科学和技术知识的获得成本，来扩大它们的传播。

② 哈特利布对养蜂学特别感兴趣，既是因为他觉得这是一种有趣的农业追求，也是因为他发现了蜜蜂传播花粉与人类传播信息以提高经济生产力之间的相似性。

此时人们……就可以看到和理解我们祖先的一切劳动和智慧，也因此，人们就有能力为一些有缺陷的贸易提供完美的替代品”（Petty，p. 22）。

哈特利布去世后，皇家学会秘书亨利·奥登堡（Henry Oldenburg，1619—1677）代替哈特利布，扮演了类似的角色（Hunter，1989，p. 250）。奥登堡像哈特利布一样都不是英国人（他出生于德国不来梅），因外交出访于 1653 年抵达英国，并最终定居在那里。他成为约翰·威尔金斯（John Wilkins）的圈子中的成员之一，并获得了罗伯特·波义耳的不少赞助。1662 年，他被正式任命为皇家学会第一秘书，同时他也赋予了“情报员”一词新的高度，不仅让“情报员”与当时许多领先的科学家们都保持着通信交流，同时也积极鼓励和支持有前途的年轻学者们，包括天文学家约翰·弗拉姆斯蒂德（John Flamsteed）和医生马丁·利斯特（Martin Lister）。1665 年，他创办了《哲学学报》（*Philosophical Transactions*），《哲学学报》后来成了皇家学会的官方刊物和世界上最古老的连续出版的科学期刊。奥登堡以劝说学者在此期刊上出版他们的最新发现而著称，从而更提高了他在一个越发有效的有用知识传播网络中担任关键节点的效率。[①] 另一组信仰培根哲学的学者在牛津大学的瓦德汉学院聚集，以瓦德汉学院院长威尔金斯为核心，这一个小团体中的知名学者包括约翰·沃利斯（John Wallis）、克里斯托弗·雷恩（Christopher Wren）和威廉·配第。当时还有一个“罗塔俱乐部”，这是一个由激进的政治理论家詹姆士·哈林顿（James Harrington）所创建的辩论社团，在 1659 年，成员们都会在一个小咖啡馆里集会，这在某种程度上与皇家学会很类似（Hunter，1989，p. 8）。即使在这些有学问的追随者的小团体之外，还有很多培根的仰慕者都觉得自己深受培根著作的启发。一个例子是关于培根的学生托马斯·布歇尔（Thomas Bushell，约 1600—1674），一名矿工工程师，将平巷（基于水平管道的排水装置）引入了英国的矿井构造中。

在 1660 年之前就已在英国形成的“无形学院”灵感也是来自弗朗西斯·培根。在 1660 年，这些非正式的组织都转变为皇家学会的一部分，它声称建立的目的就是增加有用知识，并建立正式科学与“实用技艺”中的实

---

① 我们很容易发现培根对奥登堡有深刻的影响。奥登堡曾写信给他的广泛信函网络中的新成员，信中说道他希望“调查关于大自然的秘密，为了造物者的荣耀和人类的利益”（Webster，[1975] 2002，p. 502）。在第一期《哲学学报》中，他以最佳的培根传统的方式写道，“对于促进哲学事物的发展来说，没有什么比传递信息更有必要的了，这些信息被发现之后可以被其他人应用到各种研究和实践中去……最终，这样的作品就被清晰而真实地传达出来，对实际和有用的知识的渴求更能被满足，精湛的努力和付出更会为人们所珍视。所有这些都是为了上帝的荣耀，为了王国的荣誉和利益，为了人类的普遍之善”（Oldenburg，1665，pp. 1-2）。

88 际应用之间的桥梁。亨特总结了皇家学会的宗旨，即提高科学在公众心中的地位，并为可以增加有用知识的实际研究提供一个平台（Hunter，1989，p. 15）。这些人对培根的钦佩以及感谢是无处不在的。威廉·配第在写给哈特利布的一封信的开头指出，他不必为学习或进步这些概念提供准确定义，因为“伟大的韦鲁勒姆伯爵早已给出了准确的定义”（Petty，1647，p. 1）。

皇家学会在很多方面显然就是培根在《新大西岛》和《伟大的复兴》所提出的梦想在真实世界中的体现，但也正如亨特（Hunter，1989）所指出的那样，其设立的时间和创立的形式更取决于1660年的实际状况。希尔（Hill，1965，p. 129）认为，从许多角度来说，皇家学会都没有践行培根的理想，因为它更像在迎合贵族的要求，它不求甚解的态度以及没有建立培根和夸美纽斯所梦想的乌托邦学会都体现了这一点。但即使如此，大多数学者也会同意林奇（Lynch）的说法：“皇家学会是一个培根式机构”，它“对科学的未来发展有重大影响，它的社会影响同样广泛，在17世纪之后的几十年里，在整个18世纪，甚至18世纪之后更长的时间里，这一影响依然深刻”（Lynch，2001，pp. 233-234）。起先，皇家学会为集中力量在技术事务上付出了巨大的努力，包括赞助一个专门的委员会，研究将种植马铃薯作为避免饥荒手段的可行性。其著名的《交易史》项目就是旨在对大英帝国的手工艺业进行完整的描述和整理，它收集了有关染色、制蜡、制革和酿造苹果酒等产业的无数信息（Ochs，1985）。学会所声称的目的在斯普拉特的《皇家学会史》中就得到了很好的描述，用对现代经济学家来说非常熟悉的语言表述即是，缩小最佳实践技术与一般实践技术之间的差距，并允许发明者重组和混合使用现有的生产方法和工具。① 然而最后，《交易史》项目最终只维持了很短的时间，皇家学会对技术也不如早期那么重视了，这主要是因为雄心壮志与真实成就之间的差距远大于培根主义者所想象的（Hunter，1981，p. 102；Lynch，2001，pp. 77-78，31）。在皇家学会中，也有从强调功利主义转向强调科学家心中某个更高层次的观念，因为科学家垄断了对自然的诠释，他们也承担起了要在理解自然世界方面
89 有所进步的重任（Hunter，1995c，p. 178）。然而，只因为这个项目的不成熟性就嘲讽它是很不合理的。正如凯瑟琳·奥克斯（Kathleen Ochs，1985，p. 130）所观察到的那样，到最后，像培根所预言的那样，经济发展确实受益于科学发展。科学要做的就是在这方面做得更好。贸易史学家帮助人们进一步发展出了对待工业的新态度，这种新态度最终彻底改变了工业本身。

① 用斯普拉特（Sprat，1967，pp. 310-311）自己的话说就是：“最差劲的工匠会因为最好的方法和工具受到良好的指导；最伟大的发明家将会受到极大的启发；因为他们会将很多人在很多地方、很多时候的发明与自己的发明相比较。这是增加发明最确定和最有效的手段。”

最重要的是，皇家学会的绅士学者们加强了培根所设想的科学与工业之间卓有成效的联系，它也成了工业启蒙运动的支柱之一。

虽然科学恢复与重建是自觉的培根主义思想所引导的，但培根对皇家学会的思想影响不应该被夸大。到最后，皇家学会是一个非常独特的组织，在其中有各种异质的科学家，他们从事自己的研究，他们碰面、沟通、互动，但最后仍像最开始时一样走自己的研究道路（Hunter，1995a，p. 102)。任何一条将皇家学会与工业革命直接联系起来的简单因果连线都是误导性的，如若不是，则工业革命就应该早一个世纪出现。英国皇家学会又是一个欧洲深刻文化变迁的反映，在 17 世纪后期和 18 世纪时期的英国知识分子和技术精英不断地累积着他们的力量，产生了这场变迁。而培根在其中的作用是不可否认的。

在培根的所罗门宫，这个在《新大西岛》中虚构出的学院被描述出来之后，皇家学会的模式也就被明确确定下来。[①] 皇家学会开始了对实际技术问题的无限热情。“皇家学会的业务和设计是为了增加关于自然物质的知识，以及所有有用艺术、制造、机械实践、引擎和实验发明的知识”（Lyons，1944，p. 41）。[②] 罗伯特·胡克在他第二版的《显微术》(*Micrographia*) 的序言中补充道，“皇家学会初始建立的时候从事实务的学者所占的比例很高，从这一点可以看出，皇家学会的成员们拥有自己特有的一个优势，那就是他们中的很多人都是具有逆向思维和会进行交易的人。这是一个好兆头，因为他们会尝试将哲学从言语转化为行动”
(Hooke，1667，未命名的序言)。在 1666 年，法兰西铭文与美文学术院为 90
这个比它稍微年轻一点的科学学会制造了一枚荣誉勋章，上面刻有一句拉丁文标语：“Naturae investigandae et perficiendis artibus”(为了对自然的研究和技术能力)。

如前所述，皇家学会终于失去了对实践知识的兴趣，但是在 18 世纪的英国出现的许多其他组织中，培根的精神依然存在。1754 年由威廉·希普

---

① 诗人亚伯拉罕·考利（Abraham Cowley)，一位当代（当之无愧地）被忽视的诗人(学会的联合创始人之一)，曾写过一首极佳的名为《皇家学会颂》(Ode to the Royal Society) 的打油诗，在托马斯·斯普拉特（Thomas Sprat，1667）的《伦敦皇家学会史》(*History of the Royal Society of London*) 再版时被引为其序言。这首诗很好地表达了当时的学者对培根的感激之情：“在这条荆棘遍布的漫漫长路上；在这条我们的前辈不断徘徊的道路上；就像旧时的希伯来人迷路一样；我们也在路上被遗弃；培根，就像摩西，最后带领我们找到了出路；他所走过的荒山野岭，他所站立过的每一条边境，都成为了最幸运的应许之地；在他高贵智慧的山峰之巅，他看到了自己的智慧，也让我们看到了他的智慧。”

② 亨特（Hunter，1995c，p. 173）认为这一著名的段落是罗伯特·莫雷（Robert Moray，1608—1673）所说，他是一位来自苏格兰的通才、政治家、将军和共济会领导者，也是皇家学会早期最有影响力的领导人之一。

利（William Shipley）创立的皇家艺术协会的创办目的如下："一国的财富、荣誉、力量和繁荣取决于对知识的掌握和对有用艺术、制造业等产业的改进，取决于少数完全明智地认识到适当的鼓励和奖励非常有利于激发起模仿精神和工业精神的人。"在 18 世纪下半叶，各种正式和非正式的学会和学院如雨后春笋般出现，它们都致力于通过将企业家和实业家，与科学家和哲学家联系在一起的方式，将自然哲学（科学）与"有用艺术"（技术）相结合。1799 年，工业启蒙运动的两个典范，约瑟夫·班克斯爵士（Joseph Banks）和本杰明·汤普森（Benjamin Thompson，拉姆福德伯爵）共同成立了英国科学研究所（Royal Institution），致力于科学研究，也同时负责为公众提供有关科技问题的公开讲座。在 19 世纪的前十年，这些讲座事宜都由当时科学界的领军人物汉弗莱·戴维主持，他也是工业启蒙运动中的一位经典人物。

除了各种组织，培根的思想也支持了不少 17 世纪的知识精英扩大和发展他们的理论。伟大的实验家罗伯特·波义耳扩大了培根的观点，指出韦鲁勒姆伯爵（培根）对"能照亮的"（有启发性的）和"结果实的"（有用的）两种实验进行了区分，不过实际上是一种实验导致了另一种实验的出现。他随后加了一句话来总结培根对工业启蒙的影响："在某种程度上，没有什么可观的物质真理不是蕴含了各种有益的发明的，它们也或许不是因为人类技能或某种行业而成了各式各样有用发明的起源的，无论是对人类来说，还是对我们中的发现者们或是将真理付诸实践的应用者们来说，都是如此"（Boyle，1671，p. 45）。波义耳还补充说，人类研究自然哲学有两个截然不同的目的："有些人只关心了解自然，而另一些人则希望能控制自然……有些人希望满足自己的愿望……另一些人则希望改变自然以满足他们的特定需要，无论是有关健康、财富，还是心灵愉悦的需要"（Boyle，1744，vol. 1，p. 199）。

没有哪个学科会像医学一样对执行培根计划抱有如此多的希望。托尼斯·西德纳姆（Thomas Sydenham，1624—1689）就是其中一位热诚的培根追随者，他是首位将实证方法应用于医学研究的人，同时也是今天我们所说
91 的疾病分类学的创始人（Trail，1965；Anstey，2002，pp. 87-88）。[①] 马切芒特·尼德汉姆（Marchamont Nedham，1620—1678），一位医生，同时也

① 默顿（Merton，［1938］2001，p. 24）指出，17 世纪对医学兴趣的增长是科学兴趣增长的一个方面。对于绝大多数的医务工作者来说，这最多也只能算得上是一个小规模的边际变化。生物与医学之间真正有密切联系是 19 世纪才开始的。然而，对于像西德纳姆这样的顶尖医生，以及他的追随者，如理查德·布莱克摩尔（Richard Blackmore）（1654—1729，以撰写沉闷的诗歌而闻名）和托马斯·多佛（Thomas Dover，1660—1742；原先为医生，后来转行成为了海盗），他们身上培根思想的印记也很明显。西德纳姆对于欧洲大陆医学的影响［如对荷兰医生赫尔曼·布尔哈夫（Herman Boerhaave）的影响］也相当大（Poynter，1973）。

是一位辩论家，写了一本题为《美德乐医学》(*Medela Medicinae*) 的小册子。这本书颇具争议，他在书中强调实验哲学是医学未来发展的基础，并为培根和他的追随者们唱赞歌 (Nedham，1665，p. 6)。尼德汉姆认为，培根已经清楚地表明医学应该如何从其最基础的部分开始重建，并且它也不得不放弃“长期以来对那些过时的医学大师们的迷信崇拜”(Nedham，1665，pp. 361-362)。疾病分类学的发展被认为是为了响应培根要求医生收集疾病史的呼吁，这是培根“伟大的复兴”的一部分 (Bynum，1993，p. 343)。[①] 或许可以以理查德·洛厄 (Richard Lower，1631—1691) 为例，他是一位非常有才华的英国医生和实验家。他曾在血液循环系统、心脏以及神经系统治疗上做出过开创性的贡献，他也被认为是人类历史上首次成功完成输血的人。洛厄和他的合作者，托马斯·威利斯 (Thomas Willis，1621—1675)，都是牛津瓦德汉学院培根主义者团体中极其重要的成员。

在其他领域，数据收集和实验也越来越受到重视：植物学、动物学、冶金学、农业、矿业等都成为了合法的研究领域。约翰·雷 (John Ray，1627—1705) 向我们展示了一个极佳的践行培根哲学的例子。他是现代动物学的创始人之一，在他的作品中，自然史与宗教思想同时出现。他于 1691 年写就的广受欢迎的三卷本《上帝造物的智慧》(*The Wisdom of God Manifested in the Works of the Creation*) 共有 11 个版本，在 1798 年仍在 92
被重印。[②] 雷也是将植物分类学发扬光大的关键人物，不过它的流行部分也是由当时正蓬勃兴起的稀有植物的贸易产业所促成的，收藏这些异域植物成为当时很多欧洲人略显奢侈的爱好。[③] 当时据称是受培根思想所启发的

---

① 在这个时代，系统地收集信息已经扩展到了外科领域，在那时这还只是一个只享有一点点尊重的手艺活。曾在英国内战时期服役的皇家外科医生理查德·怀斯曼 (Richard Wiseman) 于 1676 年出版了他的《外科论文》(*Chirurgicall Treaties*)，其中列出了 660 个医疗个案。虽然怀斯曼的书中没有明确提到培根，但他在他的序言中感叹道，“当年轻的外科医生理应能从理论中寻找治疗方法时，同样当他们理应在实践的一开始就找到方法时，突然间现实就会把他打回原形……在那时他就会希望所有其他的医生都像我一样做了我在这篇论文中所做的一切，告诉他们各种成功和不成功的案例，从而增加我们的认知，在医学知识海洋中的礁石上留下印记，就像它们自己曾经将自己劈开过为世人所见一样” (Wiseman，[1676] 1719，vol. 1，pp. Ⅴ-Ⅵ)。

② 17 世纪的农业和自然历史领域的作家明确承认了他们对弗朗西斯·培根的感谢，特别是对《木林集》的感谢。《木林集》是一本包含了各种不加拣选的实际和推定事实的集合，《新大西岛》是其附录。在 1626—1685 年间，这本作品是当时的畅销书，拥有 16 种英文和 3 种拉丁语版本。参见戈克罗格尔 (Gaukroger，2001，p. 33)。

③ 雷的《植物史》 (*Historia Plantarum*)，完成于 1686—1704 年间。前两卷描述了 6 100 个物种，其中许多是雷自己所见，或是在他的人际网中由其他植物学家所描述过的。第三卷详细介绍了 10 000 个物种，主要依赖于其他印刷出的文献资料。雷对包括卡尔·林奈 (Carl Linnaeus) 在内的 18 世纪的植物学家都有巨大的影响。

科学网络，是英国在17世纪下半叶正蓬勃发展的实验哲学和医学的核心。

正如亨特和其他人所强调的那样，关于培根影响力的论证时不时显得有些言过其实，多数也都带有误导性（Hunter，1995a，pp.102-104）。然而，培根主义为人们收集数据提供了一整套的涵盖性思想，虽然有点不够成熟，但它让人们相信收集数据是有助于推动研究和社会进步的。收集物质世界的数据和事实会产生社会进步的信仰诞生于17世纪，并且由此一直存在于社会之中，即使人们能观察到的实际进步发展地非常缓慢。一位著名的培根主义者是一位来自诺维奇的医生和博学家，托马斯·布朗（Thomas Browne，1605—1682）。他是当时极为畅销的百科全书《常见错误》（*Pseudodoxia Epidemica*）（Browne，［1646］1964）的作者。在这本书中，他揭示了许多庸俗的错误和迷信，涉及的范围惊人得广，包括动物学、矿物学、天文学、历史学和地理学等多个学科在内。它完美展示了与当时主流思想相对抗的竞争理念，这也是那个时代欧洲知识分子生活的标志。不仅如此，他所批判的观点绝非只是例如变色龙不用进食也能生存、犹太人会自然地发臭、红宝石夜间能发光等这样的想法。[①] 布朗的作品大部分是用英文精彩地完成的，可以被看作科学杂志的早期版本，显然它也有助于将培根主义者所倡导的“新科学”信念传播到一个更大的圈子中
93 去。[②] 他也是一个实验主义者，并被称为第一个在英语中使用“电力”（electricity）这一词汇的人。他的作品至少报告了100个他自己进行的实验，同时他也对17世纪中叶几乎所有的研究领域进行了完整详尽的文献综述。布朗在当时受到人们极大的尊重（国王查尔斯二世甚至在访问诺维奇期间还特意接见了他，并授予了他爵位），他也是培根最著名的追随者之一。他的思想中最为引人注目的一点是他的怀疑和不确定感，以及对古代权威盲目信仰的摈弃：他在书中一开篇便指出，“为了获得清楚可靠的真相，我们必须忘记和放弃多数我们已经知道的所谓事实”（Browne，1646，Preface）。他没有成为皇家学会的成员，但他与其许多成员都保持着联系，显然他是当时的学者网络中重要的一部分。

另外一位让人特别感兴趣的人物是皇家学会的创始人之一、第一任学会秘书约翰·威尔金斯（John Wilkins，1614—1672）。威尔金斯极好地展示了文化企业家们为了传播信息所需的追随者的特质。他与克伦威尔（Cromwell）的妹妹结婚，于1648年被任命为瓦德汉学院的院长，后来他

---

① 这本书在1646—1672年之间一共出版了6个版本，并被翻译成至少其他4种语言，足以证明它在当时受欢迎的程度。然而，在我们给布朗贴上“现代思想家”的标签之前，我们应该想到，他曾将许多错误归因于“撒旦的鼓吹”（Browne，［1646］1964，p.75）。

② 迪诺内恩（Denonain，1982，p.371）认为布朗在1643年出版的极具影响力的畅销书《医生的宗教》（*Religio Medici*），是“按照培根的要求”组织全书结构的。

又成了三一学院的院长和切斯特主教。他也是一位精通政治的知识分子，英国后培根运动中的关键人物。[1] 威尔金斯的职业生涯展现了宗教信仰和科学研究是如何在那个时代相辅相成的：他是一位清教牧师，也是一位广为人知的神学家，用查尔斯·吉利斯皮（Charles Gillispie，1960，p. 113）的话来说，他以惊人的洞察力预言了“伽利略的数学化科学与培根的社会化科学之间的和解”。这在他 1648 年的《数学魔术家》（*Mathematical Magic*）一书中得到了体现。在这本书中，他明确断言，“这样做有很多真正的益处；特别是对于那些对排水、开矿采矿、发动机的原理等感兴趣的绅士，还有对那些平凡的工匠来说都是如此。对于这些行业中富有经验的人们来说，相关的基础知识和原理一定能让他们受益匪浅”（Wilkins，1648，p. 4）。这本书着重指出，人们凭借实用的机械设备和节省劳动力的发明可以加速改造自然的不足（Aarsleff，1992，pp. 6-7）。威尔金斯强调，有用知识的传播意味着更多的人可以开发和采用最佳实践的理念和技术。现有知识的传播需要更好的语言艺术和通信技术。在他《关于真实符号和 94
哲学语言的论文》（*Essay towards a Real Character and a Philosophical Language*）中，他是众多作家中首先要求建立一种通用科学语言的作家之一，以此作为科学家们之间更有效的沟通媒介。就像他指出的那样：“在废墟上重建巴别塔”（Strasser，1994）。为此，他提出要基于知识分类开发出一套新的人造语言。他的这项工程预示了 18 世纪启蒙运动中的一项核心内容，即为降低获取知识成本所进行的英勇尝试（Mokyr，2005）。[2] 创新人员之间的互联性这一概念不仅依赖于语言和交流的技术与文化，同时也依赖于有关知识的各种组织在 17 世纪下半叶的培根主义者中是极为普遍的这一事实。[3] 威尔金

---

[1] 约翰·奥布雷（John Aubrey），曾简要叙述过许多与他同时代的思想家的生活，他指出威尔金斯是“牛津大学实验哲学的主要评审人，他每周都会组织一次实验哲学社团的活动，这一社团创始于 1649 年，也算是皇家学院的前身了”（Aubrey，1898，p. 301）。他在牛津大学瓦德汉学院的院长住所，都是有意识地按照培根的所罗门宫设计的（Houghton，1942，201）。

[2] 威尔金斯（Wilkins，1668，dedicatory），带有一些在早期培根门徒身上不算罕见的无知，写道，“促进世界上几个主要国家间的相互贸易，以及加强对自然的理解，这两者都将产生很多明显的益处；它同样也有助于传播宗教知识。……这种设计同样会对缩小现代的宗教差异做出很大贡献，因为它能揭示许多野蛮的错误，这些错误原本隐藏在很多不客观的短语之下。”

[3] 在她为威尔金斯的《墨丘利：秘密的高速信使》（*Mercury, or, The Secret and Swift Messenger*）所撰写的序言中，阿斯巴-赫施奈克（Asbach-Schnitker）指出：“当威尔金斯的论文［《关于真实符号和哲学语言的论文》（Towards a Real Character）］于 1668 年由皇家学会主持出版时，这部令人印象深刻的著作，实际在一定程度上是很多学者共同努力的结果，特别是弗朗西斯·威卢比（Francis Willughby）、设计了植物和动物的表格的约翰·雷、‘按字母排序的字典’的发明者威廉·劳埃德（William Lloyd），还有罗伯特·胡克（Robert Hooke）和弗朗西斯·洛德威克（Francis Lodwick，通用字母的发明先驱之一）。”参见威尔金斯（Wilkins，［1641］1984，p. XXVI）。

斯（Wilkins，1648，pp. 2-3）认为技术的力量是无限的，它可以解除“人力的诅咒”，恢复人类对自然的统治。在他看来，技术（“艺术”）可以帮助自然，或是征服和改造自然。实践知识或“旨在行动”的知识是我们“最好和最神圣的知识”（Wilkins，1648，p. 3）。威尔金斯不仅仅是培根与18世纪自然哲学之间的联系，他也是使文艺复兴转向启蒙运动的主要人物之一，是清教主义在这一历史演变中所起作用的完美例证。

有趣的是，弗朗西斯·培根对17世纪英国知识分子的影响同时扩大至了清教徒和非清教徒身上，正如查尔斯·韦伯斯特（Charles Webster）所说，他的自然哲学体系是在千禧年主义对人类统治自然的期待的背景下形成的。他的作品在清教徒中几乎获得了如《圣经》一般的权威地位，“没有人能比他更有影响力了，他激励了他的同胞们积极投身于实验科学之中，
95 并将自然哲学家和工匠们拉入了社会场景的中心区域”（Webster，［1975］2002，p. 335）。① 其实他所影响的不仅仅是他的同胞，例如，塞缪尔·哈特利布是普鲁士人（虽然他大部分时间都生活在英国），而阿姆斯·夸美纽斯是捷克人。② 自然学家扬·琼斯顿（Jan Jonston，1603—1675）出生于波兰，父母是苏格兰人，他一生中大部分时间都在莱顿当医生，后来又重回

① 举另一个例子，威廉·沃顿（William Wotton，1666—1727），17世纪后期作品最为广泛阅读的英国知识分子之一。他的作品可以被看作第一次深入而清晰地分析了早期现代社会的科学增长，记叙了他观察到的在他的时代，知识的显著进步是如何开始的。“尊敬的培根伯爵是一个伟大的人，他是第一个花费了大量的经历劝服世界走上正确道路的人，否则至今世界都会在错误的道路上，而自然本身，不是她的那群秘书们，开始被那些渴望了解她的人所研究”（Wotton，1694，p. 306）。

② 培根许多最早的崇拜者确实都生活在欧洲大陆上，他们中的一位，笛卡尔，就曾在一封信中表示他自己和韦鲁勒姆伯爵（培根）的观点是如何互相补充的。当时另外两位代表性的法国知识分子，皮埃尔·伽桑狄（Pierre Gassendi）和马林·梅森也都明显受到了培根作品的影响。尼古拉斯·克劳德·法布里·德·佩雷斯克（Nicolas Claude Fabri de Peiresc）是法国17世纪前几十年中最重要的、也是最有影响力的知识分子之一，他十分钦佩培根，并表示自己很遗憾从未见过培根（Caton，1988，p. 80）。他拥有培根的不少著作，他自己著作的英文翻译者在描述佩雷斯克的动机时，也多次提到《学术的进步》（*The Advancement of Learning*）一书（Miller，2000，p. 23）。荷兰哲学家和物理学家艾萨克·贝克曼（Isaac Beeckman）也对培根的作品作出了大量评论。荷兰外交官，同时也是著名科学家克里斯蒂安·惠更斯的父亲，康斯坦丁·惠更斯实际上遇到过培根，并很崇拜他所做的研究。他的儿子克里斯蒂安是一个坚定的培根主义者，他甚至在巴黎强调过培根教义的重要性。他写道：“实验和观察提供了人们了解他们在自然界中看到的所有事物的原因的唯一方法”（Bell，1947，p. 61）。虽然这些作家中许多人都同意培根方法中的一些中心原则，但他们经常曲解了培根的意图，并没有与培根一样对开发自然和推动技术进步采取激进的研究方法，更不用说归纳法了。参见佩雷斯-拉莫斯（Pérez-Ramos，1996，p. 312）。

波兰，他也是一位热忱的培根信徒。① 在荷兰，1700 年以前就有不少于 45 幅画作是关于培根的作品的，而在意大利，西芒托学院和特拉恰亚（Traccia）学院都是明显在培根思想的指导下而建立的（Gaukroger, 2001, pp. 2-3）。② 大约在哈特利布和夸美纽斯去世一个世纪后（分别于 1662 年和 1670 年），丹尼斯·狄德罗的毕生事业仍明显受到了培根作品的启发，培根主义渗透至了他的《百科全书》中的每个角落。③ 他觉得，当 96
工匠能理解技术的原理并且知道它们为什么能运转的时候，这些进步才算是真正安全了。狄德罗在其《百科全书》中关于“艺术”的文章中指出，培根认为机械艺术的历史是真正的哲学中最重要的分支，所以他并不会鄙视关于机械艺术的实践。在别处，他善意地将培根与米歇尔·蒙田（Michel Montaigne）相对比，以强调他所认为在培根思想中很重要的一点。蒙田对当时枪炮等火器的使用颇有疑问，而狄德罗写道：“想象一下，如果培根与蒙田身处同时代，你会看到培根研究它们的本质以及预言其未来发展，如果我可以这么说——手雷、地雷、大炮、炸弹以及所有军备武器。”培根对法国启蒙运动知识分子的影响是巨大的，即使他们最多也只能算是略懂培根作品的皮毛而已。④ 法国的启蒙思想家们所认为的培根的思想，是一

---

① 琼斯顿生动地写道，“实践哲学”（他所认为的有用知识）能够生产出新的金属；制造一容器的人造硫酸盐、硫黄和明矾混合液；并产生新的植物和动物物种。然后他补充说：“哲学的实践部分到现在都在最伟大的黑暗中。到最后，在我们这个时代，著名的韦鲁勒姆伯爵为我们开辟了一条路。……那些承担了任何值得注意的东西都存在于刚刚过去的时代，或是我们自己的时代”（Jonston, 1657, pp. 83-84）。

② 在 16 世纪 60 年代访问了英格兰的一位爱发牢骚的法国知识分子，塞缪尔·索比耶尔（Samuel Sorbière, 1615—1670）医生写道：“大法官培根在他设计的浩瀚无垠中已经超过了所有其他人，（他的作品已经教会了我们）要我们对自然事物的认识都辅助时间。……这无疑是曾经出现过的，对自然哲学感兴趣的最伟大的人了”（Sorbière, [1664] 1709, p. 32）。

③ 达朗贝尔（d'Alembert, [1751] 1995, pp. 74-75）将培根称为“不朽的大法官……最伟大、最著名和最雄辩的哲学家……（他）将哲学看作我们知识的一部分，将它限制在有用事物的科学应该使人类更好或更快乐……”伏尔泰在他的《哲学通信》（*Philosophical Letters*）（第 12 封信）中称培根为“实验哲学之父”，并补充说，《新工具》“是新哲学大厦得以矗立的脚手架；所以当建筑物完成时，脚手架就不再有用了。培根大法官对自然仍不完全了解，但他清楚知道这一点，并提出了所有引领人们认识自然的绝佳路径”（Voltaire, [1733—1734] 2007, p. 38）。即使是坏脾气的卢梭（Rousseau），虽然对技术进步的哲学毫不赞同，也不得不承认，“韦鲁勒姆也许是哲学家中最伟大的一位”。参见高斯（Gauss, 1920, pp. 58-59）。

④ 米歇尔·马勒布（Michel Malherbe, 1985）指出，尽管人们对培根极为钦佩，但大多数法国启蒙思想家实际上都对他的作品知之甚少，而甚至是《百科全书》中关于“培根主义”的文章的作者（佩斯特神父）也看不出是阅读了很多培根的作品的样子。即使是培根最热忱的信徒狄德罗，曾用“我从来没有厌倦过赞美他，因为我从来没有厌倦阅读他”，这样的话来表达对哲学家培根的钦佩的人，在面对一位学者为了取悦他而粗略地读了读培根的作品并给出了一个显然不完全的解读时，他竟然称赞这位学者对培根的理解是培根的一个“完整的思想体系”（Dieckmann, 1943, pp. 326-327）。

个强调科学的观点，认为科学是保持进取和乐观的历史观的关键，它质疑了关于人类固有的苦难是无可避免的这一宿命论信念（Dieckmann，1943，p. 328）。此外，启蒙思想家所认为的进步的关键是思想和有用知识的交流和传播，而培根就是与他们持有相同观点的先知（Goodman，1994，pp. 23-26）。

狄德罗《百科全书》的流行程度并非自由主义评论和政治批评就能完全解释的。正如吉利斯皮（Gillispie，1960，p. 174）指出的，“是技术，认真对待了人们的生产和生活方式；尊重了科学的共同追求。”[①] 正是在这个
97 意义上，培根作为文化企业家的角色能被最好地体现出来。他最强大的影响确实是存在于启蒙运动中知识分子和启蒙思想家身上，他们钦佩他，将他作为自然探究的宣传者，而自然探究正是社会进步的关键。培根哲学的基本思想后来被认为是“辉格式的”，并且人们也不会惊讶于为什么辉格派历史学家马卡莱（Macaulay）会在他关于培根的长篇论文中称赞培根的作品是有预见性的了（Macaulay，[1837] 1983）。[②] 然而，理想主义的德国哲学家就没那么钦佩培根了。[③]

在培根去世后的几十年里，我们应该如何解释培根对精英文化的影响？对这一现象颇感惋惜的德博拉·哈克尼斯将培根的影响（相比于休·普拉特这样更实际的作家所带来的影响）归因于人们过于关注某个单独的历史人物，而不关注一个合作性群体；以及人们对一个简洁的科学故事的偏好，而不喜欢一个关于“在繁忙的都市（伦敦）街道上普通从业者们”的乱糟

---

① 罗伯特·胡克是牛顿之后的时代最年轻、最有才华的英国科学家，而培根对他的影响可以从胡克有些夸张地打算撰写一部关于所有手工职业的历史中可见一斑。这些职业包括伪造珍珠和宝石的制造商、小号制造者、书本装订、舞蹈大师、油漆工等。参见法灵顿（Farrington，[1951] 1979，p. 137）。

② 马克莱在他的文章中指出，“有些人可能会认为，培根哲学的目标是（为一个人提供他所要求的能使他继续为人的一切——技术）一个不高尚的目标，但是他们不能否认，无论高尚或低等，这个目标都已经实现了……他们不能否认人类已经在培根所指出的道路上取得了伟大而持续的进步”（Macaulay，[1837] 1983，pp. 129-132）。这句话毫无疑问出自一个必胜主义者口中，当它刚刚出版的时候，也就是维多利亚时代的前夕，人们是以英国工业革命中真正可触知的技术成就为基础而说出这些话的。正如麦克洛斯基（McCloskey，2010，p. 91）所指出的那样，培根和马克莱是“启蒙运动中的愚蠢的乐观主义者”，但也正是他们对于未来增长的规模做出了正确的判断，而他们悲观主义的对手们是错误的。

③ 因此，黑格尔（Hegel）有点夸张地说：“培根一直被赞扬为指出知识的真正来源是经验的人……事实上，他确实是英国所谓的哲学的首领和代表，英国人至今还没有越出那种哲学一步。因为英国人在欧洲似乎是一个局限于现实理智的民族，就像国内小商贩和手工业者阶层那样，注定总是沉陷在物质生活之中，以现实为对象，却不以理性为对象……他的实践著作特别有趣味，但是找不出人们所期望的那种伟大的识度。”参见黑格尔（Hegel，[1805—1806] 1892—1896，pp. 172-174）。（译文引自黑格尔. 哲学史讲演录：第四卷. 北京：商务印书馆，1983. ——译者注）

糟的寓言故事。但最重要的是，她认为“培根自己就想要这样”(Harkness，2007，p. 252)。这种解读似乎是错误的：不仅是培根，培根的追随者也都想要这样。在思想市场上，他或许是一个比休·普拉特更成功的推销员，但是是“买家”决定了他们中谁将成为一个成功的文化企业家，谁将终被遗忘。希尔（Hill，1965，p. 87）提到了之前我们也提到的哈维对培根的嘲讽，并指出，用大法官的口吻书写哲学是重要的，因为这样做可以 98
将哲学提升到一个连贯的哲学体系上，否则至今它只是一个务实的人所提出的不完全明确的假设而已。

如今，可以肯定的是，培根的遗产对科学史的重要性可能是有争议的，但他对科学的声望和研究计划的影响，以及实际上对所有有用知识的研究，包括技术的影响没有丝毫的减弱。人们达成的共识仍然是，“他注入现代科学中的精神是与社会发展的本质相关的，并且这一精神仍然是现代框架的一部分”(Pérez-Ramos，1996，p. 311)。培根主义意味着，他的追随者们接受了一个关于科学制度化的信念，通过有计划和合作性的研究来收集、整理和传播知识的手段；他们也相信社会问题是存在技术型的解决方法的，特别是如果这些技术还能带来盈利（Rees，2000，p. 71)。换句话说，培根为我们留下的遗产，恰恰是从文化上认同有用知识的增长，将它看作经济增长中的一个关键因素。

第八章　文化企业家——艾萨克·牛顿

99 作为文化企业家的牛顿与培根发挥了很不同的作用。如果培根传递给人们的信息是，以知识为基础的进步最终是有些许希望实现的，那么牛顿给出的信息就是，这是肯定会实现的。如果技术进步是通过服从自然来控制自然，那必须有人寻找出这些规则。牛顿比其他任何人都明白，这些规则是触手可及的。

牛顿的研究以及随后牛顿科学的兴起与 18 世纪的经济发展之间的联系仍存争议。玛格丽特·雅各布（Margaret Jacob）强烈坚持，牛顿主义者对英国制造商的生产车间的实际影响是巨大的（Jacob，1997，2000a，2007；Jacob and Stewart，2004）。与之相反，法拉（Fara，2002，p. 21）则认为，18 世纪牛顿科学声誉的提升是英国在这一时期商业化成长的结果。虽然这两种观点都有一定的道理，但我们应该牢记的是，将牛顿科学直接应用于发明中在 1800 年前是相当罕见的，并且英国在 1687 年，即《数学原理》出版的那一年，就已经是高度商业化和货币化的经济体了。这里主要的因果模型并不是牛顿主义是否导致了经济发展或是经济发展导致了牛顿主义兴起，而是存在第三组变量，它同时驱动了两者的发展。这些因素就包括了一种精英文化的成长，即人们越来越认为有用知识的增加和传播是物质进步的关键。这一文化是一场长达两个世纪的辩论的直接产物，这场辩论发生在一个竞争性思想市场的制度框架下。

牛顿的职业生涯及他对后世的影响与许多重要的文化企业家不同，它们带来了一系列意想不到的杂乱后果和影响。事实上，他很有可能是不知不觉地就成了文化企业家：伊利夫（Iliffe，1995，p. 175）指出，牛顿的写作目的只是让他能与艰深的数学知识有些互动而已。他自己承认他故意将
100 《数学原理》写得很深奥难懂，所以这本书只可以被“会赞同他的理论的有

能力的数学家”理解。此外，他的个性使他不太可能成为当时的风云人物，就像凯恩斯在他的《牛顿其人》（Newton，the Man）中所指出的那样。①如果牛顿作为一位文化企业家对工业革命产生了影响，那么就是因为他改变了一个特定群体的基本价值观和信念，这一群体就是启蒙社会中的精英人士们。他所形成的影响最终与他的性格完全无关，而与他提出的见解完全相关。并非修辞偏见，内容偏见才是他的特质。②

从方法论的角度来看，牛顿代表了培根通过观测、数据和实验的实证方法以及伽利略首创在物理学中使用的数学化方法的一个结合。他避免了假设和猜想，把自己局限于可以从观察所推理出的理论之中。事实上，正如芭芭拉·夏皮罗（Barbara Shapiro，2000，p. 156）所说，牛顿是一个坚持认为自然哲学应该被限制在“那些可以量化与测量的事实领域”的学者。然而值得强调的重要一点是，牛顿的作品对他的同代人和子孙后代的影响只是他智力产出的一小部分。在许多方面，牛顿仍然是一位老派的知识分子，撰写了很多有关《圣经》的作品，也极其热衷于研究数字命理学，试图为《圣经》中某些段落赋上预测数值，以破译出世界末日的预测日期。他花费了大量的时间和精力来研究《以西结书》*，以确定所罗门圣殿的确切维度，绘制平面图（Manuel，1963，pp. 162-163），并确认了第二王国会在未来出现（Fara，2002，p. 78）。他对历史的研究很深很广，包括古埃及象形文字，根据天文数据调整的古历史年表，以及古希腊天文学的起源（Manuel，1963）。他人生中最具创造力的几年都投身于炼金术实验之中，而现代学者认识到，这项研究并非是出于他的天赋异禀，而是这位天才复杂人格中的一部分，炼金术是他对于古代智慧的完全忠诚与精神上的智力 101
创新相结合的产物。然而，法拉（Fara，2002，p. 27）的观点，即把牛顿作为“科学英雄”的现代观点是“300 年来媒体操纵”的结果，是站不住

① 凯恩斯写道：“如果用现代通俗的词汇来形容的话，牛顿十分神经质，不过不是不常见的那种，但我还是要说——种种记录都表示——他是极端例子。他最深层的本性是神秘难懂的，他想要远离尘世，他极度恐惧将自己的思想、信仰和发现袒露人前，更不愿让世人检验和批评他的思想。惠斯顿（Whiston），他之后的卢卡斯讲座教授曾这样评论他的性格，‘我所见过的最胆小、最谨慎、最多疑的脾性’。牛顿与胡克、弗拉姆斯蒂德（Flamsteed）和莱布尼兹之间广为人知的辩论和颇不光彩的争吵显然就是这一点的最佳体现……他不丢弃也不出版自己的任何手稿，除非是在朋友的强烈逼迫之下。直到他人生的第二个阶段，他都是一个隐遁避世的学者，用高强度的内省来完成自己的研究，这样的精神毅力恐怕无人能敌。”

② 迈克尔·怀特（Michael White，1997，p. 99）指出，尽管牛顿有种“天生的厌世情结”，但他事实上有良好的人脉关系，这并非是因为他与生俱来的魅力，而是“完全通过他令人惊叹的智力”让人折服。

* Ezekiel，《圣经》旧约中的一卷。——译者注

脚的——有绝对的证据表明，在 17 世纪后期竞争激烈的思想市场中，牛顿的数学物理学一经产生几乎就被认为是极富创新力的正确观点。首先通过内容偏见（最聪明的头脑就能理解他作品中的逻辑），其次通过直接偏见（他的追随者们自己就是最高等级的知识分子），他的作品在思想市场中得到了它应得的认可。

可以肯定的是，牛顿影响的是一小部分精英群体。即使在 18 世纪的西欧，绝大多数人都从未听说过他——牛顿，他与培根和伽利略一样，都是生活在“文人共和国”之中的人物。但也正是因为这些精英，创造有用知识的市场才得以出现。同时，思想市场中对各种想法的选择过程将牛顿的数学物理学研究奉为圣训，而对他的炼金术研究或是《圣经》研究几乎不感兴趣。他的这一面也可能不太为人所知——部分原因在于他自己，部分原因在于启蒙时代中他的圣徒为他所写的传记。虽然可能还是有一些人会对他这方面的研究，以及他与法蒂奥·丢勒（Fatio de Duillier，一位年轻的瑞士数学家和牛顿的门徒）的关系有些兴趣，但依然，重点仍必须在于他作为首位自然哲学家对他的时代所造成的影响和他在“文人共和国”中所取得的关于启蒙运动思想与文化的巨大成就。

牛顿的研究是“古人”与“今人”之争的棺木上的最后一颗钉子，它回答了现代文化是否可以与古典文明的成就相抗衡这一问题。[①] 他的新物理学在当时几乎立刻就被认为是成功推翻古典宇宙论和物理学的残余知识的典型，并且它也证明了当时很多学者所坚持的新文化绝非劣等文化这一观点的正确性。此外，他的作品成为其他科学学科的典范。很多其他领域的知识都试图构造出与天体力学理论一样的优雅模型，并且追随他在科学上的领导地位。他的作品为其他学者带来了希望，让他们坚信像是农业、医药、化学、电力、材料学，甚至“人类科学”等领域都可以同样地被简化为易理解的优美定律。起初，该进程的实际结果最多也只能算是包罗万象的。例如，在《光学》（*Optics*）第三版的结尾部分，牛顿在著名的“疑问 31”中讨论了化学亲和力，这启发了后来不少的化学家，如埃蒂安·弗
102 朗索瓦·日夫鲁瓦（Etienne François Geoffroy，1672—1731），他编制了关于化学亲和力的第一张表格（Brock，1992，p. 76）。在这条疑问中，牛顿还推论，如果他的科学方法“最终能趋于完善，那么道德哲学的边界也将随之扩大”（Newton，1721，p. 381）。还有一些医生——其中最知名是苏格兰医生阿奇博尔德·皮特凯恩（Archibald Pitcairne，1652—1713）以及他的学生，英国医生乔治·切恩（George Cheyne，1671—1743）——曾经

① 奇怪的是，牛顿自己似乎相信多数他所发现的事物都是古希腊人一早就发现了的，只是后来这些知识消失了而已。参见伊利夫（Iliff，1995，pp. 165-168）。

尝试将牛顿的思想应用于生理学之中，特别是一个被称为医疗数学的领域。① 将其他科学领域“牛顿化”的运动最终在另一位苏格兰人，詹姆斯·凯尔（James Keill，1673—1719）的一部作品中达到了顶峰。在1708年出版的一本关于动物分泌物的著作中，他提出了一个动物血液中的粒子受吸引力影响的原理（Roe，2003，p. 400-401）。② 同样，荷兰医生赫尔曼·布尔哈夫（Herman Boerhaave，1668—1738）在1709—1738年间在莱顿教授医学、化学和植物学时，就利用牛顿在引力和吸引力方面的定理来解释人体（Dobbs and Jacob，1995，p. 85），但这种见解不太可能在临床实践中带来什么明显的改善。③ 即使是永葆怀疑态度的大卫·休谟的一些作品，特别是他的“人类科学”也被认为是部分模仿了牛顿的自然哲学。休谟表现出来的是，他希望他的读者能感觉到他正在复制以牛顿为代表的自然哲学的成功，以说明他的“人类科学”是可以作为与近代自然哲学相比较的成就的（Schliesser，2007）。牛顿对经济学的影响，特别是对亚当·斯密的影响也在最近受到了人们的重视。斯密（对自然哲学有着浓厚的兴趣）十分钦佩牛顿的作品，就像他的时代中的其他人一样。④ 牛顿对斯密的明显影响 *103*
在于斯密所采用的“自下而上”的从现象到原则的归纳方式。斯密自己大

① 医疗数学家将人体想象为一个注满液体的液压机，它可以被牛顿的运动定律所解释，也是体液医学与牛顿运动定律的原创性结合。参见法拉（Fara，2002，p. 85）。不过切恩在临床抑郁症（他自己也深受此病之苦）方面过分应用了牛顿定理，他甚至总结道，牛顿科学或多或少地暗示了“忧郁”就处于人体体液的中心，不过合理饮食和适量锻炼可以克服忧郁（Guerrini，2004b）。

② 在这部书中，凯尔尝试将牛顿的有些类似于重力模型的化学吸引力模型应用于解释血液粒子的凝聚，同时他也构造了一个关于循环系统的数学模型（Guerrini，2004a）。这里的逻辑是一个典型的后牛顿时代的乐观主义的体现：“如果有些在之前还难以解释的现象至今已经像气压一样清晰明了了，那么我们为什么不怀揣希望？我们可以发现所有隐藏事物背后的逻辑……动物的身体就是一个纯粹的机器，在其生命与健康之间的各种物质的流动就是它的机体必然的运行结果……这样一个机体结构就依赖于成就无人能比的艾萨克·牛顿爵士所提出的吸引力的概念”（Keill，1708，pp. Ⅴ-Ⅵ，8）。

③ 布尔哈夫是另一个在传播文化企业家的思想方面起到重要作用的经典例子。布尔哈夫传播的是笛卡尔和牛顿的思想。虽然他在他的时代是广为人知的，但他对科学的原创贡献很少，也算不上第一流的研究。然而，他不仅仅在自己的祖国，乃至在全欧洲，都帮助传播了启蒙运动时主要的文化理念。

④ 在《天文史》（*History of Astronomy*）一书中，斯密写道，“艾萨克·牛顿爵士提出的这样的系统，与任何其他哲学假设相比，都是一个所有部分都更为紧密地联系在一起的系统……人们必须认识到，他提出的原则的确定性与固定性的程度高到我们再去搜寻别的系统只能是徒劳无功的。即使是最持怀疑态度的人，都不能不这么觉得……那么我们能否思索，它应该得到最普遍和最完整的来自人类的认同，它也不仅应该被人们认为是一个将想象与天堂中的现象联系起来的尝试，更是人类有史以来最伟大的发现，是一条最长的包含着各种重要和神圣的真相的事实链条，都是通过一个我们每天都能体会到的最重要的实际事实所串联起来的”（Smith，1799，p. 121）。一个近期的分析，参见蒙特斯（Montes，2008）。

方承认道，要对他所描述的现象的深层原因做出解释，可能超出了他的能力范围（Hetherington，1983，pp. 503-505）。

更不用说，牛顿对物理科学的影响是巨大的。他的见解比以往任何时候都更确认了一个机械且可理解的宇宙的信念，一个可以而且应该为人类的物质利益操纵的宇宙的信念。从某种形式上来看，自从中世纪以来，大自然理应为人类服务的这一人类中心观念一直就存在，但这里重要的是，这一观念终于战胜了被其支持者们看作愚昧和迷信的观点。通过强调人类与环境的关系依赖于自然的可理解性和各种工具的出现，17 世纪的科学为工业启蒙打下了基础。在牛顿的研究中，重点在于介绍数学和各种工具，而不是在于解释事物产生“深层次”的原因（Dear，2006，pp. 37-38）。他认为，重力产生的确切原因只是一个“假设”（这里意为推测），他对这一原因除了蔑视，还是蔑视。他在 1713 年新版的《数学原理》中附上了著名的“总释”（General Scholium），他在其中指出，对他而言指出重力存在就已经足够了，而且他所发现的规则已经足以解释天体的运动了。

以上就是牛顿做过的事了。他没有声称自己理解了为什么他发现的原理能够存在，没有探究他所描述的物理现实出现的原因，他也没有解释两个相距一段距离的物体是如何互相影响的，他只表示这些原理是普遍的，并可以被普遍适用的原理所理解的。在这个意义上，他的见解似乎与笛卡尔的机械宇宙论相似。然而，他所理解的科学的作用是要建立规律、展示这些规律可以如何被利用，而不是提供笛卡尔和莱布尼茨所尝试构造的任何自上而下的“微观基础”。[①] 因此，他没有必要找到像是法国科学家皮埃
104 尔·伽桑狄（Pierre Gassendi）所关心的物质的基本粒子。牛顿没有选择去制定一个哲学上统一的系统来描述世间的一切，他的目标是更为温和的，即为观察到的现象提供数学化的描述。这意味着一旦自然是可理解的，它就可以被操纵、控制和应用于培根所倡导的人类需求之中。

可理解性依赖于一个观察世界的机械观。尽管在很长一段时间里，这种认为世界是机械发条式运作的且其规律性是可预测和确定的观念，早就开始在社会中传播，但其最终是被牛顿的研究大大推动的。牛顿本人从来没有致力于创造一种看待世界的机械论观点，他也坚信他所发现的系统只能“在一个智慧而有能力的存在的统治下才能不断前进”（Newton，1729，p. 344；Mayr，1986，pp. 97-98；Snobelen，2012）。机械思维的主流趋势是许多人思想和劳力的产物，其中著名的人物之一就是笛卡尔，他写下了

---

① 伯纳德·勒博耶·丰特奈尔（Bernard LeBovier Fontenelle，1657—1757），法国当时的牛顿和一位极有影响力的知识分子，总结了笛卡尔与牛顿的不同。笛卡尔以他所完全了解的事物为起点，来寻找出他所见到的事物的起因，而牛顿则以他所见到的事物为起点，去找寻这些事物无论是明确的还是模糊的起因（Fontenelle，[1727] 1728，pp. 11-12）。

很多晦涩难懂的作品，他应用牛顿的发现的方式恐怕牛顿自己是不会同意的。

有理由认为，牛顿的作品说服了大量受过教育的人士，并且让人们相信，在培根传统中，一个以机械式的宇宙观为基础的促进物质世界改善的信念是可行的——尽管当牛顿去世（1727 年）时，关于此方面的实际成就仍很缺乏。驱动科学和技术进步的是一种信念，即坚信所有的自然现象和规律都可以通过一套连贯一致的、完整的自然法则来解释。一项能够揭秘自然的工程显然是一个艰巨的任务，特别是当太多相关领域（如医药、化学和农业）最后都变得比人们想象的要复杂得多的时候。为了管理和指导可理解性知识的积累，实验科学越来越成为自然哲学的载体。牛顿主义者并没有发明实验方法，但他们的工作使得实验方法在科学中成为主流(Gascoigne，2003，p. 289，302)。

牛顿的另一个贡献就是奠定了数学在有用知识的产生和发展过程中的神圣地位。欧洲大陆长期以来一直认为：伽利略、笛卡尔、梅森、托里切利（Torricelli)、惠更斯和莱布尼茨都在他们的自然哲学研究中应用了数学。在英国，这个见解出现得相对较晚。正如已经指出的那样，弗朗西斯·培根没有兴趣将数学作为自己研究的工具。[①] 并且总体来看，身处培根和
牛顿时代之间的许多英国科学家似乎都是如此。例如，罗伯特·波义耳就 105
反对在实验科学中使用数学，并且他自己的数学能力也存在争议（Shapin，1988b)。[②] 清教徒时代的一些主要的思想家就是数学家，尤其像霍布斯和沃利斯等，但英国皇家学会早期的很多英国科学家和数学家都避免采用笛卡尔正式而严格的演绎逻辑推理法（这是霍布斯认可的方法)，转而倾向于采取更加审慎、务实和实验的方法，而这样的方法使得知识积累得很慢，且很少能够获得那些无可辩驳的真实知识。

牛顿凭一己之力，就将数学模型的演绎推理与培根主义所强调的实验数据与观察结合在了一起，显示这两者不仅能够在同一个头脑中共存，甚至可以是互补的。在牛顿的时代，他强大的数学和分析技能与他对实证和实验数据依赖的结合被认为是科学家们的光辉榜样，但只有一小部分科学

---

① 培根在《论学术的进展》(*The Advancement of Learning*）的第三版（这本书重印次数很少）中指出，对科学不利的是，“人们的头脑在开放领域的通识科自然而然就会比在有特定限制的专科里更愉悦，所以没有什么能比数学更令人愉快了，它充分满足了人们广阔的好奇心了……这会给科学带来致命的一击，数学和逻辑，本应是物理学的侍女，但它们却在物理面前夸耀自己的确定性，甚至统治了物理学”(Bacon［1605］1875，vol. Ⅳ，p. 370)。

② 当然也有例外，如数学家约翰·迪伊（John Dee，see chapter 7)，有些人就认为他的思想比培根更前卫。无论如何，即使迪伊为欧几里得的著作所写的序言广为人知，但他后来对自然哲学实践的影响也远不如培根了。

家真正试图去模仿他的做法。苏格兰医师和博学家约翰·阿巴思诺特(John Arbuthnot) 在1701年写道，数学学习解锁了“这整个机器（即宇宙）的大奥秘，这归功于对自然界最知名和最常见的物质属性的发现，也就是重力的发现……从这个意义上来说，无人能及的牛顿先生已经展示了有关太阳系中所有物体的理论”(Arbuthnot，1701，p. 13)。

古典教义主要以逻辑和权威为基础；培根就已经思考过运用事实和数据来替换它们的可能性，不论以何种方式，他都希望这个过程能按部就班地进行。直到最后，牛顿教导人们理应偏好于通过观察而归纳出的原理(Iliffe，2003，p. 272)。从理论上讲，牛顿可以说是遵循了伽利略的方法，同时结合了帕拉塞尔苏斯的追随者们的归纳法和培根的归纳法，而非基于笛卡尔思想的严格演绎法。此外，牛顿写作的语调都表现出了他对科学将会持续发展，永无止境的坚定信念。他有一句名言，“对于任何一个人或任何一个时代来说，解释自然界的所有一切都太难了。所以我们更应该做的，是明确解释其中的一小点，将剩下的未知留给后代去解释”(Iliffe，2003，p. 273)。因此，他帮助科学建立了一个重要的原则，即科学知识不是永恒为真的，当有新的和更好的证据可用时，已有的科学知识是可以被修改和质疑的。任何相信可持续进步的可行性和可取性的人都必须接受这一点。

106 此外，即使他从未离开过英国，牛顿也深深融入了欧洲而不单只是英国的学术环境之中。他自学了数学，主要依靠的是法国人［笛卡尔和弗朗索瓦·韦达（François Viète)］和荷兰人弗兰斯·范舒顿（Frans van Schooten) 所撰写的书籍。他与惠更斯、莱布尼茨和约翰·伯努利（Johann Bernoulli) 互相通信，并被普遍认为是一个科学界的国际巨星，“文人共和国”中最成功的公民。正如韦斯特福尔（Westfall，1980，pp. 472-473) 所指出的那样，欧洲大陆两位最知名的知识分子克里斯蒂安·惠更斯和戈特弗里德·威廉·莱布尼茨在初期对《数量原理》的某些方面都各自有些怀疑，但是惠更斯最终发现了牛顿的天才智慧，并于1689年在英国见到了牛顿。当被问及他对牛顿的看法时，莱布尼茨曾经对普鲁士女王说过，数学可以被分为两部分，牛顿之前和牛顿之后，而“牛顿所完成的是更好的一部分”(Westfall，1980，p. 721)。法国数学家马奎·德·洛必达（Marquis de l'Hôpital，1661—1704）对牛顿更是崇拜，他曾经问过一个著名的问题，“牛顿是否像其他人一样”(Westfall，1980，p. 473)？尽管他的理论具有创新性，但是他主要的科学斗争并非发生于那些与他对基本事物的观点不同的人之间，而是有关科学的优先性（与胡克的争论）或是获取数据［与弗拉姆斯蒂德的争论］等问题。虽然他的宗教观念是异端的，但并没有证据表明这些异端的宗教思想阻碍了他的名气以及他在1687年之后所获得的崇高地位。

如上所述，牛顿主义在 18 世纪上半叶与其主要竞争对手在思想市场上都被卷入了一场旷日持久的战争之中。有趣的是，这场战争的主战场是在欧洲大陆而不是英国，牛顿主义的突击部队主要由荷兰人组成：莱顿大学的自然哲学家和实验主义者布尔哈德·德·佛尔德（Burchard de Volder，1643—1709），在教学生涯的前数十年中，他一直教授学生的都是笛卡尔的思想，而在最后几年，他变节为了牛顿主义者（Feingold，2004，pp. 69-70），他的学生赫尔曼·布尔哈夫（Hermann Boerhaave）是 18 世纪前几十年中莱顿的中心人物，布尔哈夫的同事威廉·格雷夫桑德（Willem's Gravesande，1688—1742）和彼得·穆森布罗克（Petrus Musschenbroek，1692—1761），他们都是传播牛顿主义福音的领军学者和多部教科书的作者。

在法国，对于牛顿成果的影响究竟是何时得到充分体现的这一问题仍存疑问（Shank，2008）。一些数学家的研究显然是受他启发，首先是法国著名数学家皮埃尔·德·瓦里尼翁（Pierre de Varignon，1654—1722），他写道，在 1688 年阅读《数学原理》一书时，“他的脑海里产生了许多新的想法”，并且他一生都沉迷于这本书。瓦里尼翁的研究对于解析力学的发展和牛顿在法国的声望增长同样重要（Feingold，2004，pp. 57-58）。当时的笛卡尔主义者激烈地反抗牛顿的思想，特别是极有影响力的哲学家尼古拉·德·马勒伯朗士（Nicolas de Malebranche，1638—1715），他尊重牛顿的作品，但也制定了一套与自己所处阵营看法一致的新笛卡尔哲学。然而，随着时间的推移，笛卡尔阵营发现它的统治地位正在逐渐消失。反观牛顿 107
阵营，可以依靠像皮埃尔-路易·德·莫佩尔蒂（Pierre-Louis de Maupertuis）和克莱罗（Alexis-Claude Clairaut）（Glass，2008；Itard，2008）等变节者来发扬光大牛顿思想，而真正给予笛卡尔主义致命一击的，大概就是伏尔泰那本出版于 1738 年引起轰动的著作——《牛顿哲学原理》（*Élements de la Philosophie de Newton*）。①

虽然很多法国自然哲学家并没有选择完全接受牛顿主义，甚至他们中的一些人脚踏两个阵营，但牛顿主义还是战胜了笛卡尔主义，这一胜利也是对传统学习的反抗的一部分（Gascoigne，2003，pp. 300-302）。不过在意大利，特别是南部地区，情况就不是这样了。耶稣会和天主教会的高压

---

① 即使那些认为牛顿的研究暗含反叛意味的保守分子也不得不承认牛顿的天才之处。一个例子就是在保守的耶稣会牧师奥古斯汀·巴鲁艾尔神父（Abbé Augustin Barruel，1740—1821）（后来因为指责共济会及其他秘密团体要为雅各宾主义的过分激进行为负责而出名）的研究中，他指责牛顿就是导致“无神论学派”出现的罪魁祸首，但后来他又继续攻击了唯物主义观点，反问道，牛顿的思想是否会在昆虫身上出现（Shank，2008，pp. 5-6）。

手段，以及被指控为异教徒的威胁在意大利依然存在，但即便如此，牛顿主义也通过一种保守和谨慎的方式获得了发展的基础。对于那些有能力获得它们的人来说，证据和逻辑的力量是强大的。内容偏见在这里起到了作用。① 即使是与竞争性教义的实际内容无关的其他偏见也是行之有效的。许多法国的自然哲学家仍然忠于笛卡尔主义，因为笛卡尔就是他们的其中一员，满足了他们的民族自豪感。不过仍旧，亲英浪潮席卷了法国和其他大部分欧洲大陆国家，而同时法国的哲学家在波茨坦和圣彼得堡也都广受欢迎，这都向我们展示了 18 世纪一个泛欧思想市场的形成。

那么，牛顿对于为工业启蒙奠定基础的文化变革又有什么意义？如前所述，牛顿的影响可能在很大程度上归功于内容偏见。他的工作成果令人信服，因为它符合那些可以理解它的人们的修辞标准，也就是那些可以理解数学，并且可以检验那些证实它的实验和观察数据的人。当然直接偏见也发挥了作用（他的许多追随者都是具有权威和极高科学声望的人，都是
108 其他人信任的人）。② 直接偏见也是基础必要的，特别是在一个专门化和知识分工是不可避免的世界中，当关于知识的讨论是相当深奥和技术流的时候。

不过尽管牛顿享有盛誉，但他的作品却受到了不少批评和修改。一个例子就是关于他在光学方面的成果中的一个论点，即消色差透镜（纠正色差）是不可能实现的，而这正是莱昂哈德·欧拉（Leonhard Euler）所挑战的。欧拉认为，与人眼相似，若在两个透镜之间注水，色差问题就能得到解决，不过牛顿直接否认了这一方法的可行性。③ 于是皇家学会委托了一

---

① 除了拉普兰德远征队的测量结果显示了地球是一个两极扁平的扁球体之外，还有另外一个证据能够证明牛顿的物理学是无可争议的，那就是 1759 年春季哈雷彗星的回归，回归的日期几乎就是克莱罗（Clairaut）和他的同事拉兰德（Lalande）所精确预测的，他们将新的近似解的数学方法运用于这一三体问题之中。这个预测的精确程度被广泛看作关于牛顿万有引力定律的另一个证明。

② 牛顿的体系被苏格兰数学家大卫·格雷戈里（David Gregory，1659—1708）所接受，他起先是爱丁堡数学教授，后来在牛津大学任教，他具备的数学技能让他立即发现了《数学原理》中的天才智慧。格雷戈里让他的学生都学习了牛顿的著作，并且他也是第一位将牛顿的引力理论与已知的天文学事实相结合的教科书的作者。他成为了一位牛顿的信徒，并在许多方面都满足作为一个信徒的特点，因为他自己对数学所做的原创贡献实在是微不足道。他的学生约翰·凯尔（John Keill，1671—1721）也在牛顿的影子下完成了不少研究，并著名地首先抛出了莱布尼茨和牛顿之间究竟是谁先创建了微积分的争议，提出莱布尼茨是从牛顿那儿盗窃了这个概念。他和罗杰·科特斯（Roger Cotes，1682—1716）努力使学生们更容易接触到牛顿的著作。

③ 有趣的是，欧拉这个类比是有问题的，眼镜本身就是一个有缺陷的透镜，它也受色差的影响，而人们之所以能解决色差问题，是因为人脑在其中起到了调节作用。

位伦敦眼镜师，约翰·多伦德（John Dollond），对这一问题展开了研究。一位自学成才的前丝绸织工被要求去检验那个时代最伟大的数学家的科学声明，这件事本身就是18世纪“文人共和国”关于思想可争议性这一坚定不移的信条的演变证明。起初，多伦德断然声称欧拉是错误的，牛顿所说的一切肯定都是对的，但是最终他被一个同样对此问题感兴趣的瑞典数学家塞缪尔·克里基斯蒂尔奈（Samuel Klingenstierna）说服，认为欧拉可能是正确的。随后多伦德用不同种类的玻璃所制造出的镜片进行了实验，最终证明了牛顿是错的，他随即建议人们应该用欧拉的改正方法制造望远镜（Sorrenson，2001；Fara，2002，p. 101；Clifton，2004），并用《光学》（*Opticks*）的副本自己制作了一张图片和一个书签，指出了伟人的书中有错误的段落。18世纪的学者验证和驳斥牛顿的另一个研究领域，即流体静力学和船舶科学方面，而这也是《数学原理》一书中牛顿花了大篇幅讨论的。[①] 伯努利（Bernoulli）家族父亲和儿子所组成的研究团队，以及后来的莱昂哈德·欧拉，在流体领域构造出了一种新的处理物理状态变量的理论，替代了与牛顿的研究成果有关的撞击理论。

牛顿对科学家和他们研究的供给的影响是基于榜样的偏见中的一个典型例子：年轻的科学家和数学家都清楚他所享有的名誉和财富，一份科学 109
职业的社会声望永远不会和以前一样了。[②] 牛顿是皇家铸币厂的主管官员，也拒绝过大量有吸引力的工作邀请，这些都充分证明了他的名望和声誉。[③] 他的职业生涯为我们展现了在一个开始重视有用知识的社会中，一个真正成功的科学家可以获得的社会地位。他被授予了爵位，当选为国会议员，变得相当富有。[④] 1727年，英国人给他举行了一场盛大的葬礼，他被葬于威斯敏斯特教堂一个醒目的位置。伏尔泰说，人们以受人尊敬的国王之礼埋葬了他。这也难怪他的一生为其他寄希望于成为科学家的人们树立了一个想要模仿的标志性榜样，就像詹姆斯·瓦特（James Watt）为一个世纪

① 牛顿本人对他的流体静力学和阻力学研究成果的有效性其实是十分谨慎的，但遗憾的是他的信徒和追随者们并不那么谨慎。他们迅速地将牛顿的理论不加任何思考就应用于实际流体和水及空气中的物体之中，称之为“撞击理论”（impact theory）。“结果完全是令人失望的，但由于牛顿的权威，这样的误导性概念被广泛传播，并存在了很长时间”（Nowacki，2008，p. 280）。

② 18世纪三个最负盛名的思想家，布冯（Buffon）、狄德罗和罗素——三个人确实极为不同——他们的职业生涯却都受到了牛顿的启发（Feingold，2004，pp. 154－158）。

③ 相较于其他人，法国学者雅克·卡西尼（Jacques Cassini）于1698年邀请他任职于法国皇家科学院，路易十六国王还会提供给牛顿丰厚的津贴。三一学院也给予过牛顿工作邀请（Westfall，1980，pp. 587－589）。

④ 虽然牛顿显然志不在赚钱，但1727年，他给他的侄子和侄女们留下了价值32 000英镑的流动资产。

以后的工程师树立了榜样一样（MacLeod，2007）。在 18 世纪初的法国，新科学特别受到人们的重视，成为了高等社会和新政治文化中的一部分。在这种新政治文化中，“文人共和国”中的学者们和皇家行政当局之间建立了一种强有力的联盟关系（Shank，2008，p. 88）。处于人才分布最上尾部的有识之士和人力资本的有效配置对这种信号是极为敏感的。①

作为皇家学会会长，牛顿几十年来一直是英国知识界无可争议的领导人，被一大群崇拜他、讨好他的学生所包围（包括约翰·凯尔、理查德·本特利、塞缪尔·克拉克、亨利·彭伯顿和威廉·惠斯顿）。他与他的时代中所有主要的知识分子和科学家们都保持着密切联系，除非（如凯恩斯评论的）他与他们产生了分歧（而这是很常见的）。牛顿给人印象最为深刻的门徒之一应该是约翰·T. 德萨吉利埃（John T. Desaguliers，1683—1744），
110 一位了不起的工程师和数学家，他的大部分人生时间都花在了传播牛顿的观点以及对抗笛卡尔主义者、捍卫牛顿的观点上了。② 在启蒙运动时期的欧洲，一个关于解读牛顿和解释牛顿思想的出版产业兴盛起来，这些书籍通常用英语以外的语言书写，再被翻译为其他更多的语言。其中，伏尔泰的《牛顿哲学原理》就被翻译回了英文，就像著名的荷兰牛顿主义者格雷夫桑德的著作一样。③ 在德国，一位主要的牛顿主义者是数学家雅各布·赫尔曼（Jakob Hermann，1678—1733），他是欧拉的亲戚，多年在帕多瓦、圣彼得堡以及法兰克福和他的家乡巴塞尔教书。当莫佩尔蒂成为柏林科学院首任院长的时候（1746 年），德国的智力精英们都明确地成为了牛顿主

---

① 夏平（Shapin，2003）研究了 17—18 世纪英国科学家的形象。他指出，尽管他们的声望不断上升，但他们仍然未被“礼仪”（即贵族）社会所接受。相反，国家和工商企业家都认为他们是“公民专家”，他们的知识是可以被利用的。除了需求的程度不同之外，对专业知识的这种需求并非是什么新鲜事：18 世纪见证了商业、地理学、植物学、化学、农业、制陶业和医学方面可供人们咨询的专家量有了极大增长（Shapin，2003，pp. 169，179）。这种增加的原因即在供给方面（更多的人选择从事自然哲学家或其他专家类的职业）和需求方面。自然知识的增长和发现知识手段的改善可能意味着在某些情况下知识具有越来越大的实用性，但首先，培根思想已经变得足够强大，大到让许多人相信科学的潜力可以在人们证实其有效性之前就明显帮助生产。

② 在德萨吉利埃的代表作的序言中，他写到，“当笛卡尔先生的哲学式浪漫，那种优雅的问题，对自然现象可靠的描述战胜了亚里士多德式哲学的时候，这个世界其实只尝到了一点点甜头……幸亏有牛顿将几何学应用于哲学，我们在哲学世界中才走上了这样一条哥特人和汪达尔人的路线”（Desaguliers，1745，pp. Ⅴ-Ⅵ）。

③ 参见伏尔泰（Voltaire，1738）。在这方面一个有趣的例子就是伏尔泰的朋友艾米丽·夏特莱侯爵夫人（Emilie the Marquise du Châtelet，1706—1749）的职业生涯。她是启蒙运动中一个名声如雷贯耳的女性代表人物，是她出版了在法语翻译版中最为读者喜爱的一版牛顿的著作。在那篇颇为动人的序言中，伏尔泰将这部书献给了“能干的天才，法国的密涅瓦，不朽的艾米丽，牛顿和真理的信徒。”

义者。可以肯定的是，他和欧拉都修改了牛顿主义以让它包含一些其他元素，例如莱布尼茨的数学符号等——但毫无疑问的是，牛顿主义成为胜利的那一方。在意大利，牛顿的影响通过番切斯科·阿尔加罗蒂（Francesco Algarotti）1737 年所著的《女性的牛顿主义》（*Il Newtonianismo per le Dame*）就可见一斑（Mazzotti，2004）。① 随着时间的推移，牛顿的地位只是在他象征着持有启蒙观点的理想科学家这一点上有了提高。② 牛顿对于 18 世纪虽然人数少但战略意义重大的欧洲知识分子阶级的影响是巨大的，诗人亚历山大·波普（Alexander Pope）为他所作的墓志铭就总结了这一点。③ 同样，天文学家埃德蒙·哈雷（Edmund Halley）在他的《牛顿颂》（Ode to Newton，1687）中写道：“与我同唱牛顿之歌吧，献给亲爱的缪斯；因为已打开了深处真理的秘密……比于众神之列，凡人无可接近”* 111
（Halley，［1687］1934）。

约翰·洛克（John Locke），那个时代唯一一位影响力在如今看来是能与牛顿相抗衡的思想家（虽然在其他所有方面他几乎都与牛顿不同），也认识到了牛顿的成就——但也只有在他与惠更斯合作验证了牛顿的数学是合理的之后。④ 对科学研究的尊重，这一能带来有用知识增加的态度，在牛顿所主持的皇家学会中得以体现。这里暗示的信息是，在执行培根为思想家们所下达的任务时，自然哲学家的研究成果注定要成为推动社会发展的最初原动力。牛顿一再表明这是可行的。这条信息也成了工业启蒙运动的核心座右铭。

因此，牛顿也极大地促进了科学的兴起（更准确地说是自然哲学），使人们将科学看作一项具有崇高价值的人类活动，能为人类的福祉做出贡献，值得富人赞助和支持的活动。⑤ 医生和植物学家汉斯·斯隆（Hans Sloane，

---

① 阿尔加罗蒂的著作成了当时的畅销书：1738 年此书被翻译为法文，1739 年被译为英文，紧接着被翻译为其他很多欧洲语言。这是一个极好的证明修辞偏见是如何通过追随者们的作品而影响文化传播的例子。

② 一段著名的趣闻轶事是，在法国数学家德朗布尔（Delambre）写给拉格朗日的悼词中，他回忆道，拉格朗日经常称牛顿为世界上最伟大的天才，也是最幸运的天才，因为只有这么一个宇宙让人们可以探索规律，而牛顿探索出了它的规律（Delambre，［1816］1867，p. XX）。

③ 威斯敏斯特教堂不允许这段墓志铭雕刻在牛顿的墓碑上。波普的原话是这样说的：“自然与自然的定律，都隐藏在黑暗之中；上帝说：‘让牛顿来吧！’于是，一切变为光明。”替代这句话刻在墓碑上的是一句拉丁文：“艾萨克·牛顿安息于此。”

④ “不过旁人无法望其项背的牛顿先生为我们展示了究竟可以在自然中应用多少数学知识，有哪些原理可以被事实所证实，让我们拥有了这个不可知的宇宙中一些特定领域的知识。”参见洛克（Locke，［1693］1812，vol. 9，p. 186）。

⑤ 就像亨特所指出的，科学研究的声望以及文化是不可能在王政复辟时期的英国得到什么保障的。只有在 1700 年之后，他写道，“在牛顿的天才影响之下，科学越来越成为正统学科，它是有体系的，也是影响巨大的”（Hunter，1995a，p. 119）。

* 引自郑中《牛顿颂》译文。——译者注

1660—1753)，继牛顿之后成为皇家学会会长，他依赖于前任的声望，大大提升了自然史的地位。通过这种方式，牛顿完成了伽利略和清教徒未竟的事业：提高科学和自然哲学的社会地位和声望，让人们认识到这种工作注定要成为推动社会进步的最初原动力。任何一位参与其中的人都应受到重视，得到支持。由于牛顿和牛顿主义者的努力，在18世纪的英国，有用知识的声望极高，越来越多的企业家和制造商都相信有用知识能够帮助他们解决实际问题。[①] 牛顿为那些控制有用知识的学者提供了足够的合法性和尊重，让他们在西方社会中享有独立的核心地位，成为自然奥秘界的权威，享有"第四阶层"的专家。

112 正如我在第六章中指出的，每个文化企业家的信徒和追随者们都会对原有的信息作出相应的更改，牛顿的追随者们也不例外。多布斯和雅各布(Dobbs and Jacob，1995，p. 61）强调，牛顿并不是一个"牛顿主义者"。他终其一生都没对知识的应用产生什么兴趣，与他的宿敌罗伯特·胡克不同，他根本没有什么值得一提的发明。牛顿对机械运动的兴趣要比热量多得多，但结果证明，热量对于18世纪的能量和材料发展来说至关重要。伽利略和牛顿所发展的机械科学最初对纺织工业的机械发明甚至都没有什么直接的帮助。微积分可以说是牛顿最实际有用的发明，在18世纪下半叶对工程师来说变得极为有用，但对于除了某几个方面以外的总体的技术进步来说，它所起到的确切作用也很难被评估。并且，他的大多数追随者在重要的技术进步方面也没有做出什么贡献。[②]

那么，牛顿，甚至再加上他最亲近的学生，其实都没有为实际的技术进步带来什么直接效用。如人们经常指出的那样，工业革命直到《数学原理》出版七十年或八十年之后才算是正式开始。按照工业革命传统被确定的起始时间，人们通常会忽略在1750年之前就已经出现的大量重要的技术突破，包括焦炭冶炼、坩埚炼钢、早期蒸汽机和飞梭等。的确，牛顿的一些追随者们有能力通过机械设备的使用来展示他提出的原理。然而，正如卡德韦尔（Cardwell，1972）和其他人所指出的，关于牛顿测量力量的方式（动量，或质量乘以加速度）与惠更斯-莱布尼茨的"活力"(vis-viva)概念（动能，或质量乘以速度平方）之间的争论，并不是总倾向于牛顿一

① 有关这一趋势的例子可见威廉·卡伦（William Cullen)，他是一位苏格兰化学家、医师、爱丁堡大学的教授。当时，漂白业从业者、农民、盐矿工人和染料制造商都极为需要他作为顾问。

② 的确，德萨吉利埃的事业和工作体现了牛顿主义在英国的积极作用，它让人们更关注新型机械科学的实际和有效应用。可德萨吉利埃在电力和机械方面进行了大量的试验，却没有任何突破。德萨吉利埃的研究，以及其他英雄所见略同的牛顿主义者，如有影响力的科学家和医师詹姆斯·朱林（James Jurin，1684—1750）的研究都没能导致工业革命的出现。

方，因为对于有志于从事机械工作、对责任和效率有追求的工程师来说，活力概念显然更有用（Henry，2008，p. 113）。关于这两个概念究竟谁更有效的这一场混乱的争论，恰好说明了牛顿的成果为未来的研究留下了很多未解之谜。在 18 世纪末之前，科学家们都还没有完全弄懂所有对机械而言关键的概念，如动量、力、功、功率和扭矩等（Home，2002，p. 361）。在 1750 年欧拉的作品以及拉格朗日的《分析力学》(*Mécanique Analytique*，1788）出版之前，有些关键变量，如冲量、动量、功、功率和力的定义尚未确定。牛顿的宇宙概念也有着一样的不确定性。直到拉普拉斯(Laplace）的《天体力学》（*Mécanique Céleste*）在 18 世纪末期出版之后，天体运动的古典理论的最终结构及其稳定性（利用了牛顿发明的但他自己没有应用的微积分学）才终于被确定下来。

科学革命与工业革命之间的联系，相比于从牛顿或牛顿主义者提出的 *113*
运动规律到创造新机器之间的线性关系来说，只能是更深层、更微妙而更不直接（Jacob and Stewart，2004，pp. 26-60；Jacob，1997）。通过牛顿学派的各类公开讲座，公共科学兴起，科学知识价值增长，这创造出了一种新的“技术素养”(technical literacy)，其中包括数学计算能力，以及阅读理解技术图纸和说明的能力（Jacob and Stewart，2004，p. 131）。有时在宗教问题上，这也被称为自由主义（latitudinarianism)，这套信仰将科学知识视为温和和宽容的新教徒中的一种统一力量（Hunter，1981，pp. 27-28)。通过使科学成为“上得厅堂的话语”，自由主义使科学与日常体验更为相关(Jacob，1997，p. 61)。通过各种渠道，包括 1692 年开始的波义耳定期举办的讲座，牛顿主义者（不仅包含牛顿本人）所代表的自由的英国国教（圣公会）将牛顿的思想从牛顿的追随者中逐渐扩散出去。其中一些更有影响力的人，如理查德·本特利（Richard Bentley)、塞缪尔·克拉克（Samuel Clarke）和威廉·德哈姆（William Derham）都描述了他们所认为的牛顿主义：追求合理的个人利益，赞同人类对自然的控制，充分接受培根计划的安排（Jacob，1986，pp. 243-244)。无论《数学原理》中提出的宇宙秩序是否真是一个构建稳定和进步的基督教社会的有效方案，《数学原理》与自由的圣公会主义之间都是一条漫长而曲折的道路，如何形成能为工业革命的出现奠定基础的意识形态才是关键。也许即使没有牛顿，英国也终会到达终点。然而，到 18 世纪中叶，牛顿不仅是成功科学的标志，更是一个“超然实体”，他代表着“理性、秩序和天才”——所有启蒙运动所崇拜的特质（Fara，2002，pp. 130-131)。

也许牛顿对工业启蒙运动所做的最重要的贡献就是将困扰了人类几个世纪的现象和规律优雅和完整地解释了出来，这增强了人们对理解自然的能力的信心。这里说的不仅仅是他的方程——这些方程解释了天体的运动，也为很多已知的地球物体和光等物质的运动提供了理论基础——他更为我们提供了一个充满秩序和逻辑的世界。同时，通过观察和实验来理解自然，从而控制自然的培根主义理想，在 1687 年后显得越来越有可能真正实现了。正如范戈尔德（Feingold，2004，p. 148）所言，“通过成为人格化科学的代名词……牛顿科学也成了人们争相效仿的典范，‘优越型知识’的表现形式唤起了所有其他学科都尝试以类似的方式重新定位自己的想法。”总而言之，牛顿主义的重要性并不在于它发现了什么新奥秘，而在于它对“人类问题的最根本部分——也就是人与自然的关系，以及它们两者与上帝
114 的关系”的暗示（Becker，1932，pp. 61－62）。对这些关系的逐渐认清就是有用知识的大部分指数增长所依赖的文化变迁的一部分，所以在没有认识到文化变迁的情况下，我们也无法完全理解随后出现的经济表现与变革。

牛顿的作品让自然哲学逐步爬上了社会顶峰，自然哲学家们在当时一直努力地提高“有用知识”的社会声望，这既对社会，也对个体有益。知识分子和他们的研究成果地位的提升非常重要，有用知识，如物理学、植物学、数学、化学、技术和医学等因此都能发挥它们的变革作用，而事实上它们也确实做到了这一点。但牛顿也同时改变了构建有用知识的方法论前提。在启蒙时代，牛顿成为人类理性潜能的象征，正如彼得·盖伊（Peter Gay，1969，p. 130）所说，“在神化牛顿的过程中，启蒙思想家的启蒙运动和启蒙时代是一致的。”当然，神化是历史上许多真正成功的文化企业家的共同经历。①

在启蒙运动时期，由于牛顿的影响力和他在与笛卡尔和莱布尼茨对抗中取得的胜利，“自然哲学”逐渐脱离了哲学。前者不再承诺为世间万物寻求一个统一的理论，而讲求具体情况具体分析，对不同现象单独解释，极大地依赖观察和实验。因此，牛顿和牛顿主义者对随后发展的重要性也在于他的作品所暗指的宗教功能的变化。牛顿的追随者们都已经意识到了传统信仰所面临的危险，如塞缪尔·克拉克就无惧约翰·托兰德（John Toland，1670—1722）等激进的异教徒们，坚决捍卫了对牛顿主义的宗教忠诚。在牛顿和他的追随者们看来，托兰德等人将万有引力作为一种泛神论唯物主义的证明，这无疑就是异端邪说。在启蒙运动期间，“尽管人们不断地驱逐所谓的异端思想，但激进主义、无宗教主义、斯宾诺莎主义的幽灵仍萦绕于 18 世纪对牛顿主义的讨论之中”（Shank，2008，p. 129）。

谈到这点的时候很难不带有讽刺意味。牛顿是一个虔诚的宗教人士，

① 伏尔泰就是从宗教的角度来看待牛顿的，他将自己看作牛顿的使徒，并承认牛顿就是“我所甘愿为他牺牲的上帝”（Feingold，2004，p. 104）。

他的研究结果都肯定了一个永恒且智慧的神的存在，而且他坚信是神创造
了一个充满可知规律的世界。[1] 然而，牛顿的机械哲学并没有严格要求一 115
个人格化和有意识的上帝的存在，而这也是为什么在启蒙运动时期他的追随者们，如伏尔泰等，可以将牛顿的科学著作从他的信仰中分离出来、遵从前者的指导而不重视后者的原因。[2] 拉普拉斯——在他的能力和见解方面，可以算得上是牛顿的继承者——向拿破仑皇帝宣称他不需要“上帝的假设”。[3] 启蒙科学——特别是在英国——通常与宗教共存，但它对宗教的需求比 17 世纪中叶的清教徒科学家所需要的少得多。它以其他信仰取代了宗教的地位，其中一些是乌托邦式和千禧年主义的，即使它们也是世俗的信仰。经济进步为实现一个更加繁荣与和平的世界带来了希望（Becker, 1932）。诸如道德等概念被例如良好公民和理性行为之类的世俗美德所取代。救赎必须为进步腾出足够的空间。

最重要的是，在定义新的文化变体中什么是有吸引力和有效的术语时——通常是修辞偏见的核心部分——神圣被“自然”代替了，但这两者通常还是具有相似的含义。例如，亚当·斯密，另一位对经济史有重要意义的文化企业家就清楚地表达了这一点，他写道：“政治家和设计家（欺诈性的投机者）在处理人类事物中扰乱了自然本身的运作；自然需要的不过是让她独处的环境，并让她能享受到公平的待遇，追寻她自己的目标，这样她自己可能也会带给人类一些惊喜。”[4] 贝克尔的解读与《新大西岛》中培根所
描绘的科学家的形象非常吻合，这些科学家带有强烈的神父特质，想要通 116

---

① 虽然认为牛顿的阿里乌斯教（异教徒的）信仰是他科学的推动力过于牵强，可是牛顿的基督信仰却确实肯定和支持了他的科学工作，而他的阿里亚里亚人（因而是邪教的）信仰肯定是一个驱使他的科学的动力。他可以通过创造与他的科学见解一致的折中的和特殊的宗教信仰来做到这一点。他忽略了他的机械理论对宇宙形成所构成的问题，并且表面上遵守了《圣经》的字面意思（Snobelen, 1999）。牛顿不得不纠结于上帝与他有关时间与空间的概念之间的关系，并且要说明一个人的永恒又能如何意味着另一个人的永恒（Janiak, 2006）。

② 牛顿本人也意识到科学可能会将他推入自然神论者这一危险境地。在他的私人笔记中，他记下了自己的担心，担心基督教教义“接触到冰冷哲学”而产生冲突（Westfall, 1986, p. 232）。到了 18 世纪，诸如耶稣会士的保守作家把牛顿物理学与各种各样的异端哲学联系起来，如自然神论、斯宾诺莎主义，或者伊壁鸠鲁学派的唯物主义（Shank, 2008, p. 381）。

③ 没有具体的文字记载能证明拉普拉斯说过这一段最广为人们引用的话，但是哈恩（Hahn, 1986, p. 256）指出这句话如实地反映了他当时的处境。

④ 这句话紧跟着一句著名的论调（并未在《国富论》中重申），即“除了和平、简单的税制、合理的司法制度之外，再没有什么能将一个国家从其最原始的野蛮状态推至其最富裕的状态了”（Stewart, 1829, p. 64）。杜加尔德·斯图尔特（Dugald Stewart）补充说，这句话出现在 1755 年斯密自己持有的一份短小的手稿中，但这份手稿从未被出版。

过有用知识让人类脱离苦海。《新大西岛》中的父亲们的态度都具有强烈的宗教气息。[①] 对于科学家们的培根式描述，说他们是智慧和社会领导的来源，这似乎预示着牛顿在他去世前后几乎都享受着祭司般的地位。亚历山大·科依列（Alexandre Koyré，1965，p. 18）指出，牛顿主义，在“与洛克哲学古怪的混合中”，成了 18 世纪的科学信条，牛顿也似乎成了超人一样的存在，一劳永逸地解决了宇宙中的所有难题。然而，将自然哲学的宗教核心用一个更为世俗化的核心来替代并非一个纯粹形而上学的杂技而已。它深刻影响了所有智力精英对自己在社会中所扮演的角色的看法。

① 虽然在最后关于所罗门宫中“父亲们”所建立的宫殿的定义是，“了解知识的起源、事物运动的秘密，以及拓宽人类帝国的界限，让人们可以影响世间万物”，但对其中一位父亲的描述提到，他走上了大街，与其他人肩并肩，“举起了自己的双手，默默为世人祈祷”（Bacon，[1627] 1996，pp. 479-480）。

第三篇
创新、竞争和欧洲多元主义（1500—1700 年）

第九章　行为中的文化选择：人力资本和宗教

那么在过去，文化是如何影响经济发展的？在回答这个问题之前，我 119
们应先解决另一个更基础的问题。在讨论经济增长的文化根源时，我们谈论的是谁的文化？值得再重申一遍的是，一般来说，当我们研究技术变革的根源时，重要的是研究受过良好教育的精英的文化。有用知识的进步是由人口占比较小的一群人完成的，他们训练有素，又有文化，其中还有少数在机械制造上是天赋异禀的技术天才。无论这是一种偏好劳动和技术的文化，如林恩·怀特（Lynn White，1978）所描写的中世纪欧洲，还是一种对“资产阶级美德”赞赏不已的文化，如麦克洛斯基（McCloskey，2006）所描写的早期现代英格兰和低地国家，起关键作用的通常是一小部分举足轻重的成员的信念和态度：如怀特观点中的修道士们，或麦克洛斯基解读中的资产阶级商人和工匠们。在启蒙欧洲的文化环境中同样如此。伏尔泰指出，将人类分为二十份，其中有十九份都是用双手劳作的人，他们“永远不会知道世界上还有一个洛克”。而在看书的人中，“二十个人是看小说的，只有一个人是读哲学的”（Voltaire，［1733—1734］2007，letter Ⅲ，p. 45）。

对于现代经济增长来说，最重要的是由企业家、银行家、发明家和工程师所组成的领导层——胡克的科尔特斯式军队中的将领。领导层之下由一个更大的群体组成，他们支持领导人，使领导的构想成为可能。他们都是“能工巧匠”，是阅读设计蓝图、完善齿轮、调节温度、改良机械原型的技术精湛的工匠和机械师们（Meisenzahl and Mokyr，2012）。有智慧又有
创造力的工匠们发明、改进和调整了工具和技术。很多大改良都是由无名 120
工匠们的小改良不断累积产生的，而又通过技术领域内的名人和熟练工人

们的联系网络广泛传播，他们也在传播缄默知识上变得越来越得心应手。总体来说，虽然这些群体占少数，可这些地区的经济发展就可以看作这少部分人对其他人经济地位的影响，与其说是精英将利益向下传递，不如说是先富带动后富。这种自上而下机制的确切运作方式可能因情况而异，但我们可以运用第五章中所述的各种文化进化偏见来分析其历史结果。精英接受教育、研究科学、阅读书籍，其他人则追随和模仿他们。按照定义，受过良好教育的个体相比于普罗大众来说，有机会接触到更多想法，更有可能通过水平和倾斜传播方式来获取信仰和信息。智力创新的传播首先针对的都是有渠道获得出版物或书信的受过教育的人士，这并不奇怪。[①] 因此，他们更有可能被新信息说服，同样也更不会一直坚持从父母处，或是从能反映父母价值观的老师处获得文化元素。然而，更多地接触文化变迁虽然为人们打开了很多扇门，可它并没有迫使任何人走进这些门。对于有些受过教育的人来说，坚持他们原先的文化元素，抵制变化，就可以保全他们本身享有的既得利益。

促使精英们加入科学、工程、改良农业和其他与生产有关的研究计划中去的价值观和动机，为研究为何多数奴隶社会通常只能表现出较低的技术生产力提供了线索。原因并不是人们通常所论证的，因为在奴隶社会中劳动力价格低（价格其实并不低），所以社会想要引进节约劳动力的技术改进的动机很小（并非缺乏这样的动机）。相反，技术创造力较低，是由于生产领域和体力劳作领域的工作都与低声誉文化和低社会地位相关。[②] 在大多数奴隶社会中，受过教育的精英们只关心哲学、诗歌、历史及像狩猎和音乐这样的娱乐休闲活动。虽然他们往往都对军事技术、工程、建筑和大规模的水利工程感兴趣，但是更多有关日常领域的问题，如农业、造船、冶金、食品加工和纺织等，则鲜少出现在他们的研究议程之上。早期现代
121 欧洲的精英在很大程度上都与过去的奴隶社会没什么不同——除了一点，是他们中的一小部分人改变了世界历史。

一旦获得了这样的价值观和动机，更实际的和更注重物质发展的精英阶层的态度及倾向最终影响了越来越多的人。一个可能出现的合理的场景是，当科学家、工程师和熟练技工中的技术精英设计了一套新颖的制造技术时，雇主必须雇用更多受过教育的、可以操作和维护复杂设备的工人——

---

① 关于知识分子对罗素所提出的现有政治体制批评的作品能否真的激发政治革命仍存在争议。现代作家们对书籍能否带来或是如何带来突然的政治变革总是持怀疑态度。就像伊斯雷尔（Israel，2010，p.87）的作品所证明的那样，这一问题至今没有一个明确的答案。

② 我们当然没有理由先验地猜想一个奴隶劳动力对于其主人的价格就理应低于资本家们支付给其雇用的工人的工资。此外，在前现代社会中，多数技术进步都不能被直接看作节约了劳动力。

这也就是所谓的技能-技术互补性。历史上，这导致了雇主对工人教育的投资（或更准确地说，是说服政治制度利用国家资源进行投资），从而最终改变了社会大众的生活水平和文化，也改变了工业化西方社会中阶级关系的动态（Galor and Moav，2006）。为了更有效地说明现代经济增长，我们需要关注的是那些文化上重要的群体，也就是被我称为“上尾人力资本”（Mokyr，2009a，p. 122）的文化。① 其他解释都侧重于一个较大群体的文化，如大众对资产阶级商人和企业家这些凭借自己努力争取财富和地位的人越来越尊重甚至崇拜，而在这一过程中，大众也开始对社会做出贡献，丰富社会（McCloskey，2016a）。同样重要的是科学家和数学家的社会声望日益提高，他们的研究支持了技术进步。

正如我们所看到的那样，文化可以通过创造一种有利于商业和市场运作的思想环境（或者有些人会称之为社会资本）来影响斯密增长。例如，对产权的洛克式观点，或是一种相信如果大多数人都值得信赖，那么会降低交易成本，从而刺激商业发展的信念。与信任相关的是忠诚，这缓解了委托代理问题所带来的冲突。相信忠诚于雇主或组织是美德的信念节约了监控成本，这提高了效率，增加了贸易。公共意识［或伊本·卡顿（Ibn Khaldun）的著名理论中所提到的 asabiya］是与合作有关的第三个文化元素：即使每个人都有逃避这种行为的动机，但每个人仍尽量避免做出搭便车行为，而为集体利益做贡献。诺斯（North，1981，p. 31）指出，意识形态是社会为了克服搭便车问题所创造出的机制。公共意识包括了想要帮助惩罚叛逃者的意愿，即便这样做需要付出个人代价。这种惩罚基本就等同
于为公共利益做贡献，因为它允许了通过最小化投机行为来交换一个私立 122
秩序制度的正常运作。格雷夫（Grief，2005）关于马格里布商人的开创性作品可能是对这一历史现象的最佳展示，但也存在不少其他例子，比如奥斯特罗姆（Ostrom，1990）在共有资源的背景下社区在减少投机行为方面的影响的作品。② 某些种类的文化信仰使得社会解决了自发进行集体行动的问题，否则可能只能通过强制手段来强迫人们集体行动。

增长也可以通过创造一个企业家或资产阶级文化来获得支持，这是一套韦伯式价值观，人们工作得更加努力、存更多的钱、供养穷人、愿意冒更多风险。它同时也增加了人们对劳动、生产和技术的尊重。资产阶级文

① 斯奎恰里尼和弗伦达（Squicciarini and Voigtländer，2015）从数量的角度检验了 18 世纪的法国精英的重要性，在他们定义下的文化精英是购买了较低价格版本的狄德罗和达朗贝尔的《百科全书》的人。

② 例如，珍妮特·泰·兰达（Janet Tai Landa）就指出这样的网络就可以在同民族的中间人群体中产生强化合同的效力，正如在国外的中国移民群体中所体现的那样（Landa，1981，1995）。

化的兴起，体现了对商人和工匠的尊重，也构成了麦克洛斯基（McCloskey，2006，2016a）关于现代增长起源的论点的核心。显然，如果这样的冒险和勤勉被纳入了生产中，就可以提高经济绩效。[①] 然而，除非伴随着创新和生产力增加，否则只以合作道德为基础的增长最终一定会慢慢消失。这里必须存在一个比“道德”更重要的价值观，它重视勤奋、诚实以及尊重凭借它们赚钱的人。一定出现了有关如何生产的新想法。[②]

可以肯定的是，如果严格区分是支持斯密增长还是支持熊彼特增长的文化因素，这样的分类显然是极具误导性的。支持斯密增长的许多文化信仰和制度也对技术进步有影响。在实践中的技术进步取决于明晰的产权以及合同的执行情况，因为它通常与某种投资，以及与供应商、工人和客户之间的合同相关。知识产权的存在，由专利和版权等复杂且时常不够明确的制度所强化，也被许多学者认定为是培养出技术进步的原因。创新无论
123 在何时何地都涉及风险问题，而且是一种无法投保的风险，与货船航行到偏远国家进行贸易所面临的风险完全不同。每个发明只需要一次，因此过去发明的经验至多只能对新想法的成功提供有限的指导。尝试从未尝试过的技术来进行实验是要承担风险的，而为了产生创新，这种甘冒风险的意愿是必不可少的。

也许文化价值观影响经济增长所采纳的最明显的机制就是观念形成。文化价值决定了父母选择花多少时间和金钱来教育孩子，以及如何选择孩子的课程大纲。在某种程度上，这是由他们自己的偏好所决定的：他们足够关心自己的孩子吗？他们是否无私地对待孩子，给孩子争取最大化的福利？或者他们完全自私地对待孩子，最大化地利用孩子以获得更多收益和其他服务？又或者他们只是尽力让孩子相信他们自己的文化变体，让孩子能在最大程度上与父母相似？还是说在这一过程中还存在一些更精细的要素在发挥作用，比如父母与其他成年人之间的信号博弈？他们是如何在生育孩子的数量和花费在每个孩子身上的资源间相取舍的？

人力资本投资仍被广泛认为是对所有的经济发展都至关重要的。教育和经济发展都被看作人类社会中可取的、有价值的现象。有什么观点能比

---

① 人们也许并不惊讶为何在荷兰，商业与美德间的联系最为强烈。1632 年，荷兰作家和知识分子卡斯帕·巴洛伊斯（Casparus Barlaeus）出版了一本名为《马尔尚哲学》（*Le Marchand Philosophe*）的小册子，他在其中直截了当地指出，不仅财富积累是美德，而且即使富有商人不把财富捐给慈善机构，商人也是善良的，因为“商业本身可能是生活中最美好的追求”（Cook，2007，p. 70－71）。当时越来越多的人开始同意他的观点。

② 休谟（Hume，[1742]，1985，p. 113）认为这是更重要但也更难解决的问题。他认为，解释商业发展比解释学习增长更容易，并且荷兰的“必要性和自由”已经创造出了商业，但几乎没有出现任何杰出的作家。

它们是紧密联系的更令人安心的？关于这一问题的代表性文章（Nelson and Phelps，1966）在半个世纪前出版。它假定技术进步和技术追赶都强烈依赖人力资本的水平。[①] 在一次主旨演讲中，理查德·伊斯特林（Richard A. Easterlin，1981）提出了一个基本问题：为什么不是所有国家都是发达国家？他的答案是相当明确的：现代经济增长取决于新技术的扩散和吸收。技术必须被学习，所以现代技术的传播必须依赖正规或非正规的教育。在最近的一篇文章中，格莱赛等（Glaeser et al.，2004）批评了制度差异是经济绩效差异的核心的解释，指出学校教育与出勤率的差异是两个最能有效解释经济绩效差别的变量。已经有大量的文献认同人力资本投资是经济增长的中心元素，尽管它们并未在大多数细节上都达成共识。

可又是谁决定了要投资人力资本的？为什么要投资？人力资本又采取了何种形式：博学多才，掌握某种具体技能，或是某种生产力高的技能？不理解当时的文化基础，就无法理解关于人力资本的明确决定。我们可以 124
将人力资本主要分成三类：训练（training），将技能和有用知识传递给孩子；教育（education），教授人们消费某些商品和服务的能力——我们可以将它们视为爱好（例如音乐、文学和运动），以及传递了某些价值观（道德规范、忠诚、尊重他人、民族主义和宗教）；塑造（drilling），教导孩子文明礼貌、餐桌礼仪、个人卫生、守时以及服从。而决定主要分为两个层面：对孩子投资多少，以及提供怎样的教育。这些都清晰地反映出了文化元素，即社会所认为重要的元素。在向青少年传递的内容方面存在着巨大的多样性和差异性，“教育”的程度和我们今天所称为的“人力资本”在过去极为不同：犹太少年能够完美解读《塔木德经》；伦敦熟练的钟表匠学徒；古代中国的年轻人寒窗苦读，学习哲学经典，只为参加科举考试取得功名。因为这个决定通常是由孩子、父母和宗教或者世俗权威这样的第三方共同做出的，所以这些人之间通常会进行着微妙且复杂的谈判。

有意思的是，绝大多数学者在解释大分流时，对东西方的人力资本和教育间的差异考虑得非常少，尽管也存在一些重要的例外，如盖勒（Galor，2011）、戴维斯（Davids，2013）、范赞登（van Zanden）和他的合作者们[例如，巴登和范赞登（Baten and van Zanden，2008）；德普莱特和范赞登（De Pleijt and van Zanden，2013）]。他们认为，自欧洲工业革命前的几个世纪以来，欧洲的人力资本已经有所上升，并且已经对经济增长产生了影响。在这样的地理和文化远距离上，我们很难比较人力资本水平，但总体来说，几乎没有证据显示，到了1700年左右，中国在某种意义上“受过教

① 关于这一观点的一个更近期的重新表述和扩展，以及新的实证证据，参见本哈比和施皮格尔（Benhabib and Spiegel，2005）。

育”和“识字”的人数要比欧洲少。事实上，就像我们即将看到的，有充分的理由认为，根据大多数的衡量标准，中国这类群体的人数反倒更多。然而现代经济增长的开始并没有诞生在中国。

将人力资本看作技术进步推动力面临着双重问题。首先，我们一点都不清楚，过去所提供给青少年的教育是否具有很多实际或经济价值。为广大劳动人民所开办的学校——除了少数例外——并没有教授除了基本的语
125 言读写和大量宗教知识以外的其他内容。[①] 为上层社会提供的教育则更加丰富多彩，但这种教育本身是否对技术做出了重大贡献也是不清楚的。可以肯定的是，在人力资本分布的上尾，我们看到了一个由科学家、医生、工程师和数学家们组成的小群体，是他们不断推动了有用知识的边界向外扩张。然而，重要的学科，如数学、物理学和工程学，在早期现代欧洲并没有被广泛教授，也许只有在医学上才能看到教育对技术的一些溢出效应(许多医生也都接受过化学培训)。此外，投资在教育的广度边际上（即将教育传播到大部分人口中）并不会溅起什么大水花。确实，这个问题上的主要权威戴维·米奇（David Mitch）认为，在工业革命前夕英国可能已经进入了过度教育的阶段（Mitch，1999）。创造出工业革命的伟大的工程师和发明家们很少是受过良好教育的。[②] 他们很少有人上过大学，更多人是以自学的方式，或是通过个人的社会网络习得了知识。[③] 尽管詹姆斯·瓦特（James Watt）与格拉斯哥大学的一些最优秀的科学家都建立了联系，

---

① 一个关于这种教育的例子就是著名的英国作家和教育家汉娜·莫尔（Hannah More，1745—1833）所提出的项目。她在18世纪80年代创办了索默塞特郡12所慈善学校。这些福音派教会学校的强烈宗教色彩，以及莫尔对孩子只用识字不用学会写字的坚持（因为她担心孩子们会被过度教育，而对他们的社会地位提出不满），限制了这些学校作为人力资本来源的有效性。她的明确目标就是要训练出低社会阶层人民的工业性和虔诚之心——这里的“工业性”就代表着勤奋。

② 数据显示，在出生于1700—1850年之间的498个应用科学家和工程师中，其中329个没有接受过大学教育。18世纪没有上过大学的著名工程师的比例为71%。在1820年出生的244个发明家的样本中，只有68人曾接受过较高水平的培训。参见比尔赛（Birse，1983）和卡恩（Khan，2006）。

③ 伟大的工程师乔治·斯蒂芬森（George Stephenson），制造出了著名的“火箭号”机车，在雨山实验中获得成功，并开启了英国的铁路时代。他在工程技术上完全是自学，并在18岁时才学会了阅读和写作。后来，由于他的识字能力差，他还专门聘请了秘书为他处理信件。当时，同行业中的许多其他人也同样至多只接受过非正式教育：伟大的机械工程师理查德·罗伯茨（Richard Roberts），走锭纺纱机（骡机）的发明者，“基本上从没接受过教育，而且一到年龄，就被送上了一般的劳力工作岗位。其中有一段时间，他在父亲住所附近的一个采石场工作；但他经历了华丽的转身，他的大部分闲暇时间都被用来制造各种机械的零件，部分是为了娱乐，部分也是为了赚钱”（Smiles，1876，p. 321）。很多近期的学者对这段故事做了些修改，但仍然得出了结论，对于罗伯茨来说，制造事物比学习它们更有趣（Hills，2002，p. 9）。

但他是在一所语法学校接受教育的，在此之后再未接受过任何正式的学校教育，最后是依靠荷兰的牛顿主义者，威廉·格雷夫桑德（Willem's Gravesande，1720）的教科书而自学成才的。和瓦特同时代的，与他竞争最佳工程师头衔的头号劲敌约翰·斯梅顿，在当时被称为“哲学仪器”的艺术方面也基本上是自学成才的，尽管他同样也与那些他认为能从他们身上学到东西的人建立了友谊和联系（Skempton，2002，p. 619）。

简单来说，关于教育与经济发展间关系的第二个疑问就是，不论是通过比较今天的经济体，还是通过观察历史，我们都不能明显地看出伊斯特林（Easterlin，1981）的假设是一个能高分通过的论点。一些当代的发展 126
经济学家提出了一个近乎异端的观点，即虽然人们对教育投资很大，但经济增长对“教育爆炸”几乎反应很小或没有反应（Easterly，2001，p. 73）。20 世纪 90 年代，发展中国家在教育方面的大量投资，并没有带来什么可观的回报。计量经济学研究（Pritchett，2001）在对教育是否在解释经济进步中扮演重要角色的方面几乎没有提供任何支持。

关于人力资本在增长中起到的假设作用，一个更仔细的历史考察也表明：唉！教育（或更普遍来说，人力资本）不是一个能带来快速经济发展的神奇配方。历史上，英国是欧洲技术领军人物、第一个工业化国家，可在教育方面的表现却极为平庸；普鲁士和斯堪的纳维亚国家拥有高识字率，但用拉尔斯·桑德伯格（Lars Sandberg，1979）令人印象深刻的短语来表述，就是直到 19 世纪晚期，他们仍是“贫困的通达之人”。更近期一点，即使在共产主义下实现高水平人力资本的欧洲国家，似乎也都没能好好地利用人力资本。白俄罗斯和摩尔多瓦，欧洲经济最为落后的、制度建设最为薄弱的两个国家，仍然拥有可观的教育数据，在 1989 年以后，在这些国家的人力资本投资比在爱沙尼亚或波兰更难转化为经济发展。

除了对教育的态度外，其他文化价值观也可能间接影响技术进步。如第二章已经提到的，社会心理学家认为有些社会更注重个人主义，而个人主义社会似乎更能调动潜在创新者的积极性，因为它们倾向于奖励在某些方面脱颖而出的个体。社会也可能是“垂直的”——向在某些领域表现优异的个体承诺有提升社会地位的可能（Triandis，1995，pp. 43－52）。但这些都不足以产生持续的技术进步：技术保守的社会也有可能是个人主义的，但在高度个人主义的社会中，高水平的创造力和独创性更有可能出现的论点似乎看起来更可信。正如特里安蒂斯所说，“集体主义……往往会增加群体规范同一的可能，并更能巩固社会中的强大传统”（Triandis，1995，pp. 101－102）。与此相关的是，“紧密”和“松散”的社会之间也存在一个有趣的区别（Triandis，1995，pp. 52－57）。如果社会对什么是真实的情况，以及什么是合理的行为有广泛共识，如果大多数人都根据这一共识所规定的规范和规则行事，如果多样性和差异会受到严厉批评和处罚，那么这个社会就可以被称为是紧密的。特里安蒂斯认为，美国是松散社会的一个例子，德川幕府时期的日本则是紧密社会的极端例子。再一次，看起来
127 似乎更为合理的是，跳出盒子思考的思维方式和不愿意接受技术创造的常规做法和规范的反叛精神，在松散社会中将更为常见。

在经济学家开始重新审视文化对经济发展的影响的近期文献中，还没有引起足够重视的一点是，关于人类自身、人类所处的物理环境以及技术良性之间关系的文化信仰问题。如果人们对自然环境给予了太多尊重或太多恐惧，如果对扮演上帝角色的行为，或是对激怒天神的行为的厌恶太强烈，人类可能不会产生为了自己的物质利益而操纵他们所处的物理环境的意愿。类似地，如果自然被认为是深不可测的、超出人类理解范围的，或者是肆意妄为和反复无常的，那么人类更没有必要去控制自然了。这些态度只会将我们重新拉回宗教世界。

早期现代欧洲，在几个世纪以来，首次向其公民提供了一个处于传统天主教和一系列新教教派之间的新选择。此外，克雷莫尼尼（Cremonini）、斯宾诺莎、萨尔皮（Sarpi）和托兰（Toland）等激进思想家对宗教内容的质疑已经悄悄潜入了他们的怀疑主义思维中了。面临着受到指控和审判的风险，无神论思想在当时还未成熟，但怀疑的种子已经被埋进了基督教文化每一个信仰的核心之中，这就证明了发生在“文人共和国”中的辩论有多深刻。对于许多人，甚至可能是对于所有人来说，宗教成为了一个选择问题，即使做出某种选择可能会产生严重的后果。

宗教在斯密增长和熊彼特增长中起到的作用是巨大的。它对斯密增长的影响是复杂和多面的。首先，一些宗教坚持投资于人力资本，尤其在读写方面，因为它们希望年轻人都能达到一定的社会化水平以参与到需要阅读的宗教仪式上。犹太教或多或少地强制要求所有的男性都必须具备读写能力，路德宗也是如此。虽然这些宗教的主要目的明显都不是出于经济考量，但它却渗透到了经济活动中。最近对犹太教和新教群体的研究都表明了这一点（Becker and Woeßmann，2009；Botticini and Eckstein，2012）。人们到现在却都无法确定，这样的读写素养（以及算术能力，孩子们通常同时学习读、写、算三种技能）在现实中是否真的能对技术和创新产生很大影响。然而，它确实导致了书信、书面合同、计算和簿记等出现，降低了交易成本，从而促进了贸易发展。从更高的一个层次来说，教育可以通过培养个体成为律师、公证人、法官、会计师等来进一步发展市场和贸易。最近的一些研究指出，中世纪后期德国大学的成立和对法律人才的培训通过这种机制刺激了经济发展，这就是一个上尾人力资本影响整个经济的典

型例子（Cantoni and Yuchtman，2014）。

其次，在一些宗教中，宗教机构经常承担了司法职能，并担任了商业 128
法制定者和第三方仲裁者。创造于第一个千年上半叶的犹太法典在很大程度上解决了商业纠纷问题。[①] 犹太教权威对有关犹太法律和礼仪的释疑解答，是几个世纪以来维持犹太人和谐关系的手段之一。有趣的是，将宗教作为解决争端手段似乎只是犹太社会的特征；基督教在最初似乎没有兴趣复制犹太教的公民社会制度，在早期的基督教中，教会大都不愿意调解商业纠纷。[②] 再次，宗教团体，特别是在少数派中，存在着一种共同的社会认同感以及成员之间的较高的团结协作程度，而又由此创造出了一种提高成员间交流可能的信任水平。在小型和高度联系的群体中，关于背叛者的可靠信息极易扩散，而背叛者也会受到相应的惩罚，通常成员们会做出集体决定，将背叛者从团体中剔除。每个成员都了解这种惩罚是强制执行的，从总体上来说，这种认知能保证各个成员维护自己诚实守信的声誉，并表现出较强的合作性。这种机制带来了马格里布商人的贸易繁荣（Greif，2005）。在少数派团体中，通过其他方式而获得的成员间的团结，也为他们提供了一个能够带来成功的合作水平。贵格会在英国工业革命中取得的显著成就，就是这类团体的一个例证（Mokyr，2009a，p. 362）。这个论点的另一面是，一神教的宗教分裂加强了其他不具备同样信仰的人对这些宗教的不信任感。这导致了各种暴力冲突，也导致了在16世纪不同基督教徒的信仰都大不相同。

最后，有学者提出了某些宗教类型促进了合作并减少了投机行为和不诚信行为的论点。许多宗教都假定存在一个全能全善的上帝，他会审判那些不按规则办事的投机主义者，以维护圣神正义。谢里夫、洛伦萨杨和亨里奇（Shariff，Norenzayan，and Henrich，2009）假定，文化进化偏好于一个坚定的全能神性的信仰，这一信仰重视合作，惩罚投机主义和过度自
私的个体，因为这种行为在这一信仰中就等同于犯罪。有学者认为，在一 129
个监督成本较高，且惩罚背叛者较困难的社会中，这种信仰带来了合作行为的明显增加。它支持了利他主义行为，并坚持对待陌生人都要公平、公正的规范。如果在群体中合作得以维系，那么组内成员生活水平的提高就

① 《密西拿》六部中的第四部，《民事》（Nezikin，意为折磨或伤害），处理的大部分都是有关商业和民事事务的，特别是其中的“三门书”。

② 正如一个权威所指出的那样，“在早期，教会的任务不是组织法庭以管理房地产交易，或是调解商业纠纷。即使它可能没被认为为了解决基督徒之间的争端而打压各种异教徒，但我们很少能在现有文献中找到关于这种宗教内部分裂所带来伤害的性质的研究，或者在研究中更少见的是关于这个时期，对一个充分建立了类似于《密西拿》中所描写的民法和政府制度的基督体系的描述”（Neusner，1980，p. 430）。

代表着适应性增强，而且这个群体相对于其他群体来说得到了发展。这一理论也得到了一些理论研究和实验数据的支撑。① 强大的宗教信仰规定人们向上帝起誓保证要说实话，并且如果违背誓言就要遭受上帝的惩罚，而这也有助于解决信息不对称的情况。不过我们应该看到这一论点的另一面，即我们不清楚的是不同宗教的成员相互之间的承诺力度有多强。同样对此论证不利的一点是，东方的宗教，虽然不存在一个人格化的上帝扮演着道德审判者的角色，但它们仍为东方的贸易网络提供了大量构建于信任基础上的经济合作。直到 18 世纪，中国的贸易一体化程度仍与欧洲相当，几乎没有证据表明中国商人间的合作制度少于基督徒间的合作制度。事实是，一个监督人们诚实行为的全能执行者确实是建立有效商业经济的手段，但它远不是唯一可行的手段。

不过有时候，宗教差异可能会导致积极的经济结果，因为多元主义促进了 18 世纪作家称之为“仿效”的精神，人们强烈地希望不要“在竞争中落后”。在 16 世纪，西方基督教会失去它在欧洲世界中的垄断地位后，各个宗教团体的竞争与这一论点极为相关。在经历过宗教改革之后，基督教会的地位受到动摇，这反倒大大加速了人力资本的形成。为了在分裂的基督教中展示某一分支派别的优越性、取得竞争的胜利，大量的学术研究和教育工作都在这段时期得以完成（Grafton，2009a，p. 11）。耶稣会的建立，在当时是天主教为了与其他基督教派竞争，在西方和其他地区维护其形成人力资本的优势地位而构建的制度，这一点众所周知，无需过多赘述。他们依靠的主要手段之一就是教育。不过，令人惊讶的是，耶稣会学校不仅
130 强调宗教和道德教育，而且坚持把数学和物理学等有用知识都纳入课程大纲。那个时代许多伟大的思想家，包括佩雷斯克、笛卡尔、托里切利和梅森等 17 世纪的杰出人物，以及孔多塞（Condorcet）、爱尔维修（Helvétius）和狄德罗等启蒙作家都曾接受过这些学校的教育。正如范戈尔德（Feingold，2003）所言，通过这种方式，耶稣会士在当时为有用知识做出了重

① 这个观点主要论证的是，在任何非合作型的背景下，惩罚搭便车行为的代价是高昂的，惩罚所带来的好处又由非惩罚者所共享，由此产生的外部性使合作成果更难以实现。宗教信仰通过假定存在一个外部的惩罚者，以低成本或零成本进行监督和惩罚，这就有助于解决这个问题。这意味着在这种信仰普遍存在的宗教社会，将会具有高度的包容性和适应性。此外，即使人们不确定这个超自然的惩罚施动者是否存在，他们坚持“帕斯卡的赌注”，并且以相信他存在来指导自己的行为也是极为合理的（“帕斯卡的赌注”来自法国数学家、思想家布莱士·帕斯卡在《思想录》中所表述的观点：“我不知道上帝是否存在，如果他不存在，作为无神论者没有任何好处，但是如果他存在，作为无神论者我将有很大的坏处。因此，我宁愿相信上帝存在。”——译者注）。参见约翰逊和克鲁格（Johnson and Kruger，2004），以及约翰逊（Johnson，2009）。

大贡献，即便他们很多学生所发明的创新并不都完全符合他们的审美品位。耶稣会制度将竞争引入了欧洲的教育市场，在 16 世纪晚期，它们甚至可以与著名的帕多瓦大学相媲美，而两者间的竞争最终导致威尼斯共和国将耶稣会驱逐出境（Muir，2007，pp. 24－27）。同样在天主教的法国，不同宗教运动之间的竞争也导致了教育领域内的竞争，比如耶稣会与詹森教派之间的竞争。①

耶稣会本身不光是保守的，它是守旧且反对改革的。在耶稣会的罗马学院下成立的一个臭名昭著的机构"修订总署"（成立于 1601 年），就无情地从所有耶稣会课程大纲中去除了被认为是违反教义的课程——首当其冲的就是哥白尼主义理论。即使是数学在教学中的作用也是值得他们激烈辩论的辩题。耶稣会士在 17 世纪及以后的数学教学中，"恪守教授欧几里得几何学"，因为这是一个"深刻的思想承诺，以展示普世真理是如何对世界施加影响的"（Alexander，2014，p. 74）。② 耶稣会第五任总会长，克劳迪奥·阿奎维瓦（Claudio Acquaviva）在 1584 年写道，耶稣会士不仅应避免创新，而且要确保没有人会"怀疑我们在创造什么新的知识或教新的教义……没有人应捍卫那些关于哲学或神学中早已普遍接受的公理的反对观点"（Feingold，2003，p. 18）。他们所指的公理的定义很明确：中世纪末期托马斯所集中概括的从正统的亚里士多德思想到天主教教义的理论综合（Ariew，2003，pp. 162－163）。对于追求世俗研究并可能赞同新科学的耶 131
稣会士来说，这样的要求可能会造成严重的冲突。③ 于是他们中的许多人都在作品中讨论当朗读神圣的古典文献时应该如何发音才显得最为虔诚，在这样的字里行间中伪装和掩盖了自己的真实观点。不过最终，即使是耶稣会士也必须被迫放弃他们对新天文学和新数学的抵制。确认偏见和强制

① 15 岁的丹尼斯·狄德罗从耶稣会路易勒格朗学校中途转学至詹森教派达尔古学校（现法国圣路易斯高等学校），这（或许）说明了他当时就已经放弃遵守严格的耶稣会教义了（Blom，2010，p. 12）。

② 科恩（Cohen，2012，pp. 146－147）指出，对欧洲精英旨在加强反改革思想的教育是耶稣会的主要目标之一，为此，耶稣会士们付出了巨大努力，以调节亚里士多德的体系和被科恩称为"混合型数学"的体系，也就是用于天文学、历法计算、对音乐的分析等的"应用数学"。著名的耶稣会数学家，克里斯托佛·克拉乌（Christopher Clavius，1538—1612）在其年老时，就首先接受并支持了伽利略用望远镜得到的发现，虽然后来耶稣会规定会士们必须反对这些发现。到最后，科恩总结道，耶稣会士们都被耶稣会内的知识分子的先入为主的固有思想和观念束缚住了（Cohen，2012，pp. 212，495）。

③ 奥地利耶稣会数学家克里斯多夫·格伦伯格（Christoph Grienberger，1561—1636）向伽利略袒露了自己的心声，"我并不如你自由"，他的同事，皮埃罗·迪尼（Piero Dini）两年后告诉伽利略，"很多耶稣会士都赞同他的观点，可他们却不能公开表达他们的真实想法"（Feingold，2003，p. 23）。

偏见最终都必须让位于内容偏见。①

宗教竞争也是英国的一个重要元素，英国国教必须与“持异议的学院”创办人们做斗争（Stone，1969）。这些都是英国持进步思想的学院，除了在学校中教授所谓的异端宗教学说之外，还教授地理学、数学、化学、语言和有用技能。在一些情况下，少数派宗教和大部分人口中出现了一种共生的劳动分工。② 在英国工业革命期间，这些不被允许担任任何正式职位的反对派人士在创新领域发挥了很大的作用，极大发展了高质量的教育体系。在其他社会中同样如此，宗教间的和平竞争，与国家间的和平竞争一样，鼓励了智力创新的产生和进步。

尽管各个不同的宗教为了争夺更多的信仰者而展开了激烈的竞争，可
132 令人惊讶的是，知识分子漫不经心地弥合或忽视了不同宗教间的分歧。就整个“文人共和国”来说，它似乎对公民的宗教信仰毫不在意。格拉夫顿（Grafton，2009，p. 12）解释说，断绝不同宗教信仰的人之间的学术交流被认为是不道德的，因为这种“限制只能阻碍信息和思想的流动”。此外，“文人共和国”公民反对宗教迫害的做法，特别在1562年以后，这样的反对声音越来越大，因为宗教间的斗争越来越显示出它们自己既是破坏性的，又是毫无意义的。从塞巴斯蒂安·卡斯特利奥（Sebastian Castellio，1515—1563）到斯宾诺莎，再到伏尔泰这一众“文人共和国”中的杰出公民都撰文争取宗教宽容，反对对叛教者的迫害（Zagorin，2003）。③ 即使是持原教旨主义宗教信仰的学者，例如了不起的瑞士胡格诺派博学家，路易·布尔格（Louis Bourguet，1678—1742），都发展了被巴奈特（Barnett，2015，p. 149）恰当命名的“容忍策略”，即深刻地认为应将宗教差异隐藏

---

① 亚历山大（Alexander，2014，p. 177）将鼓励一种“给怀疑或讨论不留下任何空间的无限统一思想的集权式梦想”的耶稣会士们与相信“允许为科学进步和政治与宗教多元主义留出空间”的伽利略主义者们并列在了一起，不过这一鲜明对比也有些夸张了。在伽利略所做出的科学突破出现之后，耶稣会科学家们也要在思想市场上与在欧洲越来越盛行的新观点做斗争，他们根本无法忽略这些新观点的存在。到了18世纪中叶，从很多前辈的耶稣会士们的作品中都能发现他们对这些新观点都做出了妥协，例如弗朗西斯科·安东尼奥·扎卡里亚（Francesco Antonio Zaccaria）的作品就是如此。

② 在一个经典的论证中，尤里·斯莱兹肯（Yuri Slezkine，2004）描述了一个被他称为“阿波罗式”的定居农业群体和“水星人式”的少数群体，他们提供了当地居民无法为自己提供的服务，形成了两者之间的劳动分工。

③ 格拉夫顿（Grafton，2009a）指出，卡斯特利奥用一种对“文人共和国”的公民来说合理的学术方式表达了他对处死米格尔·塞尔韦特（Miguel Servetus）的愤怒：他研究了这一事实，用文献证据展现了当时对反对基督教教义的异端思想家的暴力迫害。虽然一开始他的观点显然是特殊的少数观点，但后来的作家们发现了卡斯特利奥的作品的价值，它最终成为17世纪关于宽容的意识形态中的一部分。“这样有着启蒙运动色彩的态度是从学者们的观察中所产生的”，格拉夫顿这样写道（Grafton，2009a，pp. 12-13）。

在科学交流中，即使可能对“不相信者”的异端观点存在愤慨的私人情绪，也应该维持学术礼仪。“文人共和国”是奇波拉（Cipolla，1972，p. 52）观点的一大例证，他认为，让人容忍和接受新想法的是同样的一组品质。

因此，关于宗教对斯密增长的净作用的历史证据是相当模糊的。在古代，充满异教思想的腓尼基、希腊和罗马的货船在地中海和相邻水路间纵横，完成了大量的贸易，而一神论犹太人大体上是生活在一个农业社会之中的。此外，无论出于什么原因，在公元最初的几个世纪，基督教的发展伴随着欧洲野蛮行为的增加和制度及商业的衰落，所以任何提出是基督教建立了公民社会和增强了经济绩效的观点都是一派胡言。[①] 基督教在欧洲前一千年中的传播并没有显著提高商业水平——事实上恰恰相反。当然人们可以说，基督教的兴起在某种程度上是古典社会经济崩溃的结果，而且它的成长缓解了经济衰退会带来的负面影响。但同样的是，两者间存在的 *133*
不过是弱相关关系。

那么，宗教信仰对熊彼特增长（一个由有用知识进步所推动的增长类型）的影响又如何？早期现代欧洲是一个对宗教极度虔诚的时代。正如霍伊卡（Hooykaas，1972，p. 101）所辩称的那样，宗教的普遍性意味着，如果任何一个想法要被社会所接受，那么当时盛行的宗教信仰对它的态度，即抵制、容忍还是支持，基本决定了这个想法最终是否会被接受。克里斯托弗·希尔（Christopher Hill，1967，p. 112）指出，对布道坛的控制具有巨大的文化和政治意义，因为它当时是影响人们的主要途径之一，与现代的大众传媒作用相当。口才一流的演说家可以对大众的信仰产生大量的修辞偏见，因此宗教控制会影响人们如何思考他们所身处的世界，包括他们与自然环境间的关系。简而言之，宗教需要被认为是有用知识的历史发展中的一个重要因素。

早一代历史学家们看到了科学创新与宗教之间难以抑制的根本冲突。中世纪晚期的托马斯综合体系，即基督教教义与亚里士多德物理学和形而上学的融合而成的一套新神学体系，牢固地根植于人们心中，抵制任何异端想法的侵犯。一个多世纪以前，这一古典的自由主义观点在安德鲁·迪克森·怀特（Andrew Dickson White，1986）的书中得以体现。在正式的宗教机构（如教会）和自然哲学家之间，激烈的冲突很轻易地就会爆发，而他们所争论的问题无非就是谁有资格垄断发现和揭示真理的权利，在知识被人质疑时，谁又有权利决定可以处理这些质疑的专家。毕竟，直接偏见所涉及的就是这些权威，当时冲突的部分就在于谁关于宇宙结构的声明是

① 一个较为极端的，断言经济和社会进步的根源存在于中世纪基督教中的观点，参见斯塔克（Stark，2003）。

可以被相信的，是伽利略的，还是教皇保罗五世的？

在这个时代，宗教与有用知识的进步之间的关系并不能简单地被归纳为像怀特所认为的那样，是进步科学家和愚昧牧师间的冲突，也不能认为是像霍伊卡（Hooykaas，1972）和其他人所认为的那样，基督教信仰是17世纪科学的根基和灵感来源。这个时代的宗教信仰是一个巨大的帐篷，里面塞满了对科学的各式各样的态度；现代科学的一些方面与一些宗教信仰相适应，但整体而言，它们间的关系不能归结为冲突或和谐中的任意一个。在更广泛的欧洲背景下，科学兴趣和宗教信仰环环相扣，复杂且多变，在每个群体内部，甚至通常在同一个人身上共存（Lindberg and Numbers，1986，p. 10）。

正如在文化的其他方面一样，宗教信仰在16世纪受到了怀疑性的重新评估，不仅是通过宗教改革的方式，而且在随后的宗教团体中都经历了这
134 一过程。不同寻常的是神学家、自然哲学家、医生和天文学家是如何开始突然且彻底地偏离了已被广泛接受的宗教和科学教义，可同时又牢牢地固守在他们所认为的安全和无可争议的基督教信仰范围内。16世纪的科学和宗教，与18世纪相比，以一种更为复杂的方式相互交织在了一起。一个例子是西班牙医生米格尔·塞尔维特（Miguel Servetus），他在早年就认为三位一体的教义是虚假的，而在他学习医学之后，这导致他拒绝相信人体机能的三元结构（营养、肌肉活动和精神活动），可这在他的时代中又是盖伦主义医学正统的一部分（Mason，1992，p. 8）。像约翰尼斯·开普勒这样的天文学家和威廉·吉尔伯特这样的物理学家，在接受日心说之后，认为神可能也生活在太阳之下，毕竟太阳是宇宙的中心。①

整个17世纪以来的欧洲，科学和宗教间都存在着一系列可能的共生关系。在英国，这体现在罗伯特·波义耳虔诚的圣公会信仰之中，以及有些古怪但能被深刻感知的牛顿的宗教信仰。但随处可见的也有相似的妥协：意大利的耶稣会士、英国的清教徒、法国的天主教修道士、相信亚当之前就存在人类的人、上帝一位论派教徒和虔诚的荷兰加尔文主义者——他们都找到了一种方法来调和他们的宗教信仰与科学活动间的关系。18世纪不是一个无神论时代（尽管一些当时主流的哲学显然是无神论的），但令人惊讶的是，在启蒙运动中，宗教在维系和支持科学中的作用有所下降。原因并不难理解：17世纪的自然哲学家，不论是天主教徒还是新教徒，发现了自然界的上帝存在的证据，这是一个非人格化的机械型上帝，他为人类揭

---

① 曾独力推翻过盖伦关于解剖学的观点的比利时医生安德雷亚斯·维萨里（Andreas Vesalius），在其代表作《人体的构造》（*De Humani Corporis Fabrica*）一书中，认为很有必要向人们指出的一点是，“如果不首先弄懂关于骨骼的解剖学，那么学生就无法对上帝的作品做出有价值的考察”。

示了他自己都受制其中的永恒不变的定律。他不是一个审判人类的实体，他不关心如何在社会中施行道德规范，或是对良好行为给予奖励，更不用说他对制造奇迹能有什么兴趣了。不过在 16 世纪和 17 世纪，情况是不同的。正如韦斯特福尔（Westfall，1986，pp. 234-235）所说，开普勒、笛卡尔和牛顿等科学家所提出的新自然哲学中一个未能避免的问题是，在他们的自然知识不断增长的情况下，基督教在与一个更加非人格化的有神论所区别的方面是否还能站得住脚？

技术涉及的，是“扮演上帝”更深一层的含义，即在原始自然物理环境中有意造成不可逆转的变化，以解决经济需要，进一步实现物质利益。每一个人类社会为了生存，都永久地改变了自然环境，这经常会带来巨大的生态效应，如大型哺乳动物在美洲大陆的灭绝。应该如何界定自然干预的允 *135*
许范围直到今天仍是一个难以回答的问题。为什么某些技术活动领域——如克隆人类或通过基因工程创造新的生命形式——直到今天都是人们难以接受的出格行为？哪些活动涉及“扮演上帝”中不被许可的部分？这显然是一个关于宗教文化信仰的问题。

换句话说，文化不仅决定了人与人的游戏中的界限，而且决定了那些对抗自然的游戏界限。在同属犹太教和基督教的宗教信仰中存在的以人类为中心的世界观（这种世界观很少出现在东方宗教信仰中），就是人类在操纵自然和改变地貌的过程中经常表现出的一种减轻内疚感的方式。这样的信仰将人类置于宇宙的中心，并将自然界的其余部分看作造物者为了服务人类而创造出来的。如果人类是以“上帝的形象”而创造的，那么他们就与所有其他生物不同，这一观点在我们这个时代越来越有争议，可在早期现代欧洲却是一条公理。根据人类的目的来驾驭自然并不被看作工程师们所犯下的违背神意的罪行，事实上恰恰相反：他们在设计一个理性的机械式的宇宙中，展现了上帝的智慧（Benz，1966）。

中世纪的历史学家已经指出，这种文化在中世纪盛期的欧洲变得越来越重要。林恩·怀特（Lynn White，1978，p. 27）提出，如果这个世界只是为了人类的精神修养而创造出来的，伊甸园的简单生活和与其他创造物和谐相处可能就已经足够带领人们通往极乐。进步文化所需要的是，关注人类生活的物质条件以及对自然现象及规律的操控所怀有的积极主动的态度。怀特认为，这种文化改变首先出现于 12 世纪，尽管直到四个多世纪以后，在弗朗西斯·培根的著作中，它才得到了最充分和最明确的表达。[①] 不

---

① 在怀特的其他作品中，他指出，“基督教的创世者上帝，宇宙的建筑师，按照自己的形象用陶土制作出人类的陶艺家，命令人类去统治世界”，并且因为在西方的中世纪时期，机械变得更加复杂和精细，他又指出“建造者上帝变成了机械师上帝”（White，1978，pp. 236，239）。

过这种态度从来都不是产生技术进步的必要条件：如尊崇儒家思想的中国，这类没有人格化上帝概念的社会，也证明了它自己完全有能力创新，社会中也存在很多具备足够破坏性和开创性的先锋，他们以戏剧性的方式改变了环境。中世纪的中国改变其环境的程度并不亚于欧洲：如果在欧洲，是通过斧头砍伐森林和通过改良耕犁耕种新的土地来改造环境，那么在中国，这种改造则在很大程度上取决于通过水闸和沟渠组成的水利管理和灌溉系
136 统来实现的（Elvin，1973，p. 113）。[①] 现在人们普遍认为，怀特可能低估了古罗马的技术成就，因而夸大了中世纪欧洲在技术发展中所呈现出的突破性。[②] 可即使存在许多修正和批评，但他关于中世纪技术的宗教元素的重点强调延续了下来（Livingstone，1994）。现代研究也强调了宗教对某些在创新上尤为重要的文化变体的重要性。[③]

对体力劳动的态度是宗教在其中发挥了重要作用的另一个文化变量。在中世纪欧洲，“常规”教会（修道士）发展了一系列文化信仰，这些文化信仰可以由本笃会修士的一句口号来概括，即“劳动就是祈祷”（White，1978）。生产和工作成为了美德，因此受过教育的和智慧的个体都参与其中。在中世纪，这意味着其中很大一部分人都是属于教会的。霍伊卡（Hooykaas，［1956］1990，pp. 194 – 196；1972，pp. 88 – 94）和本茨（Benz，1966）等都强调了在当时，越来越多的文化观念认为体力劳动是值得尊敬的，因此工匠也是受人尊敬的职业。在中世纪的欧洲，一些修道会就是命题知识和相关技术应用间的桥梁。几个世纪以来，这些修道士一直都处在西欧技术变革的前沿。无论中世纪的西方教会是否真的能够承受林恩·怀特所赋予它的沉重的历史意义，但很明显，任何关于中世纪西方技术创造力起源的讨论都必须考虑到它的宗教起源。

重要知识都体现在了工匠作品中，这一想法可以在几本 16 世纪初的知

---

① 一些现代学者认为，在中国所强调的人与自然的“和谐”关系的观点（像是李约瑟和其他学者所指出的那样）有些被夸大了，甚至在早期的封建朝代，如周朝（公元前 1046—公元前 256），就有了对自然环境无情剥削和掠夺的明确迹象。例如，罗哲海（Roetz，2010，p. 217）就认为，“儒家学派发现了征服自然明确积极的一面，并将它看作所有文化的预设前提。”

② 怀特的观点认为中世纪西方的文化变革导致了一种不同的对待技术的态度，以至于引致了一个不同的科学研究议程，对这一观点的否定，如戴维斯（Davids，2013），似乎并不是那么站得住脚。将工作、生产和商业是看作“良善的”以及从某些角度来说甚至神圣的，这一概念的根源在中世纪就已经存在了，并且对于早期现代关于生产态度的改变产生了长期的影响。参见支尔赛尔（Zilsel，1942）、麦克洛斯基（McCloskey，2006）及其他。

③ 现代社会心理学研究在一个名为“自我指向”（独立思想、创造力、探索意愿）的变量，以及一个关于“宗教虔诚”的单一度量之间建立了一个负相关关系，这一相关系数约为 −0.35。有趣的是，这一相关系数在以色列的犹太教徒、荷兰的新教徒、西班牙的天主教徒和希腊的正教徒中都略有不同。参见施瓦兹和胡伊斯曼（Schwartz and Huismans，1995）。

识分子的批判学术型哲学的著作中找到，他们认为这些学术哲学都是在不 137
了解自然的情况下撰写自然，用完全虚构的结构来研究自然。相反，农民、航海家、工匠和外科医生都是那些每天与自然现象接触的人，因此他们的实践经验更有价值。这样的想法是一个新的出发点。中世纪的传统可以用建造米兰大教堂的主建筑师的一句话来体现。这位主建筑师在 1392 年写道，科学是一回事，有用艺术（即技术）是另一回事（Cipolla，1980，p. 243）。在文艺复兴早期，这一传统有愈演愈烈的趋势，但是在 1500 年后，我们看到了文化浪潮开始逐渐转向。最先也是最明确有力地表达要提升手工技能地位的受人尊敬的学者之一就是在加特罗尼亚出生的璜·路易斯·斐微斯（Juan Luis Vives，1493—1540），在他的时代中最杰出的人文主义者之一。他人生的大部分时间都在佛兰德工作——佛兰德是当时一个主要的工业中心——并且为手工知识的价值做出了强有力的论证。[①] 到 17 世纪初，这一论点在欧洲许多知识分子的观点中都占据了上风。托马斯·康帕内拉（Tommaso Campanella）的乌托邦著作，《太阳城》（*City of the Sun*，1602）中就详细解释了机械艺术和体力劳动的尊严。[②]

科学家和生产者之间交流的主题并不是新鲜事：埃德加·齐尔塞尔（Edgar Zilsel，1942）强调了他们的交流对于欧洲发展的重要性。齐尔塞尔指出，从 16 世纪开始，人们就已经发现，在有学问的人和有技术的人之间的技术交换会产生出一些新火花。[③] 齐尔塞尔指出，1600 年以前发生的大 138
部分技术变革都来自于工匠和手艺人，他们是“经验观察、实验设计和因

① 斐微斯在他的《论科学》（*De Trandendis Disciplinis*，1531）中写道，“（学生）不应该因为进入商店或是工厂，或是向工匠问问题、了解他们工作的细节而感到羞愧。以前，学者们鄙视去探寻这些对生活有重要意义的问题……这后来变成了所有研究的成果；这就是研究的目的。在掌握了我们的知识后，我们必须将它们变得有用，将他们运用到人类的公共利益中。自此人们得到的永恒的回报不是金钱上的，不是一个一次性的礼物，不是一时的欢愉……因此我们不仅仅应该学习和研究，而是要将我们的研究与生活中的实际用处相结合”（Watson，1913，pp. 209，283－284）。

② 在他虚构的国度里，公民们“认为最高贵的人是掌握最多技能……更勤劳、更有功利目标的人，像是铁匠或是泥瓦匠那样的人，他们才是最值得称赞的人，没有人会避免成为这样的人”（Campanella，［1602］1981，p. 81）。他指出，虽然有些夸张，他从一棵植物的解剖学中学到了比他在世界上所有书中学到的都多，在那个时代，这个观点引起了许多学者的共鸣，其中最有影响力的莫过于博学家佩雷斯克了（Miller，2000，p. 23）。

③ 一个例子是 16 世纪 40 年代吉罗拉莫·卢赛利（Girolamo Ruscelli，1518—1566）在他虚构的《秘密学院》（*Accademia Sergreta*）中所描写的学院，其中的学院院士们有药剂师、草药师、园丁以及其他研究药方和技术的手艺人。在这里，“工匠们与有学识的人们和有闲暇的人们一起并肩工作”。这是一个早期关于学者和工匠合作的显著例子（Eamon，1985，p. 478）。书中展现的可能更是对现实的乌托邦的描述，但显然即使在培根之前，这样的想法在欧洲就已经很成熟了（Long，2011，pp. 94－96）。

果分析方面的真正先驱”（Zilsel，1942，p. 551）。在 16 世纪末 17 世纪初，有学问的哲学家们开始对工匠的工作产生兴趣，之后他们中越来越多的人都逐渐肯定地认识到，指令知识与命题知识之间的交流能产生巨大的价值。命题知识与指令知识之间的桥梁使得它们彼此间相互启发和丰富，而这也是工业启蒙的基石之一（Mokyr，2002）。手工技能是必要的，因此它也深受实验家们的重视。他们需要精心制造的仪器和实验室设备，通常由研究人员们自己打造。不过他们知道要找谁来学习这些技能。培根不是唯一发现这一点，也不是第一个认识到这一点的人。法国哲学家和逻辑学家彼得吕斯·拉米斯（Petrus Ramus，1515—1572）自豪地写道，他曾多次实地考察了巴黎的每一个机械工场，并建议其他哲学家也应该这样做（Hooykaas，1972，pp. 99-100）。

荷兰物理学家艾萨克·贝克曼（Isaac Beeckman，1588—1637）的作品为我们理解新思维提供了一个很好的例子。他是笛卡尔的挚友和研究伙伴，他的这部作品在许多方面也都预期了工业启蒙的诞生。雅各布（Jacob 1988，p. 52）把贝克曼称为“科学革命中的第一个机械哲学家。”他的著作特别引人注目的一点在于，他在手工知识和自然哲学之间建立了桥梁。最近一部传记指出，“贝克曼在某种程度上补足了手工知识和数学科学之间所缺失的联系。他是学术研究的世界和工艺品世界之间的“阈限”的完美例子，他是一个实际上能够将工匠们处理自然的方式融合到一个新的学术上可接受的有关自然的话语之中的人。他的自然机械哲学既基于工匠的实践知识，又基于学者的理论知识”（van Berkel，2013，p. 4）。然而，与此同时，贝克曼也是一个忠诚的培根主义者，他完全意识到了手工艺业可以从理论教育中获得多少益处（van Berkel，2013，pp. 139-140）。

另一位有影响力的法国作家，伯纳德·帕利西（Bernard Palissy，约 1510—1590）从不同的角度看待了这一问题。他是一位陶艺家、水文学家和地质学家，曾撰写了一本广泛阅读并极具影响力的书《可敬的演讲》（*Discours Admirables*）。作为一名学者型工匠，他获取知识的方法体现了高度的实验性和实践性。他确信实践优于理论，并许诺要通过说服人的感官来证明自己想法的真实性。实际上，他的这本书是由理论和实践之间的辩论所组成的，但在其中实践总是正确的一方（Amico，1996，p. 43）。帕利西骄傲地承认，他只是一个平凡的陶匠，对古典语言一窍不通，却能公开挑战古代和现代的医师、炼金术士和哲学家的理论（Deming，2005，p. 971）。他的作品尤其批评了那些蔑视机械艺术和手工知识的学者。他宣
139 布道：“天空和地球就是我阅读的书籍”（Palissy，［1580］1957，p. 148）。工匠知识由于帕利西获得了一些尊重，在弗朗西斯·培根的作品中，工匠知识大放异彩。当 16 岁的少年培根游览巴黎时，他可能就已经听过了帕利

西的讲座。

明确区分命题知识和指令知识（或科学和技术，如果这些术语更受青睐）对于分析目的也许是有用的，但并不能准确地描述早期现代欧洲的世界。认为所有命题知识都是“开放”的概念，显然不是对 1500—1700 年间大部分时期的最好描述，即使知识的开放趋势确实越来越明显。有些学者建议完全放弃“科学”和“技术”这样的分类，而是采纳像“有思想的手”(mindful hand) 这样体现了将技能与知识分离开来的困难性的概念 (Roberts and Schaffer，2007)。[①] 在这一过程中，他们希望把我们从关注科学革命和工业革命等过去重大革命的重要性中解放出来，并引入了诸如“灵巧的天资”(ingenious aptitude) 和“社会循环”(social circulation) 这样新的术语。更具争议的是，他们避开了“一个只能将欧洲文化从原始积累不可避免地带入工业启蒙的、辉煌的叙事结构”。无论辉煌与否，工业启蒙的出现始终占据着探寻有用知识能为经济做些什么（就像培根所希望的那样）的研究中心的地位。它当然不是注定出现的，他们对决定论模型的反对是恰当的。

我们应该强调，按照一些研究这种“新风格”的知识历史的学者的话来说，知识是由一连串的人，从有思想的手到灵巧的头脑，在与一大堆问题做斗争的过程中所产生的。近年来，这些学者正确地告诉了我们，有大量知识都是由我们称为“实践者”(practitioner) 的人们所积累得到的：画家、建筑师、钟表匠、植物收藏家，甚至连烟火师都创造了有用知识 (Smith and Schmidt，2007)。“实践者”这个术语不够明确，还应包括聪明且富有想象力的工匠，以及受过良好训练的科学家，他们都是不怕弄脏指甲的人。当我们提到自然哲学家时，我们很难不想到像惠更斯和胡克这样心灵手巧、可以制作自己所需仪器的自然哲学家，可是在那个时代的那些一直以来与吝啬和顽固的自然做斗争的高技能仪器制造师、医师、工匠、 140
炼金术士和工程师之中（更不用说他们的材料和工具都极为简陋），也出现了许多应用型知识，通过“文人共和国”得以传播。[②] 大部分新的或改进的有用知识确实是罗伯茨和谢弗 (Roberts and Schaffer，2007，p. XXI) 所

---

① 罗伯茨和谢弗 (Roberts and Schaffer，2007，pp. XV- XVI) 想要抛弃将包含知识的科学与包含技术的应用画上等号的等式，他们将此替换为了另一个概念，即在探索和发明过程中所付出的合作性的努力。他们认为，他们的论证更强调的是哲学家们是“一群灵巧的人”，工匠们也是“有思考能力的人”。他们试图理解的是“与物质和知识生产联系极为紧密的混合型活动”。

② 朗 (Long，2011) 给出了关于这一点的文献综述，他认为工匠与思想家们之间友好关系的建立可以追溯到 1400 年，但是似乎清楚的是，只有到了 16 世纪，这种良好关系才成为推动技术发展的引擎，像是阿格里科拉 (Agricola) 和埃克尔 (Ercker)（采矿）、塔科拉 (Taccola) 和贝松 (Besson)（机械）、拉梅利 (Ramelli)（泵）的技术描述书都是出现在 16 世纪。

说的由那些“当地实践者的缄默智慧”所完成的“本地技术项目”的结果，不过之所以它是重要的，是因为它是在一个连贯、统一的文化背景下被完成的，这一文化背景下的想法和技术是要在更广阔的欧洲环境下与其他想法相竞争的以被人们接受并获得声望。如果认为理论与实践，或“纯科学”和“应用”等概念在某种程度上是分开的，那么这种想法对于当时的学者和实践者来说一定很奇怪。事实上，大多数学者从某些意义上来说都是实践者。① 长久以来，最佳实践科学所启发的生产领域的培根梦只不过是启蒙时期的一通幻想罢了。除了一些醒目的例外，17—18 世纪的工匠们并不能从最佳实践科学中学到什么以提高生产力。同时，变得十分清晰的是，科学家从工匠和实践者那里学到了很多东西，并且他们自己也清楚地认识到了这一点，正如胡克列出的所有手工实践的目录所能证明的那样。

除了关于合作和与物理环境的关系的文化信仰之外，对经济增长来说重要的还有个体偏好。个体并不会拥有只固定于一个特定速率的时间偏好。这一时间偏好代表的是，耐心的程度和想要延迟满足感的意愿，或是其他有关时间的态度。我们很容易发现，在不同社会中，这些偏好都截然不同。② 这样的偏好是重要的，因为它们不仅有助于确定储蓄率，因而有助于确定物质资本积累率，而且它也决定了对人力资本和技能的投资。德普克和奇李博迪（Doepke and Zilibotti，2008）认为，这种偏好是习得行为，并称之为“耐心资本”。他们认为，父母首先需要投资，才能向自己的后代灌输为了在未来获得更高收入而要在现在投资的意愿。关于时间的偏好反映出了有关风险的偏好。一些社会是否比其他社会更为审慎、更厌恶风险？几乎所有形式的经济增长都需要承担一些风险——是什么决定了个体是否愿意承担这种风险？至少有一个显得合理的因素是，社会为了防止在危险项目中出现问题而提供的安全网。英国在工业革命前的几个世纪一直以一种正式的方式提供这样的一张安全网，即实施《济贫法》。在其他社会中，安全网涵盖不了太多人（宗教组织、慈善机构和大家族），因此总体上不太可靠。从这种方式可以看出，制度以微妙和复杂的方式反馈于偏好之上。

总而言之，在过去，对教育、宗教和各种其他信仰和偏好的态度通过许多渠道对经济绩效和斯密增长产生了重大影响，尽管将它们简单地评估

① 胡克（Hooke，1667）在他的《显微术》的前言中写道，“真正的哲学所依赖的环节是如此之多，如果有一个环节松动了或不牢固了，那么整个链条就会面临断掉的危险。它首先从人的手和眼开始，通过记忆向前移动，再通过理性推理继续；它不会停在此处，而是再次回到手和眼，由此，一个连续的信息就能从一个部分被传递到另一个部分。”很显然，“有思想的手”的概念在当时就已经基本形成了。

② 这些差异在莱文（Levine，1997）中有详细记载。

为明确有利于经济增长或明确不利于经济增长的做法有些过于草率。高水平的商业发展和良好的制度设计与许多组不同的信仰都是一致的。就总体而言，在中世纪和早期现代欧洲，它们使市场更有效的环境变得越来越有利，但这不足以帮助我们解释1700年后熊彼特增长的爆发。

第十章　文化变革和有用知识增长（1500—1700年）

142　如果我们要了解工业革命，了解越来越以科学和技术进步为基础的西方可持续经济增长道路的起源，那我们必须探寻的是哥伦布到达新大陆后的两个世纪中发生了什么。这是一个充满着科学进步的时代，一个科学革命的时代，也是一个见证了某些地区经历技术大进步的时代。尽管这些进步相较于15世纪或是19世纪之后的进步来说，并不是那么富有戏剧性也并非更具开创性。在这个时代中真正发生变化的是文化——受过教育的精英阶层对有用知识所持的信仰和态度的变化：关于如何获取和传播有用知识，以及它可以为人类带来什么？这种变化的信仰导致了新制度的出现。新制度反映了信仰，反过来又反馈至信仰的变化中。最终的改变是，到了18世纪中叶，人们对由技术驱动的物质进步的态度出现了根本性的变化，西方社会出现了我之前提到过的一个新现象——工业启蒙。工业启蒙是工业革命的基础。但它的文化起源是什么？

如果西方宗教内部能团结起来，一致对抗机械文化和生产技术，那么对后续技术进步至关重要的中世纪发明可能根本不会蓬勃发展。正如已经指出的那样，中世纪的基督教会中存在着一些对技术问题极为感兴趣的重要人物。事实上，当时一些最有经验和最聪慧的技术作家都是修道士，如罗杰·培根（Roger Bacon，约1214—1294），以及西奥菲勒斯（Theophilus）——《论多种技艺》（*De Diversis Artibus*，约完成于1122年）的作者。林恩·怀特的论点，即修道院是中世纪西方技术进步的先锋，还是经受住了时间的考验，即便他的一些其他论点和理论并不是完全一致。因此，修道士是中世纪知识分子精英阶层的重要组成部分，而在过去决定经济结果的文化就是精英文化。虽然最终知识界的领军人物多为世俗科学家，但

在当时的情况下，如果修道士精英们对技术感兴趣，那么技术进步就有 143
希望。

在黑死病肆虐前的两百年以及随后的几个世纪是欧洲技术大发展的时期。可以肯定的是，如果将中世纪和古典时期分别看作一个技术进步时期和一个技术停滞时期，那必然是有些夸张了。早期的学者，如林恩·怀特和莫西·芬德利（Moses Findlay），都低估了罗马人的技术成就。例如，新考古发现证明，古罗马对水力的利用比迄今为止我们所认为的要广泛得多（Greene，2000；Wilson，2002）。不过这些都无法分散我们对中世纪欧洲辉煌的技术成就的关注，这些成就包括深耕犁、机械钟、眼镜、风车、铸铁、火器，以及最终允许欧洲人横跨大洋的船舶设计和航海设备等等发明。

不过，这些进步并未能造就以技术进步为基础的快速且可持续的经济增长。中世纪没能产生工业革命是有充分理由的。其中一个理由就是，这些发明的出现并没有基于对技术运行原理和方式的深刻理解，因此，它们可能很快就会陷入技术停滞之中。正如我在莫基尔（Mokyr，2002）中论证的那样，正是使用中的技术和支持它们的知识的共同演化和相互强化，最终产生了那种我们将其与现代增长相联系的爆发动力。手工技术自身可以改变实际条件，这是能工巧匠们干中学的结果，也源于一些偶然的发明，以及他们持之以恒的尝试、对错误的不断改正。然而，过去由于这些而产生的进步往往会逐渐消失，除非它们能与解释了发明的工作原理的命题知识相伴，一起平行增长。

在中世纪鼎盛时期，西方教会向实践转型也是现代经济史上的一个重要事件。在一个相信技术活动等同于，如西奥菲勒斯所说的“为了帮助大众，为了彰显上帝的荣耀，为了提升上帝的名誉”（Klemm，1964，p. 65）的社会里，技术进步是可能产生的。西方中世纪的基督教是一个复杂而异质的实体。它强调了一个越来越以人类为中心的世界观，而在当时的人看来，这就是上帝的旨意，上帝希望人类能好好利用他所创造出的一切。此外，实际的宗教信仰和正式的既定教义是两回事，并且两者都在文艺复兴时期发生了演变。中世纪的发明虽然没能产生可持续的熊彼特增长，但一如既往的，技术进步总能带来意想不到的后果，它们影响了欧洲在1500年后的发展轨迹。没有人能保证中世纪文化的进步态度可以持续下去，事实上它们确实没能持续下去。到了15世纪，天主教会变得更加关注自己、更保守、更不愿改变，可它却为社会带来了巨大变化。技术创造力在15世纪
的欧洲蓬勃发展，在造船和航海仪器上也有所突破。 144

我们应该如何看待这一段之后与1500—1700年间的经济发展相关的文化变迁？正如我们所看到的，宗教信仰在这个时代经历了深刻的变化，在很多方面都与实验科学共存，甚至还鼓励了实验科学的发展。早期现代欧

洲技术创造力增长的重要的文化因素是，对吸收和利用外来观念的开放态度和强烈意愿。这种开放性在中世纪欧洲已经非常明显，但除了十字军东征、在西班牙和地中海地区与伊斯兰文明的思想接触，以及马可波罗型的旅行者们的传播之外，欧洲在1500年后并不能接触到太多的外来观念。这种开放性的文化特质在生物学中可以找到一个有趣的类比。长期以来，人们都认为基因遗传完全限于其生物父母的基因内容（以不同的方式组合）。如第三章已经指出的，我们现在已知某些微生物实际上可以从非父母的同伴中接受遗传物质。[①] 在文化中，这种水平传播更加普遍和广泛，但在不同的社会中，对于外来观念的接受程度则大不相同。在文化进化中一种为学者们所熟知的机制被称为传播隔离机制（transmission isolating mechanisms，TRIMs）（Durham，1992，pp. 333－335）。传播隔离机制将一个社会与外来文化特征隔离开来，从某种意义上讲，这样做使得它的文化宏观进化与生物进化更加相似。这些传播隔离机制越强，从父母处（及与他们共线的来源）接收的信息也就越多于从外来文化中接收的信息。这样的传播隔离机制对社会发展可能有害，但从那些势力强大的精英的角度来说，这是完全合理的，因为它们可以保护那些与现有知识和技术利益相关的人力资本。在整个历史长河中，社会上曾出现过一些传播隔离机制，从语言差异到彻底的排外情绪，例如，认为外国人都是野蛮原始的，没有什么值得向他们学习的。这些传播隔离机制中没有一个曾被证明是完全有效的，不过我们可以说在明治维新之前的德川幕府统治下的日本就接近于完全与外界隔离的状态。历史上，传播隔离机制是不对称的：大多数欧洲社会所建立的传播隔离机制在强大性和有效性上都输于其他社会中的传播隔离机制。也许这
145 是因为欧洲内部的差别本身就很大，特别是在文化特征和政治分裂方面：学习和模仿他国是必要的，以免其政治竞争者在有用知识上取得领先。

早期现代欧洲的航海之旅打开了外来社会信息的闸门：新产品、技术、植物和动物都被传入欧洲，也没有出现什么对它们的有效抵制。[②] 不仅那些仰望星空和检查病人的学者能提出新事实、发现新信息，那些旅行者、水手、踏上未知土地的商人也都能做到这一点。他们带来了地理知识，当

---

① 这一机制是通过所谓的质粒而运作的。质粒从本质上来说是自由的、可以独立复制的DNA分子，从而构成了群体内一种水平基因传递遗传信息的机制，以提高适应性。例如对抗生素的抗体，就是通过这种机制传递的。如已经提到的，一些水平获得的特征也是可以传递给下一代的（后成说理论）。

② 据称奥利弗·克伦威尔（Oliver Cromwell）就是因为拒绝服用金鸡纳树皮（Cinchona bark，奎宁）这种治疗疟疾的药物而丧生的。他拒绝服用不是因为这种药物来自南美洲，而是因为他认为这是一种耶稣会的疗法。这个故事虽然广为流传，但似乎看起来并不是真的（McMains，2000）。

然也带来了新的产品和技术。令人惊讶的是，欧洲文化对接受这些外来观念和文化元素的意愿有多强烈，以至于像排外心理和民族中心主义这些能阻碍对其他文明发现的有用知识的传播隔离机制显得有多无效。马戈奇（Margóczy，2014a）详细地描述了一个因好奇心驱使而发展出的热闹的市场，其中外来的动植物标本、奇特的岩石和其他各式各样神奇的外国物件让人目不暇接。在经历过 15 世纪后期至 16 世纪的大航海时代之后，有很多书籍都概括了在当时仍属未知的文化所产生的有用知识，如葡萄牙医生加西亚·德奥塔（Garcia de Orta）于 1563 年出版的书籍《关于印度药草与药材的密谈》(*Colquiosdos Simples e Drogas da India*)。[①] 欧洲人开始用瓷器品茶，种植玉米、土豆，养火鸡，穿花缎和棉布做的衣裳，用被称为"涂漆"的技术来制作器皿。[②] 在中世纪盛期，欧洲人就已经表现出他们对外来信息和文化的极度欣赏。在医学方面的权威，如阿尔·拉齐（Al Razi）和伊本·西那（Ibn Sina）都有了自己的拉丁语名字——Rhazes 和 Avicenna，在完全知晓他们是穆斯林的情况下，中世纪医学在将他们的医学成果作为医学教规的核心上从未犹豫过。更为引人注目的是，神学家愿意研究和学习伊本·卢世德［Ibn Rushd，拉丁语名：阿维罗伊（Averroes)］的哲学著作，他的作品极大地影响了托马斯·阿奎那（Thomas Aquinas)。欧洲人在承认 *146*
他们在外来文化的使用上毫无顾虑，他们使用"阿拉伯数字"，他们喝带酒精的饮料［英语中"酒精"（alcohol）一词来自阿拉伯语的 al kohl］，并且教他们的孩子代数［英语中的代数（algebra）一词来自阿拉伯语的 al jebr］。

地理大发现和科学进步间的相似之处是相当明确的。培根在他的《新工具》中就提到了这一点。在指出科学进步的最大障碍是人们因为他们自认为不可能完成的任务而感到绝望之后，他随即表示："我提出并发表这些猜测都是恰当的，为完成这些任务带来了希望，就像哥伦布在他横跨大西洋的伟大之旅之前所做的那样"，同时，他认为对这些未知的探索是"伟大事件出现的原因和开始"(Bacon，［1620］2000，aphorism 92，pp. 126-127)。[③]

---

① 欧洲人抵达印度之时对当地造船的质量之高深感震惊，他们随即借鉴了很多他们在南亚看到的船只的特征并将其应用于自己的造船工艺中（Unger，2013，p. 176)。虽然印度反过来也从欧洲造船工艺中学习了不少，不过到 1800 年，欧洲船只相比于亚洲船只来说，还是占据着"绝对优势地位"。

② 18 世纪的英国和法国经历了一场时尚"中国风"的席卷，中国的物品，不论是真的来自中国的还是模仿制品，都是绝对的时尚品。很多蕴含着中国风的艺术作品都非常知名，例如，1762 年在英国皇家植物园中修建的宝塔、弗朗索瓦·布歇（Francois Boucher）东方风情的画作以及迈森出产的瓷器。

③ 在《伟大的复兴》的标题页上印着一幅画，其中一艘英国船只驶过赫丘利斯之柱，也就是直布罗陀海峡中的两座峭壁，它们本是哥伦布之前的船员们航行中的巨大阻碍。画上还印着这样一句话："人们应该向前进，知识也应该被不断积累"（Daniel 12：4)。

虽然培根的记述和对航海细节的知识都是非常不准确的，可这丝毫没有减弱他的雄词伟论的有效性（Alexander，2002，p. 80）。约瑟夫·格兰维尔（Joseph Glanvill，1661，p. 178）认为，自然哲学就像“神秘的美洲大陆和未知的秘鲁”。保罗·罗西（Paolo Rossi，1970，p. 42）将 16 世纪的科学研究描述为了向未曾探索过的领地进军的尝试。威廉·埃蒙（William Eamon，1991，p. 27；1994，pp. 269-300）认为，科学并不应该是对我们已知事物的逻辑化展示，而应该像寻找新猎物一样，去探寻迄今为止未知的一切。“科学是一种狩猎活动”的概念是顺应当时社会潮流的一种类比，因为狩猎在那时是上流社会的活动，因而这种类比为自然哲学和其从业者提供了一种他们所热切追求的尊重。培根自己在《学术的进步》中就很执著于这个狩猎的隐喻，叙述了刻瑞斯（Ceres，农业女神）和潘（Pan）的神话故事，潘在一次狩猎中，发现了众神都未能寻找到的刻瑞斯。培根解释说，这个神话故事“包含了一个非常真实和明智的警告；那就是不要试图从抽象哲学中创造出对生活和文明有用的事物……而应像潘一样，从睿智的实践中创造……这通常也需要碰碰运气，就像在狩猎中一样。因为最有用的发明是从实践中产生的，而且通常都是人类不可多得的意外收获”（Bacon，[1605] 1875，p. 326）。那个时代的人们已经充分认识到地理发现的激励机制和发明的激励机制是相似。西蒙·斯蒂文（Simon Stevin，
147 1548—1620）是一位荷兰的博学家，在水利工程和应用数学（他发明了小数点）上的成就尤为突出。他在 1585 年指出，“一个水手在偶然发现一个未知的岛屿后，就会毫不吝啬地告诉他的王子其中所蕴含的财富和利润……我们也一样毫无顾忌地谈论一项发明所具备的伟大功能”（Stevin，[1585] 1608，unpaginated preface）。

伟大的航海之旅与科学技术的增长之间的因果联系并不是三言两语就可以解释清楚的。从一开始，当人们意识到真实世界与古典文献中的描述有很大的不同时，古典文献的公信力就被削弱了。[①] 亚历山大（Alexander，2002）认为海上航行与数学的新研究之间存在着很强的因果联系。[②] 他指

① 早在 1514 年，意大利医生乔瓦尼·马纳迪（Giovanni Manardi，1462—1536）曾写道，“如果有人更相信亚里士多德和阿维洛伊（Averroes）的论证，而不相信那些真正到达过那些地方的人，那我们根本无法说服他们……除非他们自己带着星盘和算盘踏上航行之旅，找寻事实的真相”（Eamon，1994，p. 272）。

② 用他的话来说，“哥伦布和麦哲伦在真实海洋上的航行为我们画下了未知领域的地图，他们在数学方面的继承者们会在这些未知的领地上探索出更多有关数量和量级的秘密……探索的图像形式因此可以被证明是推动实验哲学发展的理想方式，它帮助人们探索到了复杂的自然之路，揭开了那些人们从未见过的秘密和奇迹的神秘面纱”（Alexander，2002，pp. 2，200）。

出，航海探索的语言被数学家和自然哲学家所采纳。为了回应由航海之旅所带来的新知识的冲击，越来越多的数学家开始将自己看作实验家和探险家，而不再是守护不可更改和挑战的欧几里得真理的守卫者。在他们看来，对知识的探究，尤其是对数学的探索，就像是一场探寻之旅，为找到隐藏的黄金宝地他们要历经千难万险（Alexander，2002，pp. 72，200）。然而，究竟在何种程度上我们能将航海发现之旅称为是科学进步的起因？这一问题仍没有确切答案。至少这一因果关系在某些方面上颠倒来看也是成立的，因为更好的工具以及天文学和制图学的发展，一定都大大发展了航海技术。海上航行和自然哲学的进步可能是同一现象的两个方面：外国的知识及地理都是欧洲人所探索的有用知识的一部分。如何从 A 到 B、在 B 中能找到什么有价值的或有趣的事物，这些都包含在有用知识之中，如血液循环、如何酿造更好的啤酒等。这些航行赋予了“现代”学者一个强大的武器，增强了他们摆脱古典学者镣铐的实力，让他们能更好地与那些奉行蒙昧主义并为了维护古典教条而不惜一切代价的学者们斗争到底。培根也说：在他的时代，“人们踏上了向远方进发的征程，并在航行中发现了许多自然界的新事物，这可能会为哲学带来新的曙光”（Bacon，［1620］2000，aphorism 84，p. 119）。

此外，随着 1500 年后与亚洲文明的接触越来越多，欧洲人很快发现，
印度和中国在许多领域已经积累了远远超出古希腊文明所积累的知识。巴 148
拉（Bala，2006）曾经指出，很多欧洲最重要的科学进步都得到了欧洲人从这两国所带回的知识的帮助和启发。因此，他认为哈维的血液循环和哥白尼的日心说，都依赖于中国和印度的知识。我们很难确定这些貌似合理的推断在何种程度上是合理的。然而，令人惊讶的是，一些欧洲科学中的主要进步恰好就出现在亚洲文明取得非常相似的进步之后，并且在某些情况下，欧洲人并不讳承认他们接受了非西方科学的恩惠，像是信仰伊斯兰教的科学家阿尔哈曾（Alhazen）被广泛传播的光学研究就是典型的例子。[①] 巴拉（Bala，2006，p. 92）有趣的论点是，欧洲在科学革命中获得了领导地位，是因为欧洲人正处于伊斯兰国家、印度和中国有用知识的交汇处。

---

① 在某些方面，知识的流动是存在的：第古·布拉赫（Tycho Brahe），现代观测天文学的首创者，在构建自己的天文仪器时就借鉴了中国的技术。布拉赫看的是来自阿拉伯世界的天文书籍，而阿拉伯人又通晓中国浑天仪的制造方法（Needham，1969a，pp. 80－81）。在这里，看起来知识从东方流传到西方的现象是合理的。然而，巴拉（Bala，2006，p. 104）认为，伊斯兰教中的卡拉姆哲学——基本上是一个不同于伊本·路世德的亚里士多德式物理学的、保守的和偶然主义的哲学——是现代科学的先驱。他给出的原因仅仅是因为它包含了一个关于世界模糊的原子论看法，因此他又指出“牛顿主义观点就是反对伊本·路世德主义的，是对卡拉姆主义的辩护”，这似乎就有些夸张了。

因此，巴拉认为，欧洲在产生融合式创新上处于一个独特的地位，而这也就构成了现代科学。不过这个论点也提出了一个新的问题，为什么这样的融合没能发生在别的地方。

对于技术来说也是如此。到 1500 年，欧洲人在机械和武器制造等技术上占据了主导地位，而在其他领域，如中国的陶瓷业和印度的纺织业，亚洲仍远远领先于其他国家（Prak and van Zanden，2013，p. 21）。欧洲和亚洲文化的区别在于，就总体而言，欧洲人看到了他们所接触到的新技术和新产品中的发展机会，并愿意放弃那些传统的和当时人们所信赖的技术。这样做的结果是，他们在这些行业的技术劣势逐渐消失，最终他们找到了在原先落后于亚洲的领域中超越竞争对手的办法。虽然在一些领域，亚洲人确实试图在欧洲的影响下改变自己的技术，但在 1800 年之前，一个决定性的技术差距已经产生，欧洲的努力在那时就已经形成了一个在 1970 年以前的亚洲世界中所寻找不到的发展动量。

149 对于一个现代观察家来说，采纳来自其他文化的新的更有效的知识，听起来是非常普通的做法，可对 1900 年之前的非西方社会来说，采纳西方的（事实上是所有外国的）想法和技术是异常困难的。这些社会虽然都没有与所有的外国观点相隔绝，但大多数社会都会对西方观念持怀疑态度，并有选择性地模仿西方技术。有些社会，例如德川幕府时期的日本，就走向了阻绝西方影响力的极端。[①] 我们也能看到，明朝时期的中国通过严格控制耶稣会士的传播渠道以及传播内容，承认并接受了一些欧洲的知识。[②] 其他社会，像奥斯曼帝国，选择了一些西方知识，例如如何制造更先进的火器，但拒绝接受其他知识，直到他们发现将西方的有用知识完全关在门外就意味着他们无法在军事和政治上与之竞争（像日本一样）。俄罗斯则处于开放与封闭的中间地带，它对是否应该接受

① 即使他们有机会接触西方科学，日本人愿意接受其他观点的意愿也是有限的。日本天文学家和医生，向井元升（Mukai Gensho，1609—1679）认为西方人只在那些处理外观和效用的技艺上略胜一筹，而在形而上学方面很无知，并且认为学习他们关于天堂和地狱的理论只会误入歧途。他又补充道，“葡萄牙学者相信自己在学术上的优越性并出国传讲，但是他们的学术研究其实完全是错误的和有偏见的”（Nakayama，1969，p. 91）。150 年后，日本僧侣普門円通（Fumon Entsu，1754—1834）仍恶毒地批判西方的天文学，并认为“佛教天文学”理应守护好阵地，反抗西方科学观点和宗教的入侵（Nakayama，1969，p. 91）。一直到 19 世纪上半叶，荷兰天文学才真正进入了日本的思想体系之中。

② 科恩（Cohen，2012，p. 46）将“文化移植”在中国的缺失看作中国科学缺少新奇和创造性的核心原因。对于他来说，皇帝的政策对中国科学一直处于“将自己封闭起来”的状态负有不可推卸的责任。但这种对外国思想缺乏兴趣的现象并非只是一个政策变量，它更是一个几个世纪以来中国人根深蒂固的对改变完全免疫的文化信念。

西方文化一直踌躇不已，摇摆不定。虽然它显然怀疑西方的价值观并急于保护自己的斯拉夫文化，但它在历史上也曾有过意图西方化的时期。与其他非西方社会一样，这种向西方的转型是不完全的，也是间断性的。

然而，在欧洲其他地区，“不是在欧洲发明的”综合征被克服，这一概念最终也消失了。棉花和陶瓷工业，工业革命中的两个典型产业，不仅反映出了欧洲对采用外国技术和产品的意愿，而且表明他们对这种做法完全没有丝毫的羞愧之情，这从他们明确地用（据说的）发源地来命名这些产品的做法就可见一斑。一位英国大使的妻子从君士坦丁堡带回了预防天花的人痘接种术，并清楚表示了这一技术的来源地。在这些情况下，这些技术的非欧洲起源都得到了明确承认，但随后欧洲人开始改良这些技术，最终迫使这些技术的发源地又不得不重新引入这一得到极大改进的更新形式。在工业革命发生的 150 年前，培根所设想的《新大西岛》中的所
罗门宫有十二名被称为“商人之光”的人，他们的职能就是航行到国 150
外、带回书本、进行知识摘要和“实验模式”（Bacon，［1627］1996，p. 486）。

这里的文化要素不是欧洲人对非欧洲人或非基督徒有一颗开明的包容心，也不是客观的辨别，即他们可以将外国人的性格和宗教（可能是令他们反感的），与他们的技术和知识（可以适当利用的）有效地区分开来。这种文化特质的起源尚未完全清楚，但我们可以想到一些明显的可能的解释。欧洲受过高等教育的知识精英认为他们自己就是一个跨国群体中的一部分，这意味着知识创新者的国籍和宗教信仰可以与知识创新的内容相分离，在在某种程度上也意味着这些身份特征是无关紧要的。但一定还有一些其他因素起了作用，首先是欧洲的政治力量在各个层面上的激烈竞争，这些竞争已经让欧洲人习惯于去模仿那些他们不喜欢的人所创造出的技术。20 世纪的全球化进程在全球层面上极大减少了传播隔离机制，知识和偏好的水平传播已经变得越来越快也越来越广，从对食品和音乐的品位到各个级别的技术，应有尽有。

最终对经济结果来说很是关键的还有另一个重要的文化要素，那就是对前辈们的智慧和知识的态度。在对古典知识的态度到了认为其神圣不可侵犯的程度上时，它可能就会限制知识创新的速度。在宗教改革时期我们可以明显看到文化变迁的速度相对较快，在批评和修改存在已久的基督徒教条和崇拜仪式，以及在修改古典科学教规（这套教规直到 1400 年还都是不容置疑的）方面最为突出。在科学、哲学和宗教依然密切联系的世界中更是如此。到 15 世纪，12 世纪和 13 世纪的智力创新已经僵化为托勒密-亚里士多德教条中的一部分，对异端观点越来越不能容忍。在这个世界中，

宇宙学与神学紧紧交织在一起，为宗教机构提供了思想基础。在这个系统中，形而上学在自然哲学与神学之间建立了一座桥梁（Gaukroger，2006，p. 130）。“这一为宇宙最终构建出的系统被认为是坚不可摧的和不可更改的。怀疑它就是在亵渎上帝”（White，1896，p. 120）。正如科恩（Cohen，2012，p. 81）所说，“从科英布拉到克拉科夫，从维也纳到圣安德鲁斯，亚里士多德学说和四艺教育[*]都被规定为了基础课程……这种对教育事务的控制是没有先例的。”[①] 如果正统的影响力不能持久，那它本身是无关紧要的。
151 可事实上，正统显然是顽强的。在 1624 年，巴黎的最高法院仍然禁止教授与“古典学者和被认可的作者”观点相悖的材料。虽然这项法律没有得到严格执行，但它已足可威胁到那些太过偏离正统的观点的生存。[②]

然而从 1500 年起，这个看似不可动摇的保守文化体系开始面临越来越大的压力，随着正统与异端之间的争斗来回不断地转向，大部分正统思想最终都崩溃了。传统对于所有的欧洲智力活动来说依然至关重要，不过虽然没有人怀疑理应存在一种深受尊敬的传统，可是这到底应该是一种什么传统就变成讨论的主题。最终的结果是“在每个领域人们似乎都在用一种新的方式看待事物”（Schoeck，1982，pp. 308－309）。基于观察的自然实证研究的重要性首先被一种信念合法化，即这种研究揭示了上帝创造宇宙的意图，因此为自然哲学正名的过程在很大程度上也是出于宗教考虑。除了宗教本身，这种对已认可智慧的攻击基本发生在了所有重要的知识领域，如数学、物理、天文学和医学。最终，宗教理由不得不为实践和物质动机腾出空间：通过更好的农业、医药和工业技术来改善人类的物质生活条件。

在 16 世纪，越来越多意图打破旧习的学者都直接攻击了古典教规，其中有一些学者甚至对教规表示彻底不屑，但他们为此经常要付出高昂的

---

① 在 14 世纪，牛津大学对那些作品中出现与亚里士多德《工具论》中思想相悖的观点的学生都予以惩罚，每违反一条罚款 5 先令（Devlin，2000，p. 58）。直到 1583 年乔尔丹诺·布鲁诺（Giordano Bruno）访学牛津，这条规则仍印在了学生的作品之上。1556 年，牛津的法令上清楚列明了每个研究领域的基础参考书籍：托勒密的天文学、斯特拉博（Strabo）和蒲林尼（Pliny）的地理学，并且 30 年后，学生被要求只允许遵从亚里士多德及维护其思想的追随者的观点（Rossi，1978，p. 40）。在 1559 年，曾经指出盖伦可能并非完全正确的约翰·盖恩斯博士（Dr. John Geynes），被其愤怒的同事们强迫公开认错（Debus，2002，p. 174）。

② 卡顿（Caton，1988，p. 68）尖刻地评论道，如果亚里士多德知道在一个基督教国家中批评他的观点可能会给人们带来杀身之祸，那他自己可能都会震惊不已，在他的时代，他从未遇到过一个耶稣会士。

* 四艺为算数、几何、天文和音乐。——译者注

代价。[①] 基于亚里士多德的《论天》(*De Caelo*）和托勒密的《天文学大成》 152
(*Almagest*）的宇宙学，因为新的观察结果与其不符，所以都在逐步瓦解。到了 17 世纪初，欧洲知识分子逐渐接受了他们的新发现一直都在摧毁着古典科学的这一事实。英国医生和物理学家威廉·吉尔伯特（William Gilbert）在他那部广受尊重的开创性著作，《磁石论》(*De Magnete*，1600）的一开篇就宣称，他不会浪费时间在“引用古人和希腊人的话以支持我的观点，因为不论是琐碎的希腊论证还是希腊词汇都不能更巧妙、更有效地证明真理，它们也都无法更好地阐明真理。我关于磁石的理论与希腊人的大多原理和公理都是矛盾的。”他在普林尼和托勒密这样的经典作家的作品中发现了许多错误，而这些错误的广泛传播就像“邪恶和有毒的植物一样疯长不已”。追随托勒密错误的天文学的是一群“由伪哲学家和占星家组成的乌合之众”。托勒密对宇宙的看法由“迷信和一种哲学上的虚构所构成，现在只有最容易受骗的蠢人和最没学问的人才会相信它；它是我们嘲笑的对象”。此外，托勒密的理论是“没有根据的”，任何坚持相信它们的人“都会被认为是愚蠢的，和那些坚持一个观点只是因为古人都相信这个观点的人一样愚蠢”(Gilbert，[1600] 1893，pp. 1-2，208，321-322，339-340)。

弗朗西斯·培根对古典智慧进行了成熟全面的批判（特别是在《学术的进步》和《新工具》中），他呼吁人们摈弃古典科学，重新建立一种使用观察和实验而不是三段论和权威的新科学。他在书中一段评论中生动地指出，希腊人的智慧只是男孩的智慧，它可以表达观点而不会产生观点，是“贫瘠的作品”(Bacon，[1620] 2000，aphorism 121，p. 59)。[②] 在 17 世纪

① 彼得鲁斯·拉穆斯（Petrus Ramus，1515—1572)，一位法国的哲学家和逻辑学家，就因为屠杀了这些圣牛中最神圣的那一头牛，也就是批判亚里士多德的逻辑学，而声名远播。他的讲座（1536 年）实际上就命名为《亚里士多德所教导的一切都是错误的》。德奥弗拉斯特·博姆巴斯茨·冯·霍恩海姆（Theophrastus Bombastus von Hohenheim)，更以帕拉塞尔苏斯（Paracelsus，1493—1514）之名闻名的杰出的医生和在医学上的“捣乱者”。他在当时被称为“医学界的路德”，同时也是一位臭名昭著的爱挑衅和争吵的化学家和医生，他无情地批判了当时被接受和奉为经典的盖伦的医学教义。他在大庭广众之下焚烧了盖伦的书籍，以显示他对“古人”智慧的蔑视。他又被称为“四处流浪的瑞士医生”，他和他的追随者们都是反国教和反精英主义的，所以当局也找了他们不少麻烦（Breger，1998，pp. 102-103)。1527 年，帕拉塞尔苏斯因为公开焚毁了巴塞尔的规范医学书籍而差点被逮捕。由于他一直在四处流浪，又不把任何国王放在眼里，他不断地成功激怒那些比他更有权势的人，不过虽然他也不断受到当局威胁，但他每次都化险为夷，逃脱了牢狱之灾或更严重的后果（Debus，2002)。

② 政治上的权宜缓和了培根的语气，同时他也极为小心地让自己不要听起来显得不够尊重，以免激怒那些比他更有权势的知识分子们。因此在他的《新工具》的“格言 32”中，他写道，“古代作家的荣誉仍屹立不倒，所有人的荣誉也都是如此。我们并不是在比较他们的思想或是才能，我们只在比较他们的方法”(Bacon，[1620] 2000，p. 39)。不过，他认为需要补充上这句话恰巧证明了这样一个事实，就是人们可能确实将他的看法看作对古人的反抗了：因为他在倡导一个全新的研究科学的方法。

的头几十年里，对“古人”的反抗进一步加深。伽利略在 1615 年致佛罗伦萨的公爵夫人克里斯蒂娜（Duchess Christina）的一封信中写道：“在关于自然现象的争论中，我们绝不能从《圣经》经文的权威出发，而必须以感官体验和必要的示范为开始”（Reston，1994，p. 137）。17 世纪中叶的许多重要
153 科学家和学者们都接受了对这些权威的批判态度。“无论那些经院哲学家们怎么说，”他们中的一位这么写道，“亚里士多德的观点都不一定是真的，而他自己也有充分的论据证明他自己很有可能是错误的。……新的实验和新发现提高了知识的质量……我们的优势就是我们拥有更多的时间，而真理（我们相信）是时间的女儿”（John Wilkins，[1648]，1684，p. 5）。[①] 即使在更早的时期，乔治·黑克威尔（George Hakewill）的《辩护》（*Apologie*，1627）费力地反驳了当时盛行的“衰落”观点，即认为人类的能力随着时间的推移而下降。黑克威尔指出了三种培根型经典技术（印刷术、火药和指南针），但他还提出了关于现代优越性的更多证据：解剖学发现、化学、哥白尼理论和望远镜。比他还要反叛的是纳萨内尔·卡彭特（Nathanael Carpenter，1589—1628），他在他的《哲学自由》（*Philosophia Libera*，1621）中发动了对古人毁灭性的抨击，主要是针对“古人，尤其是亚里士多德的奴性和屈从的抨击，并表达了对批判性思维和完全自由思想的极力呼吁”（Jones，1961，p. 65）。[②] 对前人智慧的盲目尊重正在慢慢消失。

在 16 世纪和 17 世纪的欧洲，对新事物和奇怪事物的恐惧消失了。曾被学术作家们谴责为罪恶的好奇心开始被赋予了更积极的意义。对稀有和奇特现象的“知识探索”被展示在了著名的“珍奇屋”（wunderkammern）中，它们也是博物馆的原型。在这些珍奇屋中展示了各种古怪的具有异域风情的物品，人们也被邀请去参观（Eamon，1991，p. 34）。人们之前认为，新鲜事物都是具有破坏性和危险性的，而这种恐惧慢慢地却也坚定地被人们对新奇事物的着迷所取代了。正如埃蒙（Eamon，1991，p. 49）指出的那样，要想一本书卖得好，它必须是与具备科学性的新事物相关的：发现、发明、秘密、新科学见解，以及对欧洲人第一次踏上新大陆的描述。丹尼尔·马戈奇（Daniel Margóczy）最近非常详细地展示了这些从古代钱币到蝴蝶标本，再到药草和异域水果的活跃的“奇珍异宝”贸易是如何产生的。在欧洲，人们对这些新奇物件的收藏达到了狂热的境地，它们之所以

---

① 威尔金斯从培根（Bacon，[1620] 2000，p. 121，aphorism 84）中引用了这句话。培根特意在这句话附加上了一句“不权威”。

② 当谈论到 3 世纪的基督教作家拉克唐修（Lactantius，他否认了欧洲的对面地区还会存在生命）时，卡彭特尖刻地写道，虽然他可能是一个虔诚的和善辩的牧师，“可他的论证已经幼稚到了即使是一个平庸的读者都能立刻从他关于宇宙学的基本原理中看出他的无知”（Carpenter，1625，p. 231）。

受欢迎，一方面当然是因为它们“唤起了惊讶，博得了眼球并展示了上帝的无限创造力”，另一方面也是因为它们“可能在农业、医学或制造业上都有一些用途”（Margóczy，2014a，p. 31）。弗朗西斯·培根的精神深入人心。

欧洲文化变迁的另一个症状，是出现了一种被称为“技艺爱好”的上 154
流社会的独特风潮——这个词在早期现代欧洲的含义与今天的含义截然不同。它最初是意大利宫廷的产物，严重受到意大利行为规范的影响，它描绘了一个上层阶级对学习和技艺的迷恋，将学者和绅士的特征共同结合到了一个严肃的，也许也有点业余的知识分子身上。然而，“技艺爱好者”为那些正考虑从事学术研究的人提供了一种他们非常需要的尊重，他们从一度被视为罪恶的好奇心，变成了一种美德。正如埃蒙（Eamon，1994，p. 314）所说，在 17 世纪，“技艺爱好者”是“珍品爱好者”的同义词。他们收集了罕见植物和动物的标本、贝壳、考古文物和其他异域物件。“文人共和国”中伟大思想家的作品的读者，例如培根和夸美纽斯作品的读者，基本上就是这些技艺爱好者们。朝臣成为了学者，而为了装饰社会的文化也转变成了为名望和崇拜而学习的文化（Houghton，1942，p. 61）。他们对于技艺的热情，加上他们有时太过天真的想法，只能支撑他们浅薄涉猎这一领域，使他们成为了旁人的笑柄。尽管如此，我们能清楚看到的是，这些人通过强调智力活动与“礼貌”和“美德”的兼容性，以及通过加强声誉概念来激励学者创造出更多知识，从而为启蒙运动铺平了道路——毕竟，罗伯特·波义耳本人也确确实实是一位“技艺爱好者”。

如何在 17 世纪的思想市场中定位这些技艺爱好者们是困难的，因为正如霍顿（Houghton，1942）所说，他们这个群体太过多样化了。对于技艺爱好者来说，对任何话题的研究都不仅是偶尔为之的消遣，更是一个会让他们投入很长时间和很多精力的严肃问题，并且他们也希望能成为这个问题上的权威。研究从不旨在获得商业利益，而是一种绅士职业，一种专门为“认为学习是一种处置财富和闲暇最幸福的手段”的人而存在的职业（Houghton，1942，p. 57）。起初，它纯粹是以探寻未知为动机的，只是为了获取知识，但是随着培根的影响在 1650 年之后变得无处不在，技艺爱好者也开始允许让功利主义动机来影响他们的研究计划了。约翰·伊夫林（John Evelyn），通常就被人们看作一位实用主义的技艺爱好者（Hunter，1995d；Chambers，2004）。他来自一个富有的家庭（从事火药制造业的家族生意），曾完成了一本最为著名的林业学专著（Evelyn，［1664］1679）和一本著名的园艺学著作。伊夫林的头脑中存在着清晰的功利主义目标——尽管他还写过一本关于古钱币的书，以及一本关于禁奢律的书。贵族数学家威廉·布隆克尔勋爵（William second Viscount Brouncker，1620—1684），皇家学会第一任会长，以及成就极高的天文学家和仪器制造者理查德·图奈里（Rich-

ard Towneley，1629—1707)，是另外两个有过确实智力贡献的、独立且富裕的技艺爱好者的例子。他们对关于“奇珍异宝”和数学游戏的书籍很感兴
155 趣，而实际效用并不是推动他们研究的动力。然而，他们指导了更广泛的知识分子阶层，使他们产生了对科学、仪器、实验和最终的潜在应用的兴趣。埃蒙（Eamon，1994，p. 307）叙述了仪器制造商约翰·贝特（John Bate）是深受技艺爱好者之苦的，他们经常质疑贝特在其《自然与技艺之谜》(*The Mysteries of Nature and Art*，1634）一书中对水力装置，如泵、虹吸管和水钟的描写（这本书的副本为牛顿所有)。波义耳（Boyle，1690，pp. 6 ff）将技艺爱好者们看作致力于实验哲学和坚守基督教信仰的个体，他认为这些人应享有很高的信誉，并因为帮助揭示了自然的奥秘而被人们所重视。

技艺爱好者的运动从总体上来说是否成功地改革了英国贵族精英的观念、将精英转变成为工业启蒙运动的基石，这仍然是一个有待解决的问题。在这个人群中存在一个连续的分层：从悠闲的、以研究科学来打发无聊的绅士，如波义耳和伊夫林，到严肃的（经常也是贫困的）自然哲学家，如雷和胡克。在他们之间，我们看到了约翰·威尔金斯这样的人物（Houghton，1942，p. 202)。到 17 世纪晚期，这一运动开始衰落，尽管例如沙夫茨伯里（Shaftesbury）这样的贵族知识分子一直在维护它，可到了 1700 年，“技艺爱好者中中层阶级的人数越来越少，他们的儿子们为了避免成为学究，往往都成为了无知的人”(Houghton，1942，pp. 216，219)。知识的火炬从贵族传递给了学术新人，他们更有才华，接受过更好的训练，最重要是他们对学习更有动力。思想市场也已经注意到了这一点。[①] 超级巨星所获得的巨大成功意味着一些年轻人仍然会选择以研究自然和实验哲学为职业——也许 18 世纪的学者，像史蒂芬·夏平所说的，不再是绅士，但他不仅会被包容，甚至会得到重视和保护。因为他不像别人一样，他可能会知道一些别人所不知道的有用知识（Shapin，1991，p. 314)。[②]

---

① 夏平（Shapin，1991）直截了当地指出，尝试将学术研究和礼貌优雅结合在一起的尝试是失败的；根本不存在一个学者绅士的新角色，“高雅社会”从来就没能说服人们相信系统的自然知识是一个必要的绅士成就（p. 312)，他也坚持认为科学文化进步的载体只有在高雅社会之外才能得到发展。不过这个论证将精英的标准定得太高，并将它明确地限制在了那薄薄的一层精英社会之中。不论那些具有国际意义的富有的贵族自然哲学家们的出现，如波义耳和卡文迪什（Cavendish）等人是否只是例外还是就是规律，这似乎都与“技艺爱好者”文化为新“资产阶级的尊严”的合法化过程铺平道路的这一事实关系不大，正如麦克洛斯基(McCloskey，2006，2010）所论证的那样。即使在某些情况下，这种文化会被看作一种“极为不优雅的功利主义文化”(Shapin，1991，p. 313)。

② 夏平所描绘的后技艺爱好科学家的形象是一个有些孤独且野蛮的牛顿式形象，这与 18 世纪的“文人共和国”无论是来自英国还是欧洲大陆的一个典型的成员的形象都相差太远。确实，正如拉里·斯图尔特（Larry Stewart，1992）所说，这些学者的作品向人们展示了科学和技术是如何逐步变成了文明和“高雅”欧洲社会的一部分的。

为了名望和声誉的竞争成为了 17 世纪欧洲知识分子生活的核心特征。结果是，16 世纪和 17 世纪欧洲的思想市场充斥着各式各样研究世界的竞争 156
方法。亚里士多德主义者与反亚里士多德主义者斗争，微粒论主义（或原子论）因为其伊壁鸠鲁学派的起源而得以振兴，由荷兰科学家艾萨克·贝克曼（Isaac Beeckman）和其同时代的法国科学家皮埃尔·伽桑狄（Pierre Gassendi）等科学之星领军。他们与活力论者斗争，同时也与亚里士多德主义者战斗。在医学中，医疗化学家们受帕拉塞尔苏斯和范赫尔蒙特（van Helmont）作品的启发，挑战了与他们对立的盖伦的信徒。在数学方面，很多争论都被禁止，而其中最激烈的，就是关于无限小数究竟是不是数学中的一个恰当概念的争论（Alexander，2014）。最艰苦卓绝的一场战争当然是有关日心说和天堂结构的了，这场战斗一直持续到了 1758 年，当天主教教会终于将支持哥白尼宇宙说的书籍从禁书列表中剔除了出去，才意味着这场争论的终结。

思想市场所包含的思想也扩展到了关于知识和信仰本身本质的元论点的讨论。最重要的辩论是，在它们出现的年代当下的文明和科学，是否都可以与人们仍在学习的古典文献所获得的伟大成就相媲美（Levine，1991）？关于自由辩论本身的元论点又被叠加在了这些争议之上：宽容和多元主义本身是否具有价值，又能否体现自身的价值？当局是否有正当理由来使用法律（即暴力）来消除异端观点，并将异议和颠覆企图掐断在其萌芽时期，以维护法律和秩序？在天主教和新教地区都有禁止流通的书籍，但由于印刷术的普遍，这些禁令沦为了笑话，即使是在“宗教裁判所统治”的国家里，在那些对智力创新的压制在很大程度上影响到了真正创新研究追求的国家中，都是如此（Cohen，2012，p. 438）。① 我们最不清楚的就是，天主教欧洲的科学衰落是否像亚历山大（Alexander，2014）所描绘的那样剧烈，而即使不那么剧烈，那么有多少衰落真的是因为人们对于天主教对待新科学的反应的恐惧？②

---

① 伽利略的“禁书”被偷运出意大利，并在新教城市中得以出版，例如其《关于两门新科学的谈话和数学证明》于 1638 年在莱顿出版，《关于托勒密和哥白尼两大世界体系的对话》于 1635 年在斯特拉斯堡重新出版。

② 约翰·弥尔顿（John Milton）在阿尔切特里伽利略自己的别墅里拜访他时，认为宗教裁判所的暴政“挫败了意大利智慧的荣光”，不过事实上，即使在伽利略之后，仍有不少“文人共和国”的活跃成员在意大利继续创造着科学进步，特别是在那些保守势力不太强烈的领域内。因此佛罗伦萨的医生弗朗西斯科·雷迪（Francesco Redi，1626—1697）就令人信服地证明，亚里士多德对植物和动物的自然发生说是错误的。乔瓦尼·阿方索·博雷利（Giovanni Alfonso Borelli，1608—1679）是一位极有才华的博学家，他在对于火山、流行病和太阳系结构等方面的理解都做出了极大贡献。雷迪和博雷利都生活在天主教保守势力极为强大的社会，可是他们仍可以继续他们的研究。在这方面，马尔切诺·马尔比基（Marcello Malpighi，1628—1694）的职业生涯更是引人注目，他是一位杰出的显微镜学家，他是首个提出毛细血管在血液循环中的重要性的科学家，因此无可辩驳地证明了哈维的血液循环理论。尽管他提出了这些激进的科学发现，但马尔比基在其人生后期也被任命为了教皇诺森十二世的私人医生。

157 进入思想市场变得更加容易，其中的竞争也更加激烈。与传统智慧之间的根本背离越来越普遍：像帕拉塞尔苏斯和他后来的追随者赫尔蒙特、培根、基尔伯特、霍布斯和斯宾诺莎这样的知识分子都毫不犹豫地表达了自己在较早之前会被看作亵渎上帝的观点。在思想市场上和在任何市场上一样，（相对）自由进入和可竞争性变得越来越常见，竞争的结果则由证据、逻辑和其他文化偏见所决定。传统智慧的可竞争性和可怀疑性，是“文人共和国”的标志，它们也出现在了不同领域，不同国籍的知识分子的作品中，从米歇尔·德·蒙田（Michel de Montaigne）到乔尔丹诺·布鲁诺（Giordano Bruno），再到托马斯·布朗（Thomas Browne）。他们每个人都以各种不同形式承认了他们对经典教条的质疑。古代人的权威在每个领域的裂痕都在不断扩大。不过，学者在表达观点时还是需要保持谨慎、维持礼貌的态度；并且在面对强大的既得利益者时，表面上的歌颂有时还是必需的。有些情况下，正如哥白尼和笛卡尔也都明白的那样，若是出版一些会惹恼一些有权势的（通常是宗教的）权威观点可能是危险的。可能就是这种鲁莽最终导致了乔尔丹诺·布鲁诺（Giordano Bruno，1548—1600）的悲惨命运，而对于伽利略来说，他的悲剧可能是他的傲慢所导致的。但总的来说，这个系统作为一个竞争性的思想市场来说，运作良好。1650 年以后，保守势力再也无法阻挡阿尔卑斯山和比利牛斯山以北地区的新思想的传播。

也就是说，与竞争激烈的商品市场或劳动力市场不同，思想市场并不总是趋于一个“均衡结果”，也就是能与商品市场上的一价定律相当的结果。原因在于，即使思想市场是高度竞争的，“消费者”也很难只以内容为基础而进行选择，因为知识可能不够密封，证据或数据也可能不确定。在这种情况下，市场会产生多种解决方案。在某种意义上，思想市场上的多重均衡可以被看作低效率的，因为如果关于一些自然现象存在两个完全不一致的想法，其中至少有一个可能是错误的。在这些情况下，思想市场无法得到一个单一的均衡结果，除非有更好的工具出现，帮助人们做出决定。在医学中就有一个这样的例子，在 1870 年之前，最佳实践知识不能对传染病做出一个完整且密封的解释。然而，在运作良好的思想市场中，内容偏见——愿意被劝说并接受看起来真实的观点——在可以通过最佳手段来验证真实性的问题上，应该是决定性的，也应该能够满足当下的修辞规范。①

① 一个典型的例子是前伽利略型的哥白尼主义者，他们在几十年间都缺乏对在哥白尼的《天体运行论》中提出的逻辑上严谨但缺少实证的系统的演示型证据。这一系统的中心前提是一个假设的、未证明的且对多数人来说都是异端观点的命题（Westman，1986）。从其 1543 年出版到 17 世纪早期，这个观点明显是“不密封”的：缺少实证证据以区分它和其他竞争假说，并且它是完全建立于纯粹的数学推理之上的。直到具备更好仪器的天文学家如开普勒和伽利略等人开始积累证据，才使得这个学说变得紧密起来，内容偏见才开始真正发挥了其效用。我们可以说，到了 1700 年，地心说才从欧洲严肃的天文学家的话语中消失。

在这种情况下，思想市场上也可以获得一个类似一价定律的结果。因此，当例如拉瓦锡、达尔文和巴斯德（Pasteur）这样的文化企业家提出了对自然现象的全新解释时，他们在观点中所包含的证据和逻辑在当时的修辞标准下被判断为是有说服力的。因此，尽管存在怀疑和抵制，他们的想法最 158
终都被接受了，并且至少在那些对于未来知识发展至关重要的人群中来说，这些观点的密封性是足够的。对于哥白尼、哈维和伽利略等科学家在早期现代的思想市场上来说也是如此。①

这个文化上的彻底改变究竟是如何以及为何发生的？或许这并非是这一发展背后创新者供给的外生性增长，而是一个制度规范的变化，这个制度支撑了知识创新发挥作用，也驱动了思想市场上的转变（反过来，它也为变化所驱动）。到了这个时候，欧洲的文化企业家们和智力创新者就生存于一个越来越有利于他们工作的制度环境中。他们的成功和不断增长的声望，使他们能够影响这些制度之下的文化，从而导致进一步的制度变迁。我们现在要做的，就是追踪这些变化的源头。

要强调的是，没有证据表明欧洲人或基督徒存在任何内在品质使得他们可以系统性地区别于其他社会，又让他们足以培养出有用知识的发展。换句话说，潜在的文化企业家也可能出现在其他社会中，但是由于某些原因，他们没能成功地为这些社会中对持续技术变革来说重要的人群带去盛行文化的根本转变。事实上，正如我们将在第 16 和 17 章所看到的，中国尤其如此。为了了解为什么他们在欧洲更成功，我们需要识别出西方环境中能够促成这一成功的要素。文化企业家，和商业企业家一样，经历的失败要比成功多得多，但幸存者偏差倾向于让人们将注意力只集中在成功的企业家身上。有太多像路德和加尔文一样的宗教创新者，可他们最终都以失败告终，而我们也都不太清楚他们的故事。其中最著名的当属波希米亚改革家扬·胡斯（Jan Hus），他在 1415 年被处决，他发起的运动也被压制。其他失败的文化创新者还包括米格尔·塞尔维特（Miguel Servetus，于 1553 年在日内瓦被处以极刑）和莱顿的约翰（Jan of Leyden，1536 年于

① 很多医生在一开始并不接受哈维的血液循环理论，其中包括著名的丹麦科学家沃雷·沃尔姆（Ole Worm）；但是在十年或二十年之内的时间里，随着越来越多证据的出现，沃尔姆和其他很多持怀疑态度的科学家就都接受了这一理论。正如格雷尔（Grell，2007，p. 231）指出的那样，沃尔姆并没有明确告诉人们是什么改变了他的看法，但是在 17 世纪 30 年代，他在欧洲四处游历的许多学生一定向他报告了这些在最佳实践的医学知识中发生的改变。在哈维出版其《心血运动论》(*De Motu Cordis*）的五十年之后，托马斯·布朗（Thomas Browne，[1680] 1964，p. 198）在回顾哈维的发现时写道，“刚一开始看到循环理论时，欧洲的所有学校都对这一发现的提出颇具微词，并对其大加批判…但到最后，优秀的医生们终于都确认了这一理论的真实性，并接受了它。”实验证据是“文人共和国”的公民们利用内容偏见时可以采纳的工具之一。

芒斯特被处死）。①

为了了解欧洲与别处的不同之处，了解当时的文化企业家们所处的社会环境状况是必要的。如上所述，一般来说，企业家会审时度势，最有效地利用客观条件，把握任何可发挥作用的机会。但如果社会总体环境是压抑且抵制创新的，那么企业家们就无法蓬勃发展。1500—1700 年，许多潜在的文化企业家都奋力地在历史上留下自己的印记。文化企业家的兴起，绝不是 1500 年后商业和工业崛起，以及它们所伴随着的城市化出现后所不可避免的产物，而是他们自己坚持不懈地与保守势力作斗争，互相之间不断竞争的结果。这是一场没有得到任何保证的胜利。这个时期的欧洲是一个政治现状和偶然性起到了决定性作用的欧洲，而这随后出现的，被我们称为启蒙运动的文化巨变，不是一定会出现的，更非命中注定的。

在欧洲大部分地区的文化圈中，16—17 世纪经历了“对自然机制的高度认知，以及对理解自然存在高度期望”的现象的发展和不断成熟（Webster，［1975］2002，p. 505）。但在欧洲的环境中，是什么使得这种新意识的成长得以实现的？之前的技术发展发挥了重要的作用，而在这一方面，这种演化具有明显的中世纪特质。由于 15 世纪船舶制造和航海技术的改进，地理大发现时代的到来在很多方面都影响了欧洲人对其所处环境的态度。这必然增强了他们对自己控制环境的能力的信心，也加深了他们对周遭世界的好奇。在他们看来，这都是进步的证据，彰显了他们这一代的优越性，因为所有的一切都在告诉他们，他们发现了太多古希腊人和罗马人所不知道的知识。

学者们也强调了印刷术在 1500 年后作为变革的原因之一的核心作用（Eisenstein，1979；Perkinson，1995，pp. 64，74）。有很多学者都认为，如果没有它，那么许多文化变革和驱使它们出现的制度都无法产生。印刷为科学提供了许多好处，其中最重要的是清除了很多早已损毁的书籍版本，以及带来了爱森斯坦（Eisenstein，1979，p. 113）所说的“排版固定
159 性”——确定地知道之前作家究竟写的是什么，在她看来是使得知识快速发展的基本的先决条件。也许更重要的是，正是因为印刷术产生了成千上万本一模一样的书籍，极大地降低了任何印刷出的编码知识会丢失或灭绝的可能性。在这方面，印刷术确保了知识的累积性，这被认为是对进步思想的逻辑支持。除此之外，印刷出版是竞争原则中的一个重要因素：它将“个人经验变成了公共资源”，因此，在伍顿（Wootton）的观点中，印刷为

① 迫害不过是导致这些失败的很小一部分原因——对于所有的文化企业家来说，我们会认为他们中的大多数会失败，只是因为他们所传递的信息并不能在他们的受众中产生共鸣（或者对比与此相似的观点来说，他们产生的共鸣较少），甚至他们的信息根本无法传递给任何受众。

人们提供了挑战权威的自由（Wootton，2015，p. 302）。或许这样的自由在之前并不是完全不存在的，但是到了此时，大众为获得这种自由付出的代价显然要小得多。伍顿认为，印刷术比其他任何事物都更具破坏权威的力量，因此“是科学革命的完美工具”（Wootton，2015，p. 305）。

一个已经算是老生常谈的观点是，印刷术为那些采纳了这一技术的国家的文化发展带来了巨大影响，不过这一观点最近得到了严格的定量分析的支持（Dittmar，2011）。但如果我们认为，没有印刷术，现代科学就不会产生，“是印刷术创造了现代世界”（Perkinson，1995，p. 63），那似乎就有些夸张了。一方面，印刷术可以传播和保存的只有编码知识，而显然这里存在一个很大的问题，即编码知识并不是人们所掌握的一切知识。手工艺知识仍是主要的缄默知识，而它的传播需要人与人的亲身接触。编码的技术型知识，像是那个时代所出版的许多体现在有关机械和工程的书籍中，对实际技术操作并没有产生很大的直接影响（Cipolla，1972）。对于大部分自然历史和实验哲学的研究来说也是如此，它们需要如个人互动等很多其他的沟通手段。而且，即便是编码知识，也并不完全依赖于印刷术，大部分的编码知识仍是通过手写的私人信件互相传递的。当时有一些最有影响力的科学家并没有任何出版物，其声誉几乎完全基于他与他人互通的书信和其个人关系网，前文已经提到过的艾萨克·贝克曼就是一个典型的例子。[①] 埃万杰利斯塔·托里拆利（Evangelista Torricelli，1608—1647），杰出的意大利数学家和实验家，伽利略最优秀的学生，只出版过一本书；他在与他通过书信的科学家同僚之中的高声望主要都有赖于他与他们间的私人交流。然而，印刷术毫无疑问地提高了思想市场的竞争水平。在将观点 161
和知识变得看起来更有趣、更有说服力以吸引大量观众的过程中，不光是作家本身，出版商和书商也都是其中的利益攸关方。[②]

16 世纪商业的增长可能以其他方式影响了有用知识的进步。在一段微妙和复杂的论证中，哈罗德·库克（Harold Cook，2007，p. 411）认为所谓的科学革命与第一次全球经济的发展同时出现绝非偶然。在他的解释中，商业推动了一场搜寻关于商品本质、价格、可测量特征（如数量），及其地理起源的准确信息和知识的运动。越来越多的受过高等教育的人们受到金

① 贝克曼在其时代的名望主要取决于他与当时法国最有影响力的两位科学家，笛卡尔和梅森的紧密关系及与他们互通的书信，还有就是他很多未发表的文章，能看到这些文章的人屈指可数。

② 像珀金森（Perkinson，1995，p. 65）那样论证印刷术使得人们第一次可以区分古人的文化和他们自己的文化似乎是值得怀疑的。当然毫无疑问的是，1500 年后，古典文献更广泛的传播和标准化的增强使得人们可以对“古人”的知识提出批评，这是当时的知识分子的文化变革中极为关键的组成部分之一。

钱利益和“对物质进步的热切希望”的激励，想要努力寻找出“感官所能感知到的世界的物质细节”，而不再寻找“智慧”本身（Cook，2007，p. 41）。他认为，对于商人必须做出的决定来说，事实知识尤为重要。为了更好地利用这一新的交换经济，他们必须重视事实：葡萄酒的品质、异国草药的治疗效用、糖的价格（Cook，2007，p. 17）。在这种信念的飞跃中，库克进一步论证道，为了探索和积累物质世界的知识，注重信任和信誉是精明又实际的商人、博物学家和医师们所共享的价值观。他认为，科学革命的出现源自16世纪更高的流动性，这导致了“无数想要找出有关自然的事实的努力”。商人和自然哲学家们共享了不少价值观，例如用一种全新的、远距离的联系来看待事物，以及对“一个通过世俗活动而对获得更好的物质世界的期待”（Cook，2007，pp. 81，57）。[①] 如果只依靠商业扩张本身，我们根本无法解释整个故事：远距离贸易并不局限于欧洲，甚至在达伽马开始其航海探险之前，东方货物的贸易量就相当大了，阿拉伯、土耳其和印度的商人早已开始与相隔遥远的国家的商人互通有无了。不过，即使不存在一个更为唯物主义的解释，我们可以肯定的是，1500年以后长途贸易的崛起和西欧的长线海上航行都丰富了自然历史的研究，也凸显了扩大有用知识所能带来的经济效益。

162 早期现代欧洲中为文化企业家创造出很多机遇的另一个有利条件是，1500年之后古典教义与受过教育的人们所大量接触到的新事实之间的分歧的扩张，并且这些新事实通常都是与传统智慧相矛盾的。这种与库恩范式所不符的反常不断增加，其中一部分原因纯粹是技术性的。如第古·布拉赫（Tycho Brahe）等天文学家所积累的大量系统性的天文观测数据，就反驳了亚里士多德关于彗星的观点，以及驳斥了当时盛行的概念，即除行星之外的其他天体都是永恒不变的。[②] 由于新事实和数据的出现，部分通过地理视野的扩大，部分通过更仔细的观察和更精密的仪器，欧洲人开始看到了古典规范作品中的错误和缺陷。培根、伽利略和牛顿三者所跨越的时期也是一个见证了望远镜、显微镜、温度计、气压计、摆钟和气泵出现的时期，这可能也并非偶然。托里切利（Torricelli）和帕斯卡（Pascal）的研

① 同样有趣的是，商人的记录和信件成为了很多人际关系广泛的“文人共和国”成员的信息来源之一，对于那些对地理、历史、植物学和其他知识不断通过外来文化所积累的领域感兴趣的成员来说尤其如此。特别是佩雷斯克（Peiresc），他人脉广，并且极其博学，这让他从很多与他有往来的商人中获取了不少信息（Grafton，2015，p. 64）。

② 1572年，年轻的第古·布拉赫观测到了一颗非常明亮的新星，这让他对发现了一个证伪亚里士多德“恒星不变说”的例子感到十分震惊。如科恩（Cohen，2012，p. 274）指出的，布拉赫克服了我们所称之为确认偏见的负面影响，也就是“人们倾向于略过意料之外的事物，忽略那些在理论基础上看起来是不可能存在的事物。”

究表明，亚里士多德认为真空不可能存在的说法与事实不符，冯·盖里克（von Guericke）和罗伯特·波义耳所应用的气泵消除了任何残留下的疑问。①

新发现的大陆证伪了古典地理学所描绘的世界图景。亚里士多德曾认为，赤道附近的地区太热，根本不适宜物种生存，而这一点在 1500 年左右就被明显发现是错误的了。② 改进的航海技术被辅以更好的研究工具。开普勒表明，行星运行轨道是椭圆形的，而不是古典天文学所声称的正圆形。维萨里（Vesalius）的人体解剖学研究和哈维的血液循环理论进一步支持了帕拉塞尔苏斯等打破旧习的医师对盖伦医学教条所提出的批评。新知识动摇了大部分的传统智慧，也摧毁了有些看起来像是常识的知识。像佩雷斯克这样的学者基本上就拒绝将现有知识当作理所当然，“直到实践为我们开辟了获得纯粹真理的道路”（Miller，2000，p. 27）。③ 总而言之，各种新发 163
现彻底削弱了古典权威的声望，并且这种削弱也是不可逆的。托马斯对古典教条的综合学说逐渐瓦解。通过观察和实验所积累的新事实，再加上新仪器和新技术的出现，对传统智慧的质疑也越来越多。④

※ ※ ※

在本书第一部分中所提出的进化观点表明，如果创新（或“突变”）在特定环境中提高了一个个体在选择下的适应性，那么这个创新则更有可能取得成功。导致欧洲环境在 1500 年左右出现变化的原因有很多。向新大陆和亚洲进发的环球航行创造出了，而且是突然创造出了，一个更具流动性、更为货币化和市场化的世界。欧洲人发现了在当时（对他们来说）未知的

① 在一段著名的经常被错认为是伽利略所说的引文中，开普勒对伽利略写于 1611 年的《星际信使》（*Sidereus Nuncius*）评价道，“望远镜，让我们发现更多知识的仪器，比任何一个权杖更珍贵。难道不是因为拥有它才能让国王成为了上帝的作品吗”（Carlos，1880，p. 86）？

② 法国博学家、翻译家以及宇宙学家佛朗西斯·德·贝尔弗莱斯特（François de Belleforest，1530—1583）在 1568 年写道，“现代的海上航行告诉了人们，古代的天文学家和地理学家所掌握的知识不足，也缺乏经验……所以才会认为赤道以外的地区都无人居住，并用冰冷且轻率的推理来证明他们的理论。令人高兴的是，在我们这个时代出现了这么多的航海家们”（Rossi，1970，pp. 65-66）。

③ 无论这究竟是不是他的实际做法，还是只是他的意图，都是另一回事了。因为这没有阻止佩雷斯克相信各种各样的奇迹，虽然他认为这些事能够刺激出更多进一步的研究调查，而不止是纯粹的超自然现象。

④ 一个类似的观点，参见戈德斯通（Goldstone，2012）。这个观点构成了金（Jin，2016）所提出的解读的核心。金从认知科学的角度分析了 16—17 世纪西方科学的兴起。通过新发现和新信息对现有范式的破坏产生了一种他所称为的“知识超越”，这是一个独特的情况，使得西方的知识分子可以通过新工具和新方法彻底重新建立一套自然知识。

土地，伴随他们对新产品和新信息的获取，他们对旧教条的信奉和对新奇事物的抵抗力都在不断减弱。烟草、土豆、糖、玉米、茶叶、瓷器、香料等，原先稀有或未知的东西开始变得普遍。原先无法想象的大片新土地，从未见过的动物和植物，强烈动摇了欧洲人对其一直熟知的那个世界的构想。正如库克所说，商人、水手、探险家和传播新信息的作家们在社会上更有发言权了，而他们也正是那些会对新想法和新技巧更加友好的人，无论这些新事物是来自中国还是来自剑桥，他们都会一视同仁。在欧洲内部，城市化、日益扩大的洲内贸易、农业商业化，当然还有印刷术都有助于改变欧洲环境，使它得以创造出了一个新过程，用生物学家的奇特术语来概括，就是“适应辐射”的过程——加速的进化变化。这些变化包括新物种的出现，以及由于变化的环境和诱导突变物质的增强所共同作用而导致的现有物种的快速适应。在世界历史上，适应辐射出现的经典时期是寒武纪生命大爆发时期（大量多细胞类群在此时出现）；以及在恐龙灭绝后、新生
164 代开始时，新出现的哺乳动物的大量繁殖（Wesson，1991，pp. 209－215；Eldredge，1995，pp. 150－151）。两者都源于影响到了环境与生物种群间的交互作用的外来冲击，而且它们导致了（按地质标准来说）快速的物种形成。当某些外部事件削弱（或消除）了现有事物并扰乱了均衡状态时，适应辐射就会出现。从 1350 年起，人口、信息、技术和政治的结合削弱了欧洲文化现状的稳定性。[①] 然而，这些事件并没有使得早期现代欧洲的文化创新成为不可避免的现象——事实上，许多冲击所带来的不是创新和动态发展，而是停滞和倒退。其他社会回应冲击的方式都是采取保守转向的，再掘壕固守、闭关锁国——正如清朝时的中国和德川幕府时期的日本所选择的那样。而欧洲是特别的。

因此，这个论点仍旧只是把问题向前推进了一步而已。毕竟，为什么欧洲人在技术和科学上落后了好几个世纪之后，创造出了新工具，建造出了更好的船舶，发明了微积分？中国早于欧洲几个世纪就掌握了雕版印刷术和活字印刷术，可中国却没有伽利略、斯宾诺莎或牛顿。在 15 世纪，中国也在建造适于航海的大型船只，但中国水手从未在欧洲或黄金海岸上出现过。同样的论点也可适用于印度。帕塔撒拉蒂（Parthasarati，2011）认为，最晚到 1700 年左右，英国和印度在科学技术成就上仍没有明显差异。人们可能会问，如果英国和印度在 1700 年处于同等水平的经济和制度发展

① 克里斯多夫·希尔在他一篇著名的文章中，总结了在那个时期文化变革突然出现的加速现象：“人们仍然被盲目的和无法控制的力量所包围，无论这种力量是来自自然还是来自社会。可是他们中的有些人已经意识到了控制这些力量的新可能。地理大发现、科学、技术和医学的进步、宗教改革后思想的解放，这些都给人们带来了新的角度，他们开始呼吁认识人类的本性”（Hill，1967，p. 201）。

状况，那么为什么德里没有成立“西欧洲公司”，以利用欧洲内部深度的政治分裂在伦敦建立一个“印属英国”*，并从那些在印度发财的欧洲人身上攫取高额租金，强迫欧洲免收印度棉布的进口关税？

---

* Indian Raj，改自英属印度（British Raj）的概念。——译者注

第十一章　分裂、竞争以及文化变革

165 正如我们所看到的，文化进化中的一个偏见就是我所说的强制偏见，也就是那些与文化现状利益攸关的——无论是宗教的、艺术的，还是科学的——当权者们能够压制创新并迫害异端文化企业家的能力。创新可以破坏现有的信仰结构，并在“侵蚀信仰”的过程中为某些群体提供租金和合法性（Benabou，Ticchi，and Vindigni，2014）。另一种看待这种偏见的方式是注意到一点，即文化中的现任当权者为了保护自己的垄断地位而在思想市场的四周高筑围墙。这些障碍往往依赖于诸如“异端”“叛教”“亵渎”这样的术语，并依靠原始的政治权力来阻止新思想参与竞争。在其他情况下，例如中国的科举制度或是犹太人的宗教教育体系等教育制度可能对思想现状也起到了内在的保护作用。与高度竞争的经济体系不同——在极限情况下，进出市场非常容易且无需任何成本——在某种程度上，所有进化和文化体系都需要一个能为现有信仰提供少量稳定性，以防止情况完全失控的制度。问题是这种阻力多大才恰当而不过分？如果阻力太大，使得整个社会太过密封，那么会杜绝任何创新出现的可能，并让社会陷入一个文化停滞的僵局。“度”是这里的一切。到 16 世纪初，压迫与抵抗力量在欧洲的各个文化领域都开始丧失领地，欧洲文化得以加速变化。然而，旧文化并非在变化之初就缴械投降了。各种保守力量在反宗教改革运动中重新组合，南欧和拉丁美洲的耶稣会力量减缓了新科学创新在这些地区的传播和启蒙运动的兴起。有影响力的保守思想家们，例如英国的霍布斯和法国的布苏埃（Bossuet）都在这场与智力创新的斗争中拼尽了全力。新哲学的
166 支持者也不甘示弱。“文人共和国”中大多数公民的一大共同特征（虽然它是一个多样化群体）就是他们认识到了他们共同的敌人的存在——新观念

和多元主义的反对者。[①]

从长远来看，改变历史的是欧洲的创新者最终打败了保守主义。这一胜利在其他任何地方都没有出现。我们如何解释欧洲这一独特的经历？一个可能的解释与埃里克·琼斯（Eric Jones，1981）所提出的欧洲“国家体制”相关，它由高度分裂的单位组成，各个国家间一直矛盾不断。政治分裂的成本固然相当高昂，可欧洲也享受着它带来的许多显著益处。早在启蒙运动时期，就有不少伟大的思想家指出，政治分裂所产生的好处来自争权夺利的斗争所带来的有利影响。[②] 在强调和歌颂政治分裂上最为广泛引用的一段话出自大卫·休谟：

> 没有什么比那些相邻而又独立、彼此间以商业和政策联系在一起的国家更有利于文明和学术的发展了。竞争自然会在这些相邻的国家形成，而且显然也是进步的来源。不过，我主要坚持的是，这些疆域有限的国家限定了权力和权威的发展……虽然划分成小国遏制了权力和威权的发展，有利于学术研究，但是，荣誉通常对普通人和君主都会产生的巨大魅惑，同样有损于思想自由和审查自由。不少邻国虽有大量技艺和商业的交流，他们相互猜忌，妨碍了他们轻松接受彼此的法律，尤其是趣味和理性方面，并使得他们小心谨慎地检查每项研究。民众的意见从一地传播到另一地也不那么容易。国家间自然会有一些相互的遏制，而这一点与流行的偏见无关。（Hume，[1742] 1985，pp. 119–120）。*

很多现代学者，如诺斯（North，1981，p. 27）、琼斯（Jones，1981，
pp. 109–110）以及卡拉雅钦（Karayalçin，2008），在解读政治分裂的益处 167
时主要关注的是财政和行政方面，即政治竞争限制了统治者在某种程度上的执政不善，也限制了他们对其最具生产力但又具流动性的公民课税过重并极尽压榨剥削。从历史观点上说，这一有关财政的论点有些复杂：当然在许多欧洲国家，竞争确实对行政当局施加了制约，以不同的形式限制了其因为过度课税而使公民落入贫困之中。可以肯定的是，国家之间的竞争不像企业或消费者之间的竞争，因为其中不存在强制执行的规则来压制和限制竞争（无论规则是由第三方施加的还是由自我强化机制所施加的），

---

① 1640 年，笛卡尔给一位荷兰作家和外交官，康斯坦丁·惠更斯（著名数学家惠更斯的父亲）写了一封信，他在信中说他“将加入与耶稣会士的斗争中去”，因为耶稣会厌恶知识创新，也因为他自己在哲学和数学上激进的新颖观点（Ariew，2003，pp. 157–160）。

② 此观点的现代学者的标准表述是由埃里克·琼斯（Eric Jones，1981）提出的。更多关于这一点的近期重新表达，可参见伯恩霍尔茨、斯特赖特和沃贝尔（Bernholz，Streit，and Vaubel，1998）。

* 译文引自浙江大学出版社出版的《论政治与经济——休谟论说文集卷一》。——译者注

并且也无法为它设定规范和界限。国家竞争往往诉诸极端暴力、盲目的贸易限制和关税战、国家资助的海盗行为，以削弱他国的经济实力。不过国家竞争也存在着高效的竞争形式。政治分裂使得欧洲各国连年战乱、债台高筑，这使得它们不得不征收高额税费，以及让公众承担因此而产生的各种净损失。可即便如此，这种政治分裂也与欧洲的经济成功相关。在 18 世纪的欧洲，荷兰和英国两个最为进步的国家平均征税也最多，即使他们的征税额度是被相关代表团体审议通过的（无论在何种情况下，这些代表团体所能代表的也都只是纳税人中很小的一部分而已）。

我们有理由认为，欧洲国家间的竞争有时能缓解和消除最糟糕的管理不善所带来的危害，从而导致制度进步，就像历史上真实发生的那样。[①]在重大的军事失败之后（如普鲁士在 1806 年败给拿破仑，或俄国在克里米亚战争中的失败），经常会伴随改革出现，而即使没有改革，统治者也会试图改善经济，扩大税基。埃里克·琼斯指出，“国家体制是为对抗经
168 济和技术停滞的预防措施”（Jones，1981，p. 119）。然而不论何时，人们都必须权衡这场竞争的好处与破坏性战争所带来的经济损失和巨额军费开支。事实上，1500 年后的文化变革无疑是在战争问题上火上浇油，因为宗教信仰的不同又成为一个新的开战借口，大量暴力冲突随之出现。越来越多新性能的武器出现，再加上各国的经济增长和从新大陆获得的财富又被投入军队规模的扩张上，这两者又使得战争的破坏性更甚从前。

休谟的话表明，他更关心的显然是文化而不是税收。爱德华·吉本（Edward Gibbon）无疑是受到了朋友休谟的影响，在欧洲政治分裂制度的益处上又夸张地加上了浓墨重彩的一笔：

> 欧洲现在被分成，虽大小不一却很强大的，12 个王国、3 个受人尊敬的联邦和一些较小的但仍然独立的国家：至少随着统治者人数

---

① 这一点得到了伊曼努尔·康德（Immanuel Kant）的极大重视。在他 1784 年的论文《世界公民观点之下的普遍历史观念》中的命题八，康德观察到：现在，各国已经处在一种如此人为的相互关系之中，以至于没有一个国家能够在内部文化上削弱，而不丧失对于其他国家的权力和影响；因此，即便不是自然的这个目的的进展，也是它的维持，甚至通过各国的求名意图而得到相当的保障。此外，公民自由现在也不可能受到严重侵犯，而感受不到此事在所有行业中，尤其是在贸易中的弊端，以及在对外关系中国力的削弱。然而……如果阻碍公民以他自己所喜爱的、只不过能够与别人的自由共存的一切方式去寻求他的福祉，那么人们也就阻碍了一般经营的活跃，从而阻碍了整体的力量。因此，对公民行为的人身限制逐步被取消，普遍的宗教自由得到了允许；而这样……逐渐地产生出启蒙精神。启蒙是一大笔财富，人类甚至必然从其统治者自私的扩张意图中得到这笔财富，只要这些统治者懂得其自己的好处（Kant，[1784]，2010，pp. 30-31）。（译文引自中国人民大学出版社出版的李秋零主编的《康德著作全集》。——译者注）

> 的增多，帝王将相的才能有了更可显示自己的机会……对暴政的滥用由于彼此恐惧和感到羞耻的影响而有所收敛；一些共和国已恢复了秩序和稳定；专制王国已吸收了一些自由，或至少是温和的原则；由于那一时期的一般风尚，当时最不完备的制度也多少具有一些荣誉和正义感。在和平时期，由于有那么多敌对势力互相争强斗胜，因而刺激了知识和手工业的进步；在战争期间，欧洲的军事力量在较为缓和、不分胜负的战争中得到了锻炼（Gibbon，1789，vol. 3，p. 636）。*

启蒙时代为不同国家的公民间的竞争创造了一个新的术语，并将它视为一种有益的力量。国家间的“效仿并赶超”被认为是一种“对国家经济卓越的竞争性追求”的关键，并且创造出了“对艺术与科学的精通”（Hont，2005，pp. 115-116）。但是，正如亚当·斯密在一个著名的段落中所说，“在这种（技术和科学方面的）改进中，每一个国家不仅需要竭尽全力超过其邻国，而且应当出于对人类之爱，去促进而不是阻碍邻国的进步”（Smith，［1759］1969，p. 229）。“效仿”和“嫉妒”之间的界限，可能与和平竞争和可能以国际暴力为结局的更有害的民族主义之间的界限一样，模糊不清。①

那么，国家间的竞争对文化变革来说意味着两件事。一件是统治者之 169
间为了争夺最好的公民而彼此竞争，这些最好的公民可能是占星家、画家、工匠、航海家、音乐家或是兵器工匠。更为重要的一件是，它们解释了保守主义力量为何在镇压知识创新者的过程中协调失败的重要原因。除非守旧势力之间能很好地协调他们的压制行为，否则天才的文化企业家们将借力打力，挑起守旧势力间的内讧，为自己获得足够的生存空间。在1415年，扬·胡斯（Jan Hus）最终死在了康斯坦茨的火刑柱上，就是因为皇帝和教皇沆瀣一气，携手消灭了这个危险的异端分子。一个世纪以后，这种战略不再奏效，宗教改革的步伐也不会停止。虽然绝大多数农民可能很少踏出过自己生活的村庄，甚至很多当时的旅行者也只在他们出生地附近的村庄游历（虽然他们搬家的次数比一般所认为的还要多），但是对于“创新阶层”的成员来说——顶级工匠、工程师、医师、建筑师、音乐家、占星家——整个欧洲大陆都是他们的活动范围。② 政治分裂不可避免地削弱了

---

① 休谟（Hume，［1742］1985）使用了“嫉妒的仿效”一词来形容可能带来经济发展的一种元素。亚当·福格森（Adam Ferguson）和亚当·斯密甚至在1793年“国家嫉妒”爆发成完全的暴力战争之前，就已经完全意识到了这把双刃剑可能带来的危害。

② 16世纪在西班牙工作的工程师中，将近75%的工程师是出生于西班牙的；其他工程师则主要来自意大利、德国、佛兰德和英格兰（Davis，2013，p. 182）。

* 译文引自1997年商务印书馆出版的《罗马帝国衰亡史》下册。——译者注

保守派的力量。耶稣会是欧洲最有效且最稳定的保守势力，它采取了一切可行的措施来压制新思想的产生和传播，例如它对哥白尼的宇宙学和微积分所做的那样。设想一下，如果耶稣会当时在法国、英国和荷兰地区的控制势力更强——例如，西班牙决定性的军事胜利造就了耶稣会的坚定地位——欧洲的思想发展势必会受到阻碍。

关于为何欧洲一直会维持着分裂的状态，而中国和中东则各自统一成为了一体化的帝国，学者们已经进行了不少讨论（Hoffman，2015，pp. 107-134，提供了一个很好的总结；另见 Ko，Koyama，and Sng，2015）。地理环境一定是其中一个因素：比利牛斯山脉和阿尔卑斯山脉有助于使西班牙和瑞士维持自己作为独立政治国家的地位，荷兰的水网系统一次又一次地阻挡住了更强大的邻国军队的入侵。[①] 另一个论点与欧洲君主和统治者间的关联性有关，他们在家庭关系的基础上组建联盟以维护现状。即使亲戚们之间会发生战争——就像欧洲历史上经常发生的那样——可他们通常不会将自己的亲兄弟或表兄弟赶下王位。除了这两种解释之外，霍夫曼提出了一个基于文化进化思想的模型：对战争中所表现出的勇气的欣赏和英雄
170 主义的价值观，再加上对其他群体的反感（这通常是文化上习得的），这些强烈的信念被包括在了对青少年的社会化过程中，这使得在欧洲更难创造出一种寄希望于一统欧洲的军阀所能利用的欧洲认同感。除此之外，霍夫曼认为，西方的基督教也是其中的一个因素，因为教皇用他们的宗教影响力阻止了任何的欧洲统治者手攥太多权力，首当其冲阻止的就是神圣罗马皇帝（Hoffman，2015，pp. 132-134）。人们可能会补充说，偶然性在这里也发挥了作用：如果西班牙无敌舰队获胜了，或是拿破仑在滑铁卢胜利了，那么整个故事可能会有一个不一样的结局。

一个在中世纪欧洲出现、随后被发现的非常重要的现象是，政治分裂伴随着的是智力和文化团结，是一个综合性的思想市场，这使得欧洲能够受益于与智力活动相关的明显的规模经济。[②] 这个统一既来源于欧洲共同的古典文化遗产，也来源于普遍将拉丁语作为知识分子和基督教会中的通用语言。而对于中世纪的大部分时间而言，智力活动的水平（就参与者人数和辩论的强度来说）虽然不能与 1500 年后的水平相比，但它也是国际性

① 柯等（Ko et al.）显示，在中国历史的大部分时间里，中国都面对着来自欧亚大草原地区严重的、单向的威胁，而欧洲则面对着很多来自斯堪的纳维亚半岛、中亚、中东和北非的零零散散的小威胁。他们认为，大的帝国在欧洲是不可行的，政治分裂成为常态。相比较而言，帝国在中国更有可能出现和维持下去，因为相比于大国家，来自游牧民族的威胁对于小国家来说更致命。

② 科恩（Cohen，2012，p. 206）指出，规模经济是赋予早期现代欧洲在产生科学突破上具有优势的因素之一。

的。政治分裂与“文人共和国”这一泛欧体制的独特结合，就是 1500 年后戏剧性思想变革产生的关键。

因此，正如让·贝奇勒（Jean Baechler，2004）所强调的那样，欧洲的政治分裂和其所伴随着的欧洲多元主义成为了欧洲思想发展的关键力量。16 世纪保守派的黑暗势力与 14 世纪相比并不逊色，但想让这些不同势力团结协作却变得越来越困难，原因之一是因为传统智慧的部分维护者是新教徒和其他天主教徒。① 天主教内部的保守力量就是分散的。② 宗教权威无法在“谁是异教徒”和“如何处理异教徒”的问题上达成共识，而异教徒们就充分利用了这一点。那么，欧洲所独有的情况就是，对文化异端的不宽容和压制早在它们退出历史舞台之前，相互之间就已无法有效协调了。许 171
多创新者其实都能在这一政治制度下运筹帷幄，让自己免受迫害，马丁·路德就是其中的一员，他先是受到了萨克森地区势力强大的皇储弗雷德里克三世（Frederick Ⅲ）的保护，后来又接受了弗雷德里克三世的兄弟，也是皇位继任者约翰（John）的保护。欧洲各个势力相互之间的敌对情绪使得每个统治者都要保护那些可以激怒其对手的异端分子们。一个值得注意的例子是托马斯·康帕内拉（Thomas Campanella，1568—1639），他是一位研究天文学、占星术和隐秘主义哲学的意大利僧侣，像许多其他人一样，对亚里士多德正统观念持怀疑态度。他在早年间就受到了宗教裁判所对其异教徒的指控；他在分裂的意大利各方之间的斡旋能力也没能使他再次逃过一劫，到 1599 年，他被判处了终身监禁（被控反对西班牙当局，而不是因为其异教徒的身份），并在那不勒斯监狱中度过了 27 年。不过，他当时在监狱中的条件可能并非那么悲惨，至少他在狱中一共完成了 7 本书，在 1616 年被审判期间还完成了一本保卫伽利略思想的小册子。最后，他由于教皇乌尔班八世（Urban Ⅷ）的干预而获释，可随后他又遇上了麻烦。不过这次他成功地讨好了法国当局（他急于让西班牙人难堪）。因为法国大使的介入，他从意大利逃亡至法国。他在路易十三（Louis ⅩⅢ）的皇庭上受到了礼遇，甚至被疑心很重的红衣主教黎塞留（Richelieu）所接受，直至

---

① 我们可以思索一下路德的门徒菲利普·墨兰顿（Philipp Melanchthon）对哥白尼的谴责：“有些人认为建立一个疯狂的事物，就像那个普鲁士天文学家一样让地球转动，固定住太阳，是一件了不起的成就。实际上，聪明的统治者应该做的是驯服人们那些不受束缚的头脑”（Keston，1945，p. 309）。路德自己也讥讽过哥白尼，“他是一个希望完全调转天文艺术方向的傻瓜”（Merton，1973，p. 245）。

② 因此，例如在 16 世纪 50 年代，保守教皇保罗四世（Pope Paul Ⅳ）主动疏远了一些主要的天主教势力，包括哈布斯堡王朝，以及英国天主教的教皇使节，红衣主教雷吉纳尔德·博勒（Reginald Pole）。在保罗四世看来，博勒是英国天主教反动派的领导人，是一个异教徒。

最后在巴黎去世（Headley，1997，pp. 117－127）。① 在其他情况下，尽管流动性与智力创新之间的因果关系是相当复杂的，智力创新者在整个欧洲大陆范围内活动以逃避潜在迫害者的能力，使得当权者无力压制创新。

到了18世纪，保守力量对创新的压制顶多也只能算作装腔作势、徒有其表了。不过在地方当局不满意诸如爱尔维修和拉美特利（Lamettrie）这些更为愤世嫉俗的哲学家时，这些哲学家仍然得寻找新的落脚点，不过至少他们总能在国外找到欢迎他们的地方。在18世纪最后几十年的时间里，启蒙运动的力量已经变得过于强大，甚至在天主教欧洲的大部分地区，虽
172 然学者们在表达异端观点时仍要使用一些较为谨慎的词汇，但迫害异教徒的情况明显减少。② 耶稣会在1773年被教皇压制，思想多元主义在易北河以西的欧洲各地逐渐成为了社会主流。

此外，由许多独立大国和小国组成的欧洲政治分裂格局，只是支撑竞争思想市场的基础中的一部分，并且只从国家层面来看这一问题，也严重低估了欧洲政治分裂的程度。表面上统一的国家，如荷兰和西班牙，其地方和地区当局都具备很强的独立性（Grafe，2012）。此外，在每个国家内部，或多或少都存在着不同形式的自治，大多是自治实体或是地方政务会，异端观点在其中都可以蓬勃发展。③ 在中世纪初期这样的欧洲实体中，修道院算得上是其中传播异端观点的先锋。渐渐地，大学也加入其中，精英的儿子们在大学中可以获得其在早期社会化中所不能获得的新信息和新信仰，并且也能接触到很多智力创新。与修道院十分相似，大学是准自治的

---

① 另一个更早期的案例是关于贝纳迪诺·奥基诺（Bernardino Ochino，1487—1564）的。他是一位高度争议性的人物，是锡耶纳方济会会士和传道人，一生都致力于推动知识向可自由获取和具备可争议性的方向上发展，他也以其与众不同的好口才而闻名。他设法疏远天主教会，此举尤其招致了保守派的强硬势力，红衣主教乔瓦尼·彼得罗·卡拉法（Giovanni-Pietro Caraffa，后来的教皇保罗四世，1555—1559）的敌意。奥基诺是一个因追求平等机会而让人讨厌的人，他也与大多数新教徒分道扬镳。他被于1542年成立的罗马宗教裁判所传唤出庭（第一个被迫害的“异端”之一），并于1547年逃亡到日内瓦，最后到英国避难，而不容异己的玛丽·都铎（Mary Tudor）掌权之后，他又开始了再一次流亡。他回到苏黎世之后，又再次被驱逐出境，最终在波兰（当时是一个相对宽容的国家）落脚，但是在1564年，因为教廷的煽动，他又被再次驱逐，最后去世于摩拉维亚。他也提倡离婚，被人怀疑是支持一夫多妻制的（Benrath，1877）。

② 西班牙本笃会会士贝尼托·赫罗尼莫·费霍（Benito Jeronimo Feijoo，1676—1764）是西班牙启蒙运动的领导人之一，他曾发表过有关讨论支持和反对哥白尼体系的论据的论文。在谨慎地保持对经文的绝对忠诚的条件下，他同时展示了两方面的论据。他的八卷论文集《世界批评家剧场》（*Teatro Critico Universal*，1726—1739）不仅被审查人员批准，实际上还得到了他们的过度赞誉（Castellano，2004，p. 34）。

③ 正如斯莱克（Slack，2015，p. 65）对英国的情况所指出的那样，“在17世纪，社会福利的各个方面都由法人团体、教区、慈善信托、公民团体和商人团体所管理，它们的集体文化传播维持着共同的价值观。”

自我管理机构。不过尽管独立于中央政府，但欧洲大学很少是智力创新的源头。事实上，与当时的其他组织一样，它们维护了正统教规（主要是宗教文本、亚里士多德思想和一些古典的医学教科书——基本就是当时社会所认为的所有受过教育的人都理应阅读过和讨论过的古典书籍）。大学通常是保护传统和维护思想现状的机构。它们在解读和评论古典中茁壮成长，确保上一代人的知识可以全部原封不动地传递给下一代。即使是那些职业生涯首先开始于大学的科学家们，当他们的名气提升到足以让他们找到更好的赞助者时（人们马上会想到的就是伽利略和牛顿），他们就会离开大学。早期现代欧洲的大学大部分都是高度保守的组织，在这些学校中，“批判性学习”意味着净化古典文本，明确其中因为不断地复制印刷和翻译而造成的错误。一个典型大学学者的目标是“实现文本的纯洁性，而不是发现科学真理”（Debus，1978，p. 4）。这也是我们在中国的考证运动中所能 173
看到的那种学术研究范式，虽然它显然是批判和循证的，但是从根本上来说它是后顾型，而非前瞻型的学术活动。

不过，在一些大学中，特别是那些新成立的大学，还有因为几位领先学者的到来而复兴的大学，都会产生异端文化元素。维滕贝格大学在它的一位教授将 95 个提纲钉在教堂大门上时，不过才成立了 15 年。* 伽利略和安德雷亚斯·维萨里（Andreas Vesalius）都在帕多瓦大学做出了他们一生中最为优秀的研究；威廉·哈维和哥白尼都毕业于此。① 在 1500—1700 年的大部分时间里，它是欧洲最好的大学，威尼斯政府也竭尽全力地帮助帕多瓦大学中杰出的或者说是固执己见的教职员工们，并保护他们免受教皇和耶稣会蒙昧主义的迫害。莱顿大学在 18 世纪上半叶的黄金时代也许是传播新的牛顿主义物理学和前沿医学最有活力和最成功的机构了。在 18 世纪的英国，多所苏格兰大学都成为了科学、政治哲学、医学等诸多领域的创新中心。部分德国大学也在启蒙时期进行了改革，并鼓励发展面向当代问题以及实践学科的新型学习方式（Moran，1991b，p. 178）。蕴含进步思想的大学经历了兴起和衰落，终究只有它们中极个别的几所大学在长时间里维持了创新性。不过由于创新数量众多，欧洲大学里没有创新活动产生的实属少见。当这种智力创新发生时，中央当权机构也无力抑制它们。更进一步说，大学必须与其他科学组织竞争，例如与在 17 世纪欧洲各地兴起的各种学院和学术社团相抗衡。

还有一种类似的机构是行会。它们也是自治组织，在很大程度上能够

---

① 另一个创新的帕多瓦教授是吉罗拉莫·弗拉卡斯托罗（Girolamo Fracastoro，1478—1553），他可能是第一位提出疾病是因微小不可见的有机体而产生的医生。

* 这位教授是马丁·路德，95 个提纲是他著名的《九十五条论纲》。——译者注

进行自我调节，并且也在组织内部制定了自己的规章制度。关于手工业行会在欧洲经济史上是技术进步还是技术保守的问题，已经经历了一场漫长而激烈的辩论。[关于这一点的近期概述，参见波拉和范赞登（Prak and van Zanden，2013）以及奥格尔维（Ogilvie，2014）。] 然而，行会在许多地区维持了至少500年的时间，并且管理了许多手工业。他们经常会固化现有的技能和技术，抵制创新，以保护在位者的排他性租金。不过在其他情况下，他们鼓励创新，在一定地理范围内扩散新的想法，鼓励年轻的行会成员们自己思考。行会虽然也是地方自治组织，但它们经常与国王们结盟；因此他们也以“为国王所有”而著称。国王常常都对技术创新感兴趣，将
174 技术创新作为加强税基或军事能力的一种方式，因此行会可以从这两个方面来考察。

欧洲，也包括一些其他社会，所具备的另一种自治机构就是自我管理的自治城市。“文人共和国”，就像宗教改革一样，也主要是一个城市现象。① 并非所有的城市都欢迎异端知识分子：亲自参与乔尔丹诺·布鲁诺（Giordano Bruno）的死刑执行的教皇克莱门特八世（Pope Clement Ⅷ）统治的罗马、加尔文的日内瓦、由如加尔文主义神学家吉斯伯特·乌埃（Gijsbert Voet，1589—1676）等保守的神学家们所统治的乌特勒支都是不欢迎异教徒的城市。② 不过当然有足够的城镇可供他们选择，至少他们也能找到一个大胆的出版商帮他们出版作品。17世纪上半叶的威尼斯（帕多瓦大学所在地）提供了一个非常包容和开明的环境，非常规的异端思想家，如伽利略、保罗·萨比（Paolo Sarpi，1552—1623）和切萨雷·克雷莫尼尼（Cesare Cremonini，1550—1631）都能在其中发光发热（Muir，2007）。威尼斯将耶稣会驱逐出境，免受其影响；在1606—1657年间，耶稣会士一直在为推行一个更保守和正统的课程大纲而奋斗。③ 斯特拉斯堡，一个世界性的边城小镇，也一直以宽容著称，巴塞尔也是一个“在故土遭受压迫的难民的好去处”（Grafton，2009a，p.7）。维滕贝格、莱顿、鲁汶、蒙彼利埃都是大学城，曾经都是很多重要的知识创新者和学者的家。1570年以

---

① 一个关于城市在16世纪的文化变革中的重要性的论点，参见伍斯诺（Wuthnow，1989，pp.41-45）。

② 霍伊克（Hooykaas，1972，p.100）写道，尤为商业化和工业化的城市的智力动力，远远超过毫无生气的大学城。这些城市对于不同的宗教和语言往往更加宽容。现代研究发现，参与到大西洋贸易的城市的制度尤为有活力（Acemoglu，Johnson，and Robinson，2005）。

③ 在他的剧本《伽利略传》中，贝尔托德·布莱希特（Bertold Brecht）让帕多瓦大学的校长向伽利略解释道，虽然大学可能不会像一些富裕赞助人一样给他高额的报酬，“但它保证了宗教自由，甚至允许新教徒参加到我们的授课之中”（Muir，2007，p.16）。

后，伦敦所经历的奇迹般的增长就具有明显的文化效应（Harkness，2007，esp. pp. 160–169；Slack，2015，p. 75）。大航海时期的城市化、文艺复兴时期商业的繁荣，虽然不是它们的本意，但都为未来发展提供了坚实的支撑。同样令人震惊的是，欧洲一些较小的独立政治实体也在“文人共和国”中发挥了与它们自身的小规模不相称的重要作用。荷兰作为宽容多元主义的据点（至少在大部分时间里是这样）的重要作用是众所周知的。巴奈特（Barnett，2015）指出，瑞士的城镇是连接意大利的“文人共和国”与北欧地区的“文人共和国”的关键节点，再加上这些城镇的多元化特征，使得 175
在其中产生了很多当时社会所需的翻译家，因为那时越来越多的知识分子开始用他们自己的母语出版书籍了。

因此，政治分裂不仅对限制课税和有效治理而言是重要的；而且它是文化多元主义得以出现的主要因素之一。在16世纪，异端文化变体出现在了许多领域，这意味着现有的进入思想市场的壁垒被打破。新学者们在知识和思想的每一个领域中都挑战着传统智慧。可以肯定的是，各式各样的保守机构都在竭尽所能地压制着创新者，而很多最具创新性的文化企业家为此甚至付出了生命的代价。① 没有一个欧洲国家是完全不存在压制的。新教国家有时甚至可以比天主教国家还不能包容创新者。主要的宗教改革者本身远非宽容的典范，早期启蒙运动的哲学家也并不都相信思想市场中存在一个公平的竞争环境。

尽管保守势力仍然强大，但各种异议观点和创新也都蓬勃发展。政治分裂、研究无拘无束、出版社数量激增，都意味着政治上强大的老牌文化当权者们越来越难以压制由文化创业者所产生的各种颠覆性和荒诞的新观念。任何这种压制不过只意味着，被盯上的创新者们要搬迁到其他地方居住而已。② 对欧洲知识分子的研究表明，尽管旅行的费用很高，但他们的流动率仍很高（Mokyr，2006c）。③ 摩拉维亚的知识分子约翰·夸美纽斯（1592—1670）就是一个例子，虽然是一个有些极端的例子。他的职业生涯

---

① 一个例子是关于莱顿的约翰的，他是1536年再洗礼派改革的早期领导者之一。足够奇怪的是，他是被罢免的明斯特主教弗朗茨·冯·瓦尔德克（Franz von Waldeck）下令处死的。然而这足以说明，即使对再洗礼派的反对都没能终结这一运动。

② 一个引人注目的例子是皮埃尔·贝尔（Pierre Bayle，1647—1707），一位尤具批判性和怀疑精神的法国知识分子，他的信仰从天主教转为加尔文主义，并在最后逃亡至鹿特丹，同时他的作品在法国被烧毁（这大大提高了这些作品的名气）；当局由于未能将他逮捕，转而逮捕并关押了他的弟弟，他的弟弟最终死于监狱。参见拉布鲁斯（Labrousse，1983，p. 28）。

③ 确实令人震惊的是，尽管欧洲在洲际交通方面有明显的改善，但欧洲的显要人物出生和死亡地点之间的距离（一个相当粗略的测量他们行动范围的指标），与中世纪相比并没有什么变化（Schich et al.，2014，p. 560）。

跨越了至少四个完全不同的国家（波希米亚、英格兰、波兰和荷兰），因为他的异端思想，他必须不断四处逃亡以避免被迫害。他的流亡国家本还可以增加至五个，不过他拒绝了哈佛大学第一任校长的邀请。在那个交通不便利的时代，应该没有人能比德西德里乌斯·伊拉斯谟（Desiderius Erasmus）旅居过更多地方了。他出生在鹿特丹，在巴黎学习，在巴塞尔、鲁汶和剑桥任职。在鲁汶逗留期间，他受到了不少评论家的迫害，那些评论
176 家都反对他用一种更进步的观点来解读宗教经典，所以随后他又前往巴塞尔避难。到后来，他已经成为了他那个时代最广受尊重的人文主义学者，同时他也是一个拒绝在当时争议较大的某些问题中采取强硬立场的人，没有证据表明他曾受到过那些不同意他观点的人的严重威胁。伊拉斯谟的亲密朋友璜·路易斯·斐微斯（Juan Luis Vives），一位受到迫害的西班牙改宗者的儿子，在16岁的时候离开了西班牙并且再也没有回去过，他人生的大部分时间是在布鲁日和英格兰度过的。

还有许多其他知识分子不断迁居至不同国家，寻求学习、赞助和教学的职位，逃避宗教对他们的不容忍，有时也是为了躲避债主、好猜忌的丈夫，或是其他让他们心烦意乱的因素，不过他们同时也是为了寻找到最新、最好的知识，寻找到比他们的故乡更大的市场以出售自己的想法。旅行总是辛苦和危险的，可为了与最优秀和最负盛名的学者们在一起学习——这仍然是一种核心的学习模式——很少有欧洲知识分子会模仿牛顿的做法。牛顿一生从未离开过英格兰，甚至从未冒险去过临近格兰瑟姆的林肯郡以北的小村庄。最重要的是，旅行是对抗压迫和思想迫害的保障，对于异端学者来说，四处搬迁成为他们的共同选择，而这也有助于增加欧洲的宽容度。

“文人共和国”的运作方式是很有效的。霍布斯在巴黎完成了《利维坦》(*Leviathan*)，洛克在阿姆斯特丹写完了《论宗教宽容》(*Letter on Toleration*)。荷兰法学家雨果·格罗修斯（Hugo Grotius）逃离了荷兰，在巴黎避难。人生大部分时间都生活在荷兰的笛卡尔，在1619年当莫里斯王子选择站在强硬派的加尔文主义者一方时，离开了荷兰。在伊拉斯谟去世后的两个世纪，欧洲的知识分子仍在从欧洲的政治分裂中获益。在18世纪50年代，伏尔泰在费尔尼购置了地产。他选择了一个非常靠近瑞士边境的地方，就是为了在紧急关头，他可以很快逃去瑞士；可房产又一定要在法国境内，是为了避免日内瓦的压制性法规不允许他自己建造一个私人剧院。正如吉本所观察到的，在欧洲，“一个现代暴君”会发现，“他所不满的事物很容易从一个更快乐的氛围、一个安全的避难所、一个足以与其功绩相匹配的新财富（和）……抱怨的自由中获得”（Gibbon，1789，vol. I，p. 100）。正如我们已经看到的那样，德国和意大利的分裂保护了许多知识

创新者免受保守派中暴怒者们的伤害。[①] 许多知识创新者能够凭借自己的精湛技艺，在竞争力量之间的夹缝中大放异彩。[②] 而且，即使知识分子不 177
能在各国之间随意移居，他们的书籍和著作也可以做到这一点——这在很大程度上是因为印刷术的发展，运送书籍也变得越来越容易。在这样的世界里，压制异端思想变得根本不可行。

现代早期的政治分裂并不意味着欧洲人从一开始就比居住在世界其他地区的人更具忍耐力（事实恰恰相反），反而意味着从长远来看，在欧洲，不宽容是无效的。约在 1660 年之后，无论这些异端观念有多么令人难以接受，对它们的宽容都在不断增加，同时对破坏性或颠覆性的知识分子（有希望成为文化企业家的人）的有力遏制也在逐渐消失。大多数政权仍然觉得至少在口头上需要对正统观念表示支持，并禁止某些书籍的出版。荷兰三级会议在 1678 年明令禁止了斯宾诺莎的作品，但又暗中秘密地发表和传播了他的作品。在 1734 年，伏尔泰的《哲学通信》（*Letters Philosophiques*）也经历过同样的事情（它象征性地被执刑者所焚烧）。在英国，最后一个因亵渎罪而被处以极刑的人名为托马斯·艾肯海德（Thomas Aikenhead），他因明确地反基督信仰，于 1697 年在爱丁堡被执行绞刑。坚持上帝一位论在 16 世纪可能是要被处以极刑，一直以来牛顿都对这一信仰感到很不满，不过在他人生的最后几年，他也或多或少表现出了对这一信仰的宽容。[③] 思想自由的爱尔兰知识分子约翰·托兰德（John Toland, 1670—1722），其作品几乎批判了所有不可侵犯之人及他们的思想，因此在

---

① 因此，例如，异端修道士保罗·萨尔皮（Paolo Sarpi）就受到了威尼斯共和国的保护，威尼斯共和国无视了保罗五世教皇召唤他至罗马，以及随后将他驱逐出教会的命令（1607 年）。教皇试图让西班牙国王在军事上支持他，但同样，法国的天主教国王也支持威尼斯，因此教皇不得不采取强硬手段，刺杀萨尔皮（结果未能成功）。

② 另一个例子是德国炼金术士、工程师和企业家，约翰·约阿希姆·贝希尔（Johann Joachim Becher，1635—1682），他是燃素理论的创始人之一，曾效力于德国不少的统治者们，其中包括巴伐利亚州的选举人、德国皇帝、德国贵族们，担任他们的御用科学家和顾问，每当他的敌人和对手战胜他时，他就换一个主人效忠。贝希尔利用欧洲政治分裂的能力可以算是他的一种特别技艺，使得他能在欧洲各个皇庭和德国不同的诸侯之间迅速地周旋往来。在维也纳，他甚至能操控哈布斯堡皇帝与他自己的财政署相对抗。当他已经找不到德国赞助人后，他最后于 1680 年定居于英国（Smith，1994）。

③ 史诺贝伦（Snobelen，1999）通过牛顿的学生和朋友，威廉·惠斯顿（William Whiston）和塞缪尔·克拉克（Samuel Clarke），在 18 世纪初的例子指出，在 1700 年以后的英国，对抗异议的法律是多么无力。就赞助来说，也是有代价的：惠斯顿的反三位一体让他失去了自己教授的职位，也让他不可能再获得任何公职。克拉克的异教学说断绝了他在教会中的升迁机会。不过，这两个人都没有被监禁或被处罚——更别说免去他们的圣职了。惠斯顿写过一本在普及牛顿作品方面非常成功的书，并且也持续得到贵族们的赞助，而克拉克则在伦敦的圣詹姆斯教区一直担任着教区长。

社会中“产生出了巨大的敌意”，而他所遭受的最严重的惩罚，不过是被牛津大学的副校长下令离开保守的牛津（Daniel，2004）。在法国，最著名的启蒙思想作家发现他们正和那些审查员们“玩一个完全无害的猜字谜游戏”
178 （Gay，1969，p. 77）。[①] 大多数统治者开始发现自己的这种努力是徒劳，所以后来他们在迫害那些麻烦制造者的事情上也都心不在焉了。大卫·休谟因为他所谓的异端观点，被取消了在爱丁堡大学终身教授的席位，可除此之外他也未受到什么其他伤害。同样，当康德因其异端思想被普鲁士国王“训斥”时，这也就是他人生中所经历过的最为严重的惩罚了。对于当时的作家来说，虽然还存在一些不确定性，可这已经不足以限制任何激进的新观点的产生，也无法限制其创造者的自由流动。

到了18世纪中叶，即使在所谓的专制国家，对反对声音，甚至是异端声音的压制，都已经变成了一种仪式化的敷衍，并不构成真正的威胁。欧洲更为保守的统治者们发现自己推行的政策是，“如果你不能打败他们，那么就加入他们”，并且他们也借鉴了不少启蒙运动思想，创造出了一种有些矛盾的“开明的专制”制度（Scott，1990）。宗教宽容、自由进入思想市场，以及对学术界跨国性质的信仰等一系列自由观念对于启蒙思想来说都至关重要。这些文化基础所支撑着的制度，不仅支持了一个运作正常的思想市场，即一个创新者有机会说服他们的观众的市场；而且这些制度也都积极鼓励了智力创新的出现，为现代经济的崛起奠定了基础。

---

① 让·雅克·卢梭（Jean-Jacques Rousseau）在1762年出版《爱弥儿》（*Émile*）之后，仍然发现自己在蒙特默伦西是个不受欢迎的人物，于是他开始在整个欧洲四处漂泊，瑞士和英国是其中两个主要的国家。不过很快他就被赦免了，这使得他终于可以在法国度过他人生最后的十年时光。克洛德·阿德里安·爱尔维修（Claude-Adrien Helvétius）于1758年出版的《论精神》（*De l'Esprit*）一书被索邦大学谴责，并且公开焚烧了此书；爱尔维修不得不正式收回自己说过的话，并流亡至了英国，后来又到了波茨坦。然而，这场反对他的运动并没有持续下去，1765年他被允许回到法国，并且再次受到了重视。更为引人注目的是激进的无神论者朱利安·拉美特利（Julien La Mettrie，1709—1751）的故事。他的异端作品先是迫使他不得不去莱登避难，但即使在那里，他的享乐主义也让他的庇护者们恼火。之后他又被迫前往柏林，在柏林，腓特烈大帝很喜欢他常常发表的那些离谱意见。1750年以后，克雷蒂安·纪尧姆·德·拉穆瓦尼翁·德·马尔塞布（Guillaume-Chrétien de Lamoignon de Malesherbes，1721—1794）主导了法国的思想审查制度，在这方面，他是一位开明的人，实际上，他与反对派知识分子如狄德罗和格林都维持着紧密的友谊。

第十二章　竞争与“文人共和国”

早期现代欧洲知识界的制度背景，包括一个多中心的政治环境与一个 179
与之共存的由学者和文人所组成的跨国界的“文人共和国”。这个文人社区的存在极为重要。一方面，它通过向知识创新者提供比他自己的同胞更广大的受众，超越了创新分裂的局限性。统治者的权力受到国界的限制，知识分子的影响却可以无视政治界限。另一方面，正是因为这些知识并不受限于其发明人所处的地理环境，它们才能更有力地宣扬自己的普世性。最重要的是，是这个社区为学术界和艺术圈的“超级巨星”提供了一系列的制度激励。[①] 伊拉斯谟自己认为他的学者朋友们是“志同道合的”(Schoeck，1982，p. 303)。一个世纪以后，托马斯·布朗虽然可能没有使用这个确切的术语，但却使用了例如“拉丁共和”和“学习的共同财富”等术语，强调了知识共享作为社会中所有成员或公民义务的重要性 (Denonain，1982，p. 371)。这个社区不仅为思想提供了一个竞争市场，而且为那些希望能争取到认可、名望和赞助的人们也提供了竞争市场。[②] 这是塔木德智
慧的最终实现形式——对有知者的嫉妒会增加智慧。 180

我们不应过分强调“文人共和国”在规模上的重要性。1500—1700 年间生活的大部分欧洲人其实都不了解它的存在。文人的数量很少，甚至可

---

① 赞助人要相互竞争来获得学术超级明星的概念早在 16 世纪晚期就出现了：杰出的法国古典学者约瑟夫·斯卡利格 (Joseph Scaliger，1540—1609) 于 1593 年有兴趣接受莱顿大学的教职，当时莱顿大学允诺给予他高于法律系教授的丰厚薪水，并可以免除他所有的教学任务。

② 珀金森 (Perkinson，1995，p. 74) 强调了学者团体的重要性，这些学者们的“广泛的读者人群是分散的，他们拥有某一领域的知识”，同时会通过别人的评价和各种实验来验证新观点的可信度，不过他同时也坚持认为，这个团体之所以能出现，是因为印刷业的发展。

以算作一个濒危物种，“文人共和国”能否维持其不稳定的存在取决于它的创立者及其追随者的思想的力量。当时并非一个开明的时代，宽容和普世主义的想法仍在襁褓之中。然而，正如安东尼·格拉夫顿（Anthony Grafton，2009a，p.5）精辟的总结那样，在黑暗的海洋中，一小群知识分子乘坐着脆弱的小船在风暴中航行，而这些形成小团体的学者们都秉持着自己的价值观和准则。不过，这里应该补充的是，这些小团体都并非绝缘体：恰巧相反，他们的实力来自他们彼此之间的密切联系，以及由此出现的惊人有效的联系网络——这一网络不是有意设计的，但它同样拥有带来历史性巨变的能力。此外，早期现代欧洲“国家”的出现被普遍认为是这个故事的核心。伍斯诺（Wuthnow 1989，p.17）认为：“权威人士对文化生产者所做的决定可能会大大推动，也可能会阻碍这些生产者的研究工作”。正如伍斯诺在其他地方所声称的那样，这会让“文化生产者”所属的团体失去了它们的跨国性质，也让国家与富豪们之间对最聪明、最有才学的欧洲人（无论他们是什么国籍）的激烈争夺逐渐消失。政治当局对文化演变有一定的影响，但这种影响也会受到特殊政治事件的制约，这些事件决定了领导人的人生及其个性，因而缺乏一致性（Wuthnow，1989，pp.167-168）。

毫无疑问，“文人共和国”不是一个现代历史学家的建构。当时的人们充分意识到了它的存在，也意识到了它的意义。[①] 皮埃尔·贝尔于1684年创办的刊物《文人共和国新闻》（*Nouvelles de la République des Lettres*），印刷地是他在荷兰相对安全的住所。贝尔是这样定义“公民”的：“我们所有人都是平等的，因为我们都是阿波罗的孩子”（Dibon，1978，p.45）。然而，在贝尔的时代，这些处于精英阶层的“所有人”约有1 200人，一个世纪之后大概有12 000人（Brockliss，2002，p.8）。虽然这些估计的证据基础并不牢靠，但显然，“文人共和国”所涉及的人数相对于总人口来说极
181 小。如前所述，它是作为一个虚拟实体而存在的，通过向所有人开放信件和出版物以保持自身活力。但其中有些部分显然存在于正式组织之中——包括皇家学会、法国皇家学院以及成立于18世纪的许多欧洲大陆的学院等。[②]

---

① 马克·福玛罗利（Marc Fumaroli，2015，pp.50，294-296）认为威尼斯讽刺作家图拉真·博卡利尼（Trajano Boccalini，1556—1613）具有特殊的意义。博卡利尼于1612年出版的畅销作品《巴那塞斯山传说》（*Ragguagli de Parnaso*），被翻译成了多国语言。福玛罗利认为，这本书确立了一个在大范围跨国界且跨宗教区内建立独立知识分子团体的构想，也是启发贝尔后来研究的源头。

② 一些学者，如古德曼（Goodman，1991，p.184），将巴黎的沙龙看作给予“文人共和国”社会关系和话语内容的资源和组织秩序的主要形式，这或许是个有些法国中心主义的观点（Melton，2001，p.211）。

“文人共和国”这一制度架构解决了对创新个体的努力和才能如何奖励的问题，尤其是其中最重要的原创性和创造力。

对竞争的赞助是重要的，但它不是“文人共和国”唯一的激励机制。皇室学者和其他赞助人都理应能够识别、重视和培养高能力，高能力就是他们合法化某种智慧的信号。到了18世纪，这个传统仍受到了腓特烈大帝的尊重，他对欧洲知识分子的各种皇家赞助是众所周知的。但实际上，最重要的声誉来源是基于同侪相互间的评价（David，2008）。显然，赞助研究和艺术除了是一种引人注目的消费形式之外，还有一些其他务实的优势：一些富商对自然历史，以及能直接影响到他们航海和记账等活动的物质世界的细节深感兴趣，工程、医学和占星术也是他们通常会感兴趣的领域。为了学到这些方面的知识，他们需要与专家和知识分子建立联系。学术界的超级巨星可以享受到那些赞助商们为了争夺他们而展开的激烈竞争，从而在其中找到最适合自己的赞助，可是那些远离聚光灯的学者们就不得不为获得赞助而努力奋斗了。一般来说，一个人在科学界的名声越大，获得赞助的概率就越高（David，2008）。声誉的获得不再仅仅依靠对经典文献的博闻强识；一个人必须做出原创性贡献，并由其学术界同侪进行评估。这个体系就是以这种方式来鼓励和激发智力创新的。

便捷良好的沟通是在欧洲大陆传播声誉的必要条件。在文艺复兴时期，欧洲见证了学者和工程师间的书信网络变得越来越紧密，超越了政治和种族界限（Collins，1998）。这些网络由于商业化和中长途贸易的增长而在欧洲各地不断兴起。航运和其他运输技术的改进是扩大“文人共和国”的关键，声望和通信网络则与之相辅相成：知识分子们通过自己与学术界超级巨星沟通的能力来衡量自己的水平。达朗贝尔，18世纪“文人共和国”最著名的公民之一，在他1746年为受人尊敬的法国科学院院长让·布依埃（Jean Bouhier，1673—1746）所写的悼词中写道，“如果‘文人共和国’中的成员想要提高声誉，没有什么能比一种商业化的书信网络更重要的了……甚至是伟大的莱布尼茨本人 182
都会通过它来应对那些最无名的作家”（D'Alembert，1821，vol. 3，p. 325）。

人们会预期，为了回报自己获得的赞助，知识分子会对支持他们的君主和贵族表示忠诚，但这种忠诚很少能够直接支配学者们在自己的著作中对这些人百般奉承。许多最负盛名的学者和赞助人，即使在宗教狂热的时代，在对宗教的忠诚度上也可能是相当灵活的。[①] 贵族和富裕的私人赞助

① 著名的佛兰芒语语言学家和人文主义学者尤斯图斯·利普修斯（Justus Lipsius，1547—1606）虽然终生都信奉天主教，但在1570—1572年间在耶拿教学期间，以及在1579—1592年在加尔文主义的莱顿教学时，似乎在面对路德宗教义时出现了些麻烦。哈布斯堡皇室的鲁道夫二世（Rudolf Ⅱ）名义上是天主教徒，但又是新教学者的赞助人，其中就包括了开普勒（他坚决拒绝皈依天主教）。

者、大学以及后来出现的最杰出的学者所聚集的研究院等团体之间的国际竞争都意味着，从长远来看，赞助人和地方宗教权威其实并不怎么能控制或规定他们赞助的知识分子所发表的言论。这种竞争意味着人们享受着相对高度的自由，可以在日益开放的思想市场上提出各种新想法。[1] 在 17 世纪和 18 世纪，一些贵族们正式化了他们的赞助形式，不再在政府中雇用科学家和知识分子，而是让他们任职于贵族们所控制的正规学院和大学。虽然知识创新者能享有的赞助变化无常，但在需求方面，统治者之间竞争激烈，为大多数"文人共和国"的成员确保了政治和宗教体制的独立性。

相对独立于统治者的特性有助于把这个团体变成一个可以激励受过教育的欧洲精英们产生智力创新的机构，从而使得每一个学术领域都经历了前所未有的蓬勃发展。这也导致了数目众多的异端学者的出现，他们都是跳出盒子思考的人，提出了各种具有原创性的假设和概念，以期得到同行的尊重。皇室赞助赋予了欧洲最有头脑的人去追求自己兴趣的自由和乐趣。在少数情况下，当大学环境不鼓励智力创新时，这种赞助可以将学者从大学中解放出来。此外，对科学家和艺术家来说，得到具有高社会地位和处于权力顶端的人物的认可是重要的，因为这种认同表示了对他们的尊重，特别是在一个"你认识学术界外的谁"就代表"你拥有多少社会声望"的时代（Hahn，1990，p. 7）。在早期现代欧洲，知识分子（除了少数超级巨星之外）的社会地位仍相对较低。上层社会的赞助者为他们提供了一个受
183 保护的地位，甚至是一个提升社会地位的机会；因此，赞助的存在为具有创造性的学者提供了强大的动力去挖掘自己的潜力。在 18 世纪，随着城市资产阶级的经济实力增强，潜在赞助者和被赞助者的人数也在不断扩大。

在欧洲国家体制下各个政治实体间的竞争，是与早期现代欧洲关于知识精英的一个新特征紧密联系的，即"开放科学"的兴起（David，2008）。除了极少数的例外，一般欧洲学者都会通过书籍、小册子、个人信件和期刊等方式来展示他们发现或提出的新见解，将信息传递给公众。只有以这种方式，其他人才能了解和认可自己的作品，以增加声誉。威廉·埃蒙（William Eamon，1994）在他关于这个话题的权威作品中，描述了早期现代欧洲的科学是如何被一步步揭开神秘面纱的。[2] 通过减少知识的神秘感，

---

① 这点在一个更地方性的层面上也是同样正确的：科恩（Cohen，2012，p. 585）指出，就是在 17 世纪中叶英国一段"难以驾驭的"政权空位期，对言论的监管系统失效，因此各式各样的"不完整的观点和项目都得到了被倾听的机会"。

② 不是所有的"文人共和国"的成员都忠于公开和透明的原则；例如，著名的耶稣会士阿塔纳斯·珂雪（Athanasius Kircher，1601—1680）就坚持科学应该保持神秘，并掩藏了他的大部分研究。他担心他所发现的古代智慧思想会落入错误的人手中，且古代智慧不应被普通人所知晓（Malcolm，2004）。然而，随着 17 世纪"文人共和国"发展趋于成熟，这种态度就越来越为人所不齿了。

将有用知识转化为开源知识，欧洲知识分子创造出了一个降低获取知识成本的机制。人们很容易忽视编码（书面）知识以及扩散知识网络的重要性，所以才会出现“根本没有一个前现代的创新是仅由印刷品单独传播的”这样的言论（Epstein，2013，p. 53）。这也有点短视。正式知识，无论是数学的还是实验的，都是通过书面或印刷方式传播的。我们是否真的可以忽略印刷术对欧洲大陆后续技术发展的重要性？

开放科学的发展成为早期现代欧洲知识分子的核心制度原则，并不是什么经过有意识的设计而实现的结果。这是一个意外之财，是一个极为不同的现象所产生的意想不到的后果：学者试图在同行之间建立声誉以获得各种优势，包括大家都希望的金融安全、自由和通过赞助获得足够的时间以进行不受干扰的研究等。这所带来的获取成本的下降对有用知识影响技术，以及最终影响生产力和经济绩效来说是重要的（Mokyr，2005）。它也是一个关于制度如何内部化，再“反馈”到文化信仰中的很好的例子：开放科学和知识的免费获取成了系统化组织知识的社会化方法，它们本身就具有价值，是值得我们珍惜和保护的东西。它解决的问题与一种不太适合分类却很有价值的资源所面临的经典困境相关：如果知识被视为公共物品，
因为开放科学的需求而被自由地分配，那么创造它的人应该如何被激励？ 184
知识创新者可以通过什么样的产权来维护自己的利益？

新知识的产权究竟意味着什么？经济学家早就意识到，有用知识经济学是复杂的，与所有类型的知识创造都有关的适用性问题使得在现实中，知识不可能只被传递给某些特定群体而不传递给其他人。创新者可以选择将知识归为己有，不告诉任何人，或者也可以选择只告诉某一些人，但是这样做显然就面临着失去对知识的控制和知识被完全暴露的风险。此外，知识是无法与其他商品相比较的，因为分享知识不会减少创新者对知识的理解，尽管当他们试图推销新发明时，他会面临占有较小份额市场的风险。对于命题知识来说，无论如何，以任何形式“出售”它们的可能性都很小，因此这一激励制度结构一直都不够完善。人们可以推测出，大多数曾经存在过的社会所产生的知识都比它们本应能够产生的少，而只是因为没有激励制度，同时又要承担很大风险。

值得注意的是，只有西欧在公元1600年后开始设法为这种知识创造条件，让它们能更快速地累积，最终快到能够影响生产的每一个方面，但是人们所找到的解决方案很复杂。大致来说，有用知识的产权可分为三类。第一，命题知识通常被放置于公共领域，以期所有人都能了解它以及其创造者，从而提高创造者的声誉。这里的产权意味着信用，但又不排除他人，而是容纳所有人。出版物和通信网络对于这一系统的正常运作至关重要，它们分布在欧洲大陆的大部分地区。爱森斯坦（Eisenstein，1979，p. 229）

指出，“誊写文化与知识产权的概念是相对抗的”，但实际上这种文化也强调作者及其作品出版商要尽其所能宣传他们自己，其中重要的就是宣传文章和其他各种形式的“吹捧艺术”。

第二，相比之下，指令知识——也就是技术——的创造者，在许多情况下，试图通过排他性来赚取租金。在某些地区，发明可以获得专利。在理论上，这意味着发明人通过公开信息换取临时垄断的权力，或在某些情况下，换取一些公共机构的报酬。另一种办法是将知识保密。18 世纪的意大利手工艺商会（Belfanti，2004，pp. 574－575）和一些发明家［最著名的是英国钢铁制造商本杰明·亨茨曼（Benjamin Huntsman）］就一直在努力不公开知识。只有当知识不能轻易被“逆向设计”时，保密才有意义。在中间地带，“文人共和国”的开源美德，也就是当自由共享和开放传播有用知识是符合道德要求的情况下，这一美德也适用于全部的技术世界（Al-
185 len，1983）。① 第三，在其他情况下，创造出新的指令知识的工程师和发明家追求的是知名度，因为声誉可以让他们获得丰厚的佣金。许多那个时代成功的发明家都受到了公众的认可，获得了学术地位和赞助，也通过完成项目和咨询而得到了高额报酬。在这个意义上，它们完全是“文人共和国”文化领域的一部分。② 开放科学和专利技术之间的模糊界限减少了许多发明家金钱上的收益，却通过将开放科学的思想应用于技术领域的方式加速了新技术的传播。③ 英国工业革命中许多伟大的发明家，包括亚伯拉罕·达比（Abraham Darby，发明了焦炭冶炼技术）、创新型的陶工乔西亚·韦

---

① 通过《艺术与自然的宝石宫殿，包含不同的稀有及有利可图的发明，以及各样畜牧、蒸馏和制模的新实验》（*The Jewell House of Art and Nature*，*Conteining Divers Rare and Profitable Inventions*，*Together with Sundry new Experiments in the Art of Husbandry*，*Distillation*，*and Moulding*，1594）一书，英国发明家休·普拉特（Hugh Plat）于 1605 年因为许多发明被运用于公众领域而被授予爵位。这本书包含了大量实用的详细方案，同时也说明了发明中所涉及的适用性问题，列出了“作者在合理考虑后所揭露的很多新发明”。他还考虑开一间自己的店铺，出售他发明的“绝妙的甜油和甜水”，这也含蓄地表示了发明人可以获得报酬的另一种方式：先发者优势（Harkness，2007，p. 232）。但这并没有为他带来太多，他抱怨说，“快乐的人会被表扬，但在那些时候，很少或没有人会得到任何真正的报酬”（Harkness，2007，p. 233）。

② 一个例子是荷兰工程师和炼金术士克尼利厄斯·戴博尔（Cornelis Drebbel，1572—1633），其发明包括改良（复合式）显微镜、钟表、恒温器、水泵、将深红色染为胭脂红的锡媒染剂，还有最著名的——第一艘潜水艇。然而，他的职业生涯完全依赖于皇家赞助人和官方佣金，其中包括鲁道夫皇帝、英国王储亨利·弗雷德里克，以及白金汉公爵。他的同胞，工程师和发明家西蒙·斯特芬（Simon Stevin）由于他数学家和工程师的声誉，赚取了许多佣金，并在各种委员会中任职。英国工业革命中的大多数工程师都有相似的经历（Mokyr，2009a，pp. 91，409）。

③ 有些时候，在这一不确定领域内的论点被欧洲统治者用来获取私有信息，这些信息对于国家治理很有价值（Bertucci，2013）。

奇伍德和约翰·斯梅顿（中射式水轮的发明者），都在很大程度上公开了自己的创新，避免它们被束缚于专利制度。

在这三种类别中，第一种激励机制可能是最不为人所了解的，但从长远来看，它却起到了最为决定性的作用。为了理解这种激励是如何及为何产生的，埃莉诺·奥斯特罗姆（Elinor Ostrom）关于公共资源“社区治理”的概念恰好能帮助我们，因为知识具有许多公共物品的特征（Ostrom and Hess，2007）。这样的社区对制定规范和规则尤为重要，反过来也产生了持续经济增长所必需的有用知识，奖励那些遵守规则的人，惩罚违规者。乍看之下，这种社区似乎不大可能出现：如前所述，欧洲在政治上太过分裂，一旦超过地方层面，通过一个公共制度来管理共同资源似乎超出了任何一 186
个政治实体的力量。然而，在文艺复兴晚期，出现了一个能够为持续创造知识创造有利条件的机制。

这在当时被称为“文人共和国”，我们已经多次提到了这一机制。历史学家们对此极为关注（Daston，1991；Brockliss，2002；Darnton，2003；Grafton，2009a；Fumaroli，2015），但它作为一个能够产生和传播有用知识的机制的重要性尚未得到学者们的充分理解。这是一个在国际上联系学者和知识分子的“看不见的大学”，基于一个每个人都心照不宣的认知，即知识是一个由社区分配和共享的无与伦比的商品。社区由知识分子和科学家这样的精英群体所组成，他们通过书信网络、出版社和当地聚会中的学者来传递和检验新知识。这一网络联系的紧密程度就证明了它的成功：“文人共和国”的公民在道德上有义务回复他人信件。与往常一样，这一专业网络也包含一个社会层面：虚拟社区中的成员可以成为真正的朋友，或是不共戴天的敌人。在早期阶段，用通用语言来发表重要作品是重要的一步，但到了17世纪晚期，“文人共和国”的效率和规模足以让公民以本地语言出版作品（尽管法语在某种程度上取代了拉丁语，成为新的通用语言），再依靠翻译者（往往是这些杰出学者自己），使作品可以在欧洲其他地方传播。事实上，这样的翻译版本既是一个强大的信号，说明了谁是思想界的超级明星，同时也带来了机遇，让他们的追随者可以找他人借钱，将他们的原著以原文出版。

欧洲文艺复兴时期“文人共和国”出现的历史根源包含了对被重新发现的欧洲共同古典遗产的仰慕，也包含了一系列（真实的或虚构的）回归古典世界思想统一的传统，如中世纪教会和回归圣奥古斯丁的上帝之城的“基督教共和体”。中世纪晚期的学术知识分子在教会的庇护下形成了一个较为松散的跨国团体。16世纪和17世纪出现的是一个与前不同的机制：一开始由意大利人主导，大本营转移到了阿尔卑斯山以北，又被高卢派和新教徒影响，越来越怀疑迄今为止许多公理式的信条。它变得越来越脱离

“罗马教会中受过教育的贵族”的特质。然而，直到启蒙运动时期，甚至在这之后，运作一个神秘且统一的学术团体的想法仍一直存在，这个团体中的人们为了知识这一公共物品而共同努力（Fumaroli，2015，pp. 121－123）。

实际上，“文人共和国”是一个既支持市场运作，又支持个人在其中
187 发挥作用的机制。在这个市场中，一次说服就相当于一笔成功的交易，这笔交易的收益就是良好的声誉。通过制定让思想市场能够正常运作规章制度和激励措施，它提供了一个不寻常的并最终被证明对欧洲经济发展至关重要的制度框架。这样做激发了有才华和受过良好教育的人们在科学、医学、哲学等领域探索出新的思想，并将他们的研究结果纳入公共领域。一群思想更开放的受众有助于改进激励措施：“优秀的”（按照当时的修辞标准）智力创新有更大的概率被选中，得到回报。[①] 思想市场上改良的激励措施无论在广度边际上还是在集约边际上都鼓励了市场的新进入者们。在广度边际上，通过创造这样的回报方式，它向那些有前途的年轻人发出信号，告诉他们从事自然哲学和其他学科的研究事业是值得的，从而鼓励他们对人力资本进行大量投资以选择这样的职业生涯。而在集约边际上，已经选择此职业生涯的人可能会更加努力，尝试进入更多的创新领域。

作为一个主要的思想机制，“文人共和国”最早出现的时间可以追溯到伊拉斯谟的少年时代（MacLean，2008，p. 18；Fumaroli，2015，pp. 45－47），随着时间的推移，它不断发展壮大，在启蒙时代的早期，也就是1680—1720年间趋于成熟（Ultee，1987，p. 97）。[②] 从一开始，它就充分认识到了知识产权是人们所共有的（Grafton，2009a，p. 9）。“文人共和国”首先是一个虚拟社区：它最初没有正式的制度，没有一年一度的代表大会，没有自己的期刊，但它成功构造了大量规则并付诸实践，支持了欧洲开放科学的出现。“文人共和国”与其他自治社区不同的地方就是奥斯特罗姆对“公地悲剧”批评的基础，即“文人共和国”不是一个地区性事物，它不受空间约束（Eisenstein，1979，p. 138）。一般说来，依赖于旅行、抄写或印刷文字等方式，它在远距离的条件下仍能运作。事实上，它代表的是地区性事物的对立面——这是一个通过信件、书籍和小册子连接的跨国个人网

① 一种类似的观点可见格拉夫顿（Grafton，2009a，p. 11）对“文人共和国”的概括：“它代表了一种智力市场的形态——至少在原理上，这一市场中的价值并不取决于知识分子的社会等级，而是他或她作品的质量。”

② 这个词最早实际可以追溯到1417年（Waquet，1989，p. 475）。其他作家也表达了同样的想法。在一封1517年的信件中，伊拉斯姆斯——人们公认的“文人共和国”的创始人之一——写道：“如果给定一个信号，很多了不起的人才就会觉醒，一起努力合作，恢复我们人类曾达到过的最好的学习状态。但除此之外，当所有来自不同土地的伟大学者都与他人共享了自己的成果，并开始这个崇高任务的时候，这也是一个知识分子们合伙构建的阴谋”（Huizinga，[1924] 1984，p. 219）。

络，其中不时会介入一些相对罕见但紧密的如私人会面和在国外大学访学的活动。这个机制是真正的国际化机制，特别是在忽略边界或宗教信仰的 188
意义上，它忽视了诸如种族或语言等属性特征。它分布于欧洲的大部分地区，包括远离巴黎的地区（巴黎被一些法兰西学者认为是“文人共和国”的核心区域）。因此，例如杰出的克罗地亚数学家马林·盖特迪克（Marin Getaldic，1568—1626）在整个欧洲都广为人知，但他一直的据点都在其出生地——杜布罗夫尼克。希腊哲学家德奥菲罗斯（Theophilos，1563—1646）与欧洲边缘地带许多雄心勃勃的学者一样，在帕多瓦大学学习。他后来在奥斯曼帝国的希腊团体中教授新亚里士多德的世俗思想，并按照帕多瓦的方式重建了当地的教育机构。也许最著名的波兰籍“文人共和国”公民是数学家和医生布罗泽克（Brozek，1585—1652）。他是哥白尼的忠实追随者，也在帕多瓦大学学习，并在克拉科夫大学任教。像琼斯顿和夸美纽斯这样的学者在波兰、匈牙利和中欧其他地区工作，这主要是出自当地的宗教氛围，或是赞助者和佣金的考虑。①

“文人共和国”所支持的思想市场有些特别的市场标准。成功努力的回报是声誉的提高；回报的大小通常与智力创新对社会的实际经济或社会价值无关，除非它获得了学界的高度赞誉。有时国家也热衷于将这些知识应用于军事装备上，例如第一台望远镜就是如此被发明的。每个学者都知道，被同行认可为大师是他们梦寐以求的，这是早期现代欧洲大多数学术研究背后的驱动力。因此积极的激励作用愈加强烈，负面的激励作用也随之变弱。在17世纪晚期至18世纪，既得利益者压制创新的力度也有所下降，所以即使对激进的创新者来说，从事自然研究也显得不那么危险了。虽然智力创新者仍然受到当时道德和宗教规范的限制，但学者们也学会了如何规避这些制约。② 随着知识创新的产生变得更具吸引力，更多想寻求名望和赞助的人都试图提出各种新想法。大多数的新想法都不被认可，也并不是所有已被接受的想法都能经受得住时间的考验。但随着越来越到位的拣 189
选制度，新想法对技术发展的长期影响是有保证的。要让这些新想法能驱动可持续和技术驱动型经济的增长，还需要一些其他的必要条件，首先就是学者们能保有足够的确定性，即在生产领域成功应用新观念的人能够获得收益以及同胞们的尊重。

---

① 威尼斯历史学家乔瓦尼·米歇尔·布鲁托（Giovanni Michele Bruto，1517—1592）在特兰西瓦尼亚和西里西亚工作了很多年，享受了不少来自与布拉格的鲁道夫二世（Rudoff Ⅱ）相关的统治者的赞助。

② 因此，安东尼·范·列文虎克（Antonie van Leeuwenhoek）在1677年用他的显微镜识别出了精子，但他谨慎地指出，他所选择的标本来源于他与妻子科妮莉亚的夫妻生活，并非是什么“罪恶的发明”（Cobb，2006，pp. 202-203）。

“文人共和国”也并不是完全虚拟的。一些实体组织的帮助让它能正常运转。其中的一些公民任教于大学，虽然如上所述，这种关系往往不太稳定，因为大多数大学往往较为保守，倾向于保护现有知识，这限制了他们转化其精英文化信仰的能力。爱森斯坦指出了欧洲出版社为“文人共和国”提供物质基础的作用。它们制作了期刊和书籍，为作者提供回报，凸显出他们的重要性。此外，出版社都是“国际机构”，持不同意见的外国人都可以把它当作庇护场地或聚会地点（Eisenstein，1979，pp. 139，449）。

然而，出版商做的还不止这些：他们遍布欧洲各地，而且使保守政府的审查制度基本变得无效。在这个意义上，他们增加了知识分子的流动性。在启蒙运动时期，阿姆斯特丹出版了被其他地区列为禁书的书籍，成为了“‘文人共和国’的中心城市”（Eisenstein，1979，p. 420）。法国最著名的启蒙时代作家的作品主要都是由法国以外的出版社出版的。如第十五章所述，正式的学术协会和科学社团的出现代表了“文人共和国”的制度化进程，但直到17世纪后半叶它们才发挥了核心作用。

无论虚拟与否，“文人共和国”都是科学革命和启蒙运动中带领欧洲有用知识飞速发展的主要机制。在这一语境下，机制应被视为一场经济游戏的游戏规则。在这种情况下，这个游戏中的回报为学术成就、名望和声誉，与一些物质收益和社会地位的提升相关。管理“文人共和国”的主要规则就是自由进入、竞争性（人们可挑战任何形式的知识）、国际性和将新知识置于公有领域的承诺。最后一条规则就是我们现在所称的开放科学的关键，也是“文人共和国”的伦理基础。知识的自由交换和公开传播是这一自我认定的“共和国”的默认规则——这些规则“从道德上将它与买卖信息的贸易世界分开”（Bertucci，2013，p. 838）。在神学、语言学、天文学、医学和自然哲学的大多数问题上，“共和国”的成员间可能存在很大分歧；不过，他们普遍赞同应该如何开展辩论并解决争端的规则（由于一般只存在少数争议）。

190 认为自己是“文人共和国”公民的学者们不仅只讨论各种实质性问题，还讨论关于自然哲学方法论，以及关于应该将什么议题列入研究计划中的问题。正如第七章所讨论的，弗朗西斯·培根关于科学调查和实验哲学的研究方法的著述影响了这个时代命题知识的发展。他的追随者们进一步发展了他的方法，并建立了指导研究的各种原理。在罗伯特·胡克身后出版的《总体方案》（*General Scheme*）中，他坚持认为，感官和直觉永远不足以理解“自然的操作，这是秘密和微妙的行为的一种”（Hook，1705a，p. 6）。他提出了一种“哲学化代数”，它将指导和规范理性在自然知识中的运用（Hooke，1705a，p. 7）。17世纪末，人们很清楚这样的调查工具应该

是什么样的：实验方法和观察都要依赖于科学仪器而实现。

在“文人共和国”中，成员们开发了一种沟通的科学语言以及修辞惯例，确定哪些知识是密封的，即哪些是包含了有说服力论证和论据的知识。在大部分科学话语中，这最终可被归结为谁最可信的问题。夏平（Shapin，1994，pp. 212 ff）列出了他认为的 17 世纪的 7 个标准或“评估证据的标准”。其中包括可信度（与已知知识的一致性）、知识来源的完整性和公正性、内部一致性以及外部一致性（即与汇报同一事实的其他多个来源的一致性）。夏平的一些标准与第五章中所讨论的文化进化中的偏见类似。我想再一次重申，思想市场就是有关说服力的市场。说服力部分是关于哪些新知识是得到验证的，但更大部分是关于哪些知识是值得信赖和可靠的。在思想市场中——与许多市场一样——重要的不仅是商品的性质，卖方的品质也是重要的。

然而，除了信任之外，还出现了新的研究方法和标准，以及判断精确性和可靠性的新准则。其中最重要的是在适合学科（天文学和力学）中对数学不断增长的应用、实验数据在可实验领域中的有效性，以及在无法使用这些实验方法的领域中对经验观察的收集和仔细分类（例如植物学和昆虫学）。实验工作也受到各种规则的约束：由数据得出无偏推论、可复制性、精确测量、尽可能使用高纯度的材料、仔细观察实验过程、制定透明及明确的实验步骤、公布结果。当时的人们对这些约束都不算陌生，只是它们在科学中逐渐占据了越来越中心的地位，其重要性也远超人们的其他考虑，如与经典文献的一致性，对美学、形而上学或道德上的关注。将实验作为解决争端的手段的概念在经历培根的大力宣传后变得大受欢迎。培 191
根在皇家学会的早期成员中的影响力尤为强烈，他的观点也被斯普拉特主教总结了出来。斯普拉特主教曾写下长篇大论，详细描述了实验研究中许多真实存在和他虚构出的美德（Sprat，1667，pp. 403－430）。[①] 尽管如此，考虑到复制实验的成本和难度，争端的解决一定会涉及有关信任和社会地位的因素（Shapin and Schaffer，1985）。

“文人共和国”及其在自然哲学家中所建立的网络，是体现了格兰诺维特（Granovetter，1973，1983）著名概念的很好的例子，它有效展示了联系网络中弱联系的有效性。与家庭和小团体等强联系不同，虚拟社区成员之间的联系不是传递性的，成员之间可交换的信息也并不一定相互重叠。新的信息和想法通过弱联系比强联系更能有效扩散，因为后者更有可能提

① 伽利略将实验研究作为一条不可避免的中间道路，处于凌乱的日常现实观测的“底层”和过于抽象的理想化现实的“顶层”之间（Cohen，2012，p. 196）。罗伯特·胡克提出了一个不同的观点：人类观察受到五种感官的限制；实验为人们提供了第六感，甚至更多的感官（Cohen，2012，p. 558）。

供很多冗余的信息。联系紧密的个体更有可能分享相同的信息来源，彼此间也会更为相似。相比之下，当弱联系起到“桥梁”的作用时（即只有这一条单一的联系途径时），弱联系更有可能成为向个体传递新信息的途径。因此，更多的弱联系则意味着一个更有效的信息传播网络。

正是由于“文人共和国”中的成员彼此间不了解，所以它是一个高效的社区，创新在其中得以产生、传播和评估。弱联系为其中各个个体联系更紧密的小社区之间建起了桥梁，如大学和地方层面上的学术协会等（Granovetter，1983）。弱联系的主要缺点是成员之间的信任水平可能低于强联系网络中的信任水平，因为强联系中的两个个体之间的互动比弱联系中的更为频繁。但即使信任度相对较低，弱联系仍能提供更多的有用知识，因为其具有更强的提供非冗余信息的能力（Levin and Cross，2004，p. 1480）。这一有关联系的概念改写了信任的重要性，而信任一直被视作劳动分工中不可或缺的一部分，如果没有它，人们在科学方面的团结协作就无法存在。直接偏见——在权威的基础上接受新的想法——也需要信任。然而与此同时，在“文人共和国”中出现的新的有用知识更取决于对所有
192 权威的竞争性的怀疑。夏平（Shapin，1994，p. 17）很好地描述了这一困境：“不信任，是社会理论家所认为的解决社会秩序问题最有效的方式，也是构建知识最有效的手段”。定义了早期现代欧洲新思想的关键词是“疑问”与“怀疑”——对经典、对宇宙的结构、对物理和生物环境，以及最终对灵魂的不朽的怀疑。

事实上，“文人共和国”的公民对待信任问题相当谨慎，像罗伯特·波义耳这样的实验家们付出了很多努力以确保他的社会声望能支持他的实验工作，在那个时代，这在某个程度上与信任相关，也与绅士的“荣誉”相关（Shapin and Schaffer，1985；Shapin，1994，pp. 185-192）。那些社会地位低于波义耳的学者可以通过上层社会的赞助者所提供的正式赞助寻求他们思想的合法化，以建立他人对自己的信任（Biagioli，1990）。但在当时，为了成功地向市场推出一个想法，关于想法的附带意见通常不足以做到这一点；如果要“出售”这一想法，也就是说，如果想要劝说成功，那就需要有一定程度的证据或逻辑来支撑。正是这种书面知识的网络、这种有关可审查和可检验知识的网络，提高了创新产生的概率。相比之下，在传播缄默知识和实践知识方面，统一的本地化团体中的强联系可能更为可取，例如在通过学徒制和私人联系等方式而传播的手工技能就是如此（Epstein，2013）。

在一个存在通过信件、书籍和小册子传播的编码（和可编纂的）智力创新的世界中，是怀疑主义，而非信任，为创新提供了引擎。当然，知识扩张仍然需要一定程度的信任，因为研究者们不可能做到每个研究都从头开始，

并且亲自验证新理论的每一个组成部分。但是，正如夏平（Shapin，1994，pp. 19-21）所指出的那样，怀疑主义存在于信任体制的边缘之上，虽然听起来确实有些奇怪，但怀疑和信任在新知识的产生中是相辅相成的——就像罗纳德·里根（Ronald Reagan）提到的一句俄语谚语所说的那样，“相信，但仍要验证”。正是在这些边际之上，进步产生了。这些边际也主要源于“文人共和国”中传播的编码知识。

像爱泼斯坦（Epstein，2013，p. 67）那样，人们确实很容易就忽视了正式的编码知识在技术进步中的重要性。这种忽略让人们无法认识到如果不想手工艺改良或是地方性的改革收益递减，就需要存在重大概念性突破。认为正式的编码知识依赖于怀疑主义，而缄默知识依赖于信任的论点有些过于简单化和公式化了。实验知识总是包含着一个默许部分，并且关于我们今天所说的“材料和方法”方面的描述都不是完整的。正如达斯古普塔和戴维（Dasgupta and David，1994，p. 495）所说，缄默知 193
识和编码知识之间的互补性对于知识创造和传播的方式来说处于举足轻重的地位。

身处这个网络中的人们甚至从未见过彼此，但神奇的是，这个网络在一个高度分散的世界重叠的社区中创造出了团结一致的目的和方法。至少在原则上，一个学者的国籍、宗教和社会出身与人们对他的学术贡献的评价无关。在实际操作上，当时那个时代正是这些个人特质都非常重要的时代，而且它们比大多数“文人共和国”公民所愿意承认的还要重要一些。[①]“文人共和国”是一个跨国机制，但它又必须存在于某一政治实体中。许多维护牛顿观点的人在牛顿与莱布尼茨谁先提出微积分的争议中，最先考虑的都是对国家的忠诚，尽管在18世纪初将这一现象归为“沙文主义”（Shank，2008，p. 181）似乎有些过分了。科学领域是否真的像爱德华·詹纳（Edward Jenner）所说的“永远不会有战争”，这还是个没有确切答案的问题。“文人共和国”的理想状态——就像狄德罗告诉休谟的那样，休谟“属于所有国家”，永远不会被要求拿出出生证明（Gay，1966，p. 13）——在现实中并不总能如愿以偿。毕竟，18世纪不仅仅是启蒙时代，也是重商主义的时代，在“文人共和国”中免费传递的信息往往也是为了服务国家利益而聚集起来的——正如培根所倡导的那样。然而，如果开明的世界主义在重商主义理想时代并不能完全压制民族主义，那么“文人共和国”的

① 许多法国学者仍选择忠于笛卡尔物理学，只是因为笛卡尔是法国人，而英国科学有时又表现出了一点仇视法国的迹象。然而，至少在理论上，“文人共和国”的公民应该是一个没有祖国的人，或者就像1779年出版的一期《文人共和国历史及法国艺术》中所说，“共和国”中的公民“都是孤儿，对于他们来说，财富可以否认一切他们天生所具有的区别”（Daston，1990，p. 97）。

成员则认为，如果一个国家的学者的学术成就能够得到外国学者的赞赏，那么这个国家的声誉和荣耀就会大大增长（Daston，1991，pp. 378－379）。尽管“文人共和国”公民对其学习研究和智力创新的效用提出了不少要求，但在1700年之前，我们很难找到自然哲学家的研究以及相关的思想突破给技术实践带来了什么巨大变化。有争议的事实是，是否真的是这么少的科学知识带来了这么多真正重要的有用应用，并使得开放科学成为可能；如果科学对技术的影响真的如此之大，那么统治者们可能会试图限制跨国界的自由知识交流，并对某些研究结果严加保密——正如培根所倡导的那样。从长远来说，这样的保密工作能否成功是不确定的，但这一定会削弱“文人共和国”的国际性。

194 从理论上来说，“文人共和国”的公民都是高学历的，除了极少数例外，他们都能熟练掌握拉丁语以及他们自己的母语。其中大部分成员都受过医学和法律训练，并从事相关行业，当然他们也有广泛的兴趣和知识面。虽然他们大多数还是具有很强的宗教性（包括17世纪英格兰很多知名的清教徒），但是他们思想开放，抛弃了教条主义，并接受了（虽然有时候也不太情愿）实证和逻辑训练。“文人共和国”的公民们仍抱着崇敬的态度去阅读在物理学、天文学和医学等领域的古代权威作品，不过充其量也是口惠而实不至。他们的根本前提是，可以质疑古代权威，并且如果证据充足，他们也可以推翻这些权威的观点。他们都心知肚明的是，古代权威在许多事物上的判断都是错误的。① 公民依靠出版书籍、时事报道、杂志期刊和小宣传册，以及不断增加的书信和个人网络来互相沟通交流（Collins，1998）。确实，书信是“文人共和国”运作方式的核心（Ultee，1987）。还有一批处于特殊节点上的人们，他们负责抄写信件并将信件邮寄给其他成员，在当时被称为“情报员”。② 人们建立了书信交换所，或“地址办公

---

① 这一时代的学者们处理古人问题的典型办法就是承认，如果古人只知道他们现在所知道的知识，他们就会同意古人的看法。例如，威廉·吉尔伯特在《论磁》（*De Magnete*）的序言中指出，“对于那些早期的思想家来说，如亚里士多德、泰奥弗拉斯托斯（Theophrastus）、托勒密、希波克拉底和盖伦，应该得到人们更多的褒奖：是他们将知识传递给后人，我们现在发现的很多知识他们也早已发现，如果他们还活着，一定很高兴我们的采纳”（Gilbert，[1600] 1893，p. li）。

② 书信网络中的节点人物的例子包括塞缪尔·哈特利布（1600—1662）和马兰·梅森（1588—1648），这两人与他们时代中的多数知识分子都保持着紧密联系（Webster，1970，p. 8；Webster，[1975]，2002，pp. 67－77；Collins，1998，p. 528）。一个最近的学者指出“给梅森写信，基本就相当于在科学期刊中发表了一篇学术论文”（van Berkel，2013，p. 59）。另一位关键人物是佩雷斯克（Peiresc），他的知名度和美誉度很大程度上建立在他的书信之上，与他通信的人有本地的，有外地的，有学者，也有商人和旅行者（Miller，2015，pp. 54－59）。

室”，以进一步加强私人联系。① 在接下来的一个世纪中，期刊在书信网络中起到了越来越重要的作用。一个多世纪之后，弗朗索瓦·罗齐尔（François Rozier，1734—1793），《对物理、自然史和艺术的观察》（*Observations sur la Physique*，*sur l Histoire Naturelle*，*et sur les Arts*，被广泛认为是第一本独立学术期刊，内容完全与学术界最前沿进步有关）的出版者，195
向美国哲学学会保证，如果他们首先知会他学术界的新信息，“在不到三个月的时间里，整个欧洲都会知晓这些信息”，并且这种通信是“科学进步所不可或缺的”（McClellan，1979，p. 444）。

爱森斯坦等人强调了印刷术对文人共和国发展的重要性，虽然福玛罗利（Fumaroli，2015，pp. 24，37）指出，“文人共和国”这一名词最先是由威尼斯的政治家和作家弗朗西斯科·巴巴罗（Francesco Barbaro）提出的，而这比第一间出版社的出现还早了三十多年。另一个不经常被讨论的，但在“文人共和国”的运作中也非常重要的，就是欧洲大陆邮政系统的改进。正是这种创新保障了欧洲科学和技术领军人物之间的有效沟通，并使他们建立了一套互联制度，这也是知识传播进程中的核心。邮政系统改良的产生多亏了塔索家族的组织能力。在 16 世纪初，弗朗西斯科·塔索［Francisco de Tasso，后来以弗朗斯·冯·塔克西斯（Franz von Taxis）之名著称］和他的兄弟是其中的领导人物，他们在意大利、德国和哈布斯堡皇室的疆土上都建立了常规邮政服务。他们的邮政系统在 16 世纪中叶覆盖了欧洲大陆的大部分地区，创造了历史上最经久不衰的商业王朝之一。法国的邮政系统建立于 1603 年，亨利四世国王（King Henry Ⅳ）允许皇家邮递员开始为公众服务，几年之后，他又任命了法国第一位邮政总长。最终囊括整个欧洲大陆的邮政系统的出现首先是欧洲政治体制下日益增长的沟通需求的副产品，这主要得益于查尔斯五世皇帝（Emperor Charles Ⅴ）所领导的统治欧洲多国的哈布斯堡王朝，也得益于其他日益强大的民族国家；其次，它的出现也是由于耶稣会等国际宗教组织的远距离通信需求的增长。不过，最重要的还是商业和金融业对信息和通信的要求不断增加，因为它们越来越需要处理各种跨境和跨洲的长途贸易。② 因此，“文人共

---

① 这些办公室通常担任交易所的职责，雇主在那儿能招到员工，在其他情况下，人们只在那儿交易信息。第一个这样的交易所与法国医生泰奥夫拉斯特·勒诺多（Theophraste Renaudot，1586—1653）有关，哈特利布在英国也模仿了这一模式。这样的地址办公室的本意是建立一个提供“建议、意见、协议和智力创新方式的会议中心和聚会地”（Webster，1970，pp. 44-47；Jacob，2006，p. 48）。

② 邮政费用一直很高，部分是因为它们对于国家来说是方便的增加收入的手段。玛格丽奇（Margoczy，2014a，p. 33）评论道：“邮寄的高价格可能会破坏人们间的友谊和学术网络的建立。”但其实毫无疑问的是，到 18 世纪初，维持紧密的书信网络其实只需要很低的成本。在 1683 年伦敦建立的著名的一便士邮政制，以及随后在 18 世纪这一制度的逐渐扩大，意味着到 1764 年，英格兰和威尔士的大多数居民每天都会收到邮件（Headrick，2000，p. 187）。邮政费用部分取决于内部运输成本，随着道路改善、运河开凿、火车更加可靠和快捷，内部沟通的有效性在启蒙时代大大增加了。

196 和国”的基础结构建设实际上是一个其他历史现象无意生产出的副产品。①在这个意义上，文化变迁可以看作被物质世界所驱动，虽然是以一种比历史唯物主义想让我们所相信的更偶然、更迂回的方式。

因此，在1500年后得以发展的书信网络是“文人共和国”的必要组成部分。想要成为“文人共和国”的成员就必须与其他成员建立联系。正如保罗·迪邦（Paul Dibon，1978，p. 46）所说：“每个‘文人共和国’的公民都有义务通过个人信件或会面来建立、保持和增加沟通交流。”在16世纪60年代，第一个正式体现了理想化的“文人共和国”的组织成立了。英国皇家学会是一个自下而上自发建立的组织，发展于培根去世后的培根主义者们所构想的“无形学院”，而法国皇家学院则产生于科尔伯特（J-B Colbert）自上而下的政府倡议。② 在正式和官方赞助的组织以及完全虚拟的书信网络之间，存在着许多半正式的知识分子俱乐部，如柏林的兴趣协会，每周三所有成员在某一位成员的家中会面，“目的既是教育自己，也是娱乐自己”（Goldgar，1995，p. 2）。这些组织构成了“公共科学”中正式的部分，因为“公共科学”在咖啡馆、小酒馆和其他非正式的场合中也随处可见（Stewart，1992）。③ 这些正式机构很快就着手开始出版各类科学期刊，如《学者期刊》（*Journal des Scavants*）和《皇家学会学报》（*Transactions of the Royal Society*），两者都首先出版于1665年（虽然起初它们都并非专门针对科技课题的期刊）。这些期刊成为印刷书籍和个人信件的替代品，它们也开创了我们今天所说的科学论文的先河（McClellan，1979，p. 425）。④

虽然各地体制和研究风格之间存在不少差异，但大多数“文人共和国”公民的共同特征是他们所接受的教育让他们致力于发展知识，承诺要让知
197 识自由传播，并坚信自己的培根信念，即这些知识在最终需要为整个人类服务。需要补充的是，这个时期知识分子的社会地位不断提高。男学者（和一些女学者）发现自己在社会中获得了越来越多的尊重，他们被邀请到各个高级的沙龙，被人们期望能够穿着精致合体，并能按照精英文化所规

---

① 商业邮政系统是对其他各种私人联系网络的补足，如出版商、书商、商人、外交官和其他宗教联系等。

② 著名的日记作家、园艺学家和皇家学会的创始会员约翰·伊夫林（1620—1706）对该组织的最高评价是，“在‘文人共和国’中从未有过像皇家学会中能产生的如此博学和普世的信件”（Evelyn，[1664]，1679，unpaginated preface）。

③ 约翰·霍顿（John Houghton，1645—1705），一位药剂师和作家，在工业启蒙时期，于1699年写道：“咖啡馆促进了艺术、商品贸易和所有其他知识的进步；因为一个好奇心强、想好好学习的人，在这里待一个晚上所能学到的可能比他看一个月的书所学到的更多”（Cowan，2005，p. 99）。

④ 了解更多启蒙运动时期科学期刊的发展细节，参见莫基尔（Mokyr，2005）。

定的礼仪行事。① 可以肯定的是，还存在着一个地下文学世界，罗伯特·达恩顿（Robert Darnton）将这个地下世界设定在了葛拉布街（伦敦一条著名的旧街，过去为穷苦潦倒的文人的聚居地）。这里所产生的作品不过是文学的点缀，也没有在文学世界产生什么大水花。

在这一社区内，人们对实现开放和竞争的理想的坚持越来越明显。“共和国”公民所共同具备的一个中心特质就是他们有抵制教条主义的决心。从“文人共和国”出现的一开始，公民们就意识到，他们的社区并不处于和平状态，他们需要的是“一支能够抗击无数强大敌人”的军队。可怕的敌军一直试图打倒“共和国”的进步军队，不想让“共和国”公民们发声。伊拉斯谟自己曾谈到过“武装公民”这个比拟说法（Fumaroli，2015，p. 47）。这里一个中心问题与伽利略时期人们所称的“哲学自由”相关。哲学自由是一个古老的概念，在欧洲文艺复兴时期被当时的人文主义学者马尔西利奥·费奇诺（Marsilio Ficino，1433—1499）重新提出（McClellan，2006，pp. 264－265），不过这次它被“文人共和国”的中心巨擘们看作“共和国”的核心原则，尤其是乔尔丹诺·布鲁诺（Giordano Bruno）、伽利略、康帕内拉（Campanella）、笛卡尔和斯宾诺莎［斯宾诺莎还将“武装公民”用于其《神学政治论》（*Tractatus*）的副标题中］等人（Sutton，1953）。他们非常清楚自己生活在一个危险的世界中，这个世界的自由是没有保证的。② 斯图尔特（Stewart，1994，p. 42）指出，哲学自由的概念与现代的学术自由的概念并不相同，因为哲学自由其实是对学科边界维护的一部分。③ 其实，我们应将这个概念看作在每个学科范围内试图解放思想、避免教条化的声 198
明。踏出这些边界，就像笛卡尔被指控那样，可能会面临严重的处罚。④

---

① 在这一方面，“文人共和国”就是一个关于戴尔得丽·麦克洛斯基（Deirdre McCloskey，2010）所提出的“资产阶级尊严”的绝佳例子——社会越来越重视能够产生普遍效用的特质。

② 哥白尼的学生，也是《天体运行论》（*De Revolutionibus*）的编辑，格奥尔·约阿希姆·雷提克斯（Georg Joachim Rheticus，1514—1574）认为关于这一点，可以适当地引用对古代柏拉图主义者阿尔喀诺俄斯国王（Alcinous）的一句赞美诗来描述：“要成为一位哲学家，必须先拥有自由而无拘束的思想”（Stewart，1994，pp. 34－35）。审慎的雷提卡斯（Rheticus）自己从未出版他关于哥白尼主义的题为《关于地球运动的书信》（Epistolae de Terrae Motu）于1651年出版的论文，在其中他试图调和日心说与《圣经》间的关系。

③ 这个问题在笛卡尔与荷兰加尔文主义神学教授之间的激烈争端中被明确提出。南荷兰宗教法院最后采取了行动，强行提出了解决办法，“没有人可以侵犯哲学自由，但这个自由不应被滥用”（Stewart，1994，p. 41）。

④ 没有任何限制的言论自由是一个在17世纪初由法国的知识分子所组织的一个名为“杜普兄弟”的内阁社团的指导原则，这是一个根据雅克·奥古斯特·德·图（Jacques August de Thou，1553—1617）的意愿而成立于巴黎的非正式的法国学院。雅克·奥古斯特·德·图是一位著名的历史学家和对法国研究贡献巨大的赞助者，也是在他的时代“文人共和国”中最受尊敬的公民之一。经历了法国血腥的宗教战争，这一言论自由的想法似乎开始成熟，人们意识到法国人之间的内讧是愚蠢且毫无意义的（Delatour，2005a，p. 289）。

“文人共和国”以公民们的一个共同的信念为基础，即哲学自由是他们完成扩大知识使命的基础，无论是有用知识还是形而上学的知识。人们觉得研究就应该按照自然哲学家的意愿选择前进方向。如果得到的证据最终与某些尊贵权威的观点相抵触，那么这个权威观点应该被抛弃（对于经典文献来说）或被重新诠释（对于宗教圣典来说）。有时人们认为，“对权威反叛”和“批判传统”就是启蒙运动的具体内容［例如，多伊齐(Deutsch，2011，pp. 12-13)］。它们是启蒙运动哲学的核心，而启蒙运动最基本的信仰本身就诞生于反叛和批判，并且在1500年就被建立了起来。知识积累越来越被认为是永不会终结的任务，知识总是需要被不断地验证、改进和扩展。斯普拉特（Sprat，1667，p. 429）主教提出的实验方法“教会了人们谦卑，让他们学会了自我反省，也消除了所有的自负和傲慢”。早在16世纪末，西蒙·史蒂文（Simon Stevin）解释说，之所以他出版了《数学回忆录》（*Mémoirs Mathématiques*）是因为这样做“他的错误就（可以）被纠正，人们也能因此得到更多发现”（Rossi，1970，p. 72）。一些最有影响力的领军人物，如佩雷斯克，就呼吁人们尊重学术争端（Miller，2000，p. 43），这一点通常会被人们忽略。

到17世纪晚期，“文人共和国”已经成为了一个具有竞争力的思想市场的体制基础，不同的学院为了知识分子们的思想不断竞争。贝尔在一篇著名的文章中写道：“这个共和国是一个极度自由的国家。只有在这里，真理帝国才能获得承认；在它们的保护下，在这个国家中对任何人的无知都能发起战争。朋友应该对抗朋友，父亲要反对自己的孩子”｛Bayle，［1696—1697］1734，vol. II，p. 389，有关卡丁瑟斯（Catius）的文章｝。[①]荷兰数学家和物理学家尼古拉斯·哈特索克（Nicolaas Hartsoeker，1656—
199 1725），一个典型且好斗的“文人共和国”的公民，写下了许多文章以攻击他生活中那些不可侵犯的伟人（包括牛顿、莱布尼茨和雅各布·伯努利）。并且他对自己的言论也不感到任何羞愧：“我非常谦虚地乞求所有我攻击过的人不要负面思考我的评论，也许我的评论有些过于随意了，可是我之所以经常这么做，也是因为我也想得到他们对我的评论的评价……这场哲学的战争可能会花费我们一点墨水，不过绝对不需要付出血的代价”（Feingold，2010，p. 183）。在他16岁的时候，即使他接受了列文虎克（Leeuwenhoek）这样足够分量的大人物的教导，学习了显微镜的知识，可在后来的研究中，他毫不犹豫地批评甚至嘲笑这些老一辈的科学家们。尽管

① 一位17世纪晚期的知识分子以及对“文人共和国”中所付诸实践的新科学的热忱崇拜者威廉·伍顿（William Wotton）曾经指出，“若是从研究哲学的现代方法和古代方法的比较来说，笛卡尔的方法并不比亚里士多德的方法更让人信服；他关于事实的论述才是真正吸引人的”（Wotton，1694，p. 300）。

(也许是因为）他的声誉受到了人们的争议，可他被赞助了很多高级职位，其中一个职位甚至是俄国沙皇彼得大帝（Czar Peter the Great）提供给他的(他拒绝了这一职位)。

伏尔泰在1753年回顾了“文人共和国”的历史，他写道，“在路易十四时代，‘文人共和国’成立了，但那时几乎没什么人注意到它。不过尽管战争不断，尽管宗教间差异巨大……可所有的科学和艺术都在‘文人共和国’中互帮互助，得以发展……每个领域内真正的学者都将这个伟大的思想社会更紧密地联系在了一起，这一独立的机制随处可见，且依然在我们身边，它抚平了这整个世界由于野心和政治而四散的邪恶，给我们带来的最有效的安慰”(Voltaire，［1751］1785，vol. 21，p. 287)。

“文人共和国”的成员多为男性，虽然有时候女性也确实发挥了重要的作用。[①] 17世纪晚期无形学院的成功，正是由于它的规模相对较小。通力合作是被鼓励的，背叛合作的人会被惩罚。如果人们重回这样的“游戏”之中，如果参与者能够共享合作“精神”，并且清楚知晓他人的行为，又如果参与人数足够少，少到任何投机行为都能被发现并且被惩罚，那么这种均衡更容易实现。在“文人共和国”中，这些条件所达到的程度远远超过了其他任何地方。戴维（David，2008，p. 77）指出：“合作披露准则为成员间相互的信息交易奠定了基础，总的来说，这将有利于进一步提高成员们的声誉。”综上所述，“文人共和国”的成员数量有限，并且成为会员也并非是无需付出代价的。它所暗含的规范意味着成员们需要回复信件，真实地展示调查结果和数据，并要对思想界的前辈们表达感谢。思想市场是竞争与合作的角斗场：供应商和买家都相互竞争，这也往往会导致冲突出现。事实上，当时的思想市场并非一派和谐。正相反，它因为激烈的争议、 200
对抗和嫉妒而四分五裂，是一个因为小人的存在而残酷险恶的世界，为了争夺地位、赞助和名誉而充斥着欺骗——这些事即使在当今的学术界看来大概也不会陌生。可与此同时，参与者们又都赞同一系列的基本假设，并且成员之间也必须做到相互配合和信任。在有关任何类型市场的分析中，这种和谐力量与竞争力量的共存其实都不存在任何矛盾。从亚当·斯密开始，经济学家就认识到，市场体系的辉煌恰巧体现在这一独特组合之上。

原则上，“文人共和国”幻想着自己是平等主义的化身，但现实却总是得非所愿。不过它的层级结构确实与社会其他部分完全不同：在这里，英雄不论出身，也不论贫富。美德、原创性、成就和博学决定了人们的等级，

---

① 这一问题至今仍存在一些争议。有关这一点的概括论述，参见梅尔顿（Melton，2001，pp. 209-211）。在一些“文人共和国”实际的学者聚集点，例如法国的沙龙，女性就扮演了极重要的角色。而在其他地方，如英国的咖啡馆，她们就被完全隔离在外了。

而这一等级也并非终身制的。这个社区或多或少给予了富裕的贵族科学家罗伯特·波义耳和他的助手，一文不名的科学新贵罗伯特·胡克，以及上流资产阶级知识分子如惠更斯和笛卡尔等人同等的地位。[1] 可以肯定的是，即富有又具有极高社会地位的法国知识分子，天文学家和古典学者佩雷斯克（1580—1637）被称为“文人共和国王子”，这项殊荣显然与他的智力和他广泛的社会关系及书信网络有关。在他所有的信件中，大概有 10 000 封都保留了下来。[2] 有人认为，缺乏等级组织才使得这一体制能有效运作，因为在科学和技术发展上，通常在等级结构中被委托的任务，完成得还不如“未被委托的好”（Rosenberg and Birdzell，1986，p. 255）。然而，更重要的因素是由于缺乏等级制度而得以保障的可竞争性，以及科学内部的啄食顺序。这一顺序是欧洲与等级制度最接近的制度建设了，它为有雄心壮志的
201 从业人员们提供了巨大动力，激励他们能最大限度地为科学做出贡献。和现在一样，在当时能成为一位科学界的超级巨星，是许多人梦寐以求的事情。

“文人共和国”的精神在许多方面都符合罗伯特·K. 默顿（Robert K. Merton）对科学精神特质的著名总结。[3] 在这一社区中最重要的操作规则就是，新知识一旦产生，就应该公开。如果一个好制度的重要特征之一就是明确和有效地执行产权，则对于知识创新来说，优先权就等同于所有权。作为一些自然规律或现象的正当发现者，或是一个新概念的原创者，这些创作者会获得相应的产权，但这种优先权并不剥夺他人对这些新知识的使用权。而创作者自身也会被社区其他成员赞扬为具有原创性的创新者。一个成功的知识创新者会将他或她的名字与新想法相关联，使得这个想法和它的创造者能共同出现，例如“波义耳定律”或“泊松过程”这样的二

---

① 哈贝马斯（Habermas，1989，p. 33）指出，在巴黎的沙龙里，贵族和显要的资产阶级与知识分子会面是“处于平等地位”的，王子和大臣们的儿子与钟表匠和小商贩的儿子之间也是如此。

② 皮埃尔·贝尔是继佩雷斯克半个世纪后的国际知识分子的另一个核心人物，他把佩雷斯克的贡献总结为“没有任何人比他为‘文人共和国’做出了更大的奉献”（Bayle，［1696—1697］1740，pp. 638-639）。福玛罗利（Fumaroli，2015，pp. 60-61）认为佩雷斯科只是“文人共和国”的“名誉领袖”，他协助和鼓励他人的工作，但自己几乎没有贡献什么持久的价值。米勒（Miller，2000，p. 4）从佩雷斯克享负盛名的地位中，看出了“文人共和国”的其他成员认为值得赞扬的活动和技能。其实许多现在已经不为人们所知的当时的欧洲知识分子都是这样表现的。真正的原创思想得到了网络中其他成员的补充和支持，他们分享和传播了知识，使得知识能更容易和更快捷被获取。佩雷斯科与他同时代的人分享他的知识和兴趣，但他绝非唯一这么做的人。格拉夫顿指出，欧洲的“文人共和国”中充满着这样的知识分子，也正是他们的作品一点点搭建出了“文人共和国”（Grafton，2015，p. 65）。

③ 默顿（Merton，1973）指出了四个基本特质：普遍性（知识并不局限于某个单一群体中）；共产主义（知识被放置在公共领域而被人们共享，所以它也面临着一个“公用问题”）；公正性（研究者和哲学家探索出的真理会被他们的同行们监督和检验）；有组织的质疑精神（探索知识的人们不愿意被某些先入为主的偏见而束缚住）。

元组合就是如此。因此，创造者不拥有这一新想法（在不剥夺他人使用权的意义上），他或她的贡献就会被认可，也会获得声誉。在某个阶段，这个过程变得更加复杂。在17世纪下半叶，一套特定的程序产生了。人们允许科学家在出版著作之前就先确定自己的优先权，他们将自己的论文放在信封或其他装置中，密封之后存放在某个学术团体的秘书处（Pancaldi，2003）。不牵涉直接利润的声望成为“文人共和国”知识产权的规则之一——学者的利润必须从声誉效应中间接获得。帕斯卡（Pascal）就清楚地在自己的新思想中建立了清晰明确的产权。他在1647年出版的《新实验》（*Expériences Nouvelles*）中指出，他完成了“自己认为适当的实验”（Dear，1995，p. 186），所以当他听到有人怀疑他将托里拆利的发现据为己有的时候，感到异常恐惧（Wootton，2015，p. 101）。

为了让知识创新成为精英文化变革的有效力量，其扩散机制至关重要。确实值得我们牢记的是，在知识巨星如培根、斯宾诺莎和牛顿等人之下的思想市场极其依赖于那些博学的人，如布朗、康帕内拉、哈特利布和佩雷斯克，他们稍稍改进了那些伟大思想，将它们四处传播。那些当时不那么醒目的知识分子，其中不少对现代人来说甚至是无名小卒的学者，其实都为传播知识付出了极大努力。真正的原创思想得到了网络中其他成员的补充和支持，他们也加入了分享和扩散大军，使得普通人更容易获得这些知识。格拉夫顿指出，欧洲“文人共和国”中充满着这样的知识分子，也正 202
是他们的作品一点点搭建出了“文人共和国”（Grafton，2015，p. 65）。

虽然开放科学的概念明确避开了知识市场中排他性和保密性的概念，但“无利润声望”这一隐含概念并未抛弃知识产权的概念。他们越来越认识到，新想法及其所带来的声誉是他们的资产，是具有产权神圣性的资产。《安妮女王法令》（Queen Anne's Law，1710）在英国建立了版权的初始基本形式，而在18世纪其他地方也都出现了类似的制度安排。专利制度是一个非常不同的想法，因为它明确规定了他人未经许可不得应用新知识，即使在知识本身被置于公共领域的情况下。然而在命题知识领域，从原则上来说，这种优先权在新概念和创造者之间构建了一种一对一的独特关系。

然而，这个系统也没能被完美运作，最好的证明就是在太多科学家间都产生过关于谁先谁后的争论。① 重要的是，很多因为某一概念而赚足声

① 最早的优先权之争出现在16世纪，如天文学家第古·布拉赫和乌尔瑟斯［Ursus，又名尼古拉斯·赖默斯·贝尔（Nicolaus Reimers Baer）］之争。在所有这些事例中，莱布尼茨和牛顿之间关于发明微积分的争议是最有名的，不过关于牛顿和胡克的光学争论、胡克与惠更斯在手表中的螺旋弹簧的争论都有详细的文献记载。同样闹得很不愉快的一场争论大约在1665年，是在荷兰的两名科学家简·斯旺默丹（Jan Swammerdam）和赖尼尔·德赫拉夫（Reinier de Graaf）关于发现一种新的研究女性生殖器官技术的争论。根据一段未经证实的记载，德赫拉夫是因优先权争议而劳累致死的。

望的人，并不一定总是历史上第一个发现它或阐明它的人，而往往是第一个成功在思想市场上有效推销它的人。[①] 但作为一个同时确保了科学和智力话语的开放性的手段，也作为一个能够充分激励创造性和原创性思维以不断创造智力创新的手段，这个体系取得了圆满成功（Dasgupta and David，1994，pp. 499-500）。如果“文人共和国”是使得思想市场正常运作的机制，那么重要的是在意识到在没有强制力量或正式结构的情况下，这些规则是如何被执行的。制度分析关于这一点的一种可能解答是，合法性——一套共享的信仰——降低了任何制度的执行成本。正是“文人共和国”这种日益增长的合法性使得它成功实施了其规则。如上所述，这些规则包括可争议性、国际性、对权威的独立性和开放性。

驱动思想市场的激励机制取决于能否获得声誉，而“文人共和国”也

203 为声誉建立制定了标准。声誉需要开放性。除了建立声誉明显的重要性之外，部分开放性也是由科学家们自己有关道德责任的思想意识所推动的。像笛卡尔所说，“我相信我无法在不严重触犯法律的情况下隐藏（我所提出的关于物理学的概念），法律要求我们研究知识，为人类福祉而努力。它们让我知道获得在生活中非常务实有用的知识是可能的，从而让我们真正成为大自然的主宰和所有者”（Descartes，[1641] 2005，p. 50）。但经济学家们往往怀疑，除了道德和思想意识让思想家们愿意公开自己的知识，也可能存在物质上的或其他自利的动机驱使他们这么做。[②]

理查德·韦斯特福尔（Richard Westfall，1985）、罗杰·哈恩（Roger Hahn，1990）和保罗·戴维（Paul David，2004，2008）都指出，驱动此体系的激励是这个声望游戏的一部分，赢得游戏的奖品就是赞助者所提供的高等级职位（尽管在某些情况下出版一本畅销书也是有实际报酬的）。同行的评价特别重要，因为不像艺术天才或是大文豪，学者的研究和其原创思想的真正价值很难由那些不懂科学的大富豪们所决定。[③] 因此，“文人共

① 史蒂芬·斯蒂格勒（Stephen Stigler）提出的这一点，通常被称为“斯蒂格勒命名定理”。而斯蒂格勒又很恰当地将这一发现归功于罗伯特·K. 默顿。详见斯蒂格勒（Stigler，1999，pp. 277-290）。

② 即使像罗伯特·波义耳这样富有的科学家最后都因为人们随便引用他的文章而不标注出处感到十分恼火，于是他让亨利·奥尔登堡（Henry Oldenburg）出版了一份他的作品目录，以确保他在这些研究中的知识产权（Shapin，1994，p. 183；Hunter，2009，p. 190）。不过同时他对优秀研究也不吝赞美——符合他绅士的身份。在波义耳（Boyle 1682，preface）中，他给予他的助手，一位法国胡格诺特难民，四处流落的实验哲学家丹尼斯·帕潘（Denis Papin）不少赞美之词，他是第一个制造出可行的大气发动机模型的人。

③ 达斯古普塔和戴维（Dasgupta and David，1994）和戴维（David，2008）提出了重要的一点，即在自然哲学和数学的许多领域，对于潜在的赞助者而言，他们作为局外人很难评估那些他们想要赞助的研究，所以这些学者在群体内所享有的声誉决定了其所在群体外享有的声誉。在这方面，“文人共和国”的赞助不同于那些给予画家和音乐家的赞助，对于绘画和音乐，赞助者们可以自己评价。

和国”组建了各种机制来向外界发出关于成员们研究质量的信号（David，2008）。声誉建立在学者们的成就和功绩之上，而这又是以他们研究的质量和独创性为衡量标准的。哈恩（Hahn，1990，p.11）有些夸张地指出，“功绩标尺”作为智力价值的衡量标准，是一个重大创新。此外，功绩是全球性的，而不是地方性的，并被一个更广泛的国际群体所评估，这一群体中人们的社会关系在评估上也相对不那么重要。① 因此这进一步增强了激励措施：全球性的声誉明确地提高了任何具备声誉的人的议价能力。② 这 204
里值得我们再重申一遍的是，这种声誉需要的是原创知识，而不仅仅是对已有文本的研究和解读。

贵族和国王之间相互竞争，为最成功和最有名的艺术家和科学家们提供赞助和保护。他们出高价以争取获得这些超级巨星的服务，如画家安东尼·凡·代克（Anthonie van Dyck）、作曲家让·巴蒂斯塔·吕利（Jean-Baptiste Lully），以及天文学家第古·布拉赫这些在竞争中最吸引人、最辉煌和有才华的欧洲公民。威望、虚荣以及在竞争激烈的世界中彰显统治者财富和力量的需要，是驱使王公贵族们尝试吸引最优秀的智者的动机。统治者常常偏好于雇用有天赋的和在数学上训练有素的学者来担任各种技术咨询职务。贵族们需要数学家、建筑师、地图绘制师、工程师、弹道专家、防御工事专家和冶金学家。③ 重商主义时期最需要的是训练有素的数学家和工程师，以改进航海技术、船舶设计以及军事技术。皇室和贵族也经常为他们的私人医生提供赞助，这些医生也可以利用他们的职位便利来完成科

---

① 达斯顿（Daston）关于这一点总结得很好：“范围广泛却经常争吵不休的‘文人共和国’的公开的基础是……学者的功绩……许多启蒙思想知识分子还相信外国人比自己的同胞更有判定功绩的资格”（Daston，1991，p.379，这一引用为了强调重点而重新组合语序）。

② 享受了波兰王子赞助的波兰医师扬·琼斯顿（Jan Jonston），为自己建立了足够的声誉，让他可以在一些荷兰和德国的大学中获得教授的职位（不过他都拒绝了）。为了建立声誉，他出版了关于医学和自然史的教科书，以及（足够吸引人的）如果教导贵族赞助人子女的教书指南（Margóczy，2014b）。或者考虑杰出的佛罗伦萨数学家温琴佐·维维亚尼（Vincenzo Viviani，1622—1703）的情况，他是伽利略在年老时期的学生和门徒。在1666年，他的名望很高，使得他获得了路易十四和波兰的约翰二世收入丰厚的职位，于是斐迪南二世·德·美第奇公爵又向他提供了还价的机会，并任命他为御用数学家。

③ 当伽利略在帕多瓦大学工作时，他也为威尼斯的军火库做免费劳力，并且发明了他的测地和军事两用指南针（用于射击训练），以及其他军事上实用的设备。同样，17世纪下半叶最著名的天文学家之一，乔瓦尼·多梅尼科·卡西尼（Giovanni Domenico Cassini），当他16世纪50年代在博洛尼亚担任天文学教授时，被教皇亚历山大七世雇用调查波河的水力，研究出能避免洪水暴发的手段，并提供一些军事咨询（他被任命为佩鲁贾的防御工事的监督）。慕黎斯（Maurice）王子让工程师西蒙·斯蒂文（Simon Stevin）一直为他服务，同时斯蒂文也负责教授他数学，担任他的军需官，并用新的簿记方法改良了王子的财政状况。

学著作。一个例子是为亨利二世（Henry Ⅱ）担任国王私人医生的天文学家和内科医生让·费尔内尔（Jean Fernel，1497—1558）。在16世纪，杰出的自然学家康拉德·格斯纳（Conrad Gesner，1516—1565）被称为“瑞士的普林尼”，他随后成为苏黎世的首席医师，在布拉格的查理大学担任教授。法国医师和博学家皮埃尔·米雄·布尔德隆（Pierre Michon Bourdelot，1610—1685）担任了瑞典女王克里斯蒂娜（Christina）的私人医生，后来成为了有权有钱的法国将军康德（Condé）王子的私人医生和门徒。弗朗切斯
205 科·雷迪（Francesco Redi）是佛罗伦萨美第奇（Medicis）家族的宫廷医师，以及他们的药房和铸造厂的秘书长及主管。

另一种皇室需要的研究是地理研究，这是由贵族们的爱国和殖民动机所驱动的。英国年轻的皇储亨利·弗雷德里克（William Frederick），即威尔士王子，于1612年去世，年仅19岁。当时，他聚集了一批有影响力的地理学家在他周围，就是出于他“新兴的爱国主义”动机（Cormack，1991，p. 81）。但是除了要求提供直接服务外，赞助也涉及形象和声誉的问题。马基亚维利（Machiavelli）“智慧君主”提出的概念，结合学问与权力，展现了一种类似柏拉图式哲学家的国王形象，从而为佛罗伦萨、米兰和曼图亚的许多意大利统治者们需要聘请科学家的做法提供了合法性，因为他们中的很多人不过是军阀而已（Eamon，1991，p. 33）。德国君主同样加入了对实际事务和科学的追求之中（Moran，1991b，p. 169）。牛顿在伦敦成为英国皇家铸币厂的总监和厂长，并发起了对造假币者无情的清扫行动。18世纪的德国物理学家和数学家弗朗兹·艾皮努斯（Franz Aepinus，1724—1802），曾受过叶卡捷琳娜大帝的赞助，被任命为保密局负责人。约翰·德萨吉利埃（John T. Desaguliers）获得钱多斯公爵（Duke of Chandos）的赞助，他为公爵提供了不少有关技术项目的建议。同时他被卡洛琳（Carolin）王后［乔治二世（George Ⅱ）的妻子］聘请，为对科学深感兴趣的王后提供各种科学学科的教导。①

赞助所提供的不仅仅是物质上的激励。比亚焦利（Biagioli，1990）在他关于赞助的“新观点”中将这一点作为中心论点，他明确地尝试尽量最小化科学家们的经济动机。他和莫兰（Moran，1991a，p. 3）认为，与强大且富有的精英攀上关系为科学家们提供了“社会和知识合法性”。这里的赞助是达到目的的一种手段。通过在知名度高的地方任职，为金字塔顶端的人工作，实验家们的研究成果就相当于被授予了“产品质量许可证”，也让

① 当时知识分子所具备的面对有权之人的奉承讨好的艺术，从德札古利埃（Desaguliers）1728年为乔治二世国王登基后而写的寓言诗《牛顿制度》中就可见一斑。为了继续获得王后的支持，他将牛顿天文学的理论的绝对可靠与汉诺威的稳定相等同（Fara，2004）。

他们获得了足够的信誉。比亚焦利认为，赞助可以帮助自然哲学家获得社会地位，但他认为社会地位是否开启了认知合法化的密码还有待观察。他声称，像伽利略、开普勒和克拉维斯这样的伟人所获得的声誉并不是他们科学研究高质量的结果，而只与他们的社会地位以及向他们提供赞助的顶尖贵族相关（Biagioli，1990，pp. 5，28）。不过这一提法似乎有些过于儿戏。如果我们完全按照字面意思来理解比亚焦利的观点，我们应该看到这些宫廷哲学家们事实上是贵族们的免费劳动力，甚至要向贵族支付一定的 206
经费才能获得在宫廷中工作的权利，以及享受这些赞助者们的保护。[①] 比亚焦利对赞助的解读虽然包含着这个重要的事实，但是并不包含对另一个事实的否认（也不需要否认），即对许多科学家来说，赞助确实为他们提供了收入和庇护，但这样的赞助取决于最能评估他们贡献价值的同侪是否为他们的思想提供了足够的合法性，这一点也正是韦斯特福尔（Westfall，1985）所辩称的。

赞助可以采取不同的形式。其中大部分由欧洲的君主和国王提供，部分出于对宫廷声望的考虑，他们于朝堂上聚集了大量的知识分子。一位不太称职的皇帝，哈布斯堡王朝的鲁道夫二世（1572—1612 年在位），就在其位于布拉格（当时的帝国首都）的宫廷招揽了大批的科学家和艺术家。天文学家第古·布拉赫和开普勒都是哈布斯堡的御用官员，卡罗卢斯·克卢修斯（Carolus Clusius）和查尔斯·德·勒克劳斯（Charles de l'Écluse，1526—1609）也是如此。克卢修斯是现代植物学的创始人之一，无论从哪个意义上来说，都是 16 世纪的“文人共和国”的典范成员：他是一位国际化人才，四处游历，社会关系丰富，曾为鲁道夫二世和鲁道夫的父亲马克西米连二世（Maximilian Ⅱ）都工作过（Evans，1973，pp. 119－120）。[②] 伽利略也许是最著名的例子：在 1610 年，他被佛罗伦萨大公科西莫二世

---

① 人们也不能仅从字面意思上接受比亚焦利（Biagioli，1990，p. 5）的断言，“赞助只在一种意义上是一种自愿行为，即一个人如果拿不到赞助，就基本等同于犯下了社会自杀的罪行”。一方面，17 世纪的一些主要科学家经济足够独立，不需要狭隘意义上的赞助，也没有人认真地质疑过斯宾诺莎或牛顿的合法性。声誉建立在思想成就的基础上，与赞助者的关系是双向的。另一方面，比亚焦利没有充分认识到在竞争激烈的市场上供需双方行为人进行自愿交换的本质。即使参与到市场活动是不可避免的，两个行为人之间的交换行为也需要双方同意，并且能促进福利的改善。

② 因为统治者可能是反复无常的，或者被别人用不同的口味取而代之的是，有关赞助的政治博弈可能是复杂的，作为一种收入的来源它也可能是不稳定的。鲁道夫二世雇用了一位名叫塔德斯·哈耶克（Tadeás Hajek，1525—1600）的捷克御医，他有着极其良好的关系网，并且在全欧洲都声名远扬，也因此皇帝才对他有所耳闻而雇用了他。正是通过他的影响，布拉赫于 1599 年在布拉格定居。哈耶克与当时许多科学家一样，之所以学习天文学，是受到了当时哈布斯堡皇室对占星术的强烈需求的驱动（Evans，1973，p. 152）。

(Cosimo Ⅱ) 任命为首席数学家和哲学家，他也可以自由地进行任何研究(只要不与宗教教义存在太多冲突——但这是另一个故事了)。正如韦斯特福尔 (Westfall, 1985) 所说，伽利略通过游说最终得到了这个职位，事实上，在某种程度上他可能还特意调整了其研究方向，以增加他得到这个令人垂涎的御用职位的机会。但其他学术界的超级明星也凭借自己的声誉得到了很多高薪的任职机会。荷兰数学家惠更斯和意大利天文学家乔瓦尼·
207 多梅尼科·卡西尼在 16 世纪 60 年代被法国皇家学院所雇用，年薪分别为 6 000 里弗和 9 000 里弗左右。虽然统治者们提供赞助的例子很多，不过更多的赞助是由富裕的贵族和商人们所提供的。[1]

辅导富裕家庭和贵族家庭出身的孩子是知识分子为寻求安全和平的生活而提供的另一种普遍服务：托马斯·霍布斯最初被卡文迪什家族聘请为他们孩子的家庭教师，数学家威廉·奥特雷德 (William Oughtred) 也是阿伦德尔伯爵所聘请的人员之一。艾萨克·卡索邦 (Isaac Casaubon, 1559—1614) 是在英国寻求庇护的极为博学的法国学者，他经常被传唤到詹姆斯国王的行宫，与国王和他的家臣们开展一些学术讨论。笛卡尔被瑞典女王聘用为她孩子的老师。比亚焦利将赞助看作一种合法化的形式的理论显然是不完整的：在赞助者和科学家之间存在着复杂且多面的服务交易。

赞助既复杂，适应性也强。皇室赞助为那些被大学中的沉闷氛围逼到窒息的知识分子们提供了一个替代选项 (Moran, 1991b, p. 169)。同时，它也为知识分子提供了对抗其思想 (或个人) 对手在政治上的保护措施。此前提及的托马斯·康帕内拉之所以可以幸免于难，并且完成他的大部分作品，就是因为鲁道夫皇帝、巴伐利亚马克西米兰公爵和其他天主教的名人都利用了自己的影响力来保护他。伽利略依靠佛罗伦萨强大的贵族使自己免受其思想对手的伤害，尽管他最终可能高估了这些贵族的权力。此外，并不是所有科学家都受到了赞助的激励，被调动了积极性。那时候和现在一样，科学研究和智力创新的产生包含了一系列因素的作用，包括经济激励、个人兴趣、对同行的认可和尊重的追求、对揭示真相的道德承诺，以及对国家或是全人类的责任感。罗伯特·波义耳是一位富裕的地主，他也

---

① 有许多知名的赞助人并不是国家元首。其中最著名的是孔代亲王 (Prince de Condé, 1621—1686)，他是法国著名的造反派，后来成为了成功的将军。他的知识品味十分折中：他招揽了作家莫里中 (Molière) 和拉辛 (Racine)，让有些激进的神学家以萨克·拉佩雷 (Isaac LaPeyrère, 1596—1676) 担任他的秘书，以及任用保守的主流天主教知识分子波舒哀主教 (Bishop Bossuet)。儒勒·马扎然 (Cardinal Mazarin) 聘请了藏书家加布里埃尔·诺德 (Gabriel Naudé, 1600—1653) 作为他的个人图书馆馆长和私人藏书家。农民的儿子皮埃尔·伽桑狄 (Pierre Gassendi) 享受了富有的知识分子佩雷斯克的保护 (并且多年来住在佩雷斯克家里)，而在佩雷斯克去世后，他又获得了普罗旺斯总督路易·伊曼纽尔·德瓦卢瓦 (Louis Emmanuel de Valois) 的赞助。

是一位雇主，而非一位只接受赞助的受惠者。列文虎克在代尔夫特当地是一位成功的商人，尽管皇家学会的研究成果多是用他所改进的显微镜完成，可没有证据表明他除了得到认可之外，还获得了任何形式的回报。斯宾诺莎，与列文虎克同时代的著名学者，也通过研磨透镜和制作仪器（以及家 208
教工作和朋友的馈赠）来维持生活。尽管他的名气很大，可他从来没有得到过任何赞助职位。笛卡尔依靠着自己继承的财产，过着舒适的甚至可以说是奢侈的生活。① 马兰·梅森是一位修道士，一直过着最清贫节俭的生活，不得不接受其他僧侣的接济。出版了《文人共和国新闻报道》（*News from the Republic of Letters*）的皮埃尔·贝尔只需要也只拥有一位赞助人，那就是他的鹿特丹出版商莱纳·里尔斯（Reiner Leers），以及遍布欧洲各地的读者（Eisenstein，1979，p. 138）。

知识分子与他们所处的政治环境之间的关系是复杂的，最关键的是争取赞助，而不是展示成果或是娱乐大众。各个皇室为了吸引欧洲最好的学者的竞争反映出了这样一个信念，高知识水平的个体被证明是对国家有用的，因为他们的见解为统治者提供了有用的意见，并且帮助他们制定了政策。他们的聪慧和专业在国家事务中派上了极大的用场。事实上，当时许多著名的科学家都是国家外交官或顾问。莱布尼茨，学术界的超级巨星，于1676年被不伦瑞克-吕讷堡（Brunswick-Lüneburg）公爵（1692年成为汉诺威的选帝侯*）所聘请，他在其人生的最后一段时间一直在为公爵效忠，担任了多个职位。

同时，“文人共和国”也是一个竞争激烈的思想市场。像所有运作良好的市场一样，如果知识足够“密封”，那么这一市场就会构建在一个单一均衡的最佳实践的观念之上。然而，由于它是一个思想市场，它会受到经济学家所称的“网络外部性”的限制。一个知识分子所接受的真理可以影响他人对这一思想的需求。在第五章中的许多文化进化偏见在这里是有效的，并且直接偏见（因他人的声誉而接受他们的观点）和频率依赖偏见（接受

---

① 根据“伽利略计划”，笛卡尔断言，他已经从家人那里获得了足够的财产，他可以自由选择在哪儿生活和如何生活。他的生活也确实如此。在1633年，他打消了自己出版《世界》（*Le Monde*，1629—1633年之间的手稿）一书的想法，以免减少自己自由和休闲的时间。该决定清楚地证明，他觉得没有必要为自己建立声誉。理查德·韦斯特福尔（伽利略计划的编纂者）对关于笛卡尔将《哲学原理》一书献给波西米亚伊丽莎白公主的文章提出了一点补充。“与公主的关系显然揭示了有关赞助系统是如何运作的。她并不提供任何金钱奖励，只提供她的皇室名字所代表的声誉”，这点似乎很牵强；公主是从她的祖国波西米亚流亡在外的一位成功的知识分子。她人生的最后二十年都在德国度过，作为路德教会的女修道院院长。我们很难看出她的皇室名字能传递出多少的合法性。

* 选帝侯是德国历史上的一个特殊名词，指代那些可以参选“罗马人的皇帝”的诸侯。——译者注

一个越来越多人都同意的共识）都表明，在许多情况下，这个竞争过程最终会采纳一个主流观点，即便这个选择过程像哥白尼革命一样会花上几十年的时间，也即便这个观点最终被证明是错误的（如德国自然哲学家在17世纪提出的燃素说）。像许多具有网络外部性商品的市场一样，思想市场通
209 常都处于均衡状态，只有一个学说能占据主导地位。但这也取决于知识的密封程度。一切都是可争议的，但如果一个命题足够密封，并且可以在合理的置信水平上进行验证，那么整个系统就会将它看作一个均衡文化变体，并向它倾斜，使之成为“传统智慧”。如果它是不密封的，也就是说，如果现在普遍采用的最佳实践科学方法不足以在竞争观点之间做出决定，那么这样的趋同就无法产生。然而即使能做出决定，通常当时的市场环境也不足以严格到可以剔除许多被不尊规则的狂想家们所占据的领域，这些人坚持的文化变体多为大多数人已经放弃的（例如相信所有关于人类历史的问题都可以在《创世纪》中找到答案）。这也许是可取的，因为这些荒诞信仰中的一小部分可能最终会产生科学上的重要概念——尽管这个结果不太可能从肯塔基州彼得堡的创世博物馆中产生。

人们认可“文人共和国”中的学术话语的原因不仅仅在于其内容，更涉及获得知识的方法和手段是否更可靠和更准确。更好的实验设计、更仔细的计算和更准确的观察都成为科学话语的组成部分。如前所述，在1500—1700年的“文人共和国”中，进行了很多场科学辩论，这也说明了思想市场对于仲裁和判决争端的有效性。这些辩论其实都是说服的一种形式，也就是文化进化中的各种偏见。至少有些争议是由内容偏见所决定的：手握最佳证据和逻辑最清晰的人才能胜出。换句话说，当一个特定信念所积累的证据足够强大时，当任何尝试证伪它的努力都无法成功时，它就会被越来越多的人所接受，也因此可以被认为是密封的知识。当然，这样的竞争可能需要花费几十年甚至几个世纪的时间。有些竞争甚至到今天还没有决出胜负。正因为许多问题都不够密封到能做出决定的程度，思想市场才会依赖其他形式的偏见，特别是直接偏见。但直接偏见尤其重要的原因是，它节约了信息成本。复杂的数学证明可以被当作证据，因为人们会假设那些检验了数学定理的人也已经检验了这些数学证明。正如我们已经看到的，实验结果经常在不被复制的情况下就被接受，是因为思想市场上的买家“信任”那些做实验的学者。[①]

210 一种被称为“赫尔墨斯神智学”的神秘宗教运动的兴起和衰落就很好

① 夏平和谢弗（Shapin and Schaffer，1985，pp. 55-67）详细描述了波义耳是构建自己实验可信性的步骤。波义耳自己写下的步骤也被详细描述，以便其他人复制他的方法，说服读者相信实验是可信赖的，同时也提供了“虚拟见证”的可能性。此外，为了进一步确立他的可信度，波义耳甚至报告了他失败的实验，谨慎地写道自己的结论并没有夸大其词。

地体现了思想市场中的竞争、知识密封性和内容偏见的重要性。这场神秘运动的参与者们包括了像乔尔丹诺·布鲁诺和约翰·迪伊这样值得信赖的知名人士。这一教派通常被认定是一个基于黑魔法的邪教，但在某一时期内，它也在欧洲思想市场上与其他教派展开了激烈的竞争。赫尔墨斯神智学的信仰核心基于一个古代的名为赫尔墨斯的神话作家所著的一系列古典文献。他的作品内容是宗教教义、占星术和隐秘习俗的混合，例如他提到的具有强大能量的护身符和某些植物及石头具有某些超自然特性等(Yates，1964，p. 2)。其追随者相信，赫尔墨斯的著作最早出现在埃及，其完成时间甚至早于摩西的著作，这一可追随到远古的特质为这些书又套上了神圣的光环。这些书是“古代神学”中的一部分。“古代神学”包含了大量古代圣人的著作，并且这些书籍的完成时间早于希伯来《圣经》和最早出现的古希腊圣贤的著作，同时其包含的知识体系反映的是最原始的宗教信仰，也就是所有智慧起源于的宗教信仰。然而，“文人共和国”有关证据和说服的规则以及其争议性原则，并没能让人们对这一运动持有什么宽容态度。1614 年，胡格诺派的古典学者艾萨克·卡索邦发表了有关赫尔墨斯神智学著作破坏性的分析。他确定无疑地指出，这些书籍最早只能追溯到公元前 3 世纪或公元前 2 世纪，且不过是些模仿古希腊文本和《圣经》文本的著作，而不是一本古代埃及作家所写的受神性启发的著作(Grafton，1983)。[①] 像耶茨和其他人所指出的那样，对神秘力量的强烈信念在早期现代欧洲很多有学识的人中被广泛传播，从那不勒斯的哲学家和实验家吉安巴蒂斯塔·德拉·波尔塔（Giambattista della Porta，1535—1615）到艾萨克·牛顿本人。[②] 在后辈的学者看来，前辈的很多思想都很迷信，这让他们觉得有些尴尬，所以他们也竭尽所能地淡化这种迷信元素：毕竟，思想史也是由胜利者所撰写的。

对魔法和隐秘习俗的信仰并不一定是人类发展的倒退：在耶茨的思想中，它们构成了对另一种越来越坚定的信仰的例证，即“在中世纪，人类生存的真正目的就是沉思”，文艺复兴时期的隐秘习俗和魔法改变了思想活动的目的。此时，思想活动是“宗教的，不违背上帝旨意的，人类这个伟

---

① 耶茨（Yates，1964，p. 398）将卡索邦的书出版看作一个分水岭式，区分了文艺复兴时期和现代时期。

② 许多文艺复兴时期的知识分子们都对神秘的命理学极其着迷，以 13 世纪在西班牙出版的《光明篇》(*Zohar*) 被犹太学者所践行的卡巴拉（Kabbalah）著称。在对这一犹太神秘哲学着迷的人中，著名的有 15 世纪的人文主义学者乔瓦尼·皮科·德拉·米兰多拉(Giovanni Pico della Mirandola，1463—1494)、法国古典学者和天文学家吉约姆·波斯特尔(Guillaume Postel，1510—1581)、阿塔纳斯·珂雪（Athanasius Kircher）和乔尔丹诺·布鲁诺。

大的奇迹应该能发挥自己的力量”（Yates，1964，p. 156）。许多学者指出，
211 这个态度构成了理论与实践之间的新桥梁，不过这些桥梁可以具有多种形式。早期现代欧洲的魔法与科学之间的差距并不像它在启蒙运动中那么大。隐秘习俗、神秘主义和魔法共存，并与实验方法和实证检验也有共同之处。这些学科中也经常用到高级数学。虽然速度非常缓慢，但现代科学的终于占据了上风，导致了工业启蒙的产生，可这并非是最终的胜利（Tambiah，1990）。无论如何，到18世纪中叶，神秘主义传统已经失去了人们对其思想上的尊重，也失去了支持者。人们仍然对艾萨克·牛顿极尽崇拜，但也避免提及他对神秘主义的兴趣（Copenhaver，1978，p. 34）。

思想市场是不同的哲学教义为争夺更多信仰者的角斗场。18世纪初，欧洲大陆的科学世界已经演变成了一个三足鼎立的局面，牛顿、笛卡尔和莱布尼茨各占一方，在一些重点问题上相互决斗。到18世纪下半叶，无论从哪点看，牛顿主义者都赢得了这场战争。至少在阿尔卑斯山北部地区，这是一场只有少数的世俗或宗教权威介入的战争。虽然如此，这场战争中所使用的武器是说服力、证据、逻辑、政治高压，以及称得上是合理的学术争辩。[①]

在更广泛的全欧洲范围内，思想市场上的竞争存在于保守派与“新科学”之间。保守派极尽所能地阻止被他们认为是违反宗教圣典和其他权威的异端观点的出现和传播。这一派的先锋队伍就是宗教裁判所和耶稣会，他们是对年老的伽利略仍不放过的审判者们，是日心说、微粒论、微积分的激进的反对者们。耶稣会士的命运尤其能说明问题。在许多方面，他们中拥有最聪慧的科学头脑的智者都认为自己是“文人共和国”最真实的成员。他们被耶稣会的正式规则和他们自己强大的智力左右拉扯着，这常常造成宗教经文与他们的科学见解之间的矛盾。一些耶稣会士，像是克里斯托弗·格林伯格（Christoph Grienberger），克拉维斯的继任者及罗马学院
212 的数学教授，就秘密地支持着伽利略的观点，可耶稣会士所承诺要遵守的规则又要求他们尊重神学原则（Castellano，2004，pp. 10－11，20）。西班牙耶稣会科学家，罗德里戈·阿里亚加（Rodrigo Arriaga），在其人生大部分的时间里都在布拉格教书。他于1632年出版了一本被广泛阅读的教科书

---

① 一个能说明问题的例子是17世纪晚期牛顿主义者和笛卡尔主义者之间关于地球形状的争论。约翰·伯努利的研究显示，牛顿认为地球是一个扁球体（两极呈扁平状），笛卡尔认为地球是扁长体（椭圆形）。伟大的数学家和启蒙时期的天才学者皮埃尔·路易斯·莫佩尔蒂（Pierre Louis Maupertuis）和他的同事亚历克西斯-克劳德·克莱洛（Alexis-Claude Clairaut）在1736年抵达了拉普兰完成了弧度测量（比较拉普兰的子午线角度和巴黎的角度），找到支持牛顿理论的证据。一些小的异常仍然存在，新的数学和测地工具又被应用到这个问题上，直到19世纪初扁率的问题才得到解决。不过重要的是，这些测量结果最终解决了这一问题。

《课程哲学论》(*Cursus Philosophicus*)，其中包含了不少赞同新天文学和微积分的篇章（Grant，2003；Alexander，2014，pp. 139－141)。这是被由保守的耶稣会总会长穆齐奥·维特莱施（Muzio Vitelleschi）所领导的耶稣会修订委员会所明令禁止的。在天主教世界中，许多天文学家和数学家都非常支持哥白尼、伽利略和其他异端学者的宇宙观，如迭戈·德苏尼佳（Diego de Zuñiga，1536—1598）就是其中一员，他认为《圣经》文本实际上支持了日心说。不出所料，这些人的作品都被列为违禁书。

并非所有的保守派都是天主教徒：笛卡尔在1642年就曾抱怨保守的荷兰加尔文主义教授拒绝新哲学的观点，因为他们认为这些新观点反对并诋毁了当时大学一直以来所教授学生的传统教义，也因为它们"与其他学科和学院相冲突，最主要的是与正统神学相抵触"(Descartes，2000，p. XIV)。[①] 那个时代许多伟大的思想家，包括笛卡尔本人，都担心他们的作品可能会被误解为隐含了无神论的思想，使他们陷入困境。在16世纪20年代的巴黎，即使那里耶稣会的影响力较小，也没有宗教裁判所，可对公认思想家的公开对抗也可能会招致死刑的威胁（MacLean，2006，p. 272)。一个会明显威胁到现有教义价值的观点可能面临着极大的风险。因此，最异端的思想家们需要为自己的观点留一条退路，或者为自己找一位强大的庇护者，否则他们可能会被判处监禁，甚至会被处以极刑。

思想市场不仅决定了哪些想法被采纳，而且也与决定如何裁决文化变体之间争议的合法标准和工具的元论点相关。如第五章所述，培根主义者所极力提倡的实验概念的兴起是一个重大的突破。实验成为了解决争端的工具，也创造出了一种内容偏见，使得在17世纪，很多人都因此改变了自 213
己的想法。在英国、意大利和法国的各种社团与学者群体中，哈维和吉尔伯特的作品，还有伽利略和托里拆利的作品都得以传播，其他学者们也都互相交换了实验笔记和结果。需要再重复一遍的是，实验并不是当时一个全新的现象，早在古代和中世纪就已有实验的概念。然而，正如伍顿（Wootton，2015，p. 346）强调的那样，对于科学界来说新颖的是，他们认识到了实验方法和复制实验结果是强有力的说服手段。

① 一个例子就是他与正统的加尔文主义神学家沃休斯（Voetius）的冲突，他强迫自己担任校长的乌得勒支大学全体老师都要谴责笛卡尔作品，并在学校内执行完全的亚里士多德式教学政策。在莱顿大学，在1642年，由于笛卡尔作品受到的亵渎神性和无神论的指责，学校要求停止教授笛卡尔的理论。好战的笛卡尔和他的信徒们竭尽全力打破了这些限制。哲学家们被要求不受神学的影响，这在实践中就意味着严重限制了他们可以教授什么给学生（Stewart，1994，p. 41)。然而，从长远来看，文人共和国的竞争本质使这些知识分子无可选择：到了17世纪70年代，笛卡尔科学在莱顿大学已经变得非常有影响力，莱顿也逐渐成为了欧洲大陆最优秀的科学研究中心（Jacob，1988，p. 68)。

在这个竞争激烈的思想市场上还存在着其他重要的辩论。其中之一就是有关数学在命题知识积累中所发挥的作用的争议。像伊拉斯谟和璜·路易斯·斐微斯（Juan Luis Vives）这样的文艺复兴时期的学者都反对研究数学，担心数学会将人们的思想从生活中的实际问题中脱离出来。帕拉塞尔苏斯是当时最反叛的知识分子之一，他的许多追随者都谴责了在自然现象研究中运用数学抽象的方法，并更赞成运用归纳法和观察法，就像那个时代的化学和炼金术中所实践的那样（Debus，1978，p. 21）。如前所述，弗朗西斯·培根并没有意识到将数学应用于自然科学中是多么的重要（Gaukroger，2001，pp. 21－27）。相比之下，伽利略、笛卡尔和惠更斯则清楚地认识到，实验和形式分析两者应相互补充，而伴随着牛顿的研究，这一观点在思想市场上大获成功，占据了主导地位。但在 17 世纪早期，还进行了一场人们应该如何利用数学的辩论：如伽利略所建议的那样，我们应该将数学用于研究运动和力学等具体现象，还是应该将其应用于更具野心的研究（对整个宇宙的研究）之中?[①] 同样的是，竞争过程在这里也发挥了自己的作用：随着时间的推移，研究自然哲学的神秘主义方法虽然声名扫地，但在 1650 年仍发挥了效用——它在夹缝中苟延残喘，一直没有彻底消亡——尽管到了 18 世纪，其作用也在不断减弱。思想市场还必须确定未来的研究计划是什么：应该按照学科所固有的思想意义来选择研究课题，还是应将实践和经济考虑作为首要决定标准?

经济学认为，竞争性的一体化市场培养着学术界的超级巨星，其中一些超级巨星最终又成为了文化企业家。这样的超级巨星可能会出现，特别是当他的产品产出为凸函数的时候，以及当生产成本不随着市场规模而增加的时候（Rosen，1981）。这些条件在“文人共和国”中都得到了满足：
214 凸性意味着伽利略的知识增加一个单位，大于两位平庸科学家的贡献的两倍，以及传播新知识的边际成本（即在已熟知这一知识的群体当中每加入一个新人的成本）是可以忽略不计的，这得益于出版社和大量的情报员、翻译家和新知识的信徒们。在欧洲，“超级巨星”知识分子——从 16 世纪初的伊拉斯谟、帕拉塞尔苏斯和路德，到 17 世纪的笛卡尔、牛顿和莱比尼茨——在整个欧洲大陆都是如雷贯耳的人物。虽然他们也只为受过良好教育的贵族精英而服务，可他们的受众仍遍布整个欧洲大陆，其新观点也在不断说服不同国家的学者。在他们推销自己作品的同时，还希望找到一个强大且富裕的赞助者，可以为他们的职业生涯背书，也能为他们提供一个好

① 一个典型的例子有关一位英国医生，神秘主义哲学家和数学家罗伯特·弗拉德（Robert Fludd，1574—1637），他建议数学可以用来破译宇宙的神秘与和谐之谜（Debus，1978，p. 12）。

职位。就像今天的运动明星和音乐家一样，那时一小部分世界闻名的知识分子吸引了与他们的人数规模极不成比的大部分的名望和赞助。然而，超级巨星的回报的集中效应具有巨大的外部性，因为它向年轻而雄心勃勃的知识分子们展示了，一旦他们有足够运气成为这一小部分人中的一分子，他们能获得多大的回报。与所有的超级明星一样，科学家们也有一大批想要追随他们的模仿者，可其中绝大多数人永远都不会成为下一颗新星。然而，社会仍然会从他们的研究中受益，即使他们的研究不过是“常规科学”的组成部分。在这个意义上，超级巨星是文化变革中很大一部分榜样偏见的来源：他们的名声和成功使得智力创新成为了受人尊重，甚至是更有价值的活动。

麦克莱恩（MacLean，2008，p. 17）指出，“文人共和国”可以从许多不同的角度来理解：一个学者团体所提出的观点的具体内容，传播观点的手段，制定说服标准的知识规范（证据的充分性、实验的可复制性），对合作和公开成果的态度，等等。加入“共和国”意味着人们必须接受共享和沟通的科学伦理。为了我的论证目的，我们也可以将它看作一个通过社会规范和非正式规则来制定激励措施的制度。这个制度是欧洲技术变革产生的根基之一。从这个意义上来说，“文人共和国”应被视为一个两种文献间所缺失的联结：一方面是不断增长的将制度视为成功经济体与不成功经济体间核心差异的文献，另一方面是强调在工业革命开端和可持续经济增长的产生中技术和创新的重要性的文献。

制度主义者很正确地指出，制度促进经济增长的主要方式之一就是支持了市场的良好运作。“文人共和国”和它的后代，18 世纪和 19 世纪的“科学共和国”，为运作良好的思想市场提供了其所必需的制度基础。从许多方面来看，这都是一个独特的现象：其他文明也取得了科学进步，也存在思想市场，可它们随后就会走向收益递减的境地，最终也只能陷入难以 *215*
发展的僵局。它们中都内置保护现状、抵制进一步创新的机制。在欧洲，这种对创新的抵制力量被克服，虽然克服得不容易、不迅速，也不是那么普遍。这样的结果是，出现了一系列自我强化的科技突破，并且这一进程至今没有显示出任何减弱的迹象。它们是否能被称为“科学革命”还是个有争议的问题。可这确实是为什么欧洲后来成功而其他社会没能成功的主要解释，欧洲通过积累有用知识不间断的强大力量，摆脱了马尔萨斯式只能维持基本生存的经济模式。①

再重申一遍：欧洲成功的关键是其幸运地将政治分裂与文化统一结合

---

① 为了比较，我们可以看看印度，它远不是一片欧洲游客所描述的科学荒漠。然而，印度的历史学家则指出了 18 世纪印度学者普遍都抱着对知识保密的态度，而当知识的有效性被考验时，“圣典的文本总是用来衡量的标准”（Dharampal，1971，p. 5；Kumar，2003，p. 687）。

在一起。如果缺少任一条件，最终的结果都会大有不同。缺少一个融合的思想世界的政治分裂意味着没有一个文化企业家能够承担迎合一个只有几千个当地人的“市场”（或受众）的固定成本。这样也不会产生足以让科学家们互相学习、能让他们站在巨人肩膀上的社会网络。而如果存在的是良好整合的庞大思想市场，但市场中缺少竞争，市场准入门槛很高，那么最终也将无法产生足够的创新和变革，因为在位者们会想方设法压制其他人对他们现有文化立场的挑战。

不过这并不是说“文人共和国”的出现或发展只是因为它完成了这一结合。这样的功能主义解释是罔顾历史的。起先，它只不过是一个由知识分子组成的网络。知识分子想在其中分享和检验志同道合的同行们的新想法，向别人介绍他们自己想法的优点（从而在思想市场上“做成买卖”）以提升自己的声誉。这个网络也满足了人们了解别人的研究计划的好奇心(以确保他们能了解到最新信息)。它对欧洲知识精英所带来的长期文化发展和欧洲经济转型的巨大影响是在满足他们需求的过程中产生的意料之外的后果。但无论它为社会带来了什么改变，最终它都成为人类历史上一个独一无二的机制，也是让人们了解现代经济增长这一漫漫长路的发源地的关键。如果一个人相信机制作为经济增长的驱动力的重要性，那么他就不可能认识不到“文人共和国”的重要性。“文人共和国”的规模可能不算大，但它恰巧说明了在少数精英群体中出现的进化发展可以为整个人口带
216 来的重大影响。“文人共和国”就是胡克的“科尔特斯式军队”，或者说是处于人力资本上尾的精英们的关键作用的典型例证。

1500—1700 年间，欧洲经历了文化发展的加速时期。很多新事物诞生或被发现，包括新教、太阳系结构、血液循环、大气层、微积分、天体运动规律、有关《圣经》的文本批评等。然而，运作良好的思想市场所带来的最重要的结果就是被我们称为“启蒙思想”的一整套信念的出现。我在其他地方（Mokyr，2002，2009a）就已经提到了启蒙运动在欧洲经济史上所发挥的核心作用。启蒙运动是文化进化的最后阶段，最终导致了工业革命和欧洲现代经济增长。这着重强调了国家和社会的物质进步所需要的两个要素：一个是有用知识的增长，以及理论与实践间的相互作用；另一个则是指导经济规则的政治制度的改进，以及资源分配和收入分配方式的改良。

在第三、四、五章中所提出的文化进化的概念可以帮助我们理解“文人共和国”在 18 世纪欧洲启蒙思想的胜利中的作用吗？乍看之下，答案是显而易见的：它是思想市场的润滑剂，大大加快了欧洲文化精英们的信仰的变化速度。书信和出版网络促进了信仰和思想的横向传播。毕竟，为了让内容偏见（即说服力）有效塑造人们的思想，他们首先要了解别人的想法。“文人共和国”的一大益处，就是为人们提供了大量知识。然而，内容

偏见本身也受到了进化力量的限制。夏皮罗（Shapiro，2000）、朴维（Poovey，1998），以及近期伍顿（Wootton，2015，pp. 251－309）都认为，早期现代欧洲社会见证了对事实概念及其验证过程的尊重的增长。也许这个时代文化进化的中心现象就是自然哲学中内容偏见的变革是如何发挥作用，也就是，有哪些事物是可以被接受作为证据的。在早期现代欧洲的科学界，有说服力的证据是自我进化的：科学开始应用法律体系的方式来对待事实，即通过对事实的间接观察（有些事实本身就无法被直接观察），再根据逻辑，推断事实原貌（Shapiro，2000）。用伍顿表达准确的话来说，这是一个科学家开始“运用律师和神学家多年来的方式来处理证据”的时代（Wootton，2015，p. 407）。此外，知识总是可辩的，也总会受到挑战。如果在一个问题上出现了新的更有说服力的证据，那么有用知识就会被改写。人们越来越认识到，科学不仅是为了寻求真理而存在，更是一条永无止境的道路，人们需要为更合理有效地理解自然世界而不懈努力。

这种推理改变了“文人共和国”的运转模式，也改变了它处理内容偏 217
见的方式。虽然没有一种形式的说服方式是全新的，但说服话语却发生了变化。为了消除人们对某种观点的疑问，展示实验数据变成了最为可靠的说服方式。数学和精确计算逐渐成为了维护新命题的手段，而当无法进行精确计算时，人们可以通过收集实例和样本，及对它们的合理组织和分类来识别经验规律。最后，如上所述，新的工具和仪器为科学界带来了越来越无可争议的新事实。

马尔戈齐（Margóczy，2014b）指出，在某些知识领域，对知识的鉴定至关重要；而在其他领域，比如自然史等学科，鉴定知识就不那么重要了。然而，他指出，如果证据可以被伪造，鉴定本身也可能是不可靠的。因此，需要专家来确认事实和证据的可靠性。这就是直接偏见所扮演的角色了。当时的通常做法是将某些学者指定为值得信赖的专家，“文人共和国”也采用了这一方法，它指定了一批权威，让权威根据逻辑和证据来判断各种观点的真伪。同行间的检验，虽然远非完美，但仍然是我们在确定知识创新有效性时可用的最佳方法。最重要的是在不同制度环境下，直接偏见是如何起作用的。直到约 1500 年，经典仍是权威的终极形式，人们一旦有任何方面的疑问，都要诉诸经典。它们之所以具有权威性，是因为当时的教会强迫人们接受保守意识形态，而权威观点即基于这一共识之上。但这些规则可能会发生变化，而当它们改变时，智力创新就有可能出现。当旧权威因为更完整的数据、更准确的观察和更精密的仪器所得出的结论而被削弱其可信性时，规则就改变了。有时候，权威的概念是被质疑的：帕斯卡指出，在受逻辑和理智支配的事物上，权威是无用的。他本人为那些在这些问题上只盲目依赖权威的人感到悲哀（Pascal，［1651］2007，p. 446）。当然，在一个越来越专业化的世界，伴随着不断增长的知识储备，专业化和“知识分工”（类似于劳动分工的概念）是不可或缺的。这就要求人们至少对某些权威具备一定的信任。但谁能成为权威？谁能任命他们？谁又能任命这些任命权威的人呢？

不过，那个时代的学者显然都相信一个修辞偏见可以增强说服力的观念。培根本人在《学术的进步》第二册中的一个著名段落中指出，雄辩的艺术虽然在真正的价值上不及智慧，但“人们若是掌握它，就能变得更加强大”，“深刻的智慧让一个人受到赞誉和崇拜，但在真实生活中，口才更重要”。他感觉到，修辞学的责任是让人们将理性应用于想象之中（Bacon,［1605］1996，pp. 237-238）。舍克认为，文人共和国基于一个共同的修辞基础之上，“使各种想法、流派和书籍能够自由流动”（Schoeck，1982，p. 303）。流利的口才是“文人共和国”的成员们相互之间沟通和说服的手
218 段。然而，修辞偏见也有其局限性：在启蒙时代，“文人共和国”的沙龙和咖啡馆里进行的充满博学与智慧的谈话在同时代的其他很多人看来，都有卖弄学问的嫌疑。人们也时不时地取笑他们，讽刺大师乔纳森·斯威夫特（Jonathan Swift）就曾嘲讽过这一现象。

“文人共和国”任命了一批新的专家，他们不仅需要熟悉现有的知识规范，而且需要掌握验证新知识的方法。一个人想成为专家，必须做出重要的原创贡献；只有具有被公认的创造力的人才有资格判定他人。为了成为权威，必须创新。一个人成为权威所传递的信息是，他对赞助具有控制权，因为整个系统的基础就在于人们在同行间的声誉。专家认可不再仅由统治者、牧师和当权者授予。“文人共和国”本身能够任命权威，让权威判定知识是否有效的权利就在不断增加。

在这种情况下，直接偏见是“文人共和国”中使得有用知识持续增长的主力军。布罗曼（Broman，2012，p. 192）认为，启蒙时期出现了一种新的思想，即“科学知识必须在社会改良上做出自己的贡献”，所以以这种知识为基础且组织良好的社会，对由这些专家所掌握的权威尤其看重。直接偏见的概念为培根的影响赋予了新的意义：尽管他本身在科学领域内并非权威，但他的著作一方面帮助确定了有关任命专家及确定知识有效性的机制下最基础的概念；另一方面也帮助建立了一个能够推动整个体系向前发展的声誉机制。直接偏见不仅被用于说服人们接受正确知识，而且也让知识界摆脱了虚假知识的误导。戴维·伍顿（David Wootton，2015，p. 304）指出，许多在这一时期出版的书籍都是对过往错误的汇编，指导人们应摒弃这些观点。这是否一个“良币驱逐劣币”的反转的格雷欣法则的例证，如伍顿所说，取决于知识的密封程度。那些不能被当时已存的手段轻易驳倒的虚假事实和错误假设就可以一直存活于知识界中。

矛盾的是，正是因为超级巨星的著作总是受到可验证性和可争辩性的影响，所以他们才能获得极高的信誉。因为在广大受众看来，这说明这些想法都已经通过专家检验了。“文人共和国”并没有产生一部无懈可击的福音书，像《圣经》或中国古代的“四书”一样，这些作品虽然不断被品评和解读，但没有人有资格怀疑书中的想法，也不接受任何异端邪说的出现。一些作家被视为权威，但如牛顿所说，只有在他们的观点经受住了每一个可能批评的情况下他们才能获得权威的地位。

文化进化的模型也支持了一个有关赞助价值的包容性观点。比亚焦利关于通过社会地位获得合法化的观点，在恰当地剔除一些过于极端的表达 *219*
之后，与直接偏见是一致的（赞助者成为了权威，由他们决定哪项科学工作是有价值的）。此外，它也是一个基于榜样的偏见的典型例子（贵族为他的受助者们设定了正确的基调）。恰巧是因为数量众多的科学研究都被皇室和贵族赞助者赞助和保护，科学的合法性就意味着许多观点被认为是有效的只是因为一个社会地位高的人赞同了这些观点。此外，上流社会对科学的赞助意味着有用知识和实验哲学都成为了具有高社会声望的活动。当时许多关于科学和研究的著作都在卑躬屈膝地讨好着贵族们，而有些贵族甚至没有能力理解这些书的内容。就此而言，我们不仅应该只看到像鲁道夫二世皇帝、费德里科·切西公爵（Duke Federico Cesi，意大利林琴科学院的创始人）和年轻的亨利·弗雷德里克王储这样的赞助人的活动。

在文化进化中其他形式的“偏见”也都影响了思想市场。在 15 世纪后期到 16 世纪早期，人们突然意识到，地球看起来和人们本来所相信的完全不同，这也让人们开始重新审视所有那些之前被认为是毋庸置疑的真理。一个半世纪以后，三十年战争期间灾难性的鲜血横流让越来越多的人相信了宽容和多元化的优点。这两者都可以被看作突出事件偏见的例子。当然，这个时代也受到强制偏见影响，其中以“教随君定”这一原则为最典型的例子。“文人共和国”同时也是一个强有力的例证，即在一个政治分裂的竞争环境中，进步的脚步是无法被少数保守强权所阻挡的。最后，当单一的内容偏见影响力不够时，修辞偏见就会起到影响读者的作用了。正是它帮助伏尔泰用犀利的文风吸引了大量的支持者。

回到亨里奇（Henrich，2009）的重要著作上来，“文人共和国”强调了互联性和知识获取至关重要的意义。越来越高效和密集的联系网络使得那些埋头于数学、解剖学、天文学和植物学的学者能够进行有效的沟通，也允许他们互相交换笔记，避免重复，将不同想法重新组合变成新思想，并从与他人作品的类比和对比中得出新的论点。在许多其他方面，“文人共和国”学术网络的存在通过创造出巨大的协同作用，激励了大量智力创新的产生。鉴于此，知识分子团体的共同产出远远大于他们独立研究所产生的研究的总和。

文化进化的逻辑表明，偶然性和或然率在实现这一结果方面扮演了重要角色，正是因为社会中存在着一个竞争激烈的思想市场，也同时因为大
220 部分由创新所产生的知识都相对不够成熟。在排除合理怀疑的情况下，当难以证明某种假设时，“不良知识”可能会驱逐“好知识”，形成两者共存的局面。例如，在医学、化学和生物学方面，不相容且相互竞争的观点共同存活了好几个世纪。我们还没有一个很好的模型能够预测在这样的市场中哪种想法能取得最后胜利，就像我们没有一个很好的工具能预测哪些生物变体将在人类中稳定地遗传下去，哪个操作系统将最终占领个人电脑市场。成功可能更多地依赖于几个关键文化企业家的信仰和能力，以及他们能言善辩的追随者们，这些信徒将其主人的观点大规模地传播，虽然有时候他们也会在这些观点上做出一些自己的修改。不过成功从来不是板上钉钉的事。科恩（Cohen，2012，p. 150）明确地表示，“没有任何内在原因能解释，为什么文艺复兴时期的欧洲人最终摆脱了历史上所有大规模的研究自然活动的相似命运，即在某个时刻，对自然知识的发现和研究都会陷入僵局。”在 1600 年，确实难以预见“文人共和国”和其支持的竞争性思想市场最终会为人类社会带来什么。

这里提出的模型是，当知识变得更为密封时，内容偏见和直接偏见意味着某些信念将在市场上占主导地位。一旦可用于检验其替代观念的工具被发明出来，那么“科学共和国”的成员就会选择拉瓦锡的理论而不是燃素说，会选择牛顿的宇宙学而非笛卡尔的，选择巴斯德的细菌理论而非瘴气说。令人惊奇的不是这样的发展需要花费很长时间，而是这样的发展竟然会出现。到了 18 世纪下半叶，魔法和神秘主义的教义和实践正逐渐从学术话语中消失。《大英百科全书》（*The Encyclopaedia Britannica*）第一版出版于 1771 年，描述占星术、炼金术、卡巴拉、魔鬼、占卜、隐秘主义和巫术等主题的文章加起来一共只有 132 行字，总篇幅甚至都不到一页。相比之下，天文学占 67 页版面，化学占 115 页（Copenhaver，1978，p. 32）。[①] 但对于生物学和天文学来说的真实情况相对于其他文化变体可能是不真实的：实验或数学无法证明社会进步是否可能持续下去，也无法证明一个包容、开放和民主的社会是否会比一个剥削又专制的社会更有可能获得繁荣，更不用说关于宇宙存在的目的这样形而上学的信仰了。

---

① 科彭哈弗（Copenhaver，1978，p. 31）又指出，到了牛顿去世的那一年（1727 年），“隐秘主义的古老传统，以及所有它所提出的关于魔法、炼金术、占卜、巫术、卡巴拉及其他秘术的所有论点，都不再有任何一个严肃学者觉得是值得花时间去反驳的了。”

因此，重要的是要强调，在思想市场上出现的与启蒙运动相联系的信仰和观念所取得的胜利，绝不是命中注定的。无论是形式还是内容，欧洲启蒙运动都不是不可避免的。战争的偶然结果可能也发挥了一定的作用：
如果西班牙在与反叛的荷兰人和顽固的英国人的斗争中胜出，如果耶稣会 221
和其他天主教保守派能够垄断教育和学术话语，那么启蒙运动可能不会发生，或者即使发生，也是一个截然不同的运动。如果当时的思想现状成功抵抗住了新思想所带来的变革，如果新思想没能成为启蒙思想的核心，那么工业革命可能只会昙花一现，终成泡影。但无论如何，启蒙运动都产生了。强大的思想利用逻辑、证据和修辞的结合体，改变了知识精英们的信仰和价值观。几乎所有的文化进化的偏见都在这场胜利中发挥了作用，不过它们并不是同时同地产生效用的。启蒙运动有许多不同的版本，一些历史学家不顾一切地对这个概念的有用性提出了质疑，尽管在所有版本中都包含了同一个最重要的特征，即对知识和推理的力量的信念改善了人类社会。它究竟意味着什么，又是怎样出现的，就又是一个不同的问题了。

不过，事后看来，我们有可能发现欧洲启蒙思想是如何盛行的。到 17 世纪中叶，有用知识越来越被认为是引起经济变革的潜在强大力量，这成为了社会乐观主义思想的来源。同时即使有用知识没能充分发挥潜力，它也被看作一种进步的力量。实验科学和在新仪器辅助下进行的准确观察所取得的胜利，是人类对自然的施动力的例证。它们支持了启蒙运动的基本思想及研究计划，通过在掌握有用知识的条件下，积极操控自然力量以实现经济增长。这些观点在某种程度上从中世纪开始就存在了，但在这里重要的是，它们最后在进步的知识分子眼中，战胜了愚昧和迷信。宗教战争已被证明是一种既损人不利己又徒劳无功的付出，更多的人开始主张对宗教宽容，而非虔诚遵守教义的需求。到 17 世纪晚期，像洛克这样的政治哲学家们开始着手提议一系列可以使世界变得更繁荣和美好的政治制度中所必需的参数。

除了制度之外，从长远来看，重要的是为了人类的物质需求而驾驭自然的意愿和能力。无论其确切的来源在哪，有关自然哲学和历史的见解让我们比以往任何时候都更坚信，我们生活在一个可知的机械宇宙之中，并且自然环境可以，也应该为了人类的物质利益而服务。17 世纪的“文人共和国”为工业启蒙奠定了基础，因为它为思想市场提出了一个元概念，那就是人类与环境的关系是构建在可理解性与工具性的基础之上的（Dear, 2006)。基本上，工具性意味着在某种程度上，关于一个现象本质的形而上学理解并不重要，重要的是关于这个现象全面和详细的描述，对它的运作
方式，以及它可以被如何利用所做出的清楚说明。了解其深层原因（或者， 222

像是经济学家可能会说的那样，它的“微观基础”）可能只是白费力气。[①]毕竟，可理解性取决于对整个世界机械性和确定性的观点。

这两种趋势——制度改进和技术进步，是许多人思想和劳动的结晶，其中有些人享负盛名，有些人却默默无闻。他们能成功的原因是，这些知识分子和学者都在一个特殊机制下工作，这一机制中存在着可以调动他们积极性的激励措施，也存在着对他们起到限制作用的规则。这个机制就是存在于 16 世纪和 17 世纪的“文人共和国”。

大约在大航海时代开始出现在欧洲的“文人共和国”，在启蒙时代发展到了顶峰时期，这体现了一个极为重要的体制发展，它解释了工业革命所预示的技术引致的经济绩效的大跃进。但其他制度也是重要的。18 世纪的英国被领先的历史学家称为“社团社会”（Clark，2000）。其实有许多社团都与传播有用知识毫无关系，而只是单纯的社交聚会、美食和饮酒俱乐部(占大多数)，以及运动和音乐组织等。这些社团的意义在于它们建立了一种民营经济，经济主体们以一种体面且受人尊重的方式行事，从而最大限度地减少了第三方（即国家）强制执行合同的需求。然而，他们中的很多人都投身于有用艺术的研究事业，这也就导致了英国“公共科学”的兴起，使得有能力利用有用知识的人们都可以轻松获得这些知识（Stewart，1992，1998）。关于这一点的很多故事都广为流传，其中最著名的一个当属伯明翰月亮协会（Birmingham Lunar Society）的故事了。不过伯明翰月亮协会代表了英国公共科学发展的高潮，而不是其兴起。到 1700 年，伦敦已约有 2 000 个咖啡馆，其中许多都是文化活动的场所，人们会在那里讨论自然哲学或是展开政治辩论（Cowan，2005）。咖啡馆在整个 18 世纪一直是传播知识和信仰的重要中心。也许最著名的咖啡馆协会就是伦敦分会咖啡馆（London Chapter Coffee House），它是皇家学会成员们的最爱，这家咖啡馆的会员就类似于伯明翰月亮协会会员的地位（有些会员同时是这两个协会的成员）。[②] 共济会也被证明是交换科学和技术信息的地方，即使这并
223 非是共济会的主要目的。[③] 关于科学和工程学科的公开讲座吸引了数量惊人的听众。演讲者们向公众展示了有趣的实验，其中电力和磁力实验扮演

---

① 因此，当德国医师卡斯帕·霍夫曼（Caspar Hofmann）询问威廉·哈维，血液循环的“最终原因”（在亚里士多德思想中即意味着“终极目的”）是什么的时候，哈维回答说，由于他是一个非常糟糕的哲学家，他首先关心的是要确定这一现象是否真的存在，其次才会担心最终原因的问题（Wright，2012，p. 202）。

② 参见莱弗里和特纳（Levere and Turner，2002）。这样的会员资格就像 18 世纪 80 年代英国工业启蒙时期出版的包含“谁是谁”的贵族实录。

③ 关于共济会的重要性，参见雅各布（Jacob，1991）和伊姆·霍夫（Im Hoff，1994，pp. 139－145）。

了与其经济意义不相称的角色，并且它们对当时已应用于实际的技术的直接影响到底有多大，还是一个有待回答的问题。①

然而，重要的不在于这些文化发展与经济变革和工业革命之间是否存在着直接的联系。重要的是，欧洲经济精英们对于文化发展的价值观和信仰越来越倾向于一种增长友好型文化，并且这种文化也逐渐影响了越来越多的人，特别是可以对经济状况做出改变的实干家们。工业启蒙是一个西欧现象，在英国尤其成功，原因是，凭借人们对“改进”这一词语的特殊好感，英国的环境特别容易受到进步思想的影响（Slack，2015），尽管最终这些观念在北大西洋的其他地区也被坚定地接受了。改进意味着，将自然哲学应用于从农业、医药到航海等任何事物之中。或许在 18 世纪真正引起变革的并非牛顿的高深难懂的科学知识，而是一系列研究自然简明易懂的方法和概念，包括仔细测量、精确公式、准确实验、实证检验、数学推演，以及最重要的是，相信这些活动都是最可取的、最值得尊重的、可以带来经济和社会回报的信念。

欧洲文化技术发展在加强互联性方面的重要性已经得到了人们的深刻讨论，即使不同学者所使用的术语总是不尽相同。由哲学家尤尔根·哈贝马斯（Jürgen Habermas）提出的“公共领域”的概念极大地吸引了历史学家的眼球。这一词汇经常与“文人共和国”等同，许多学者都强调了它作为公共空间是如何与领土国家相区别的（Goodman，1994，pp. 14－15，49）。像雅各布（Jacob，1997，2000b）和斯图尔特（Stewart，1992，1998，2004）等学者已经着重强调了公共科学文化的出现，在这种文化中，人们怀揣着想要在更多情况下好好利用科学的希冀讨论和研究科学（虽然距离这一梦想实现可能还有一段距离）。与此同时，科学是一门应被人类所 224
享受的学科，科学实践也传递了一定的社会声望。只要人们耐心地坚持下去，再加上一点儿运气，公共科学最终可以转化为技术进步和经济进步。

① 这些演讲者中的许多人都用比较具备实用性的技术话题来组织自己的演讲，展示了在当时的标准看来甚至是虚假错误的理论，有时他们也显示出了对那些过程极具戏剧性的华而不实的实验偏好，而不采纳那些严格有用的实验方式（Schaffer，1983）。通过向公众解释新物理学的演讲而出名的约翰·德萨吉利埃（John Desaguliers）承认“许多人都是用娱乐的方式获得了大部分的自然哲学知识”（Schaffer，1994，p. 159）。正如斯图尔特（Stewart，2004，p. 8）所言：“这些公开演讲并没有直接忽视实验的实际研究结果。”

第四篇
启蒙运动的序曲

第十三章　清教主义和英国例外主义

每一个小学生都知道，工业革命最先从英国开始。迄今为止的讨论都 228
强调了一系列的欧洲现象来解释欧洲的例外主义。那么英国是否又独特于欧洲呢？我已经在别处总结了大部分相关文献（Mokyr，2009a），但鉴于文化和信仰的重要性，一个自然而然会被提出，也应该被提出的问题是，英国文化是否与欧洲其他地区的文化有所不同。可问题又在于，欧洲多数的知识文化都是跨国性的。阅读牛顿、笛卡尔、斯宾诺莎、伽利略和莱布尼茨作品的知识分子们分布在欧洲各处，从斯德哥尔摩到马德里，从都柏林到圣彼得堡。英国可能与他国不同的就是在清教徒运动的出现上。罗伯特·K. 默顿（Robert K. Merton，［1938］2001）在其将清教主义与现代科学兴起联系起来的经典论文中，将清教主义对英国有用知识增长的历史意义列入了他的历史学研究之中。他强调了清教主义对于17世纪英国科学文化发展的特殊形式的重要性。默顿的分析单位并非是一组正式的神学命题，反倒是一组文化信仰和价值观，而这事实上是被很多非正式清教徒个体所共享的。因此，在这个意义上，他关于宗教在科学革命中的作用的讨论基本是无意义的，同时，通过举出那个时代很多不是清教徒的科学家的例子，我们也可以看出他的研究在何种程度上可以被证明是错误的。

培根主义在17世纪英国精英中的进步是宗教文化运动的一个组成部分。20世纪30年代的一批学者都非常重视这一点。理查德·福斯特·琼斯（Richard Foster Jones）在1936年首次出版的著作中，认为是培根主义在英国的影响力的增加最终导致了科学革命。他用一句非常著名的话来描述了这一点："我们现代的科学功利主义是培根在清教主义中的后代"（Jones， 229
1936，1961，p. 88）。培根的思想确实与清教徒的意识形态高度一致，尽管培根本人并非清教徒。

默顿在文章中经常用到的“情绪”一词，与我在第一章中所定义的文化要素极为类似。他强调，17 世纪是一个深刻的宗教时代，关于救赎的信念已经渗透到了日常生活中的方方面面，这在今天是难以想象的。因此，当宗教信仰不能与经济进步相符合的时候，两方中必有一方要做出让步(Merton，[1938]，2001，p. 91)。清教文化在英国社会中的成长代表了以选择为基础的社会学习的一个例子：人们信仰不同版本的清教主义，是因为他们发现其宗教观点令人信服，它的领导是鼓舞人心的，或者只是因为它与他们前一套信仰相似。就清教本身而言，清教徒对科学和技术进步的态度并不特殊。它是一个更宏大的欧洲运动中的一部分，即欧洲的知识分子，不仅包括英国清教徒，而且包括意大利天主教徒和德国路德会教徒，都发现科学是符合他们的宗教信仰的，同时也是一种践行其信仰的有趣方式。宗教指导了科学发展的方向，有时也鼓励了科学进步的产生，但它也可能以很多意想不到的方式严重阻碍科学的发展进程。例如，正如我们所看到的那样，耶稣会士在许多方面都是优秀和勤奋的科学家，但最终他们所接受的宗教信条成为了加诸在他们身上的制度限制，注定使耶稣会无法成为一个进步的组织。同样，东正教加尔文主义也存在这个严重的问题。

重要的是，清教徒深受实验哲学的吸引，他们也发现实验哲学与他们的信仰一致。科恩（Cohen，2012，p. 574）指出，在当时的人们看来，实验研究绝非是一种亵渎上帝或是体现了无神论思想的活动。波义耳这样的实验科学家坚持认为，如果没有了造物者，没有他的智慧所创造出的宇宙以及世间万物所要遵守的那些科学家自己可能也无法理解的规则，那么科学家们对自然的研究就失去了意义。他还将这一过程类比为制造钟表的过程，如果没有一个智慧的设计师，那么钟表的复杂机制就不会出现(Boyle，1664，pp. 71-72)。正如夏平（Shapin，1994，pp. 156 ff）强调的那样，波义耳的清教主义首先意味着他作为学者的身份是带有强烈的基督徒色彩的，他通过成为一位“自然的牧师”来履行他被赋予的神圣使命，并且向创造万物的造物者表达了感谢和歌颂。波义耳的虔诚也有助于增加人们对他的信任。在那个时代，大多数人（包括知识分子）仍然认为无神论就等同于不道德。

默顿的论文的重要性并不在于它解释了科学革命，因为它根本没能成功解释这一现象。清教主义是英国的，科学革命是欧洲的。欧洲科学的发展需要一个如“文人共和国”这样的跨国机制，但除此之外也需要更多的
229 要素：文化和地方制度的共同演化，其中一个重要的例子就是清教主义与英国部分的“文人共和国”的共同演化。默顿的解释的意义在于，它明确拒绝采用唯物主义方法来研究这个时代的宗教。它所基于的假设是，人们接纳某些思想信念，在很大程度上是因为他们发现这些信念的内容更具说

服力或者是因为其他文化进化偏见；任何肤浅地将他们的文化选择直接与他们是不是“资产阶级”或商业阶级中的一员相联系的唯物主义观念都被合理地拒绝了。[①] 其实，很多领先的知识分子，如威尔金斯、波义耳、植物学家约翰·雷（John Ray）和弗朗西斯·维路格比（Francis Willughby）、数学家约翰·沃利斯、医生和化学家乔纳森·戈达德（Jonathan Goddard）以及政治经济学家威廉·配第（William Petty）都是清教徒。虽然我们很难将清教主义直接与任何具体的科学进步联系起来，但清教徒确实大大增强了实验科学的社会声望，从而为工业启蒙运动打下了基础。他们的政治优势是短暂的，但在斯图亚特王朝复辟期间，他们中的大多数都被容纳到了“仁慈的国王所保护”和支持的保皇派阵营中去了（Jones，[1936] 1961，p. 270）。他们抛弃了想要控制大学的打算，转而创造了属于他们自己的组织和环境，在其中他们可以实践他们所信仰的实验型培根科学。

清教徒包容了科学，部分原因是它“即彰显了上帝的荣耀，又强化了人类的美德”（Merton，1973，p. 232）。对于他们来说，正如韦伯斯特（Webster，1975，2002，p. 505）所指出的那样，一个人理想的生活是为个人和公共利益服务，能够有效地利用自己的能力，通过最大化自己所拥有的物质资源来使上帝荣耀。这两个目标是不可分割且相辅相成的，而两者间的互补直到17世纪末才真正实现。虔诚的个体认识到了科学调查的深刻伦理意义：高深莫测的神性是永远不能被人类自己所培养出的智慧完全理解的，而对上帝所创造的万物系统和周密的研究是一个加尔文主义者最靠近神性的行为。清教徒将自己的意识形态建立在实验科学是一种基督教的宗教性活动的培根主义信仰之上；因此，清教主义和科学在实证主义和实验主义上找到了共同点。罗伯特·波义耳在他的著作《基督徒中的技艺巨匠》（*The Christian Virtuoso*，1690）的标题页上写道，该书将展示的是“如果一个人沉迷于实验哲学之中，并不代表他不愿意做一位优秀的基督徒，反而恰恰代表他正得到来自实验哲学的帮助，使他成为一个更优秀的基督徒”。清教徒是一个被称为“培根妥协”观念的受益者，这个观念认为，理解上帝创造出的作品的关键（即对物理环境的理解）就是理解上帝话语的关键，所以对自然的研究就可以指导《圣经》经文解读者们的工作。只要有关自然的书籍可以被看作对神性的揭示，那么科学就可以免受形而 *230*
上学系统和对《圣经》中有关自然世界的教诲的字面意思的限制而自由地探索自然（Moore，1986，p. 323）。

受培根的启发，所有这一切都与一个功利主义信仰相匹配，即对自然

① 确实，令人震惊的是虽然因为辉格党的成功，商业和金融业阶层的政治影响力在不断提高，但在皇家学会的早期阶段，即便他们都对制造技术很感兴趣，来自这个阶层的成员依然很少。

规律和自然现象的研究将带来有用知识的突破，而最终，正如波义耳写在他的遗嘱中的那样，“这些成就指的就是自然的伟大作者的荣耀和人类的舒适”（Merton，1973，p. 235）。默顿强调，清教主义特别符合劳动密集型的科学方法（实验主义就是如此），因为它的天性就排斥怠惰，并且将怠惰认为是道德上令人厌恶的特质。[①] 其他人则反对称，不仅是清教徒持有这样的观点，同时也不是每一个清教徒都心有灵犀地赞同这一点。不过，清教主义是 16 世纪强大的文化创新，并在 1626 年培根去世之后的几十年中极大地增强了实力。它在英国竞争激烈的思想市场上所取得的成功尤其值得注意，因为它属于整个西欧一场更大的文化运动的一部分，西欧一直在寻求一种特殊的方式，以调和不同的宗教信仰、宗教组织的压力，以及他们的科学兴趣。清教主义本身并不一定是 18 世纪技术蓬勃发展的根基，但它表明了一种更深层次的塑造了“文人共和国”特征的要素。

此外，默顿认为，17 世纪的清教主义，无论是忠于圣公会或是长老会，还是在它们之间摇摆不定，都将大量的美德与“善举”联系了起来，这也就与功利主义目标和有用知识越来越相关。默顿指出另一位非常成功的文化企业家，清教徒神学家理查德·巴克斯特（Richard Baxter，1615—1691），是这些信仰的来源。对于一位经济史学家来说，将巴克斯特看作西方经济发展中的重要人物似乎有些古怪，但巴克斯特对 18 世纪大西洋两岸的影响其实是相当大的，马克斯·韦伯（Max Weber）认为他是“一位在研究清教伦理的作家中极为突出的一位，既因为他有非常实际和现实的态
231 度，同时也因为他的作品得到了普遍的认可”（Weber，［1905］1958，p. 155）。他认为的通过“好作品”以荣耀上帝的观念集中在那些“世俗意义上是有用且有利可图的劳动之上……乍看之下，就是纯粹的功利主义”（Merton，［1938］2001，p. 62）。[②] 巴克斯特是一位依赖内容偏见的文化企业家，他试图通过使用理性推理和论证来说服人们，因为他相信每个人都是服从于理性的。他一生中所写过的书籍和小册子，加起来大约有 130 本；一个现代网站列出了其中 67 本的标题。他的作品“受到了前所未有的欢迎，

---

① 斯普拉特主教自己虽然不是清教徒，但他的观点明显反映出了一些皇家学会早期占主导地位的清教徒学者们的特质，他迎面对抗了那些对实验科学的反对声音，那些反对意见认为实验科学在研究自然上花费了太多力气，却不足以救赎灵魂，也不足以让人们好好思索来生。他特别强调，“真实的禁欲（通过节制和沉思而得到净化的禁欲主义）并非与能让人们获得幸福快乐的活动完全不一致，也并非不是世俗事务。对便利、体面以及在其身后对自己躯体的装饰等的诚实追求从不会与一个基督徒最真实和严肃的相矛盾”，并且“人类生活中的幸福与安全”对于基督教的价值观来说非常重要（Sprat，1667，pp. 367-368）。

② 巴克斯特有一次告诉罗伯特·波义耳，他在实验学习中能够获得很多乐趣，波义耳给巴克斯特的评价是，后者不是那些“灵魂狭窄的牧师”中的一员，那些人对自然哲学充满怀疑（Jones，［1936］1961，p. 323）。

许多本都曾经反复被印刷出版。清教主义一直很好地利用了印刷术以宣扬他们的信念，但是无论是就书籍的出版规模还是其所获得的成功而言，都从未出现过像这样的作品：巴克斯特是英国文学史上第一位畅销书作家”（Keeble，2004）。

那么，英国的宗教信仰不单单是一个宽容放任的元素；对于17世纪下半叶的许多科学家来说，科学写作和研究是一种敬奉上帝的方式。罗伯特·默顿的基本宗旨在经过仔细检验之后似乎存活了下来。启蒙运动将放置于上帝的荣耀上的关注转移到了人类的物质福祉上，但这颗种子早在之前就已经种下了。正如已经被多次指出的那样［例如，夏平（Shapin，1988a）］，默顿没有在清教主义是不是一个科学革命和工业启蒙的充分条件或是必要条件的意义上声称一个严格的因果关系。17世纪欧洲大部分的开创性科学研究都是在欧洲大陆上进行的，其中又有一大部分来自天主教国家中活跃的科学家。但默顿的观点，即对于英国科学的兴起来说，宗教信仰和科学研究之间日益增长的相互接纳程度具有重大的意义，这一观点经受住了时间的考验。同样重要的是，由于18世纪英国科学越来越务实和实证的导向，加上它对指令知识的兴趣，以及它主要通过私人和自发机制在广泛圈子中的扩散，它可能就是当时更适合工业启蒙产生的基础。另一个被广泛观察到的是，例如一位论派和贵格会这样的持异议宗教信仰的教徒，在其中也发挥了很大的作用，虽然他们的人数并不多（Inkster，1991，pp. 42－45；Jacob，2000a）。

清教科学，如果真的可以定义这样一个概念的话，那它必定是极度实证性的，并且回避了法国的笛卡尔和英国的霍布斯所偏好的高度演绎且逻辑上严密的结构。它严重依赖培根的实验方法，即依赖对现象的观察和对事实的仔细审视，而不是依赖一套理性、谨慎论证的接连不断的命题。这一点从最重要的清教徒数学家约翰·瓦利斯（John Wallis，1616—1703） 232
的作品中就可以明显看出。他是第一位加入皇家学会的数学家，也是一位清教徒牧师，他在布道和数学证明上都同样尽心尽力。他于1649年在牛津大学被任命为了萨维利数学教授，他的大部分重要作品都是在此之后完成的。他的数学研究在许多方面都带有培根研究方法浓郁的实验性色彩。亚历山大（Alexander，2014，p. 262－278）指出，瓦利斯的数学是务实的，也极具实验性。它“复制了皇家学会实验性的实践做法……它依赖归纳法，从未声称探寻出了所谓的终极真相；真理最终的仲裁者是人类的共识”（Alexander，2014，pp. 277－278）。在职业生涯早期他就曾经写道：“猜测性的知识（即演绎论证）能在恶魔中发现的甚至和能在圣徒中发现的一样多、一样充分。”相比之下，“实验知识完全是另一种性质的，在这种知识里，我们知道我们知道了些什么。……我们不仅知道，而且可以通过检验和观察来判断它是否真实。因此，真理就可以以一种清楚且合理的方式向我们的灵魂展示出来（事实上确实如此），没有任何的人类意志可以阻挡这一过程”（Wallis，1643，pp. 60–61）。一个数学家具有这样的实证主义立场似乎有些奇怪，实际上他在其《无穷算数》（*Arithmetica Infinitorum*，1656）中所表现出的对无穷小数的坚定信念对于当时年轻的牛顿发展自己的微积分学来说尤为重要（Westfall，1980，pp. 113–117）。我们可以从牛顿自己的作品和与他同时代的许多作家的作品中清楚地看到，牛顿的世界机械体系反映出了一个理性和强大的神性的存在，在这一方面，他的作品与清教主义的观念是一致的。

文化进化模式的优势在于它们是因情况而异的，考虑到了偶然性和事前概率，而不是简单确定性的因果模型。换句话说，它们迫使我们认识到，一个在初始条件下很微小的变化或是发展过程中的意外，都有可能改变最后的结果。清教徒和皇家学会的早期成员是一个广阔的欧洲竞技场上的一群参赛者。他们关于科学的观念与他们许多对手的想法截然不同，那些对手并不像他们一样坚定地信赖归纳法或是实证模型。在英国，他们的对手之一是清教徒时代最有影响力的知识分子托马斯·霍布斯（他从未当选为皇家学会的成员，可他在查尔斯二世的王室中极有影响力）；而在欧洲大陆上，他们又要与笛卡尔主义者和耶稣会士们做斗争。如果政治和军事发展的局势并不像历史上真实出现的那样，那么保守势力很有可能就已经大获全胜了，对所有有关这个世界的全新解读都会持一种更加敌对的态度。到最后，科学进步成了整个社会最希望看到的结果，而最无法阻挡的科学进步，就是智人（或是任何物种）的最终进化。

与此同时，我们也不能过分强调偶然性的作用。进化理论在考虑到了大量偶然因素的同时，并没有将历史看作一个纯粹的随机事件。我们从中
233 可以弄清过去。[①] 当时出现的关键的文化信仰是正式科学和实验科学的结合，再加上它们的务实目标，就是一条通往美德和救赎的道路。尽管从逻辑上来说这一信仰存在着其他的可替代选项，但绝大多数欧洲社会（更不用说非欧洲国家了）并没有采纳这样的信仰。这恰恰证实了如培根和巴克斯特（和他们的信徒们）这样的文化企业家的力量，他们能够说服足够多的人接受自己的新观点。一旦这个文化要素得到充分建立，当认为有用知识是有益的甚至是神圣的信仰深入人心的时候，它就成了一个占据主导地位的文化要素。它在西欧成功创造出的文化偏见，成就了它在

① 李约瑟（Joseph Needham），一位受过生物科学训练的学者，警告道，如果将“现代科学的起源”的完全归因于随机因素，那无异于承认“历史的破产是启蒙的一种形式”（Needham，1969a，p. 216）。

世界其他地方的传播和盛行。此外，支持现有文化的群体在清教科学的传播上造成了很大阻力，许多教会牧师和保守的知识分子都反对自然哲学的新实证主义转向。最终我们看到的是，在肥沃土壤里生长的思想种子，枝繁叶茂的机会很大。不过即便到那时，突然的冲击也会改变历史进程。

然而，除了各个群体的某个具体信仰之外，还有另一个重要因素：多元主义。这场关于宗教宽容的辩论似乎在这一次终于得到了定论。17 世纪晚期的英国为每个人都提供了一张形而上学的菜单，从中每个个体都可以选择最适合他或她的偏好的宗教归属（这是需要付出一些代价的，因为不信奉国教者和天主教徒都不可以在政府和大学中供职）。在这一方面，英国是幸运的。虽然到 1660 年后，清教徒只是少数派，也失去了政治影响力，但他们仍可以自由地践行自己的宗教信仰，在社会中扮演着极其重要的角色。而之所以他们凭借着极少的人数还可以产生如此重要的作用，正是因为他们代表的是一种精英文化。奥利弗·克伦威尔（Oliver Cromwell）虽然很难称得上是一位宗教宽容的典范，可在禁止犹太人进入英国的法令推行了三个多世纪之后，他又重新允许犹太人定居于英国。* 此外，虽然 1660 年以后英国政体再次变化，可英国对宗教宽容的态度并未改变（Zagorin, 2003, pp. 188-239）。这样的宽容态度为英国带来了重大的经济影响。高技能的法国胡格诺派人才的大量涌入便阐明了这一不同：不仅一些主要的胡格诺派知识分子，如丹尼斯·帕旁（Denis Papin）、亚伯拉罕·棣莫弗（Abraham De Moivre）和约翰·德萨吉利埃（John T. Desaguliers）都在英国安顿了下来，而且英国的时钟和手表制造业中的大部分工匠也都是移民（Landes, 1983, p. 219）。总而言之，在大约 100 万生活在法国的胡格诺派人士中，大约有 8 万人逃至英国，约 4.3 万人去了德国（Hornung, 2014）。一个看似合理的推断是，那些最有技能的和受过教育的人们宁愿选择离开，也不愿放弃他们想要信仰的制度。当然也有例外，例如杰出的植物学家皮埃尔·马格诺（Pierre Magnol, 1638—1715）对植物的热爱就超过了他对 234
自己宗教信仰的虔诚，为了不用担惊受怕地留在法国，他选择皈依了天主教。在 17 世纪西欧大部分地区的思想市场上，所有取得胜利的观点中最为成功的一个就是宽容。不过，宗教偏执也不是轻易消亡的，年老的路易十四的愚蠢就证明了这一点，但它最极端和恶毒的形式也就注定了它的失败。社会所需要的，不仅是为那些研究科学的人提供动机、给予他们激励，也是一种意识形态，一种能保护他们免受那些在解释世界上受到科学威胁的垄断者的迫害，一种能让他们坚持证据和逻辑的意识形态。正如我们所看

* 1290 年，英王爱德华一世下令驱逐英国境内全部犹太人。——译者注

到的，为了削弱这一阻力，使其降低到不会干扰科学家和工程师的程度，人们花费了很长的时间，同时也得益于几个特殊事件的帮助才最终达成了这个目标。

除了他们对实验科学及其在技术中的潜在应用的兴趣之外，清教徒文化还强调了其他最终为经济绩效做出了贡献的要素。默顿所强调的两点前面已经提到过。一是对工作的文化态度。我们所说的闲暇，在清教徒看来就是怠惰。马克斯·韦伯也发现了这一点："这样，虚掷时光便成为万恶之首，而且在原则上乃是最不可饶恕的罪恶。人生短促，要确保自己的选择，这短暂的人生无限宝贵。社交活动，无聊闲谈，耽于享乐，甚至超过了对健康来说是必不可少之时辰（至多为 6～8 个小时）的睡眠，凡此种种皆位于应遭受到的谴责之列。……时光无价，因之虚掷一寸光阴即是丧失一寸为上帝之荣耀而效劳的宝贵时辰。如此，则无为的玄思默想当是毫无价值，而如果它是以牺牲人的日常劳作为代价而换来的，那么它必须遭到严厉的谴责"* （Weber，［1905］1958，pp. 157－158）。这些观点显然是少数人所持有的观点；但值得注意的是，它出现的时间，恰好与更多人开始为了金钱而努力工作的时间相一致，主要是为了获得更多市场所供给的消费商品(De Vries，2008)。即使对于那些将满足物质消费而不是将清教徒原则作为努力赚钱的驱动力的人来说，认识到上帝是批准这种做法的，也足够令他们安心了。

在人力资本投资方面，我们也可以看到类似的文化现象。正如每一个讲求理性的宗教所期望的那样，清教徒也认为教育是一种非常高尚的活动。但并不是所有的人力资本都是平等的。除了宗教研究之外，清教徒还解禁了对"事物"的研究（相对于"文字"研究来说）——物理学、科学、数学和语言研究都被允许，而不被允许研究那些"琐碎轻浮"的学习领域，如诗歌、戏剧、音乐和纯粹的文学。清教徒不是唯一一个强调教育的宗教团体。教育也成了宗教竞争的战场。18 世纪的反对派学院被广泛认为是在工业革命中起到关键作用的英国人力资本的主要来源之一。竞争的强大力量又一次发挥了作用，圣公会自然也不能落后。正如劳伦斯·斯通（Lawrance Stone）指出的那样："反对派和卫理公会派**获得了教育上的领先地
235 位，圣公会是'以他们为榜样，被激发起了斗志的'。由于害怕失去有识之士的支持以及普罗大众的忠诚，圣公会的成员自己对其等级制度提出了很多质疑，而人们所得到的答复则清楚地表明，这种恐惧在国教的教区牧师、教堂牧师和助理牧师心中是最大的"（Stone，1969，pp. 81－82）。

---

* 译文引自三联书店 1992 年版《新教伦理与资本主义精神》。——译者注。

** 新教的一大派别。——译者注

伟大的波西米亚教育改革家和思想改革者扬·阿姆斯·夸美纽斯曾在英国旅居多年，他自称是一位培根信徒，也是一位对更务实、更科学导向型的教育的提倡者之一。在他年轻的时候，他就被培根的著作所说服，坚信千禧年的到来将通过自然哲学的进步来实现，他也将自己关于进步的信念运用于教育改革之中。他充分认识到了儿童社会化的过程对社会人力资本形成和文化变革的重要性，不过他使用的术语与我们今天所使用的不同。尽管明显出于精神方面的考虑，他十分强调科学和数学教育的重要性，他告诉学生们，自然现象中是有永恒的存在的（Murphy，1995，p. 126）。[1] 在英国，他在推动教育改革方面的主要追随者是希西家·伍德沃德（Hezekiah Woodward，1591/1592—1675），一位清教徒大臣，也是哈特利布广阔的朋友圈中的一员，他也正是通过哈特利布了解了培根和夸美纽斯的著作。他出版的很多本书都反映出了夸美纽斯对他的影响。伍德沃德认为，教育反映了培根所提倡的积极和实际的生活观念，并特别提醒人们不要得上一种他所称的“爱尔兰病”，也就是懒惰；他认为“懒惰粉碎了一切，而且在我们人生的网上咬出了很大的洞”（Woodward，1641，pp. 140-141）。[2] 比他年轻一代的学者之一，约翰·韦伯斯特（John Webster，1611—1682）发起了对大学科学强大有力的抨击，并完成了一个更加倾向于实用性和功利主义的学校改革提议。他认为逻辑和三段论只能在它们的原理被“清楚地展示和证明”的情况下才能被教给学生，他还特别呼吁年轻人要学习数学，并参与到实际的、实践性的自然研究中去。[3] 查尔斯·韦伯斯特（Charles Webster，1975，p. 202）指出，他的教育目标 236
“基本获得了清教徒改革者的普遍认可”，其中的首要目标就是根据培根关于观察和实验工作的观念来教授和扩展科学。

---

[1] 夸美纽斯首先强调了对所有知识来说分类和简化的价值，以确保“学习的轻松和快捷”，这是一个非常培根式的观点。他建议对各个学科主题进行有意识的和系统的组织和排序，以便使知识能在最大程度上被理解和接受。“被他看作公理的一个原则是，‘自然首先创造出了物质的内在实体，随后才创造出了它的外在形式’，在这一基础上，他将老师和那些在建筑下打下坚实地基的建造者之间做了一个类比”（Murphy，1995，p. 123）。

[2] 夸美纽斯后来认可了伍德沃德的成就，并称其为他在英国的赞助者之一，因为伍德沃德为艰巨的教育改革提供了帮助（Greengrass，2004）。

[3] 他将数学称为“一门高尚且卓越的科学，它的所有组成部分，或普通，或特殊，或通俗，或神秘，都可以在学院中被应用和实践，人们不会将时间浪费在无用的概念上，而是用于那些既有利于他们自己，又有利于后代，更有利于其他科学学科的对学习有用的实践上。”他还通过运用实践方法来推动教学的发展，让年轻人“不要只花费时间在概念、推断以及语言辩论的训练上，也可以真正用他们的双手进行劳作，将手指真正放置在创造出烟火制造术和化学奇迹的火炉之上，直到他们真正熟悉这些机械的运作……真正学会手工操作和观察实验……以让他们自己走入发现自然奥秘的核心地带，只有在实验室里才能让他们达成这一切。在火里作业，比在空中建造城堡要有用得多”（Webster，1654，p. 107）。

清教徒的经验和对教育的重视对于英国和北美地区基于选择的文化进化至关重要。现代研究表明，儿童在很小的年纪所接受的社会化的内容和质量对于他的文化信仰的形成及他之后的人生结果来说尤为重要。长期中的经济结果是重要的：幼儿被教授了哪些内容？由谁来教他们？在贝辛和维迪尔的框架中（见第四章）中，父母选择自己社会化他们的孩子，或指派一位“随机”的老师来完成他们孩子早期的社会化。但在英国清教主义时代，父母坚持认为教授给孩子的价值观和信仰要与他们自己的一致。清教徒的价值观被直接灌输给了孩子，并通过牧师布道和小册子的方式广泛传播给了其他成年人。他们所逐渐灌输的价值观包括认为有用知识、努力工作、节俭和诚实都是美德，也都是上帝对世人的要求。但教育也经常包括一套具体的技能，使个体能够更有效地生产商品和提供服务，并鼓励人们通过应用有用知识，不断地寻找其他更有效的方式。相比较而言，同样相信人力资本的上流社会，教给孩子的却是击剑、诗歌、狩猎和古典语言，这必然会创造出不同的（不一定是规模“较小”的）人力资本存量，不同于教授会计、化学、木工和机械工程以及对耐心资本的高估值（即愿意推迟获得满足的时间，愿意投资于一个人的未来）的人力资本存量（Doepke and Zilibotti，2008）。

英国后来的经济发展有多少可以归因于默顿的论文中所关注的那种现象？它是否促成了一个关于自然哲学研究的计划，并最终导致了重要的技术进步？许多对默顿的评论已指出，关于这一点的证据有时含糊不清，且在某些方面是有偏误的。自然哲学家经常声称自己的研究具有务实的优点，这是因为他们希望能获得支持他们研究的赞助，甚至有时他们所说的这些优点其实根本没有成为现实的可能。此外，有两个问题是不清楚的：一是“清教徒”的定义并不总是完全明确的，究竟谁能被包含到这个清教徒群体中？二是，莫顿的论文是否恰当地考虑到了清教主义不断变化的本质？在
237 清教主义中，有很多不同的流派，有些更为激进，有些更强调禁欲主义。我们也无法轻易地量化宗教信仰对科学家的动机的影响。纯粹的科学活动往往是由复杂的动机所驱动的，在这个时代中，是宗教驱动还是实际利益驱动，两者是很难区分的。以牛顿为例，科恩（Cohen，1990，p. 72）指出，他所宣称的实际有用性的动机是值得高度怀疑的。令人惊讶的是，这个时代没有一个科学家将一个重大发现或突破归因于具体的宗教动机（Abraham，1983，p. 371）。

在 17 世纪的英国，清教主义意识形态的出现远非西欧在工业启蒙之前的时期里所经历的全部文化变化。默顿可能低估了英国的科学计划中的世界性和世俗的元素，并且，非清教徒与清教徒所共享的信仰其实比他所认为的还要多。其他学者指出，“清教徒”这个词的狭义定义只涵盖了看起来

受到“清教精神”影响的科学家中的一小部分，而且更恰当地说，它所涉及的是一个普遍的“英国关于自然秩序的神性观点”，而不是激进的清教徒持有的特殊宗教观点（Mulligan，1980，p. 468）。[1]

科恩（Cohen，1990，p. 66）、里斯（Rees，2000，p. 71）提出的批评，以及其他人所提出的例如17世纪的清教徒遗产在多大程度上直接为“机械艺术从业者”所用的这类问题，乍看之下，似乎是对默顿论文的强烈反驳。此外，有人可能会问，如果清教科学在17世纪中期的三十多年中蓬勃发展，那么为什么英国工业革命还要再等了一个世纪才出现？特别是为什么在1700年至1750年，这一段有时被称为“失去的半个世纪”的时间里，没有什么进展？我们有时太过明确地划分了历史上一些重大事件的起止时间。[2] 然而即使我们接受了这个有些令人遗憾的失去的半个世纪的故事，将这段编年纪看作对莫顿方法的致命一击，似乎是一个不得要领的理解。科学历史学家，例如夏平（Shapin，1988a，p. 604）就惊讶于这篇论文竟然“引起了如此激烈，甚至有时有些过分的反对”。毕竟，默顿的论文在行文上是严谨的，并对概念做出了谨慎的区分：一方是神学和制度化宗教，另一方是文化信仰。 238

默顿最著名的追随者，查韦斯·韦伯斯特强调，清教徒阵营中的各种世界观和方法论之间有着相当多的差异。这些方法可以大致被分为两个部分。一个部分是更激进的，遵循培根思想逻辑上的极限观点，倡导科学进步要实现对自然的系统控制；另一个部分则是更温和的，将实验科学的实践看作对个人启蒙和救赎有益的活动（Webster，[1975] 2002，pp. 498-502）。但他们的贡献清楚地形成了一个关于发展的智力链条中的重要环节，这个链条从培根开始，发展到哈特利布的朋友圈和无形学院，并在皇家学会建立时达到顶峰。玛格丽特·雅各布关于英国工业文化的出现的明智判断是这方面文献的标准，她曾展示了“清教科学”是如何在王朝复辟时期将自己转变为“圣公会科学”的，而这一过程成熟于艾萨克·牛顿的科学出现时（Jacob，1997，pp. 60-61）。无论它是否与清教徒信仰完全重叠，英国都可以追寻到培根和培根主义者对波义耳、威尔金斯和雷的科学的影响的文化变迁，为18世纪的英国工业启蒙奠定了基础。通过清教科学而传

---

① 确实，从托马斯·斯普拉特关于皇家学会的著作（Sprat，1667）能明确看出他在英国国教教义（圣公会）的基础上尝试为科学实践辩护，而不是在更激进的清教教义上证明其合法性。尽管斯普拉特自己的很多信念都被莫顿和其他学者看作“清教徒的”，但他自己是一个（非清教徒的）圣公会牧师。

② 工业革命被看作一场理应从1760年左右开始的运动，但事实上，18世纪上半叶就已经出现了很多技术进步，包括新采矿技术的引进（当然包括纽科门水泵）、在冶炼过程中使用焦炭、飞梭、天花接种以及炼钢业中的坩埚技术等。

承的从弗朗西斯·培根到工业革命的血脉，即使不是一条直线，也是很容易识别出来的。这并非文化变迁影响技术成果的唯一渠道，可它是一条重要的渠道。

对清教徒是启蒙运动的真正先驱者这一论断的怀疑是合理的（Mosse，1960）。他们对形而上学的关注仍远远超过对实践知识的关注，并且大多数清教徒都并不关心启蒙运动所尤为关注的一点，即对制度设计的改进，以使其能更有利于经济增长。除了一些激进团体之外，清教徒远不如其 18 世纪的后继者那样关心与人类自由和社会正义有关的概念。培根所提出的对有用知识的追求的双重目标——为了造物者的荣耀和为了人类的财产——前者仍占主导地位。然而，在他们对实践的强调、对机械知识的钦佩、对实验发现的信心和对教育的奉献中，他们为提高科学的声望做了许多工作。因此，他们构成了培根的早期追随者与 18 世纪的工业启蒙之间的重要一环。到 17 世纪下半叶，有相当多的轶事表明，对科学和技术的关心和兴趣
239 已经成为了一个高声望的社会活动。[①] 如果那只是一个风靡一时的狂热，那么它的影响是不会产生什么后果的。可即使到了 18 世纪，当皇家学会转移了其对实践和有用知识的关注到别处时，英国社会——甚至是贵族和富有的精英阶层——总的来说也都没有放弃对它们的关注。在 18 世纪，一些非常富有又开明的精英，例如斯坦霍普伯爵（Earl of Stanhope，1753—1816），他在轮船方面获得了两项专利，并发明了高温计；再例如开创性的化学家亨利·卡文迪什（Henry Cavendish，1731—1810），他是英国最富有的人之一；还有苏格兰银行家帕特里克·米勒（Patrick Miller，1731—1815），他投身于研究和实验之中，或许是出于爱好，或许又是出于真诚想要做善事的决心。这些人都可以成为其他人的榜样，他们也确实成了人们的榜样。

这样的一段记叙听起来有些英格兰中心主义的意味。“文人共和国”是一个泛欧的制度，虽然英国的知识分子在其中发挥了重要的作用，可不论从何种意义上来说，他们都没有主导它。然而，正如我们已经看到的那样，英国凭借它所得到的，给予了世界完美的回报。虽然清教主义是一种非常英国的现象，但其创造的科学在国外得到了广泛传播。科学无关国界，是很多学者科学贡献上的标志，从波义耳和瓦利斯，到开普勒和列文虎克都是如此。约翰尼斯·开普勒和第古·布拉赫都是虔诚的路德会教徒。在这个时代，天主教学者对科学发展和实际应用做出了很大的贡献。这不只包括像伽利略、卡西尼和笛卡尔这样的俗世信徒，而且包括那些在早期现代

① 托马斯·斯普拉特（Thomas Sprat，1667，p. 403）在他的《皇家学会史》中，指出，“(自然) 哲学现在已经进入了我们的交换中、教会中、王宫中、宫廷上，是人们最好的伴侣，并且也开始成为富人和伟人所从事的职业。”

科学中发挥重要作用的耶稣会士。清教主义不太可能影响到一个像耶稣会士阿塔纳斯·珂雪（Athanasius Kircher）这样的人物。这位出生于德国的博学家，具有惊人的学术生产力，撰写了有关自然史、数学、地质学和古埃及历史等不同主题的重要著作（Findlen，2004）。同样不太可能影响的，是与珂雪同样杰出的德国前辈，著名的耶稣会数学家克里斯托佛·克拉乌（Christopher Clavius，1538—1612），他凭一己之力独立地在耶稣会中推行了数学教育，并帮助教皇格列高利十三世（Pope Gregory XIII）改革了历法，直到现在历法都是以他的名字命名的。① 法国天主教牧师能够将严肃的研究和科学活动与他们坚定不移的虔诚结合起来。马林·梅森是最小兄弟会（Minim Order）的教徒，这是一个禁欲和固守仪式的修会，但这并没有阻止他成为法国科学的支柱。② 他的同事皮埃尔·伽桑狄是一位正式的天主教牧 240
师，可他的宗教信仰并没有妨碍他接受对宇宙的原子论解读。宗教似乎与科学兴趣之间的相关性极弱：路德会教徒博学的丹麦知识分子奥勒·沃尔姆（Ole Worm，1588—1654）就与耶稣会士、德国加尔文派教徒约翰·海因里希·阿斯特德（Johann Heinrich Alsted，1588—1638），一位早期有名的百科全书派学者，分享了他广泛和折中的研究兴趣（Grell，2007，p. 215）。

科恩（Cohen，2012，pp. 438-440，556-568）勾勒出了17世纪中期，一个处于危机中的欧洲大陆的场景。他认为保守派的回应可能已经扼杀了新科学的发展，并且导致社会“失去动力，也就是迈出了通往腐朽、石化和最终灭绝道路上的第一步”（Cohen，2012，p. 439）。他认为，虽然人们都不抱期望了，但由于英国科学的存在，危机最终被克服了。可以肯定的是，在某个阶段似乎保守派的赢面更大：在17世纪70年代，一大批法国大学禁止老师教授笛卡尔的作品，而在意大利的某些学科中，特别是在数学和化学领域，却越来越不惧怕元老院的高压手段了。在17世纪30年代，对伟大的（天主教）化学家扬-巴普蒂斯塔·范·海尔蒙特（Jan-Baptist van Helmont，1580—1644）的骚扰和迫害，被认为是严肃化学研究在意大利消亡的原因（Ashworth，1986，pp. 150-153）。但从长远来看，这些打击并没有产生持久的严重影响。研究者和学者不过是转移到了更受欢迎的地方，到最

---

① 对明显有缺陷的罗马儒略历的改革是16世纪数学和观测天文学的巨大成就之一，但是一些非天主教国家，如英国，就不愿意采纳格里高利历，因为它带有明显的教皇传统（英国在1752年转为使用格里高利历，距离1582年格里高利历的出现已经有超过一个半世纪的时间了）。其他仅仅因为创新的宗教起源而对创新加以抵制的例子其实很难找到。几乎在所有情况下，“文人共和国”的公民很少在意这些智力创新的发明者的宗教信仰。

② 梅森尝试说服自己相信伽利略和天主教都是正确的。他曾著名地声称，在1630年，巴黎有50 000个无神论者，有人打趣地回应他说，那他的朋友圈一定相当广（Caton，1988，p. 78）。

后，迫害知识创新者或者镇压他们的统治者，都只能在缓和他们的保守政策，以及在面临永久落后的风险下仍坚持保守政策的两者中做出选择。

因此，即使英国科学与欧洲大陆科学间确实存在着细微差别，将英国的经验看作宗教的文化影响的证据并将其作为引致经济成功的关键，这一观点也是具有误导性的。欧洲大陆以不同的形式采纳了许多相同的文化观念。经常被认为是欧洲大陆科学家典型的勒内·笛卡尔，在其《方法论》(*Discourse on Method*) 著名的一段中采用了一些培根的观点："相比于学校中所教授的思辨哲学，我们也看到了一种实用哲学，我们可以把它放置在一切它所适合的用途上，并且创造出无尽的发明，让我们可以享受土地产出的果实，维持人类的健康"(Descartes，1965 [1637]，p. 50)。天主教法国也造就了一位法国的萨缪尔·哈特利布，一位令人惊讶的博学书信作家、数学家、牧师和笛卡尔的信徒，马林·梅森（Marin Mersenne，1588－
241 1648)。梅森尽管对天主教极尽忠诚，但也是一位坚定的哥白尼主义者，在法国传播了伽利略的许多信仰和发现，为法国带来了有关托里拆利发明气压计的消息，这也启发了帕斯卡完成他的著名实验，不仅指出了大气压的存在，还发现了真空存在的可能性。

不过，清教主义可能巩固了启蒙时期英国科学与欧洲大陆科学之间的劳动分工。库恩（Kuhn，1976，pp. 26－27）认为，相比于大陆科学来说，英国科学往往更为实验性，是更直接的"培根主义"(且没有大陆科学那么正式)。① 人们在这里通常强调的是两种文化间的差异。法国科学和古典真理所表现出的一样，比英国科学更加正式、演绎和抽象，而英国科学则更讲求务实和实验性。② 法国的学院的目标与英国机构的不太相同：法国科学院(成立于 1666 年）通常被认为是科学界的愿景与政府的功利主义目标间的沟通桥梁，它不是一个对所有到访者和所有学科开放的培根主义社会，而是一个封闭式学院，主要服务的就是巴黎的学者和少数外国的超级学术明星。③

① 库恩认为，在牛顿之后，英国数学再没有出现能与欧拉、伯努利和拉普拉斯这样欧洲大陆的人物相抗衡的数学家了，不过在 1780 年之前，欧洲大陆也没有能与英国最好的实验学家们如波义耳、布莱克、黑尔斯和普里斯特利等人相提并论的实验科学家（Kuhn，1976，p. 25)。但这似乎更是一个关于比较优势中的较微小的差别，而非本质上的差别。到最后，现代化学的发展最终以培根的胜利而告终，而这整个都是欧洲大陆的产物。使法国培养出了拉瓦锡，以及他的学生贝托雷和夏普塔尔（Chaptal)，不过约瑟夫·普里斯特利和约翰·道尔顿(John Dalton）在其中的贡献也展现出了这个大工程的跨国特性。

② 一个关于此看法最近的重新表述，参见雅各布和斯图尔特（Jacob and Stewart，2004，p. 119)。

③ 法国科学院在很大部分上是依据 1635 年成立的法兰西学术院的结构而建立的，这一学院是为了在红衣主教黎塞留（Cardinal Richelieu）的赞助下为法语建立规则。参见勒克斯(Lux，1991)。

同法国几乎其他所有的事物一样，与英国相比，它更具针对性，也更拥护国家主义：那些敢于在某些方面批评国家政权的成员，都要承担可能会被开除的风险，就像1715年发生在圣皮埃尔神父（Abbe Saint Pierre）身上的那样。但英、法两国科学院都是同样具有启发性的，两者间的差异主要存在于它们的侧重点和其他的细微之处上，并不存在于它们的本质之中。两国的知识分子都共享着一种功利主义乐观，相信人类通过知识创造财富的能力，并承认领先科学家的责任就是制定一个对国家和社会而言实用且有益的研究计划。对于我们来说，这种想法似乎是我们最习以为常的，但在早期现代欧洲，这远非科学家间的共识。

到了启蒙运动时期，人们已经广泛接受了一种认为科学家们承担着从事工业和农业的务实责任的观点。学者创造的命题知识，与实业家、农民和船员的实际需求之间的连接桥梁在很大程度上被工程师、数学家、医生、 242
化学家或有强烈务实倾向的科学家们所占领。伟大的莱布尼茨自己就是一位多产的发明家和工匠，在螺旋桨、采矿机、水泵上都颇有建树，他还发明了著名的机械计算器。莱昂哈德·欧拉（Leonhard Euler）是当时最著名的数学家，他也曾进行过船舶设计、镜片制造、梁柱的屈曲负载等领域的研究，并且他（与他不太著名的儿子约翰一起）对水力学的贡献也很大。[①] 在工程师中，前文也提到的德札古利埃是最著名的，但还有很多其他很有成就的工程师，如钟表师和机械师爱德华·巴罗（Edward Barlow，1639—1719）、工程师亨利·贝顿（Henry Beighton，1687—1743）和化学家威廉·卡伦（William Cullen，1710—1790）。18世纪的法国，还有像让-夏尔·德·波德（Jean-Charles de Borda，1733—1799）和夏尔-奥古斯丁·德·库仑（Charles-Augustin de Coulomb，1736—1806）这样的应用数学物理学家。从法国工业启蒙运动的发展中，我们也能明显看出文化转型的跨国性：文化在不同国家中的版本在漫长的18世纪中（1660—1789年）都经历了演变，它们彼此间又不断地互相影响，自由地跨越国界，交流文化信仰。可以肯定的是，不同国家对如何从事科学追求的风格都不尽相同，就像它们的政治和文化风格都不相同一样。国家的规模、权

① 在关于法国工业启蒙的很多例子中，一个很好的例子就是关于数学家勒内·雷奥米尔（Rene Reaumur）的，他从24岁开始一直到去世都是法国科学院的成员。他研究了很多问题，包括昆虫学、动物行为、钢的化学性质、用木浆造纸的可能性（以替代昂贵的布料）、瓷器的制造以及气象学。他的作品受到了很多潜在应用的启发和激励。因此他终生对昆虫的研究其实是出自善意的，虽然有时可能也是出于简单的功利主义以及昆虫学可能的经济价值考量的。他指出，蚕丝、蜡、蜜、漆和胭脂虫红都是可以为其研究正名的有用产品，而这些还只是其中非常小的一部分。他似乎甚至相信，人们甚至可以通过模仿昆虫活动来发展出有用的技巧。例如，他相信毛毛虫和蜘蛛可以教会我们应该如何编织。当然，他同时也指出对于昆虫的研究从另一个角度上来说也是有利可图的——害虫防治。

力和集权程度在其中可能也是重要的（Porter and Teich，1992）。应该再次强调的是，使科学界跨国性成为可能的一个因素是，当时产生的新知识很少会被认为具有战略意义或具有重大经济意义的，因此权力当局看不到公开及扩散这些知识的危害，也不会把它们视为国家机密。无论如何，科学革命和工业革命最终都是多国一起合作努力的结果，其中的多民族风格就可以被看作其多样性和活力的来源。正如一位此领域的权威所说，如果英国的实证主义改变了法国的理性主义，那么法国的科学宣传就改变了欧洲（Gay，1966，p. 11）。不过在这一过程中，我们也
243 不应该忽略意大利人、德国人、瑞典人、瑞士人和荷兰人的贡献。毕竟到最后，是欧洲成为了“文人共和国”的所在地，并且经历了这一切所带来的结果。

“文人共和国”的构造使它超越了国界界限。例如，尽管英、荷之间发生了三次战争，可是荷兰知识分子仍与他们的英国同僚保持着密切的联系（Cook，2007，p. 413）。1687 年牛顿的《数学原理》出版后，英、法之间连续不断的战争都没能阻止牛顿的思想在法国传播。一个国家中取得的重大突破几乎立即就传播至其他国家了，例如哈维关于血液循环的研究，在他的《心与血的运动》（*De Motu Cordis*）出版后不到十年的时间里，就被笛卡尔引用在他的《方法论》（1637）中了。最终出现的，是一个全新的欧洲综合体系，培根被法国的启蒙哲学家们广泛认可，而笛卡尔和伏尔泰又都被英国作家所接受。吉本在他的“罗马帝国衰亡的一般评述”一章中的一段著名段落中指出，哲学家与爱国者不同，他们是被允许将欧洲视为一个单一的“大共和国”的，各国间的权力均势会持续波动，相邻国家的繁荣可能会“交替起伏”，但它保证了一个“总体幸福的状况，一个关于艺术、法律和礼仪的体系”，这是有利于将欧洲与其他文明区分开来的（Gibbon，1789，vol. 3，pp. 633-634）。这一整合体系中的某些部分只是知识分子们一厢情愿的设想，而更大的一部分在法国大革命和紧接着的战争发生之后就分崩离析了，但在 1815 年之后，它又以一种被改良的模式被重新建立了起来。

17 世纪中叶不同国家间的文化是如何完美融合的？有一个很好的例子，就是 17 世纪 40 年代末在巴黎出现的卡文迪什社交圈，这是由巴黎剧作家和自然哲学家玛格丽特·卢卡斯·卡文迪什（Margaret Lucas Cavendish）和她的丈夫、保皇派人士威廉·卡文迪什一起组织的（后来的纽卡斯尔公爵，在英国内战保皇派失败后被驱逐出境）。他们的圈子中包括梅森、伽桑狄、笛卡尔、霍布斯、配第，以及英国保皇派天主教外交官、自然哲学家和皇家学会的创始成员迪格比爵士（Kenelm Digby，1603—1665）。在 17 世纪 50 年代早期，约翰·伊夫林在 1649—1652 年间旅居巴

黎时发挥过类似的作用，他与法国主要的知识分子紧密联系，并积极地将法国的观点带回英国（Hunter，1995d，p. 68）。在 18 世纪的启蒙运动中，这种通过旅行而获得的融合变得更加普遍。培根、牛顿和洛克在欧洲大陆的声誉如此辉煌，甚至经常掩盖住了笛卡尔和丰特奈尔（Fontenelle）革命思想的光芒。盖伊（Gay，1966，p. 13）引用了德国诗人和文学评论家克里斯托弗·马丁·维兰德（Christoph Martin Wieland，1733—1813）的话，这一过程的结果是，只有真正的世界性才能完成人类所说的伟大事业：培养和启蒙人类，使人类变得高贵。在这种情况下，对任何一个国家的文化“例外主义”的讨论似乎都不切题了。英国工业革命领导地位的根源必须在 244
他处寻找。①

我们可以肯定的是，欧洲大陆的文化进化道路与英格兰和苏格兰所选择的道路略有不同。在欧洲大陆的许多地方的智力创新者会遇到更多的阻力，可即使没有英国的领导，西欧最终也会找到一条从“文人共和国”通往经济增长的道路。工业启蒙为各国应用有用知识，让制度建设在能够符合经济现代化和增长的要求上都打下了基础（Mokyr，2002，2006a）。这在开始时不存在任何特殊的意图：通过文化进化框架下的各种文化偏见，文化信仰在思想市场上被接受（见第五章）。但没有人可以预见未来会发生什么，正如进化模型所暗示的那样，这绝非一个有着提前设定好结果的确定性过程。事实上，在许多情况下，思想市场中出现的文化变体在任何人的定义下都不是“现代化的”。例如在德国，路德宗内的虔敬主义在 17 世纪后期和 18 世纪开始变得极有影响力。默顿（Merton，[1938] 2001，p. 124）认为，虔敬主义“几乎可以被称为欧洲大陆的清教主义”，并将大部分德国的科学进步归功于此。鉴于德国 18 世纪技术进步的缓慢速度，以及其在工业化初期对其他地区严重的技术依赖，这个观点的提出似乎有点令人惊讶。此外，还有学者甚至怀疑，总的来说，这一虔敬主义是有益于知识增长和工业启蒙出现的观点的真实性。贝克尔（Becker，1984）指出，虔敬主义在德国虽然确实是一场极有影响力的宗教运动，但它宣扬的是一个更简单、更真诚版本的路德宗教义，并非是对于有用知识特别友好的。而在英国，从 17 世纪的清教科学到复辟时期的圣公会科学，再到 18 世纪的启蒙运动，我们或多或少能看到科学的自然转向，而德国虔敬主义运动却是相反的，在许多方面都与启蒙运动相对立，特别是在有用知识的教学和研究上。即使在教育上，这确实是虔敬主义计划中的一个重要项目，但他们对科学和数学的强调是有限且含糊的。与清教徒不同，对于虔敬派教

① 凯里、莫基尔和欧格拉达（Kelly，Mokyr，and Ó Gráda，2014）讨论了关于如何理解英国在工业革命中领导力的问题。

徒来说，科学是宗教的重要手段，是完全从属于神学教义的，并没有自然
245 地将科学引导至被我们认为是工业启蒙的道路上。[1] 是虔敬派神学家使得德国哲学家克里斯蒂安·沃尔夫（Christian Wolff）从哈雷大学被免职的。作为莱布尼茨的信徒，沃尔夫早年是研究数学的，这使得他后来研究的是一种理性的哲学，一种应用数学和科学的哲学。[2] 而弗兰克（Francke）企图压制沃尔夫观点的失败则证明了欧洲的国家体制在保障思想多元主义方面的有效性。德国虔敬主义，并非像默顿所推测的是另一个能够说明鼓励和刺激科学发展的宗教权力的例证，而它实际上是在告诉我们，在文化进化中有很多其他途径，而其中又有很多会导致技术和科学陷入困境。耶稣会士也是这样的一个例子，即使它们与虔敬派信徒的情况当然也有所不同。

宗教与有用知识之间的关系在启蒙运动时期发生了变化。在 17 世纪下半叶，科学和技术的研究方法仍是具有深刻伦理性的，也是虔诚的，而之后到启蒙运动后期，它逐渐变为一个越来越世俗化的（即使并不一定是无神论的）研究有用知识的方法，这本身就是一个有趣的发展。这是关于进化系统的特质产生出了不可预见的意外后果的另一个例子。无论是培根还是他任何一位清教徒追随者，都不会因为无神论的狄德罗对他们的钦佩而感到不安。宗教情绪可能是清教科学中的一个主要因素，但在某种程度上，科学也可以摆脱宗教，走自己的进步道路。可它大可不必这样做：工业革命时代许多伟大的英国科学家仍是非常虔诚的，就像英国启蒙运动中闪闪发光的参与者约瑟夫·普利斯特里（Joseph Priestley）、贵格会教徒约翰·道尔顿（John Dalton），和桑德曼派（一个原教旨主义派别）的长老
246 迈克尔·法拉第（Michael Faraday），都是其中的代表人物。[3] 不过，科学

---

① 在一段吸引人的演讲中，奥古斯特·赫尔曼·弗兰克（August Hermann Francke，1663—1727），虔敬主义的领导人，认为只有在知识可以加强人们的宗教信仰，或可以立即被应用于实际中的情况下，知识才是值得追求的（Becker，1984，p. 1070）。

② 沃尔夫的观点让他在哈雷的虔信派同事们十分恼火，他们在 1723 年曾说服了没受过教育的腓特烈·威廉国王（Friedrich Wilhelm），让他相信沃尔夫的观点是对国家有害的。国王命令沃尔夫在 48 小时内离开自己的王国，否则就要被处以绞刑；沃尔夫在限定的时间内逃离，并且在马尔堡找到了另一个职位。即使是他自己在哈雷的对手都被国王对哲学家们太过激进的举动感到震惊。在 1740 年，腓特烈大帝（威廉的儿子）邀请他重回哈雷，这既代表了政府对异端观点态度的反复无常，又代表了——特别是在当时——政府在压制这些观点方面的无能。

③ 普里斯特利（1733—1804）广泛被认为是预言 18 世纪进步的先知之一，他曾写下了很多宗教小册子。对于他来说，科学的历史路径是一个通过实验、观察和推理而逐步推进的缓慢进步过程。然而在宗教里，真理是一早被揭示了的，但是随后被哲学家和牧师们玷污了，所以都需要通过净化才能被恢复（Schofield，1997，p. 187）。

家和他的宗教之间的联系变得越来越不重要了。[①]

在工业革命时期，英国作为欧洲经济领袖所获得的成功及其根源是一个复杂的问题，也是一个在不少研究中都讨论过的问题。它在17世纪末至18世纪的文化环境是特别有利于技术创新这一背景下产生的（Jacob，2014）。一位论派，一个相对较小的异议人士群体，在这其中特别突出。同样，这不是一个大多数人所信仰的宗教，它的兴起也是一个精英现象。正如雅各布所强调的那样，这个教派对于当时那个时代来说特别合适：它相信的是一个理性和开明的神，希望人们能在经济上取得进步，并且也支持人们的经济和社会进步（Jacob，2000）。同时，英国圣公会中的自由派也与他们同处一个阵营。这是一个强调稳定与和谐的宗教，也认定通过努力工作和智慧所得到的财富及物质奖励是高尚和道德的（Jacob，1986，pp. 244-246；McCloskey，2006）。宗教领袖越来越强调经济活动和对自然现象研究的正当性。[②] 英国启蒙运动时期的宗教远非无神论的，也不是反对教会干预的，它仍保持着一直以来的传统，即通过形而上学的引导来使得人们认为技术进步及相伴的经济增长是良性的，延续了培根和钦佩他的清教徒们所坚持的道路。它描绘出了一个实现上帝意志的进步的社会，而在这个意义上，它同样也是培根计划的自然延续。

① 莉迪亚·巴奈特（Lydia Barnett，2015，p. 153）提出，宗教性内容之所以开始从科学话语中逐渐消失（在这种情况下指的是自然史），是因为对宗教信仰的坚持，而不是其衰退。对于大多数18世纪早期的学者来说情况就是如此——对于极端正统的加尔文主义者，路易·布尔格（Louis Bourguet）尤其如此。

② 多数作品反映了早期皇家学会成员的观点的斯普拉特主教就曾经困惑，“我们是否必须思考那些神圣事物，什么样的交通、商业、政府和世俗的职业是被允许的？……思考我们自己的感觉及我们的感官系统怎么会被认为是罪恶和淫荡的；因为它们明明都是上帝，神圣的存在，创造出来的啊”（Sprat，1667，p. 369）。相关调查参见麦克洛斯基（McCloskey，2006，pp. 461-468）。

第十四章　一种进步的文化

247 在“文人共和国”的思想市场上所辩论的所有想法中，也许没有什么能比一个进步的思想对后期经济发展来说更为关键的了：一个关于科学的、技术的、最终社会的和经济的进步的思想。有用知识（命题知识和规范知识）的增长被认为是这个进步概念的核心。作为思想市场上的产品之一的一个主导观点是，在一个竞争制度下，寻求有用知识将会是一个合作性的项目，而这些互相不协调且个体性的努力的最终受益者是“整个人类”，并且所积累的知识本身比产生它的个体更重要（Rossi，1970，p. 63）。正如波顿霍兹（Bietenholz，1966，p. 20）所指出的，“真理是时间的女儿”的概念最初是由16世纪的人道主义者伊拉斯谟所提出的，可从乔尔丹诺·布鲁诺到弗朗西斯·培根，再到启蒙运动，这个说法概述了这样一个信念，即历史进步意味着历史是一个从阴暗到光明逐步发展的过程，而不是从光明到阴暗的过程。

在历史文献中，进步的概念都与启蒙文化密切相关，但直到最近，经济史学家也并没有试图将它的日益普及与工业革命和随后的经济增长联系起来。不过其中一个重要的例外是斯莱克（Slack，2015），他在整个17世纪的英语文化中追踪了“改进”一词的使用，并正确地观察到，虽然经济和文化通常是一起变化的，但在这个情况下，改进是首先产生的，因为当时的“思维框架”所鼓励的经济行为正是会导致改进产生的（Slack，2015，p. 4）。我们从一开始就应该承认，严格来说，一个盛行的进步信仰本身，既不是导致经济发展的必要条件，也并非充分条件。毕竟，在中世纪和文艺复兴时期的欧洲，虽然社会上没有一个深层次的进步的概念，可
248 市场也经历了演化、扩张和新技术的传播，一个更充分的例子是，宋朝时中国也是如此。同时，对进步的信念，特别是将有用知识的积累作为物质

改进核心的进步信念，则是欧洲启蒙运动的标志，它为所有的革新-创造机器都提供了一种文化润滑剂。一个认为它可以而且应该发生的信念，并不能保证它一定会发生。

不同学者在这个术语究竟是什么含义，涉及什么种类的进步，又涉及谁的进步等这些问题上都存在不少分歧，这是可以理解的。例如，尼斯比特（Nisbet，[2008] 1994）将“作为自由的进步”（包括物质进步）和“作为权力的进步”（我们可以将它考虑为民族国家或是制度变迁的出现）区分开来。更具争议的是，拉西（Lasch，1991）认为由于人类智慧而产生进步的这一观念，以及艺术和科学的进步，都是“二流的思想家创造出的人类对理性力量臆想出的赞美”。他转而强调的是需求方面的进步，给予欲望、期望、新获得的品位、个人舒适的标准的增加积极肯定的评价，他也将这些现象的出现都归功于休谟和斯密（Lasch，1991，pp. 45，52－54）。[①] 站在 17 世纪和 18 世纪这场进步运动中心位置的思想就是培根计划，其目的是增加和传播自然哲学和其他形式的知识，以惠及“有用技艺”的发展。[②] 到最后，任何希望了解工业革命经济学的人，都需要解决其文化根源的问题。

进步的想法在逻辑上等同于一种对前辈们隐含的不尊重。正如卡尔·贝克尔（Carl Becker）在 20 世纪 30 年代初所写的经典作品中所指出的那样，“直到一个哲学家愿意放弃自己对祖先的崇拜，直到他在研究分析的时候抛弃面对过去时的自卑感，直到他意识到他自己的这一代人是优于任何仍未知的世代的时候，他才有可能真正理解现代关于进步的思想”（Becker，1932，p. 131）。如上所述，在 16 世纪，对古典经典的批判变得更加普遍，并且这带来的是他们发现自己这代人比前几代人拥有更多知识的认知。有一些 16 世纪的作家就可以被认作这一想法的先驱者，比如法国的人文主义作家，路易·勒罗伊（Louis Le Roy，1510—1577）。在质疑了古代著作是无可指摘和完整无缺的迷思之后，勒罗伊在他的《兴衰》（*Vicissitudes*，1575）一书中继续对自然的堕落或枯竭等概念表示怀疑。他宣称没有什么可以阻挡他的时代同样造就出一个与任何古代社会所能培养出的一样智慧和具有创造性的智者来（Gundersheimer，1966，p. 118）。

物质条件的长期进步在很大程度上取决于有用知识的进步。如上所述，*249*
进步思想与文化问题有着千丝万缕的联系，在这个问题上尤其如此：相对

---

① 参见拉西（Lasch，1991，pp. 45，52－54）。拉西所归类于“二等”的思想家们中就包括了笛卡尔、帕斯卡、普里斯特利和孔多塞。

② 戴维·伍顿指出莎士比亚很懂历史，不像与他同时期的培根，培根已经了解了有用知识究竟能为人类带来什么，但他却对不可逆的历史变革没有概念（Wootton，2015，pp. 5，511）。

于祖先的智慧来说，人们应该如何评价同时代人的能力和智慧？在培养出一种对进步的信仰的时代，人们同样表达了对前辈思想家们极度的尊重，渗透着一种“我们可以做得更好”的信心。培根感觉到，科学进步最深层的障碍就是一种顽固的信念，即认为知识有它自己的潮起潮落，而当它终于到达某一点时，“(它) 就不能再向前发展了”。反对这种静态的世界观的唯一希望就是提出“一种新科学”。这种新科学可以不断地促进知识的产生和积累，并让人们完成从前从未做过，甚至从未想过能做的事 (Bacon, [1620] 1999, pp. 126-129, aphorisms, 92, 97)。① 培根去世后的半个世纪中的作家将培根看作人类这种信心的倡导者：其中有一位作家写道，“正是在这一伟大时刻，进步得以在所有其他学科中出现；无与伦比的培根，在谈到一些导致科学不能发展的原因时，认为对古人的深切情感是影响最大的一个” (Nedham, 1665, p. 6)。对古代经典权威造成最严重破坏的，莫过于大航海时代之后，跨洋航行所带来的地理学知识的增加。古代作家提出的许多被人们奉为亘古不变的真理的地理学命题，都在此时被证伪——所以人们可以相信什么？“无论是哪一条古人通过推测幻想得到的命题，我们的时代都已经可以充分判定它们的真伪，”纳萨尼尔·卡彭特 (Nathanael Carpenter, 1625, p. 231) 这样宣称。

这些信仰受到了那些能以某种形式从现有已确立的知识中获取租金的人的强烈抵制，当时，没有人知道进步的知识分子的胜利是不是一早就注定的，是不可避免的。最终的胜利在 1679 年是很难预测的，当皇家学会的一位特许成员约翰·伊夫林抱怨说，“简直不可想象，如此一个诚实且有价值的设计竟然只有寥寥无几的推行者，在这样一个人们眼界如此开阔的国家中，竟然都只得到了如此冷漠的对待”(Evelyn, 1679, unpaginated)。几十年后，休谟注意到了一个普遍的倾向：“人们抱怨现在、赞美过去的幽默感，是强烈植根于人性之中的，甚至对具有最深刻的判断力和最渊博学问的人来说，它的影响都是巨大的”(Hume, 1985, p. 464)。

最能体现这场斗争的就是在 17 世纪晚期，欧洲大部分地区所爆发的
250 “书的战争”了。这是一场“古代人”和“现代人”的战争。② 现代学者和作家只是站在巨人肩膀上的小矮人，还是他们自己就是巨人？无论在过去还是现在，这场辩论都被广泛认为是一场茶壶中的暴风雨，过于小题大做

① 希尔 (Hill, 1965, pp. 89-90) 认为培根是一个进步的有着“令人惊叹的乌托邦愿景”的人，而即使是他 17 世纪的追随者们都没能很好地表达出他的这一愿景，即他给予讲求实际的人们的一个理论，这个理论结合了连贯的对人性的乐观，以及对亚里士多德及经院哲学家们的批评，“让新科学反败为胜，战胜了其神学对手。”

② 关于这一问题的文献十分丰富。其中最为经典的观点由 R. F. 琼斯 (R. F. Jones, [1936] 1961) 提出。一个关于这一点的评述，参见莱文 (Levine, 1981)。

了（Levine，1981，p. 73）。[①] 可它并非一场庸人自扰的斗争；它是一段长达两个世纪的文化进化中的分水岭事件（Bury，[1920] 1955，ch. Ⅳ；Spadafora，1990，ch. 2；Lecoq，2001；Goldstone，2012）。[②] 现代学者看待这场辩论的方式有些奇怪。哲学家斯坦利·罗森（Stanley Rosen）在一段引人注目的但又并非不典型的文章中强烈反对了一些学者对这场"古今之争"（Querelle des Anciens et des Modernes）的漠视态度，并且注意到，"20 世纪的启蒙运动代言人为了将古人赶下现人崇敬的神坛耗费了极大的精力［引自德让（DeJean，1997，p. 155）］。[③] 莱文（Levine，1991，p. 414）指出，这段故事"曾经家喻户晓，可如今在很大程度上都被人们遗忘和误解了"，他同时总结道，这场战争以双方打成平手而结束，但他也不情愿地承认，古人在科学和哲学上还是做出了退让。许多现代学者竭尽全力，想找出当时那场古今之争与今天我们社会中的事件是否存在类似之处（DeJean，1997，pp. 124－150）。退一步说，即使在一个古典学系的教师人数只是个位数，而科学史、医学史甚 251
至经济史都只允许存在于极少的几个历史学系之中的时代，想要做出这样的类比似乎太过牵强。

许多"古人"将现代科学视为对学习研究的攻击，并认为现代科学的努力是无效的。亨利·斯图贝（Henry Stubbe，1632—1676），一个好斗

---

① 现代作家似乎都在某种意义上羞于承认很显然的一点，即"今人"在有用知识方面的优势其实是无可辩驳的，其程度正如在文学和诗歌上他们根本无法与古人相比一样。即使是尼斯比特（Nisbet，1979），在指出乔治·索雷尔（George Sorel）将进步的概念看作资产阶级一个肤浅的把戏这一观点极为荒唐之后，也认为人们有必要承认"关于支持进步的论证陷入了逻辑上的循环论证"。但它其实并没有；在科学和技术的进步是以一个累积过程为基础的情况下，以及在历史进程中不再有知识"丢失"的情况下，今人的知识储备胜于古人，而不是反过来。

② 奥古斯特·孔德（Auguste Comte）指出，"持续进步的概念在科学上并无连续性，也没有获得公众的关注，一直到上个世纪（18 世纪）初期关于古人和今人对比的那场令人印象深刻的辩论……这场严肃的讨论组成了人类思想史上一个成熟的事件，这是首次对人类自己所作的不可逆转的进步的声明。"

③ 德让（DeJean，1997，p. 15）在法国背景下声称，"强调科学的因果作用是误导性的——进步，而不是科学，是使得第一代现代人出现的决定性因素。"无论"决定性因素"这个词的含义是什么，这样将进步和科学区分开来的做法并没有什么意义。她认为，对启蒙运动的近期评论通过将科学这一单一变量看作进步概念在现代取得成功的原因，使得科学被赋予了它原先的支持者们从未意图让它所承担的意义。她的这个观点可能是正确的。然而，关于有用知识的累积性的根本内涵掩盖了另一个当时的"现代人"所持有的观念，即进步在那时就已经结束了（DeJean，1997，p. 17）。这可能也是当时法国文学界现代人的领军人物之一，夏尔·佩罗（Charles Perrault）所面临的状况。他将路易十四的时代看作人类成就的顶峰时期。但这与在德让（DeJean，1997，p. 22）看来是启蒙运动标志的更普遍的人类的社会进步也并没有什么关系。

的医师和政治小册子作家，就认为他那个时代所有的科学努力都是徒劳无功的："所有关于建立机械的或明智的自然哲学的话都是空话。人类的天性根本无法让人类达成这样的成就。"他随后又指责现代技艺爱好者的愚昧无知，不能认识到亚里士多德和其他古典作家的成就（Stubbe，1670，p. 15）。① 如斯图贝，以及在日内瓦出生的圣公会大臣和学者梅里克·卡索邦（Méric Casaubon，1599—1671）这样的保守作家，自相矛盾地试图将实验哲学与清教徒主义和无神论相结合。他们担心热忱的培根主义者会抛弃古典主义的精华，也担心他们研究知识的机械和功利主义方法中所包含的物质内涵。他们憎恶许多培根主义者所显示出的不可否认的傲慢与自以为是。这是一场恶战。直到1704年，售书商为乔纳森·斯威夫特（Jonathan Swift）关于这场古代人和现代人的战争所作的著名的讽刺文章——《书的战争》（*The Battle of the Books*）写了一段引言，最后得出结论，"我们不知道是哪一方最后获胜了"（Swift，［1704］1753，p. 170）。②

另一场重要战争是在医生之间爆发的。古人依然忠于他们所信奉的盖伦传统，而现代人则坚持由帕拉塞尔苏斯最先提出并由范·赫尔蒙特拓展的化学医学思想。保守的盖伦主义者，例如约翰·特温斯顿（John Twysden，1607－1688），对于培根主义者对他们所挚爱的古典权威所表现出的
252 无礼感到无比愤怒。特温斯顿认为，古典医学经受住了时间的考验，并敦促医生坚持使用旧的方法，而不要尝试实验那些新颖和未知的技术。即使古人并不总是正确的，他认为，至少他们所开出的药方已经被证实是对很多疾病都有效的。为了对抗古人，化学学派的成员们对古典权威极尽嘲讽，用医师和炼金术士乔治·斯塔基（George Starkey，1628—1665）的话说，他们将盖伦医学描述成一幢只有"腐坏的地基、破损的拱门和柱子、倒塌

① 斯图贝甚至认为，被现代人广泛认为是当时那个时代最杰出的成就之一的哈维关于血液循环的发现，并不像人们所声称的那样富有原创性和开创性。

② 巨蟒团体（Monty Python）经典的滑稽剧《哲学家世界杯》中有一段描写了希腊和德国哲学家在一场极为荒谬的足球赛中成为了对手，人们禁不住要猜测这段描写的灵感来自这样一段文字，"现代人在谁能领导他们的问题上讨论激烈，其激烈程度并不亚于对敌军的恐惧程度。最大的分歧产生在骑兵之中，从塔索、弥尔顿到德莱顿、威瑟，每个人都跃跃欲试。考利、布瓦洛率领着轻骑兵。英勇的笛卡尔、伽桑狄、霍布斯是弓箭手的领袖，他们力大无穷，能像阿刻斯特斯一样，把箭射到大气层外，变成流星，永不坠落，或者像炮弹一样射入灿烂星空。帕拉塞尔苏斯带来了一队来自莱提亚雪山的掷臭瓶者…古代人军队的人数则要少许多，荷马率领骑兵，品达率领轻骑兵，欧几里得担任工兵首领，柏拉图、亚里士多德率领弓箭手，希罗多德、李维率领步兵，希波克拉底率领龙骑兵。沃西乌斯、坦普尔率盟军殿后"（Swift，［1704］1753，pp. 186－187）。（译文部分引自商务印书馆出版的《桶的故事书的战争》，略有改动。——译者注）

的墙壁，以及一个漏雨的几乎要坠落的屋顶的”建筑物，并“只适合来自黑暗的鸟居住”（Starkey，1665，pp. 37－38）。一位好战的医生尼德汉姆（Nedham）更加强硬地写道：“那里存在的都是我们这个职业的痛苦之源，希波克拉底、盖伦和其他被列为古典权威所写的书本上的知识，被大学认为是可以放进试卷中测试人们是否能成为医生的知识……逼迫人们阅读这些作者的迷信又愚蠢的话语，看着他们如何为了这些教义中不明确的部分而不断争吵，任何有智慧的人都会作呕”（Nedham，1665，pp. 253－254，311－312）。在这场辩论中出现了很多责骂对方的语句，这或许就说明，双方都没有足以拿出来吹嘘的任何能够证明他们在治疗疾病上是优于对方的实质性证据。这是一个关于“不密封”知识的典型案例：双方都没有任何有说服力的证据支持其信仰，转而只能采用大量雷鸣般的强烈修辞手法来表达他们的肯定。在这个时代的医学，无论是盖伦传统还是化学医学，都不具备足够的能力来应付他们所面临的巨大挑战。就有效的治疗或实验证据而言，人们在古代体液理论和更现代的化学医学中都看不到什么切实的证据，更遑论从它们二者中选出胜利的一方了。人们寄希望于新的实验科学能够出现，帮助医生应对这些挑战，可思想市场上提供的选择仍不具备吸引力。

正如智力争端中会经常发生的那样，要想在两个阵营之间划清界限并不容易。艾萨克·牛顿，现代阵营中最主要的英雄，在某些方面又很讽刺地属于古代而不是现代。他相信（以一组名为“旁注”的命题表达了出来）他所发现的大部分知识早在古代就已经被发现了，只是随后人们又失去了对这些知识的掌握（McGuire and Rattansi，1966）。另一个标志性的现代人，罗伯特·胡克在他身后出版的《地震讲义》（Discourse on Earthquakes）中极为恭维古人，并明显地向他那些更为热情的“现代”同事们开炮。他写道，“有很多人可能都会轻视、忽略、诽谤古人留下的知识、教义和理论，看到他们的无知我感到有些有趣……但是，我们要知道，古代在知识、发明和理性推理上的成就是现代所根本无法比肩的”，并且他特意挑出奥维德的《变形记》（*Metamorphosis*）为例，将它看作有关“地球年龄和其延续时间的记叙”（Hooke，1705b，pp. 379－380）。

大部分的“书的战争”是关于品味的争论。人们是更喜欢莎士比亚还是索福克勒斯（Sophocles），更喜欢弥尔顿还是维吉尔？就像在今天一样， *253*
在1700年这样的讨论似乎都是多余的。就像我们会预期的那样，经典文本仍是任何一位知识分子所要接受的基础教育的一部分。虽然古人可能在科学和哲学中被击败，但他们“仍牢牢抓住了文学和艺术”（Levine，1991，p. 414），即使是在这方面，在巴洛克时期，视觉艺术、文学和音乐方面的成就给人们传达出的信息就是，确实，他们自己这个时代可以使任何一个古典时代黯然失色。这场辩论在 18 世纪初被抛诸脑后，因为越来越清楚的是，科学和物质的进步会一直持续下去，并且进步的观点占据了上风，即使它的胜利仅限于“理性和实验统治的领域里”（Levine，1991，p. 414）。在那些领域，伽利略和培根的遗产在不断扩大。从那时起，毫无疑问的是，即使提及亚里士多德，或源于《圣经》的任何其他经典教义中所出现的作家，在自然哲学的严肃话语中都不会被认为是某个论点的充分证据了。因此，单单因为历史学家 R. F. 琼斯对那些认为应该相信伽利略而不是阿基米德，或相信哈维而不是盖伦的 17 世纪的知识分子感到同情，就否认他持有的是“辉格式”观点，似乎是站不住脚的。斯威夫特有趣的小册子标志着这场已经持续了两个世纪的战争的尾声，也标志着最后的胜利。尽管在 19 世纪和现代仍有一些怀旧的浪漫主义者，可现代人仍战胜了古代人，并且其胜利是无可争议的。当《格列佛游记》（*Gulliver's Travels*）中的现代人被嘲笑的时候，其实就已经注定了他们的胜利，而到了启蒙时代的末尾，现代人最终获得了胜利。而正是因为有了这场胜利，现代经济发展才会出现。

这场辩论中的一位辩论者，语言学家和传记作家威廉·沃顿，在累积领域（如科学和技术）和那些非累积领域（如修辞和诗歌）之间做出了关键的区分。他认为，在《圣经》研究中，接受过古代语言的系统训练就能解读出经文的真实含义，从而能够加强基督徒的信念（Levine，1991，p. 410）。启蒙时代从来没有完全放弃过经典，但它确实试图将古典文明中最好的部分与自己这段文明中最好的部分结合起来，以期同时取古典文学和哲学之精华，同时去过时的宇宙学和物理学之糟粕。① 费龙（Ferrone，
254 2015，p. 99）指出，启蒙运动时期的作家利用经典的古代遗产，从“构造未来的目的”出发，将过去与现在进行对比。然而，对进步的坚定信念不可避免地意味着古典文化在教育中的相对份额会随着时间的推移而减少，而这正是在我们当今时代所发生的事实。

回看之下，我们很容易看出现代人的胜利根源。1500 年后，地理大发

---

① “书的战争”实际上是一场重新展开的辩论，它展示了现代人的立场变得有多强硬和坚定。用一位学者的话来说，“列举坦普尔（威廉·坦普尔，沃顿的主要对手之一）关于古代人和现代人的几个观点就能让人们感受到启蒙运动想要忍受和克服掉的一种有教养的傲慢态度……坦普尔扮演了一个很典型的伪知识分子的形象。古人说完了所有的一切；当初始状态已经如此完美的状况下，学术上和艺术上的进步是不太可能出现的……当奥菲斯能搬开石头驯服野兽的时候，与过去的伟大音乐相比，现代音乐又如何？古代的艺术和魔法，现代与之相比又如何？这些偶然的情况创造出的过去的这些伟大成就又怎会在这些衰败的时代里出现？哈维和哥白尼能提出什么新观点？谁又能说到底是太阳在移动还是地球在移动”（Traugott，1994，pp. 504－505)？

现、技术进步、对自然更好的理解，以及迅速增长的信息获取等现象的结合，使得越来越多当时的知识分子比古代的知识分子更加明智，拥有更多信息。如果这个时代想要在技术和科学上摆脱古典权威的枷锁，那么拥有智力优越感在这里是至关重要的。到 16 世纪中叶，法国作家最先明确地表达了这种优越感。例如，以货币理论的通货膨胀为先导，让·博丹（Jean Bodin，1530—1596），通货膨胀的货币数量论的创始人之一，于 1566 年写道，虽然古代人是公认的所有艺术和科学的发明者，但他们留下了很多未解的难题，并且“如果我们看得更仔细一点，我们会发现我们的成就无疑是超过了古代人的。”另外一位法国作家、外交官、密码学家和全才型的知识分子，布莱斯·德·维吉尼亚（Blaise de Vigenère，1523—1596），在 1571 年还补充道：“我们当然应该为古典遗产留下属于他们的位置，可这并不代表我们所有应该阅读和赞美的就只是古人的作品”（Rossi，1970，pp. 75-74）。在那个时代，谈论经典的语气相比于一个世纪后来说，其实是少了些自傲、多了些尊敬的，但显然从这些著作中我们仍可以清楚看到一种进步感的存在。

到了 17 世纪，对古典知识奴性的崇拜意识逐渐消失，与之相伴的，是对古典文明的崇拜者各种听起来刺耳且无礼的评价越来越多。西欧人新建立的信心，有部分来自欧洲知识分子对技术进步的社会价值的愈加重视。意大利诗人和公法学家阿里桑德罗·塔桑尼（Alessandro Tassoni，1565—1635）在 1620 年写道：“希腊人和罗马人曾经发明过什么可以和印刷术相较？如果罗马人在将他们的军队运送到英格兰岛的时候感到荣耀，那么教导了葡萄牙人从一个地平线航行到另一个地平线，抵达了一个未知极点的人，又应该获得多少荣耀？”法国医生和博学家皮埃尔·波雷尔（Pierre Borel，约 1620—1671）在 1655 年补充道，“所以，让古雅典人和她最著名的学院和讲坛都保持沉默吧，让那些声称双眼可以穿透地球的人的无稽之谈都被埋藏起来吧……没有什么可以逃脱如今最高贵和最真实的双眼”（Rossi，1970，pp. 89，90）。

有所进步的是对当时的适当描述的概念也在 17 世纪的英国作家中得以传播，从（非清教徒）牧师乔瑟夫·格兰威尔（Joseph Glanvill）的作品中 255
就可见一斑。他写下了一本题为《超越极限，从亚里士多德开始知识的发展和进步》（*Plus Ultra*，*or*，*The Progress and Advancement of Knowledge since the Days of Aristotle*）的著作，在书中，他骄傲地列出了自古以来人类在科学的各个领域中所取得的进步，其中大部分他都认为是皇家学会及其成员的工作成果。他是弗朗西斯·培根的崇拜者，他欣喜地写道，“现代的有识之士赋予了实验哲学很高的期望值……而这一期望的出现，来源于那些没什么文化的商人，或是一些学者很偶然的发现”（Glanvill，1668，

pp. 194–195)。[1] 同样明确地表达了这一点的是约翰·威尔金斯，他认为古人关于神学的知识仍然是无可争议的，但到目前为止，在通过发现和实验推动的科学的知识上，“我们”才是古代人（Hooykaas，1972，p. 113）。

并不是所有 17 世纪晚期和 18 世纪的作家都认为进步是很有可能出现的，甚至他们中的有些人认为进步是没有任何希望的，像霍布斯这样怀疑一切的学者就从来没有相信过进步。在 18 世纪，一些包括卢梭在内的最著名的启蒙哲学家也对此表示怀疑。[2] 但总体来说，认为进步可能且可取的共识已在逐渐形成。剩下的有待解决的问题基本上都是细节问题了：我们设想的是什么样的进展？哪种方式是带来进步最好的方式？进步是为了谁的利益？有用知识的进步是否必须伴随制度的进步，才能避免经济增长所带来的不平等现象和不可避免的冲突？

启蒙运动的本质就是，到了 18 世纪中叶，对过去和现在所取得的进步的质疑，都不再有什么生存空间了。约翰·克拉克（John Clarke，1687—1734）是一位提倡数学和科学教学的开明教育改革家，他在 1731 年略带不敬地写道：“古人确实是哲学家，可他们在自然知识上的思想也非常贫
256 瘠……这是一个众人皆知的事实，不存在任何的争议。艾萨克·牛顿爵士的发现的重要性，比所有古代哲学家们所知道的加在一起还要重要一百倍”（Clarke，1731，p. 47）。同样，理查德·赫尔沙姆（Richard Helsham），于 1724—1738 年在都柏林圣三一学院担任伊拉莫斯史密斯自然哲学和实验哲学教授，开始撰写他大获成功的自然哲学教科书（直到 1849 年被都柏林学院指定为教科书）。他指出，“令人惊讶的是，在自然知识上前人的成就与现人相比是多么不值一提……古代的哲学家们将他们自己限制在如何把理论放置于框架之中，而不为它们提供任何自然基础，这使得他们在回答那些自然现象上极没有说服力”（Helsham，1755，p. 1）。

进步思想与人们如何对比现代人与古代人，如何看待自己的智慧与能力的文化问题密不可分。许多文化，包括一些犹太教传统，都相信真相早已经被展示给生活在遥远过去中的人们了，而当今学者唯一能做的，就是研究早期著作，从古代文本中寻求更深层次的含义。诚然，即使在这些约

---

① 在其他作品中，格兰威尔（Glanvill，1665，p. 140）有些傲慢地指出，“没有什么说过的话是以前没有被说过的，这个令人沮丧的教条在我的研究中根本没有位置。除了哥白尼是正确的之外，还有很多其他观点和知识都是新出现的……上几个世纪为我们展示了古人从来没发现的事实。”此外，他明确表示，“人类的善行可能在自然主义者对贸易加深理解的过程中被大大增加了”——这本身就是工业启蒙运动早期的几个中心假定之一。然而，按照我们的标准，格兰威尔可能不能被算作一个“开明”的人——他坚决捍卫巫术和灵魂的存在，并写下了一本书来猛烈攻击那些怀疑它们存在的人。

② 罗素是一个复杂的知识分子，可如果把他描述为一位充满怨念的、一味怀念过去原始极乐世界的代言人，这样的说法却有些过分了（Nisbet，1979）。

束下，客观数量的争议和创新也是可能出现的，但是约束终究是约束。尽管它们在识字率和人力资本形成方面在数百年间都保持着巨大的优势，但在工业革命初期之前，犹太人在科技史上的作用几乎可以忽略不计。他们发明了一个看似设计精美，但实则荒谬不已的卡巴拉数学。这种数学认为词语的隐藏含义是被附加在其所包含的字母上的，通过对文字编码赋值，他们想要探索出弥赛亚降临的日期。除此之外，在 19 世纪之前，我们很难发现有什么其他重要的成就是归功于犹太教数学家的。不过也并非没有，例如雅各布・本・以马内利（Jacob ben Immanuel），他是 15 世纪后期教皇的医师和测量天文高度的重要仪器的发明者，也曾帮助葡萄牙航海家在海洋中计算纬度。[①] 但在 1600—1750 年间，科学和数学的巨大进步中并没有与犹太人相关的发现。一个例外是约瑟夫・所罗门・德尔梅迪戈（Joseph Solomon Delmedigo，1591—1655），一位在帕多瓦大学与伽利略一起工作的犹太医生，他被称为“犹太伽利略”，他在他的作品中写道，只有傻瓜才会 257
否认哥白尼的宇宙学（Delmedigo，1629，p. 304）。[②] 同样，尽管存在一些著名的犹太医生，但他们多与重大创新无关。到 18 世纪，可以肯定的是，一些有学问的犹太人意识到，宇宙并不像他们的《塔木德经》所描述的那样，但他们对这一事实的发现和最终接受，来得太慢也太迟了。[③]

从技术上说也同样如此。1656 年以后，犹太人被重新允许进入英国。如果当时他们中的多数能对机械感兴趣，那么更有开拓精神的犹太创新者必然会在 18 世纪后半叶在适宜创新者发展的英国找到适合自己的道路——就像许多欧洲大陆的工程师那样。一直到了犹太教内部的启蒙运动时期，犹太人才摆脱了他们对古典作品的执迷，此时科学家和发明家的份额才经

---

① 参见锡德（Seed，2001，pp. 73–82）。在这些身兼天文学家和数学家双重身份的学者中，最为著名的就是亚伯拉罕・萨库托（Abraham Zacuto，1452—1515）了，他发明了改良的天梯测量仪，让人们可以在航行过程中测量维度，并且他为海洋航行编纂了详细的天文图表。

② 德尔梅迪戈对德系犹太人因为痴迷于研究塔木德而未能参与到科学革命中去的这一大失败颇有微词。他为他们对世俗学习的态度感到可悲。他抱怨道，犹太教的拉比们创造出了太多灾难性的阴谋式的创新，而完全无视其他所有的一切。拉比们认为逻辑学、语法学、修辞学、数学、科学和哲学都是与他们的教义不相容的研究，甚至是与犹太教为敌的研究，也因此他们对这些学科都不屑一顾。他在当时的犹太人中都没能找到几个对科学或数学感兴趣的人。

③ 16 世纪领先的犹太拉比、以布拉格的马哈拉尔而著称的犹大・勒夫・本比萨尔（Judah Loewben Bezalel，1525—1609），就与哥白尼关系甚密，可是他仍忠于犹太拉比的宇宙观(也就是托勒密的宇宙观)。因为他认为托勒密的观点来自西奈的摩西，因此是神圣而不可侵犯的。我们还可以提到的一个人是托拜厄斯・科恩（Tobias Cohn，或称 Toviyyah ben Moshe ha-Kohen，1652—1729），他在 1707 年出版了一部关于医学和自然哲学的百科全书式作品，其中批评了他的犹太知识分子同胞们过分投入卡巴拉研究中的现象；然而与此同时，他也猛烈地抨击了日心说，认为它与宗教经文相悖（Neher，1977）。

历了急剧上升。[①] 但在英国工业革命的记录里，我们很难找到犹太人的身影。教育、识字和学习并不等于物质进步，除非与之相伴的，是他们愿意放弃一直所崇拜的传统，敢于挑战古代权威，无论它们已经被多少代人奉
258 为不可动摇的真理了。[②] 如果我们回到特里安蒂斯（Triandis，1995）所使用的术语，在16—17世纪，与在欧洲的邻国相比，犹太社会是一个过度紧密的社会，因为人们对于什么是真实的、什么是虚假的都有普遍一致的认知，在有疑问的情况下对谁可以做出判决，也都有普遍的共识。

然而，在16世纪欧洲的其他地方，尽管当时的宗教仍是不宽容的，持有异议仍是要承担风险的，但对经典盲目且不加批判的尊重也出现了逐渐消散的迹象。[③] 一个显著的例子就是吉约姆·波斯特尔（Guillaume Postel，1510—1581）的职业生涯。他是法国的自由思想家，16世纪最博学和最富创造性的思想家之一。除了对犹太神秘主义、地图绘制学的深切兴趣外，他还倡导了一种普世的基督教信仰。他曾数次被宗教裁判所和法国大法院逮捕，不过最终都逃过了死刑的命运。这是因为他被宣称只是精神不正常，而不是异端分子。17世纪更强大的思想家们意识到，就像帕斯卡（在他成为詹森教派信徒和更持进步观点的时期）所指出的那样，如果我们向古代

---

① 这些有名的科学家除了爱因斯坦和弗洛伊德外，还包括物理化学家弗里茨·哈伯（Fritz Haber），哈伯-博施法的发明人，这一化学方法可以说是人类历史上最重要的发明之一；世界语的发明者，拉扎·柴门霍夫（Lazar L. Zamenhof）；现代免疫学的创始人，保罗·埃尔利希（Paul Ehrlich）；世界航空飞行的先驱，奥托·李林塔尔（Otto Lilienthal）；超音速飞行之父，西奥多·冯·卡门（Theodore von Karman）；圆珠笔的发明者，拉迪斯洛·比罗（László Bíró）；以及卡尔·杰拉西（Carl Djerassi），避孕药的发明者。

② 内尔（Neher，1977，p. 213）的观点看起来有些让人难以相信，他声称在犹太社区内，"思想自由并非是无法获得的价值观"，它甚至是犹太人关于科学的概念中的一个组成部分。事实上，很少有证据表明，德尔梅迪戈因为他对"犹太人的团队精神及其只关心地方事务的导向"的尖刻批评，或是他认为"犹太人向其他教派的人传播了很多他们的偏见和迷信，却从不与他们分享自己的智慧"的观点而受到了阿姆斯特丹的犹太社区有组织的虐待（Barzilay，1974，pp. 321-322）。德尔梅迪戈在许多方面都是一位典型的"文人共和国"的公民，他是少数可以被称为"文人共和国"公民的犹太人之一。作为一名四处旅居的医师和知识分子，他显示出了一个奇怪的保守观点和新思想的结合，并且很有可能的是，他对犹太文化的批判并不像斯宾诺莎的那样挑衅和臭名昭著（Haberman，2007，p. 543）。巴尔齐莱确实指出，到1630年左右，"无论德尔梅迪戈自己持有的是什么观念，他都没有公之于世……那时，他的旅行和人生经历都告诉他，犹太世界还没有准备好接受他的那套观点和研究结果"（Barzilay，1974，p. 4）。

③ 当然，欧洲的知识分子并没有抛弃他们继承的经典遗产。即使拉丁语在1700年之后不再是学术圈内的通用语言，学校里仍在教授拉丁语，人们也仍在研究古典文明。实际上，在将古典文明中的瑰宝传播给法国读者并引起他们的关注的这一方面，没有什么人能与皮埃尔·贝尔相提并论。贝尔是他的时代中"文人共和国"的代表性人物之一。在他著名的《历史哲学批判辞典》中，他非常关注古典作家，尽管他也经常利用他们作为自己观点的传播载体。也可参见福玛罗利（Fumaroli，2015，p. 66）。

人所表示的尊敬，比他们自己向他们的前人表示得还要多，那是不公平的，可这一点被犹太神学家完全忽视了（Bury，［1920］1955，p.68）。现代人强调，进步是由17世纪出现的研究工具、实验方法和观察仪器所推动的。盖伦没有显微镜，托勒密没有望远镜，阿基米德没有微积分。现代人最强调的是，知识是累积的。当然，累积性本身在某种程度上来说就是受社会所控制和构建的变量，并且也是整个机制中起到保护知识作用的部分，通过确保其代际传递和以低成本和高搜索性来存储知识的技术能力。正是在这里，印刷术可能发挥了极为重要的作用，因为每本书都有成百上千本相同的副本，因此那些造成数量巨大的古籍消失的抄袭错误和遗漏都得以避免，并且即便随着时间的推移，由于磨损而造成的书籍不可避免的损失， 259
也不会再影响知识的可获取性了。

事实上，在许多过去的文明中，知识失传确实导致了技术倒退。培根的灵感来源之一，法学教授圭多·潘奇罗利（Guido Panciroli，1523—1599），就撰写过一本名为《我们所失去的和我们所发现的》（*Two Books of Things Lost and Things Found*）的书，其中他列举出了被人们认为是古代文明所拥有但随后遗失的产品和技术。毕竟，像凯勒（Keller，2012，p.242）所说："发明家所掌握的知识对社会的价值是如此之大，以至于国家无法承受遗失这些知识的后果"。因此，人生中大半时间都是以公职人员和政治家身份度过的培根，提议将技术知识的控制权从个人转移给集体。培根没有看到的是，这样一个团体也可能是例如"文人共和国"这样的私立秩序的机构，它虽然是自治的，但人们仍可以依赖它以维护最值得保留的知识。进步信念的一个组成部分是"文人共和国"的新机制不仅可以传播知识，而且可以保护知识不被人们遗忘，从而确保了知识的积累性。

进步思想是以过去有用知识的保留为基础的，这保证了有用知识的不断增加，而同时，支持有用知识保留和加速增长的条件也相当强大，启蒙运动时期的知识分子花了几十年时间才弄清了这些条件。此外，在18世纪的启蒙哲学家之中，对进步包括什么以及如何实现进步等问题就都没有达成共识（Israel，2010，pp.3-15），但如果有一点是在启蒙运动时期除了一些思想倒退的作家们之外的其他作家都能同意的，那就是物质进步包含了依赖有用知识增长的实际进步。换句话说，科学和技术的结合就是物质进步中的两个引擎之一，能够表明这些力量能够为改变人类日常物质生活带来巨大潜力的证据也在慢慢增多。同时，人们也意识到了另一个引擎——政治和法律改革——也就是我们今天所说的制度变迁，它将鼓励商业发展、资本积累和创新的产生。经济增长的第二个引擎在很多方面被证明是不太可靠的，更有可能失效，使经济发展陷入困境之中。因此，今天的经济学家更多的会谈到技术进步，而非制度变迁：后者的方向性远非前者那么不言自明。

启蒙运动基于这样一个隐含的假设，技术和制度变化是相辅相成的，即技术与制度变迁之间存在着一种深层次的互补性和协同作用（Mokyr，2006a）。有用知识的进步，却不伴随制度变革，可能不会有什么成效，或是会导致这种知识灾难性的滥用。例如，当制度无法配合经济发展，不能
260 支持一种在经济上有成效的研究计划时，有用知识可能仍会持续快速增长，却转向一条福利中立或减少福利的道路上去了，例如转向研究命理学、占星术或更具破坏性的武器等领域。此外，智力创新最终也将越来越受到现有技术的抵制；如果没能克服这个阻力，技术进步可能不会再出现。同时，即便技术进步没有灭绝，也会出现进一步的危险，即当新技术成为主导时，它反过来又会抵制下一轮创新的出现。最终的结果被我归结为“卡德韦尔定律”（Cardwell's Law）——这是一种经验规律性，没有任何社会会长期存在于技术创新的前沿（Mokyr，1994）。

然而，西方并不是严格意义上的“一个社会”——它是一个分离社会的积聚，这些社会在一些领域内竞争，又在其他领域内合作。考虑到竞争的存在以及制度的多样性，很不可能出现的就是反对进步的势力成功合作，并且制订出一个有效的计划来减缓进步，最终使得整个体系陷入停滞（虽然这个体系中的某些部分可能会受到影响）。即使是保守政权接管的国家最终也会意识到，在竞争环境下，抵制创新不是一个可持续的战略。

虽然如此，但我们绝对不能忽视早期现代欧洲的反抗和抵制创新的力量。在1500—1700年间，许多异端科学家和创新者都因为挑战权威而受到了威胁。宗教还没有完全将自己与物理学、天文学，甚至医学和化学相脱离，它代表了支持现状的强大力量。有些关于迫害创新者的记叙是过于夸张了，但仍然有足够的证据表明，现有文化当权者在面对智力挑战时不会自愿地退让，并且如果当时欧洲一些关键战役的最终结局有所不同，所有的事情可能也都不会相同了。[①] 伽利略命运的逆转是由于他自己对对手公然的不敬，也是由于17世纪30年代初天主教在欧洲命运的逆转，迫使教皇对异端采取更加强烈的反对态度。这场挫败是否真的像亚历山大（Alexander，2014，p.179）所说，将意大利变成了让科学无法发展的不利环境仍

① 异端分子们真正因为其科学上的异端观点而失去生命的事例其实是很罕见的，这通常是极其严重和鲁莽的行为才会招致的后果，在米格尔·塞尔维特和乔尔丹诺·布鲁诺的情况上就是如此了。他们并不是因为其科学观点，而是因为他们被认定为叛教的行径，才为自己招来了杀身之祸（虽然在那个时代，这两者很难区分）。其他一些不太知名的激进哲学家因为信仰而丧生的还包括卢西略·瓦尼尼（Lucilio Vanini），1619年在图卢兹因为其无神论信仰而被活活烧死；弗兰特·帕拉维契诺（Ferrente Pallavicino）因为不尊重教皇于1642年在阿维尼翁被处死。其他的案例都是不足为信的。特伦斯·基莱（Terence Kealey，1996，p.3）不加批判地复述了一个关于著名解剖学家安德雷亚斯·维萨里的传奇故事，他一开始被宗教裁判所判处了死刑，而后来又改判为流放至圣地（Holy Land）。

然存有疑问，但显然，南欧为自由主义哲学而抗争的努力并没有其他地区那么积极。保守政权无论在哪里执政，创新研究都可能受到威胁。[①] 对抗保守势力的最终胜利，以 1773 年对耶稣会士的成功压制为标志，这在很大程度上是由于启蒙哲学在思想市场上取得了明显的成功，以及在 18 世纪欧洲大陆上进步概念的扩散，甚至在法国这一名义上的天主教国家中都是如此。 261

在 17 世纪晚期至 18 世纪的法国，许多领先的思想家相信，他们周围正在发生着一些进步，虽然他们中很少有人相信有用知识的增长必将引导社会变得更加道德或开明。许多疑虑的存在减少了人们对进步信念的相信程度。伏尔泰、狄德罗以及大多数启蒙哲学家认为，人性是由自然的历史所决定的，因此人类在道德上的不足是无法纠正的（Dupré，2004，p. 204）。在法国大革命之前，法国对社会和经济进步的现实期望仅仅是建立在对英国的嫉妒以及它对现实认识不够的痴心妄想之上的。但仍然，进步成了这个古老政权中的启蒙思想家心中一个占据主要位置的主题。法国没有关于清教主义的任何经历，但它越来越盛行的世俗思想文化与一个相信文明进步性的观念非常一致，这包括但不仅限于科学。例如，年轻的布莱兹·帕斯卡（Blaise Pascal）就深受笛卡尔影响，将知识世界视为一个独立且永生的，"不停学习"的个体（Bury，[1920] 1955，p. 68）。帕斯卡在 1647 年所写的一个未发表的片段中补充说，进行学习这种行为的单位不是一个单一的个体，而是由个体组成的集合实体，这个集体被他称为"全人类"，但实际上应该被理解为"文人共和国"的成员的集体（Rossi，1970，p. 99）。[②] 正如伊

① 扬·巴普蒂斯塔·范·海尔蒙特（Jan Baptist van Helmont）是弗拉芒的医师和化学家，他是首先识别出"气体"本身的人，并且是第一个在生物学中进行精确的定量实验的人之一。因为他坚持在自然和医学上的异端观点，所以一再受到威胁和惩罚，并成为了帕拉塞尔苏斯（怀疑派）的追随者。他的著作，《论磁性治疗》（*De magnetica vulnerum*），被列为禁书，到 1624 年，西属尼德兰的宗教裁判所以此书展示了"异端和无礼的傲慢"为由开始正式反对他的著作。海尔蒙特在 1633—1634 年被鲁汶神学会谴责，因为他坚持帕拉塞尔苏斯（也就是恶魔本人）学派"荒谬的迷信"，"使自然堕落，将自然的一切都归因于巫术和某种邪恶的艺术，并且通过它的化学哲学在世界各地传播了无穷无尽的黑暗"。他于 1634 年 3 月在监狱中度过了四晚，并被反复审讯。似乎是他良好的政治关系使他免于遭受更严重的惩罚［他与法国王后玛丽·德·美第奇（Marie de Medici）关系紧密，但后来她被驱逐，流亡到西属尼德兰］。最后他被释放了，但也被软禁起来。在 1636 年他终获自由，但教会对他的诉讼直到他去世前两年，即 1642 年，才正式结束（Pagel，1982，p. 14）。在他 1644 年《医学小册子》（*Opuscula Medica Inaudita*）的序言中，海尔蒙特说指出"此书的主体部分都是在经历狂风暴雨般的迫害状况下写就的"（Pagel，1982，p. 154）。

② 帕斯卡在他生命的后期有一个特殊的宗教经历，他皈依为了詹森派，一个包含更倾向于让人沉思、更为道德导向型的教义的宗教。他声称放弃自己早期的观点，并写下了关于"科学的空虚"的观点——这是一个很好的例证，证明了保守的宗教信仰，如果它们在竞争性的思想市场中占据主导地位，都有可能阻挡先进科学和技术的进步。

262 斯雷尔（Israel，2010，p. 4）最近提出的那样，一方面，启蒙思想中关于进步的理论，受到人们一种危机感的阻碍，即他们害怕为改善社会而做出的努力会给社会带来危险和挑战，而另一方面，他们“又对人类充满乐观，因为他们相信人类通过发明技术创造财富的能力可以提高生产力”。

最著名和最有影响力的法国知识分子之一，坚信人类知识的进步性的学者是伯纳德·勒博耶·丰特奈尔（Bernard LeBovier Fontenelle）。丰特奈尔在1688年发表了一篇短文，题为《古人与今人之漫谈》（Digression sur les Anciens et les Modernes），他认为科学进步以及其所伴随的经济进步，不仅是可能的，实际上是不可避免的。[①] 他认为在他的时代，统治了一切的真相还是一个未知的事实。他预言，未来对知识的探寻会更加深入，而当现今这代人变成古人的时候，后代再去超越他们也是公平合理的。最重要的是，现代优越的方法论、逻辑的严谨性和关键的工具，都使得现代占据上风。而这些他指的就是“规定了‘文人共和国’智力交换的几何学方法”（Fumaroli，2001，p. 193）。

在这场关于现代人的智慧与科学究竟是否能与古代人相抗衡的辩论中，丰特奈尔的论点表示了他强烈反对保守派（亲古典派）的立场。无论他是否像伯里（Bury，[1920] 1955，p. 110）所说，是“第一个将知识进步的想法归纳为一个完整理论”的学者，他的小册子都一部分代表着这场思想运动的顶峰，而其中还有一部分是由孔多塞所代表的。丰特奈尔并不具备顶尖的智力，但他能言善辩，对自己定位准确，且极具影响力。[②] 与伏尔泰不同，他避免了不必要的伤害和挑衅，这加强了他作为启蒙运动中伟大文化企业家的追随者的形象和信服力，是直接偏见和修辞偏见最佳的拟人
263 化范例。[③] 他于1697年成为法国科学院的秘书，并担任这一职位长达四十年之久。与他同时代的另一位学者，圣皮埃尔神父（Abbey Saint Pierre，1658—1743）代表了另一种更乐观的社会观点，他指出那些在英国与培根相关的现象，如印刷术、学院与研究院和有组织的知识分工等，在某些方面都是法国与威廉·配第相关的现象（Perkins，1959，pp. 78-79）。圣皮埃尔神父的作品代表了培根主义的进步感与后期启蒙思想观点之间的桥梁，它是最先阐明了功利主义想法的，即最多数人的最大化幸福的想法，同时

① 参见丰特奈尔（Fontenelle，1719）后附有英文翻译，译者为格兰维尔。

② 德让（DeJean，1979，p. 180）指出，人们不能只通过描绘当时时代的科学成就，就“过分强调当时那些受欢迎的人物”在塑造现代法国人中发挥的“决定性作用”，如丰特内尔，以及他的现代追随者，查尔斯·佩罗（Charles Perrault）。

③ 彼得·盖伊（Peter Gay，1966，p. 317）指出“像西塞罗将古希腊哲学融入罗马文化中一样，丰特奈尔将笛卡尔的哲学——以及培根哲学——以优雅且有说服力的散文的形式在文明人中传播”。

它所基于的概念是，国家权力是有能力提高人类道德水平的（Pollard，1971，p. 42）。①

在法国启蒙运动中一位更加乐观的作家是安-罗伯特-雅克·杜尔哥（Anne-Robert-Jacques Turgot，1727—1781），他的一生其实并没有经历什么社会进步的成果。在他一本早期的作品《人类精神的持续进步》（*On the Successive Advances of the Human Mind*）中，23 岁的杜尔哥（Turgot，[1750] 1808，vol. 2，pp. 52-92）优雅地指出了进步的根源：发明艺术是理性与实践的结合，它创造出了不可阻挡的前进道路。对他来说，进步就是科学、技术和经济的持续发展。当一代又一代的工匠们最终遇到一位天才时，他认为，技术就将以无人能挡的前进步伐创造出更多的财富。即使不同的国家取得这一进步所采取的方法不同，可最终他们将会聚集在一场宏大的技术全球化的盛宴之中（pp. 84-85）。路易·杜普雷（Louis Dupré，2004，p. 207）总结了杜尔哥的立场，“历史缓慢地向着愈加完美的方向前进，尽管不是在所有方面。知识和技术稳步前进；艺术和道德则不是”。这里的进步思想是有洞察力的，但仍然是天真的；非常像圣皮埃尔的一点是，杜尔哥也没有看到为什么技术进步与制度进步之间的不平衡实际上是历史的一大结构特征，也是这一进步信仰唯一致命的弱点。他也似乎陷入康迪德斯科（Candidesque）错误中，认为历史上几乎所有的事件，无论是多么悲惨和不幸的，都或多或少以某种方式带来了进步。②

众所周知，当法国的乐观情绪达到顶点的时期，就是在杜尔哥的朋友
和传记学家、孔多塞的作品出现时。他最著名的著作《人类精神进步史表 264
纲要》（*Sketch of a Historical Picture of the Progress of the Human Mind*）几乎一经出版，就立即被翻译为英文（Condorcet，1795）。作为一部内容更丰富的作品，它反映了许多与杜尔哥的文章中相同的想法。与杜尔哥类

---

① 圣皮埃尔（Saint Pierre）是“文人共和国”的一位典型公民，也是一位杰出的博学家。他交游广阔，对政治和科学思想也有着广泛兴趣。他主要关注的是人们在道德和政治方面取得的进步。他认为，虽然在他的时代即使是最平凡的学者都拥有比苏格拉底和孔子更多的知识，可是人们在道德科学上却没有什么进步。他有点天真地认为，他那个时代中像笛卡尔和牛顿这样伟大的天才没有投身于道德科学的研究是一个极大的遗憾，不过他也相信，这个差距很快就会消失。他在坚持使用量化方法上是先驱之一，他倡导在所有可以的领域都要运用量化方法。他提出了一种属于边沁主义原型的功利主义的计算方法，很像当时法国的数学家们所提出的定量分析技术（Perkins，1959；Shank，2004）。他同时也是首先支持永久和平的学者之一，这一观点后来被卢梭和康德采纳，成为了启蒙运动中的重要思想。

② 尼斯比特（Nisbet，1979，p. 181）指出，在 1750 年索邦大学讲座中发生的一些趣事成为了杜尔哥的著作的写作基础：在 6 个月之前，他发表了一个有关上帝天意的演讲，这场讲座的内容与他后来在讲座中所提到的世俗化的启蒙思想完全不同。在索邦大学与巴黎知识分子们接触的 6 个月中，他似乎受到了巴黎知识分子的世俗文化的极大影响。

似，他也承认了培根的智慧揭示了科学的“真正方法”，尽管杜尔哥意识到他的归纳方法并没有带来什么直接的影响（Condorcet，1795，pp. 230－231）。但他明确地将知识积累中的进步与一个更广泛定义的社会进步连接了起来，认为无知和错误就是过去所有苦难的根源。孔多塞，又很像一个世纪前的帕斯卡的是，他是一位对历史知之甚少的数学家；他将人类历史归纳为十个进步阶段，这一个对人类历史雄心勃勃的概述读起来有些流于表面，也有些武断和虚假。他对人的完美性的天真观念，虽然在他的时代很常见，却不是我们之后的社会会感谢启蒙思想的原因。然而，他的观点却为这个思想的世纪带来了一记重锤，它不仅通过人类的能动性构建出了一个有关社会和经济改良的广为流传的信念，同时也为如何实现这一进步订下了行动日程表。不过，有关这一进步的细节是在英国被最先制定出来的，这有赖于英国更为务实和清醒的启蒙运动的版本。

英国在工业革命前一个世纪中进步的信念比欧洲大陆的信念要更为务实和实际，它不光只存在于知识界的精英们之间，更深入社会之中，在受过良好教育的企业家、有文化的机械师、训练有素的工程师以及高技能的工匠这些阶层中传播，而他们也正是实际让工业革命出现的阶层。与欧洲大陆的大部分地区不同，英国大多数受过良好教育的精英们并没有站在现有政权的对立面，并且他们也都能坚持自己的宗教信仰和立场。进步不是通过社会革命而实现的，而是通过科学、技术和制度改革中相对增量的累积实践进展而实现的。关于英国是否有“启蒙运动”的辩论只在一种情况下才有意义，即如果我们相信有且仅有一个单一的、可以界定这场 18 世纪的运动的模式，而那个模式就是法国模式。英国和法国模式之间确实存在差异，但是如果拿奥斯曼帝国或中国的主导文化要素相比，英法两者之间显然更接近。

苏格兰和法国是最受广泛认可的与启蒙运动有关的智力活动中心，但英国也存在一场启蒙运动，也是实用的、唯物主义的、适应性强的。它并不旨在追求完美，它追求的是通过相对较小的增量步伐持续不断地走向一个一直在改进的虽然仍是不完美的社会。正是在这种环境下，技术的不断进步才会出现，并且讽刺的是，它们才会具备最强的破坏力。一个仍存争
265 议的问题是，我们在谈论“欧洲启蒙运动”这样一个概念是否还存在意义。国家间存在着微妙的差异，全世界的信仰在 18 世纪都在演变，所以支撑了美国和法国革命的 18 世纪 80 年代的启蒙运动，与 17 世纪 90 年代的运动当然是截然不同。然而，如威瑟斯（Withers，2007，p. 45）强调的那样，18 世纪的“文人共和国”仍然是一个连贯且明确界定的“空间”，被它的规范、沟通方式和行为规则所定义。此外，启蒙运动各个不同的欧洲版本相互强烈地影响着、模仿着、混合着、改变着，又补充着彼此。尽管“文

人共和国”的世界性一直受到威胁，在18世纪的最后几年又成为了民族主义倾向的受害者，可它一直保留了自己的开放和跨国的性质。

乐观和对进步的信念不是在18世纪的思想市场上唯二参与竞争的文化信仰。各种形式的非进步思想都具备了一定的影响力，而不仅仅是一个垂死且愚昧的宗教保守力量所做的最后挣扎。因此，当时出现了一种对一个更简单、更乡村的时代充满向往的怀旧情绪（一种被称为原始主义的情绪），从卢梭和维科（Vico）等人的著作中就可见一斑。然而，这种情绪并没有什么市场。斯帕达福拉（Spadafora，1990，p. 17）将英国的社会氛围恰当地定义为了“自信却不自满”。知识是进步的关键，只要它一直在成长，那么人类的物质条件也当是如此。正如在英国启蒙运动中扮演重要角色的伊拉兹马斯·达尔文（Erasmus Darwin）在1784年所说，“只要人类的脚步还存在于地球上，那么知识的一般积累将永远不会停止”（Musson and Robinson，1969，p. 192）。然而，对最终进步的产生有信心是一回事，而为它提供原动力在一开始带动它出现又是另一回事。然而，这正是在英国建立的许多国家和地方的“改良团体”所打算做的事情。[1] 不过，他们实际到底在多大程度上实现了他们的理想，就又是另一个问题了。

是什么解释了18世纪进步思想的胜利？在需求方面，1500年以后西欧经济的扩张导致了一个新贵群体越来越强大，他们的进步首先就意味着他们自己经济利益的增加。城市商业阶层自然地认为，进步就意味着—— 266
虽然是间接的——商业和城市化的发展，以及他们，这些商场新贵们，向上层社会流动变得更加容易。然而，还有比经济变化更为重要的部分：进步的想法被证明与西方基督教的思想一致，却与和犹太教不符。犹太基督共同对千禧年主义的信仰为我们提供了一种具有与当今现实不同终点的历史动态感。中世纪的欧洲充满了千禧年主义的信仰，历史引导着人们走向了一个“更美好”的世界，而在这段历史结束的那一刻，天堂就得以重建。[2] 同时，

---

① 在那些明确以改善社会目的的主要组织中，皇家艺术协会（成立于1754年）就旨在加强“生产、发明或改良这些倾向于雇用穷人并能发展贸易”的活动。1753年决定成立大英博物馆的法案表明，大英博物馆旨在实现有用知识的“进步和改进”（Spadafora，1990，p. 79）。由拉姆福德伯爵（Count Rumford）所成立的皇家科学研究所，同样将其目标描述为“为实现在世界任何角落产生的所有有用改进的迅速和普遍的传播，并教授人们如何将科学发现应用于英国对技艺和生产的改良之中，以提高人们生活的舒适和方便程度”（Jones，1871，p. 121）。

② 费厄列的约阿西姆（Joachim of Fiore）是一位中世纪的作家，他曾尝试提出一种有些诡异的观察历史的“动态”视角，而他的三阶段历史理论（每个阶段对应圣三位一体中的一体）在奥古斯特·孔德和卡尔·马克思的作品中又再次出现（Cohen，1961，p. 101）。无论这种末世论预言是否真的是一种进步理论（尼斯比特认为答案是肯定的），但它都表明，这样的动态理论在基督教中是可以存在的，即使它受到了圣托马斯（St. Thomas）的抨击，并在1263年被教会正式认定为异端思想。

基督教被证明是足够灵活和弹性的，既容纳了对上帝虔诚的强烈承诺，又在古今之争中坚定支持了现代人，支持了实验科学而不是亚里士多德教条，选择了在生产和“技艺”上的有用实证知识的培根主义应用，而不是乏味的经院主义。尼斯比特（Nisbet，[2008] 1994）也强调了启蒙运动中一些主要领军人物对宗教的虔诚程度，如普里斯特利和赫尔德（Herder）。在17世纪这一点则更加明确。

启蒙运动，特别是英国启蒙运动，保留了千禧年主义中的一个元素，用卡尔·贝克尔（Carl Becker，1932，p. 129）的话来说，那就是对“一个替代旧天堂的新天堂”的信仰。要想天上的天堂能在地球上重建，乌托邦梦想中的主要观点则要保留下来。正如约瑟夫·普里斯特利所写道：“无论这个世界是怎样开始的，它的结束将是荣耀的，是天堂般的，是会超越我们现在的想象力所能构想的”（Priestley，1771，pp. 4–5）。在一定程度上，这个千禧年主义的说辞被采纳，使培根主义对持续技术进步的愿景显得更有说服力和吸引力。毕竟，启蒙运动时期的英国仍然是一个宗教国家，为了能具备说服力，所有的主张或是进步都要包含宗教的象征意味。他们中的许多人肯定也都相信这种语言本身。①

① 普里斯特利是一个一位论派的牧师，同时也是一位科学家和哲学家，在某些方面是个很讨人喜欢的天真的人。他补充道，“虽然有些人可能会觉得这些观点听上去很奢侈，我可以向他们展示这是由关于人类天性的真理所启发出来的论点……关于这个问题的思索总能让我感到非常开心”（Priestley，1771，p. 5）。

第十五章　启蒙运动与经济变革

思想市场以及从中涌现出的一大批17世纪的文化企业家们，共同造就 267
了一场思想运动的出现，也就是我们所熟知的“启蒙运动”：其中存在一套复杂的、异质的，有时甚至是互不相容的文化信仰，但无论如何这都是一场文化巨变，独特地标志着欧洲成为了经济现代性的发源地。对于经济学家来说，对欧洲经济发展根源的问题，以及精英文化中其他相关问题所提出的解释其实都是指向同一个方向的：一种关于实用性改良文化的产生、一个社会进步信念的出现，以及对有用知识是实现它们两者的关键的认识。这些信仰又被我们所认为的其他开明的文化因素所补充：将政治权力看作社会契约、对行政机构的正式限制、言论自由、知识可竞争性、宗教宽容、基本法定人权以及其他几个基本认识，包括认为交换是正和博弈、经济活动和贸易是可取的、产权是神圣的、重商主义概念中将国家（而不是个人）作为社会终极目标是愚蠢的。

这些信仰极为符合启蒙运动的总体框架，虽然它们在这一框架下的存在并不那么稳定，不过它们的逐渐盛行是经济增长的文化基础，是新的和更繁荣的经济大楼可以建于其上的脚手架。在所有这些信仰中，有关有用知识可以促使经济转型的观念，正是实现“大丰富”的驱动力。在人权被践踏、法律面前没有言论自由或平等可言、产权只为强权阶级服务、政府是腐败和专制的经济体系下，经济增长是可能发生的（也确实发生了）。可对于经济史来说，重要的是对于转型力量、社会声望和有用知识这样的信仰，是如何兴起及长期持续的发展的。如果不能在更
好地理解自然过程的基础上不断产生新技术，那么增长总有一天会慢慢 268

停下前进的步伐。[①]

启蒙运动对于随后出现的经济变革而言，重要的核心信息是，思想市场中竞争的产物也是“文人共和国”的直接延续。在莫基尔（Mokyr，2002，2009）中所讨论的欧洲启蒙运动的经济层面，对于例如“工业”“医疗”“商业”启蒙运动等特殊对象来说是非常重要的。[②] 文化变革的影响是决定性的，在英国尤其如此，一位科学家（牛顿）和后来的一位工程师（瓦特）成为其民族精神和英雄主义的象征，他们都与战场毫无关系，却与创造有用知识的一切都有关系。在大多数其他的欧洲社会，要获得这样的声望仍然需要与其他社会活动相关，最主要的就是军事或艺术活动，但随着时间的推移，英国的范例和影响力导致这些信仰在整个欧洲大陆得以传播。在北美殖民地和美国，清教主义价值观与法国和苏格兰启蒙运动元素的奇怪组合，在 18 世纪 80 年代决定了这一年轻共和国的文化基调。

在 18 世纪，进步思想的力量在于人们对它的希望之中，而不在于进步自身的实现之中。事实上，早期工业革命时代的技术经验表明，培根计划完全是一个令人失望的产物（Mokyr，2009a，p. 59）。然而即便是在现代经济增长的最初几十年里，有用知识领域内的文化变革也通过多种渠道与生产领域相互作用、相互加强。从某种意义上说，经济发展是受技术变革影响的这样一个论断已经太过明显，到了微不足道的地步，但是这其中所包含的真正深刻的见解，却被一个已经有些过时的关于科学在工业革命中的作用的争论而掩盖了。[③] 经济史学家已经知晓多年的是，我们很难论证被我们与伽利略、笛卡尔、波义耳、牛顿和其他著名科学家相联系的 17 世纪的科学革命对发生在 18 世纪的工业革命中的关键技术突破是否产生了直
269 接和重大的影响，特别是在例如纺织和炼铁这样的关键部门。我们在学校里学到的是，工业革命的技术进步是能工巧匠们受到某种启发而对现有机器做出的小修补的结果，他们对最佳实践科学仅仅只能算是一知半解而已

① 一位对长期知识演化进行了深刻反思的现代科学家，曾论证过，对世界的悲观主义看法是每个社会的通病，“（至今为止）只有一个惊人的例外，那就是启蒙运动”（Deutsch，2011，p. 216）。

② 医疗启蒙运动的概念最先是由罗伊·波特（Roy Porter，1982）提出的，其特别所指的就是一种认为增长的有用知识可以并且也会降低疾病发生率的信念。而农业启蒙运动的概念最先由莫基尔（Mokyr，2009a，pp. 171，186）提出，也可见琼斯（Jones，2016）。商业启蒙运动的概念由阿巴提斯塔（Abbattista，2016）提出。

③ 关于科学在工业革命中所扮演角色的经典作品仍是穆森和罗宾逊（Musson and Robinson，1969）的著作。关于科学重要性的更近期的优秀论证，详见雅各布（Jacob，1997，1998，2014）以及雅各布和斯图尔特（Jacob and Stewart，2004）。关于科学对国家作用的论证，参见豪尔（Hall，1974）、马赛厄斯（Mathias，1979）以及兰德斯（Landes，1969）。

（这并不是一个很好的开始）。[①] 许多现代史学家也是这么认为的。正如查尔斯·吉利斯皮（Charles Gillispie，1980，p. 336）所说，在18世纪，无论科学与生产之间是如何相互作用的，“它都没有将最新的理论应用于增加生产和制作物品的技术中去。”[②] 最近，罗伯茨和沙弗（Roberts and Shaffer，2007，pp. xxi-xxii）强调了“实用智能”，或者他们称为“诡计”（cunning，在这里意味着灵巧性和直觉）的作为创新来源的重要性，并指出它可以很容易地与科学相结合。然而，娴熟和实用智能本身都会陷入收入递减的困境；无论是煮皂、水力还是烟花爆竹，到最后，经济史都确认了培根观点的正确性，这些“无论是人手还是人脑所创造出的技术本身都具有很大的力量，”以及“人类的知识和力量其实从根本上来说是相同的，因为对其来源的无知，都会减弱它们的效用”（Bacon，［1620］2000，p. 33 aphorisms ii and iii）。如果这些能工巧匠们本身对技术的改变就是超越地区性的和非边际的，那么工业革命也许就会发生在印度了。

在工业革命的前夕，我们很难看到将科学的成果转化为实际应用的例子。在1704年，乔纳森·斯威夫特书中的主人公之一，也是一位“古代人”就发表了一个令人印象深刻的论断：“如果一个人想要用现代人生产出的物品来评判他们的天才智慧或发明的话，那你基本上是找不到可以拿来评判的物品的”（Swift，［1704］1753，pp. 185-186）。半个世纪后，约翰逊博士在1759年12月的《闲散者》（*The Idler*）杂志中写了一篇题为《你做过什么?》（What Have You Done?）的文章，表达了对那个时代的失望：“当上一个时代的哲学家们最先聚集于皇家学会时，人们对有用技艺的突然进展怀抱着极大的期望；这些进步本应都离我们不再遥远了：发动机可以被永动力所推动，健康因 *270*
普遍医学而得到保证，学习被其自身的特质所促进，商业被远距离的航行所延伸且无惧风雨。可是改进，就其本质来说，本就是缓慢的。社会间分分合合，却没有减少生活的痛苦。痛风和结石仍给我们带来痛苦，没有耕种的土地还是

① 伏尔泰（Voltaire，［1733—34］2007，p. 39）认为最有用的发明不是“那些最能给人类思维带来荣耀的”，所以“对于技艺的发明，我们更应该感谢的是人类对于机械的直觉和天性，而非正统的哲学。”

② 相比于“缄默”技能来说，工业革命技术史领域内领先的历史学家之一，约翰·R.哈里斯（John R. Harris）更加怀疑科学的重要性，他认为“缄默”技能才是18世纪对技术进步来说至关重要的。他甚至认为，法国在炼钢方面的落后部分原因在于它过度依赖科学家，是科学家们首先对钢铁制造商提出了误导的和后来无用的建议。参见哈里斯（Harris，1998，pp. 219-221）。关于最近提出的一个强有力的怀疑在这一时期的技术进步中科学进步的作用的观点，请参见麦克洛斯基（McCloskey，2010，ch. 38），她否认“高层次的科学”在19世纪末期之前发挥过很大的作用，留给了“低层次的科学”很大的发挥作用的空间，包括从瓦特的朋友和顾问约瑟夫·布莱克（Joseph Black）到法国化学家尤金·谢弗勒尔（Eugène Chevreul）（他关于脂肪酸的科学见解对肥皂和蜡烛的制造做出了重大改进）。

没有收获。……事实是，相比于承诺所能带来的声望，我们并没有得到什么实际的成果；那么这个问题（你做过什么?）只能用道歉和新产生的希望来回答。当他们再次感到沮丧的时候，又得再一次焦虑地询问同样的问题”（Johnson，1759）。蒸汽动力，也许是17世纪科学突破最为引人注目的技术后代，虽然是个令人兴奋的技术，但其在经济上也只是一个影响不大的边际变化。

可以肯定的是，即使在1800年之前，只有很少的一些重要发明可以直接归功于科学发现，或是在某些方面依赖于科学见解的。物理、化学、生物学、植物学和其他领域最重要的进步中的大部分出现的时间都太迟，以至于无法影响到我们与工业革命相联系的18世纪最后三十多年内出现的重大变化。虽然它们对理解19世纪的技术及其演化很重要，可它们对于18世纪推动工业革命出现的力量来说只是次要的。不过，这并不是因为人们缺乏尝试。在启蒙运动时期，特别是1750年之后的几十年里，欧洲大部分国家都见证了人们对将有用知识应用于艺术、手工业及农业中的兴趣的增长和扩散。然而，欧洲有用知识文化的重要性不在于它产生了直接的经济利益，而在于当时大多数的从业者都认为，从长远来看，它将会在经济发展中扮演重要角色。培根的愿景一定是会实现的，不过人们可能要等上上百年。

此外，还存在一些例外，它们在直接经济影响上虽然不是那么重要(尽管也有几例是重要的)，但重要的是它们体现出了实现培根愿景的潜力。如前所述，纽科门的大气式引擎的发明需要一些由实验哲学家所发现的事实，尤其像是大气压强是存在的、真空是可能出现的等概念（Wootton，2015，pp. 500-508）。但这并不意味着人们真的完全理解有关能量的概念了：科学要感谢蒸汽机的，比蒸汽机感谢科学得要多，这句格言虽然是老生常谈了，但用在这里也是恰当的。不过我们不可否认的是，如果没有一批训练有素的自然哲学家长期以来在这一问题上的不懈努力，从那不勒斯的吉安巴蒂斯塔·德拉·波尔塔（Giambattista della Porta）开始，到1643年托里切利发现大气压力，再到丹尼斯·帕宾（Denis Papin）在17世纪90年代建立了大气式引擎第一个可行的模型，我们可能不会看到纽科门的成功（Kerker，1961；Cohen，2012，pp. 476－478，729；Wootton，2015，pp. 490-495）。化学工业的进步，例如苏打制造工艺和氯气漂白出现得相对较晚（18世纪80年代），同样，这些技术的出现也只是基于对所涉化学原理的不完全理解。可是再一次：如果没有接受过科学训练的化学家的早期投入，如舍勒（Scheele）和贝托雷（Berthollet）关于氯气的发现，氯气漂白技术可能就不会在那时出现（Musson and Robinson，1969，pp. 251-337）。伍顿（Wootton，2015，p. 489）指出，早期的现代科学解决了它为自己提出的两个最困难的问题：计算射弹的运动轨迹以及海上经度的确定。我想再加上第三个难题：研制出预防天花的方式——接种疫苗。

解决能源、材料和生物上的难题，很大程度上都要依赖于18世纪的科学和数学能力。而当它可以解决这些难题时，它就已经是成功的了。在这里，我们可以考虑一个在工业启蒙运动中不太有名的科学家本杰明·罗宾斯（Benjamin Robins，1707—1751）的发现。罗宾斯是一位自学成才的数学家，他为了将最佳实践的数学和物理学应用于工程学和之后的弹道学中，放弃了自己贵格会教徒的身份。用为他撰写传记的作家的话来说，“他的《炮术新说》（*New Principles of Gunnery*，1742）将弹道学转变为了一种牛顿型科学”（Steele，2012）。他的作品非常有影响力，他也因此获得了科普利奖章，其著作也并被翻译成了多国语言（将其翻译成德文的，不是别人，正是也在研究相似问题的莱昂哈德·欧拉）。他的想法得以广泛应用，并导致了奥地利和法国火炮技术的改革。[①] 在1500—1700年间，命题知识和指令知识各自的进步共同解决的一个困扰人们已久的难题，就是测量海上经度的问题。这个问题一直处在自然哲学领域的前沿，一些最伟大的思想家也对此花费了不少心力，试图采用天文学的新见解和新工具来解决这一问题。伽利略就是其中的一个，他希望能利用他所发现的木星的卫星来确定经度。惠更斯和胡克，这两位17世纪最有智慧的科学家所发现的螺旋式弹簧丝的振荡等时性，也是对这一问题的另一贡献。若是没有这些命题知识，哈里森的海洋计时器（1759年完成）可能永远都不会出现。但以上的这些论证都不会减损那些了不起的钟表匠们在其中所做出的巨大贡献。它只是指出了这样的一个基本事实，即技术和原理相互合作、相辅相成，最终使得工业革命成为可能。

另一个关于增长的科学知识的直接应用的例子，就是在18世纪后期煤气照明的增长（Tomory，2012）。受控制的气体燃烧的科学基础是气动化学，这是科学的一个分支，最早可以追溯到17世纪初的范·赫尔蒙特。工 272
业启蒙运动的巨人们如约瑟夫·布拉克（Joseph Black）、安托万·拉瓦锡（Antoine Lavoisier），特别是亚历桑德罗·伏特（Alessandro Volta）都进一步发展了这一学科。在18世纪最后的几十年中，新科学仪器的发明，以及公共场所和工厂日益增长的照明需求，都为煤气照明的应用做出了巨大的跨国性努力。托莫里指出，这一得以发展的实际工业进程最后被证明是碳氢化合物蒸馏时偶然得到的副产品。不过这种现象非常常见，巴斯德的一句话充分体现了科学一直以来所扮演的角色，“机会偏爱有准备的头脑（或者还可以补充为，有准备的头脑加上灵巧的双手）”。在许多方面，煤气照

---

① 斯蒂尔（Steele，1994）将罗宾逊的发现看作一个“认为理性力学对早期现代机械技术没有什么影响”的反面例证（p. 380），而且“弹道学革命……也反驳了一个盛行的观点，即实验科学和数学科学在19世纪之前本质上是各自独立的”（p. 381）。

明是工业启蒙所带来的经济影响的完美例证，而且其重要性不仅仅在于其字面意义所表达出的而已。工业启蒙所基于的是虽不完美但以实验为基础的科学理解和手工才华两者的结合；它旨在解决公认的实际需要；它是跨国性的，而且是开放科学的结果。

水力学是另一个理论和实践以一种培根在一个世纪前就已梦想的方式相结合的领域。这里的开创性人物是法国数学家安托万·帕朗（Antoine Parent，1666—1716），一位有些被低估的博学家，他关于水轮效率的文章（Parent，1704）一经发表，很快就成为了水力学方面的标准文本。帕朗应用了新发明的微分学，发现了水轮的最大化效率，他的作品也成了史上第一本出版的工程学手册，同时也是德贝利多（B. F. de Bélidor）的《水力建筑》（*Architecture Hydraulique*，1737—1753）一书的基石。帕朗的调查结果被很多杰出的数学家所采用，如达朗贝尔和欧拉（Reynolds，1983，p. 207）。然而，由于他的作品中也存在着错误，其中有部分首先由丹尼尔·伯努利在18世纪30年代所指出，因此它也很好地说明了理论和实践之间被大量吹捧的协作之中的高度不稳定的非线性轨迹。科学家们又花费了几十年的时间才真正弄清水力的理论基础，而法国数学家让-夏尔·波德（Jean-Charles de Borda，1733—1799）在水力学方面的突破性工作多年一直未获得承认。[①] 不过，18世纪的“文人共和国”从未动摇过其相信这样的基础终有一天会被完全理解的信念，它也坚信，有关水力的理解将有助于发明出更有效的机器。这个信念是培根的遗产，它也是启蒙运动时期从18世纪以前的几个世纪中的思想市场上所继承下来的共识。

273 正规的科学知识对现代增长的出现究竟有多重要？高技能工匠本身可以导致工业革命吗？西莱尔-佩雷斯（Hilaire-Pérez，2007）和伯格（Berg，2007）认为，一种手工艺的“模仿型经济”可能导致一种自我维持的改进进程的产生。工匠自己通常会复制现有技术，并且有时在这一进程中，一个增加的微观发明序列就会导致显著的改进产生，但最终，这些进步是有局限的。[②] 手工经济的制度安排（主要是手工业行会）会帮助技术在空间上的扩散，但爱泼斯坦（Epstein，2013，p. 67）认为，将它们看作由内在动力

---

① 戴维·伍顿指出水轮的例子尤其有趣，因为水力技术近千年来都发展得非常缓慢，而在启蒙运动时期，对水力应用的效率有了显著提高。伍顿（Wootton，2015，pp. 486-489）将这一进步归因于实验方法的进步，特别是在约翰·斯米顿的作品中所体现出来的试验方法，不过（多数由法国的）物理学家做出的原理方面的工作补足了这些实验。

② 弗朗西斯·培根，一位对手工艺知识价值的早期信仰者，同样也抱怨工匠们过于将他们自己局限于只用双手完成的工作，而不思考一些更普遍、更总体的问题，他们也不愿意稍微改变一下思维，或是伸长一下双手，去做一些他们之前没做过的事（Bacon，［1620］1999，p. 130，aphorism 99）。

和进步所驱动的——以及18世纪技术创新的加速更可能是“技术人员”造成的，而不是由智力推动的工业启蒙运动所造成——这种论证并不具备说服力。这并不是一个非此即彼的问题：有用知识和手工娴熟是高度互补的，他们创造了一种协同作用，改变了人类的历史，正如培根所希望的那样。如果技术进步与一个更高的知识层面上发生的事情完全没有任何关系，如果它包含的纯粹是传播和逐步改进最佳实践的现行手工程序，使其标准化，并期望干中学效应的产生，那么技术进步最终会走上收益递减的道路，直至逐渐消失。一个技术进步完全由技术精湛、富有想象力的工匠所产生，无需任何持有培根思想的知识分子和自然哲学家的投入的反事实世界，它可能会经历18世纪出现于纺织和炼铁业中的一些地方性的技术进步，但它不会产生一个可持续的和自我强化的工业革命进程。很多与技术停滞相联系的国家都充满着高度熟练的工匠们，尤其重要的就是南亚和东亚的所有地区。

然而，如果没有手工技能，自然哲学家的见解也不会对经济产生任何影响。工匠是技术进步中不可或缺的要素，也同样是产生重大发明的群体。他们是进行具体设计、扩大模型，将蓝图付诸实际以成为新工业设备和材料的人。他们安装和调试了复杂的机械结构，使它们能够运转，在精密仪器损坏时也是他们负责修理。总体来说，他们就是提供了缄默知识的人，这有时也被隐晦地称为“技能”或“灵巧性”。可是，如果没有注入自然哲学，以及后来的化学和数学中的全新概念，这样的能力不会成为它们最终在历史中所成为的“相变”。

西莱尔-佩雷斯（Hilaire-Pérez，2007）强调了法国工匠在行会中的创新 274
能力，她引用的例子很有趣。毫无疑问，在纯粹的手工世界中，微观发明的进化序列确实会发生，从而导致可观的技术进步，既包括产品创新，也包括工艺创新。此外，这个时代一些更有趣的“伟大的发明家”——从纽科门和他的助手约翰·卡利（John Calley），到钟表匠约翰·哈里森（John Harrison）和仪器制造商詹姆斯·瓦特（James Watt）——他们自己都是技术熟练的工匠。然而，工匠们除非能像杰出的发明家雅克·德·沃康松（Jacques de Vaucanson，1709—1782）或是像天才法国兵器制造家和发明家埃德姆·雷古纳（Edme Régnier，1751—1825）一样有天赋且受过良好教育，否则他们只会擅长对现有工艺做出增量改进，而不是扩大他们所使用的技术的认知基础，或是将最先进水平的科学知识应用于他们的工艺之中。换句话说，一个纯粹的手工知识社会是不会产生宏观发明的聚集，不会使生产从其最根本处发生革命。①

① 瓦特知道这个体系是如何运作的，并尝试联系在他的环境中可以找到的最好的自然哲学家，特别是苏格兰科学家约瑟夫·布莱克（Joseph Black）和约翰·罗宾逊（John Robinson）。人们不太知道的是，他的发明依靠了另一位苏格兰科学家威廉·卡伦（William Cullen）的发现，卡伦发现，在真空中，水的沸腾温度大大降低，这启发他产生了制造一个独立冷凝器的想法。

工匠们还没有充分做好依赖这两个类比和重组过程的准备，其中技术通过采用或模仿其他不相关领域的技巧和窍门来获得改进。如果工业革命所需要的一切就是开明且智慧的工匠，它可能早在几个世纪前就已经发生了。毕竟，熟练的技术人员已经存在了好几个世纪了，在印度、中东和中国都有他们的身影。只关注工匠是很难理解为什么在 1750 年之后事情发展得如此迅速，甚至到 1820 年以后还在持续。从整体上来说，纺织业的技术问题远比化工行业或电力工程业中的容易得多，但即便如此，纺织业也获得了机械科学的帮助，并在提高生产力和效率方面带来了巨大的影响（Jacob, 2007）。

说到底，带来世界经济增长和繁荣的技术革命，并不是手工独创性的结果，或是科学方法和发现的结果，而是这两者的融合。这个融合是工业启蒙的本质。它在对有用知识的成功应用中（包括但不限于牛顿科学）看到了有关它所发现的原理的现实验证，而其科学依赖于技术所提供的工具，以及生产难题和人类需求所提供的科学研究计划。启蒙运动中的数学家，如欧拉和波德，研究了如何使水轮效率更高。自然历史学家，如莱奥姆尔（René Réaumur），就曾寻找方法了解昆虫，以阻止它们对农业的破坏。了不起的自然学家孔德·德·布丰（Comte de Buffon，1707—1788），研究了
275 海军建设中所用木材的力学性质。本杰明·富兰克林和弗朗茨·埃皮努斯（Franz Aepinus）等，试图了解电力现象。启蒙思想家已经认识到，科学与生产的结合可以为人类带来巨大的收益。但它们两者的相互磨合却持续了数百年。

自然哲学在我们认为的与经典工业革命相关的宏观发明大爆发期间及之后的几十年里将什么推到了台面之上？为什么科学所扮演的角色存在如此多的争议？在某种程度上，是我们自己思考“科学”的方式是错误的，因为我们倾向于将科学视为更具分析性，而不是更具描述性的学科。然而，18 世纪花费了大量的智力能量来描述它所不能理解的东西。三个“C”——计数（counting）、分类（classifying）和编目（cataloging）——是 17 世纪的培根计划留给后人的经典遗产。在这个意义上，卡尔·林奈（Carl Linnaeus）以及多才多艺的瑞士医生和植物学家阿尔布莱克·冯·哈勒（Albrecht von Haller，1708—1777）也许是比牛顿主义者更明显的培根计划的执行者，就像在法国的让·雅克·道特·德·马里安（Jean Jacques d'Ortous de Mairan，1678—1771）和英国的汉斯·斯隆（Hans Sloane）那样。① 以他人

① 斯隆对纯粹经验科学的辩护是：“对自然历史的了解，是对事实的观察，是比其他知识都更为确定的，相比于推理、假设和推论来说更不会出错……它们都是我们确信到目前为止我们的感官没有出错的知识”（Sloane，1707，vol. Ⅰ，unpaginated preface）。马里安（Mairan）是时间生物学的创始人，他最为著名的是发现了植物中昼夜节律的存在。

可理解的方式来组织这些知识，会让人们觉得它们更清晰，以及更有潜力变得具有实用性。声称受牛顿启发的化学家艾蒂安·弗朗索瓦·杰弗罗伊（Étienne François Geoffroy）曾写过一篇著名文章，根据每种化学物质能够溶解另一种物质的能力，他列出了有关化学物质的第一张表格。如迪尔（Dear，2006，p. 42）所说，它并没有强调对化学事实的理解，而是强调了化学物质自身“无理性现象”的排序。这张表对为何不同材料会体现出不同的溶解度没有做出任何推测原因的说明。植物学和动物学也以同样的方式被研究：通过编目和分类，人们希望从中看出一些模式和规律。在没有一个明确的进化概念的情况下，更不要说更先进的生理学概念，许多如布冯（Buffon）这样的怀疑论者都认为这样的研究课题是鲁莽的。然而，林奈（Linnaeus）和他的许多门徒坚持了他们所认为的启蒙运动科学中的中心课题。林奈作为医生，先就对药物感兴趣。但他超越了这一领域：他提出的有关熟练的自然主义者可以帮助改造农业的观点得到了广泛传播，激发了在整个欧洲建立农业协会和农场改良组织的做法。到 18 世纪下半叶，植物学、园艺学和农艺学通过采用作品发表、会议和农业示范园等形式，
引进了新作物，调整了作物轮作制度，并改进了工具和农场管理模式。[①] *276*
像是林奈等自然学家和 18 世纪的农业专家，如亚瑟·扬（Arthur Young）和约翰·辛克莱（John Sinclair）的实证作品都广为流传，虽然它们并没有对农业生产力产生什么直接结果。但毫无疑问，这些科学家在人类社会中重新发挥了作用。如克尔纳（Koerner，1999，p. 11）对林奈及其学生们的观察发现，他们“了解到历史的动态就是自然与祖国间的互动，也了解到了他们（启蒙运动中的改善者）是如何使他们自己成为历史变迁中的施动者的”。这种态度中的培根起源似乎是显而易见的。

然而除此之外，在这场启蒙运动中，自然哲学在智力演变中所起到的作用比研究棉纺织业设备的科学起源这样简单的研究显得更难以捉摸。自然哲学家和“文人”之间的区别并不像科学家和人文主义者之间在今天的区别那样尖锐。孟德斯鸠和卢梭都接受过科学的训练；伏尔泰是科学的业余爱好者；亚当·斯密、杜尔哥和孔多塞都掌握不少天文学和物理学知识。因此，科学思想和方法渗透到了其他智力话语之中，科学术语也进入了关于制度改革的辩论之中（Wuthnow，1989，p. 174）。

那么，工业启蒙应该被理解成一个主要是实证性的工程，只在 19 世纪之前偶尔伴随着一点分析性见解的闪现。然而，数据的收集和分析在许多

---

① 关于经济进步可能性的信仰的一个确认来源可能就是农业进步了。如约翰·加斯科因（John Gascoigne）所说，“对新技术和新作物的耐心实验使得土地可以种植更多、更好以及获得更多样性的果实，所以同样的是，我们需要将类似的方法应用于其他经济和社会更急切需要改进的领域中去”（Gascoigne，1994，p. 185）。

实际应用中显然是很有帮助的。在数据中搜索实践规律以及使用现代术语的做法，启发了爱德华·詹纳（Edward Jenner）去探索为什么有些人似乎对天花是免疫的。在动物养殖方面，英国农民获得了显著进步，而在没有任何进化理论，更不要说基因学的支持下，实践是他们做出所有判断的基础。在冶金和工程方面，工地上的发明家［如亨利·科特（Henry Cort）和理查德·特里维西克（Richard Trevithick）］也要咨询实证科学家的意见，例如约瑟夫·布莱克（Joseph Black）和戴维斯·吉迪（Davies Giddy）。

简而言之，在16—17世纪慢慢成熟的文化信仰开始影响到了技术，并最终影响了产出、生产力和经济绩效，即使有时它采取的机制也很是迂回。人们可能会问，它们间的因果关系是否会是颠倒过来的？正如历史唯物主义所表明的那样，文化可能是易受经济影响且内生于经济中的。即使是对历史唯物主义表示怀疑的默顿也认为，清教徒对进步的信念“来源于日益增长的社会和经济重要性的信仰”（Merton，［1938］2001，p. 81）。基于选择的文化进化的难点在于，即使到了最后，我们也很难知道为什么有些人会被某些新颖的信仰和价值观所说服，而为什么其他人则仍忠于父母，或更普遍地，忠于占主导地位的正统观念。并不是所有的文化选择都只基于经济利益。有些时候，一个基于“何人得益”的逻辑的唯物主义论断可以说是明显错误的，开明思想时不时就会战胜赤裸裸的贪欲。我们在这里可以思考一下在英国废除奴隶贸易（1807年）和殖民地奴隶制（1833年）的相关辩论。这两者都是一组特定的思想信念战胜了经济利益的决定。更有趣的是，英国反殖民运动的一些领导人本身又是开明的工业家，如乔赛亚·韦奇伍德和他的搭档托马斯·班特雷，以及五金商人理查德·雷诺兹。①

然而这些事件出现的时机则表明，无论是不是暂时的，在这两者的因果关系中，因主要是文化变革，果是有用知识的增长，而不是反过来。在培根思想正在劝说（在其去世之后）像哈特利布和波义耳这样的学者接受有关控制自然的想法时，技术变革实际上可能成为让经济涨潮，提高所有船只高度的观点似乎仍然是牵强的。主要的技术突破虽然很重要，但在这其中是很少见的，并且几乎没有证据显示它们在经济增长方面产生了重大作用。依然如上所述，中世纪后期取得了不少技术成就，包括印刷术、火药，以及更好的地图、指南针和改进的船舶设计所共同造就的伟大航行，显然这些都促成了人类对自己控制自然的能力的信仰。然而，系统研究在创造这些进步方面的作用很小，培根自己也十分清楚这一点（Gaukroger，2001，p. 81）。

① 詹姆士·瓦特（James Watt）同样认为，“奴隶制度对于人性来说太可耻了”，他希望“奴隶制可以以谨慎但积极的手段被废除”，其他月光社（Lunar Society）的成员也都基本同意这一点（Dick，n. d.，p. 10）。

学者们也经常说，即使是亚当·斯密都并没有意识到创新即将成为经济增长的重要（最终是中心的）来源。虽然他相信英国在几个世纪以前就已经经历了经济扩张，但他并没有预见到，有用知识将在后来成为压倒性的强大力量。18 世纪初，开明的人们对有用知识将成为经济变革的中心因素的希冀，与其说是依赖于经验和历史事实，不如说是基于一个认为宇宙是可知的和可操控的形而上学的信仰，以及对于人类对自然知识的积累最终能得到回报的期望。当时出现的各种小进步都巩固了这一信念。1780 年，本杰明·富兰克林写信给他的朋友约瑟夫·普里斯特利说："鉴于真正的科学现在正经历的快速发展，有时让我很遗憾，为何我这么早就出生了。我不能想象一千年以后，人类所拥有的控制万物的能力会有多强。……哦， 278
有道德的科学是一个公平的改进方式"（Franklin，［1880］1840，p. 418）。普里斯特利也与他有着同样的想法，但让人很难相信的是，虽然这两个人的意见成为了英语世界国家中工业启蒙运动的缩影，可这些意见在当时那个时代还不是主流意见。[①] 一些突出事件可能有助于在这个方向上产生偏见。18 世纪两个最引人注目的发明，蒸汽机和热气球，可能就产生了这样的效果，尽管在 18 世纪，它们视觉上令人震惊的效果和它们的革命性质使它们在经济上的重要性变得极微不足道。这些发明让想象力相互竞争，加强了人们对采用以前从未想象过的方式来理解和操纵自然的能力的信念，并给人类带来了新的希望，希望在农业和医学等其他领域也可取得类似的进步——这些希望从"中期"来看，在很大程度上都是令人失望的，在过程中也会出现很多失败。

而且，将技术进步看作对抗阻力和惯性力量的既仁慈又进步的现象，这一观点在工业革命时期也还远远没能战胜其他观点。当时的人们对技术进步的可取性仍存在相当大的怀疑。在 19 世纪初期，虽然重商主义有所衰退，但其影响力仍不可小觑，那时，人们仍相信提供就业和工作是经济政策的首要中心责任，因此人们经常认为劳动节约型技术有悖于这一社会目标，因为他们担心这种进展可能会导致大量失业（Berg，1980）。即使是大卫·李嘉图，自由政治经济学的伟大先驱之一，也对技术进步可能会导致工人失业的想象深表关切，"对机械的发现和利用可能会减少总产量；而这种情况无论何时出现，都将对劳动阶级造成伤害，因为他们中的一些人将会被解雇"（Ricardo，［1821］1971，p. 382）。对技术进步的抵制，由于种种原因，甚至到今天还仍然存在。它的存在有多个根源，其中一些纯粹是

---

① 普里斯特利在 1771 年写道，"所有事物（尤其是那些依赖于科学的事物）在发展的最后都会以一个更快的速度迈向完美……即便我们将所有束缚都置于人类的思维之上……所有领域的知识仍会增长。一代人的智慧对下一代人来说永远都是愚笨"（Priestley，1771，pp. 253，562）。

物质根源，其他则是思想根源（Bauer，1995；Mokyr，2009a，ch. 6）。

工业启蒙运动是一个对传播知识和观念做出了明确承诺的运动，也就是，让人们接触到包含更多文化变体的内容更丰富的文化菜单，从而使他们能够做出明智和更有希望的理性文化选择。在这里的修辞，也就是人们互相劝说彼此的方式，是起到核心作用的。启蒙运动得益于早先的变化，即人们是如何在接受或拒绝新颖的文化元素之前对其进行评估的，也就是
279 说内容偏见是采取了哪种形式而存在的。在这方面，17 世纪科学革命的进展似乎是自然的。通过缩紧关于什么是证据的标准，使判断标准更加严谨，对古代经文和圣人的权威的反抗运动得以持续。什么能被算作有说服力的证据和证明？这一问题本身就在经历着一场文化变革：实验方法更加明确和精准，更高的准确性和更精确的测量成为了规则。[①] 更可靠和准确的仪器是说服过程中的关键部分。例如，在 18 世纪末期在热量传递的理解上所取得的进展，就主要有赖于改良的温度计的出现（Heilbron，2003b）。

启蒙运动发明了“数据”的概念：越来越多的科学和技术作品都包括了大量的表格材料、审查、验证和比较（Headrick，2000）。在 18 世纪下半叶，那些负责增加命题知识，并说服别人相信其创新正确性的人们，越来越依赖于量化和正式的数学方法（Frängsmyr，Heilbron，and Rider，1990）。在技术作品中对数学和图形表示的依赖的逐渐增加，这更支持了这种对精确和有效沟通的需要。正如莱德所说，“数学在 18 世纪人们的眼中是非常理性的，它的符号和结果是真正的国际化的代表……在一个珍视理性和普世性的时代，数学为语言改革者提供了灵感和榜样”（Rider，1990，p. 115）。正式方法和量化是沟通事实和相关关系的有效语言，其规则或多或少是普世的（至少在对处理和应用有用知识重要的群体内部是这样）。计算和正式方法是必要的，因为它们是一种有效的说服方式，有助于增加知识的密封程度：已知的变得更加确定，即使在许多领域，科学争端和虚假理论正在以从未有过的方式蓬勃发展着。理论在这个时代更容易伪造，因此科学所产生的知识变得愈加密封。

通过细致的步骤和精密的设备，一种精确的修辞出现，这促进了科学共识的产生，即使并不总是以直接的方式。[②] 海尔布伦（Heilbron，1990，

---

① 范赫尔蒙特为我们提供了一个早期的例子。作为由帕拉萨尔苏斯所开创的化学医学学派的支持者，他挑战了他的盖伦主义对手，从医院和其他地方选出了 200 或 500 名患者，将他们分成两组，然后随机分配一组给自己，一组给盖伦主义学者们，按照各自学派的方法来治疗他们，“来看看到最后我们各自要参加多少场葬礼”（Debus，2002，p. 377）。

② 拉瓦锡化学于 1790 年战胜其英国竞争对手的胜利就是一个很好的例子。戈林斯基（Golinsky，1995）显示了他的定量和精确的方法说服了一些怀疑论者（有时也可能不能说服他们），但无论怎样，精确的手段成为 18 世纪科学话语中必不可少的一部分。

p. 9）认为，在17世纪，大多数“有文化的欧洲人”仍是一个数学盲，但在18世纪下半叶的命题知识中，从温度和降雨表到农业投入和产出、材料的硬度和软度，以及经济和人口统计信息，都越来越多地呈现在了表格中。读者们被期望会对这种语言感到满意，或者至少愿意学习这种语言。[①] 表格不仅使信息的呈现更有效率，他们还可以通过强制作者对数据进行分类来组织和分析这些数据。例如约翰·斯梅顿（John Smeaton）著名的《水磨和风车条约》（*Treaty on Water and Wind Mills*）这本小册子中就用了大量的表格来汇报他的实验。

启蒙运动建立在“文人共和国”之上的方式，以及改进思想市场的重要途径都是构建有组织和正规化的科学机构。16世纪的“文人共和国”起初几乎完全是虚拟的，在1660年之前只有很少的正式组织，这也就是皇家学会的非正式前身。文艺复兴时期的研究学院，如著名的学院林琴科学院也是没有实体的组织。[②] 许多非正式的、延续时间都不长的学院在1660年后正规学院成立之前就建立了。除了已经提到的哈特利布和卡文迪什的朋友圈之外，还有一些由某些领域的领军人物所组织的知识分子团体，例如由知名的藏书家兄弟，皮埃尔·杜普（Pierre Dupuy，1581—1652）和雅克·杜普（Jacques Dupuy，1591—1656）所组织的被称为“杜普兄弟的内阁”的学术沙龙，其中成员就包括佩雷斯克（其与沙龙成员的详细书信得以保留）。这是欧洲各地的信件和消息每天都融合在一起的地方，人们也会每天对这些问题进行讨论（Delatour，2005a，p. 291）。其他常规人员包括流亡的荷兰法学家雨果·格劳秀斯（Hugo Grotius）和当时法国领先的科学家，如皮埃尔·伽桑狄和马林·梅森（Delatour，2005b，p. 295）。“文人共和国”当时在巴黎的另一个据点是皮埃尔·米雄·布尔德洛（Pierre Michon Bourdelot）在16世纪40年代所聚集的小组。这个所谓的布尔德洛学院（Académie Bourdelot）每两周在巴黎召开一次会议，贵族、文人、哲学
281 家和对科学感兴趣的人都会出席，他们这一传统一直延续了很久，直到布尔德洛去世的前一年（1684年）。数学家吉列斯·罗伯瓦尔（Gilles de

① 分散但有说服力的证据表明，正式和精确的方法渗透进了生产领域的某些部分，并被应用于日常实际的目的。一个例子是爱尔兰出生的数学家和土地测量师约翰·多亚蒂（John Dougharty，1677—1755）的作品，他写了一本关于测量土地和体量的定量方法的书，其中充满了方便可用的表格。这部作品首版于1707年出版，直到1750年已重印了六个版本（Dougharty，1750）。虽然这部作品是致力于为征税的专员和官员而服务的，为“青年官员的教化”而写，但显然其真实受众要更广。

② 林琴科学院的成员们并不经常见面，也没有什么正事的会员身份，除了其资助者弗德里克·塞西公爵的宅邸外也没有什么实体的聚会地点；它确实为其成员提供了一种肩负着共同使命的感觉，并在他们每个人的书的封面上都印上了一直山猫（“林琴”是“山猫”英文单词的音译。——译者注）。

Roberval，1602—1675）、伽桑狄和帕斯卡都是其中的成员。再早些时候，围绕马林·梅森也出现了一个圈子，以“巴黎学院”（Academia Parisiensis）著称，法国和外国的知识分子都会见面讨论科学和数学（正是在这里，帕斯卡第一次遇到了笛卡尔）。

在法国以外，首先出现的学者团体之一就是威尼斯的“探索未知学院”（Accademia degli Incogniti），它成立于1630年，是受切萨雷·克雷莫尼尼（Cesare Cremonini，1550—1631）所启发而成立的知识分子团体。克雷莫尼尼是帕多瓦大学的哲学家，一位颇受欢迎的异端学者，也是伽利略亲密的朋友（Muir，2007）。西曼托科学院（Accademia del Cimento）成立于1657年，是托斯卡纳的利奥波德王子的私人产业。它主要由伽利略的学生和追随者组成。它的成员中也有几个著名的实验科学家，如乔凡尼·阿方索·博雷利（Giovanni Alphonso Borelli）和文森佐·维维安尼（Vincenzo Viviani）。他们在佛罗伦萨的定期会面是在王子的赞助下促成的。很像早期的林琴科学院，它在其赞助人去世之后也未能持续运行下去。德国的第一所学院由法兰克尼亚的施韦因富特县的一小批医生建立，被命名为“自然好奇学院”（Academia Naturae Curiosorum），后来因利奥波德一世在1687年正式赞助，所以后来也以“利奥波德学院”而闻名。它是“文人共和国”中最好地保持了传统的学院，它声称其建立的目的就是为了上帝的荣耀和人类的福祉而探索自然。它没有一个固定的学院地点，主要通过成员间的书信往来而运作，但它也组织出版了一本科学杂志。[①] 在这个意义上，它是早期的自发书信网络和后来出现的实体学院之间的过渡形式。在英国，伦敦的格雷沙姆学院成立于1598年，它最先由托马斯·格雷沙姆（Thomas Gresham）所发起，其目的是将高技能的工匠及大学以外的学者汇集在一起，并且其课程和讲座都有拉丁语和英语两种形式。[②] 在17世纪，它与后来成为了皇家学会的各个社团保持着紧密联系，在1666年伦敦大火之前形成了皇家学会成立的基础。

正如亨特（Hunter，1989）所指出的那样，一个两方面共同作用的结果带来了这些集会的正式化构建，一方面是培根《新大西岛》中对科学研究院的详细描述的影响，另一方面是在1660年英国成立皇家学会之后，其他地区的组织也开始了一场向更正式化和更持久形式迈进的普遍运动。不

---

① 这本期刊的名称为《珍奇医学与物理学杂记》（*Miscellanea Curiosa Medico-Physica*），首刊在1670年出版于弗罗茨瓦夫（后来在布雷斯劳），这是世界上首本有关自然科学和医学的杂志，并到今天还在出版。

② 希尔（Hill，1965，pp. 37-52）充满热情地描述了格雷沙姆学院，但哈克尼斯（Harkness，2007，p. 120）注意到，当时的讲座并不怎么受欢迎，很多时候讲堂里只坐了大概一半的人。

过，后者很难解释为何法国科学院也在 1666 年成立，几乎与英国皇家学会同时出现（法兰西皇家绘画和雕塑学院于 1648 年成立）。制度化意味着“文人共和国”采纳了一个改良过且更有效的运作方式。皇家学会的秘书亨 *282*
利·奥尔登堡（Henry Oldenburg）成了迄今为止最有效的“情报员”之一，比起他的前任哈特利布和杜里，他在那个时代成为了通信网络中最有效的节点。作为一位官方正式组织的秘书，他通过 1665 年开始出版的学会刊物，《哲学汇刊》（*Philosophical Transactions*）得以巩固自己的权威地位。此外，皇家学会通过认可科学家的成就，事实上又承担了作为认证机构的职能，这反过来又提升了它自己的地位（Hunter，1995b，pp. 130－131）。

在 18 世纪，建立正式化且接受赞助的组织的运动，不仅出现在了英国而且遍及欧洲各国。但这些运动的发展过程都并不容易，也不顺利。学院不光在资金、赞助等方面挣扎，有时还面临着那些将其视为竞争对手的其他大学抵制它们的风险（Heilbron，2003a）。普鲁士科学院（Preußische Akademie der Wissenschaften）在莱布尼茨的建议下于 1700 年在柏林成立，但直到 1744 年才以一种有效的方式重组，并由腓特烈大帝资助了其运作[他任命了法国科学家莫佩尔蒂（Maupertuis）为负责人]。非正式组织和沙龙仍然是传播知识的主要中心。正如斯图尔特（Stewart，1992）所详细展示的那样，公共科学涵盖了发生在咖啡馆、小酒馆及私人住宅中的各种非正式小组会面以及面向特设观众的巡回演讲等发展形式。直到 18 世纪末，从文艺复兴时期的非正式学院向由国家资助的正式和官方机构的转变仍远远没有完成。不过，正式和官方的学术和学习中心向科学界传递了许多优势，其中最重要的还是作为一名英国皇家学会会员，或是一位法国科学院会员所能带来的社会声望，以及获得资助的可能性的提高。在某种程度上，正式学院取代了王室宫廷，成为知识分子新的聚集地点，以及他们合法性的来源（Biagioli，1990，p. 36），同时他们也协调和组织了“文人共和国”运作的核心——声誉机制。可是，启蒙时代与其上一个世纪之间仍存在很强的连续性，所以沙龙和乡村旅馆的非正式会议仍然是公共科学的一部分。

归根结底，文化进化和有用知识的增长的成果，无论是编码知识还是缄默知识，最终只有少数几个国家的少数人口得以分享。文化变迁首先影响了几千人，随后在工业革命前的欧洲影响了几万人；尽管存在着民主本能，可我们必须承认，占绝大多数人口的工人或工匠知道什么，或是相信什么，在这整个过程中其实并不重要，只要他们中足够多的人都能听从那些比他们知道的多得多的人的指挥，完成自己的工作。经济变革是由上尾人力资本所驱动的。亚当·斯密也同样表达过这一精英主义的观点，他写道，“思考和推理，就像每个其他的职业一样，是一个特别的活动，尤其是那些为社会提供装饰的思想和理性的极少数人的活动，而他们提出的思想和理性，正是广泛的劳动者所持有的。”如果他们这少部分人带来了机械技
283 艺上的改进，那么他们的推测和猜想的“好处可能会明显地传递给每一个人”(Smith，1978，pp. 569-572)。①

正如“文人共和国”是一个精英现象一样，工业革命的技术推动力也是一个小而精的团体行动的结果。一些经济史学家曾试图摆脱那个荒唐的维多利亚时期的概念，即只有几个关键的发明家推动了整个工业革命的发展。他们的担心是合理的，可往往他们又会往另一个极端上走得太远：他们暗示道，只有当人口中大部分或绝大多数都能获得教育和技术知识，社会的人力资本极为丰富的时候，新技术的出现和传播才不会受到限制。事实介于两者之间；不可否认的是，工业革命时期的技术进步是一个精英现象，不是由几个或十几个编写教科书的伟大学者所完成的，而是数以千计的(但不是成千上万的）受过训练的工程师、有能力的机械师和灵巧的工匠、处在人力资本上尾的发明家们可以站在伟大学者的肩膀上，和他们一起实现技术进步（Meisenzahl and Mokyr，2012；Squicciarini and Voigtländer，2015)。工业革命时期的技术进步是少数人关心的事务；当时大多数企业家和实业家并不像马修·博尔顿或乔西亚·韦奇伍德一样，他们与大多数地主而不是改良者类似，他们不了解科学知识，对科学和创新也兴趣甚微。不过从长远来看，在市场经济中的竞争动力是少数人带动了多数人逐步向前迈进。

---

① 18世纪中期的作家，索姆·詹宁（Soame Jenyns）主张将穷人的无知视为“唯一能够将对凡事都漠不关心的态度渗入其生活中的镇静剂，让他们可以忍受贫困的苦难和生活苦差的疲劳。”参见詹宁（Jenyns，1761，pp. 65-66)。正如罗森伯格所指出的那样，斯密式的观点认为，这种知识分工越来越与一个精致复杂的（“文明”）社会相关，专门的“哲学家”是技术进步的来源。比较罗森伯格（Rosenberg，1965，pp. 134-136)。

第五篇

中西方的文化变革

第十六章　中国与欧洲

为什么中国没有发生工业革命？关于这个问题的辩论已经持续了几十 *287*
年，虽然为了解释它产生了大量重要的研究（Pomeranz，2000；Rosenthal and Wong，2011；Vries，2013；Brandt，Ma，and Rawski，2014），可是对于当时的中国和西欧到底有什么本质上的区别，学界仍然没有达成共识。现代中国学者成功地反击了认为西方的科学和工业革命的发生意味着中国某种程度上的“失败”的传统观点，并谴责了将欧洲标准强加在中国这样一个与欧洲具有截然不同的价值观和习俗的社会之上的做法。但著名的“李约瑟之谜”——为什么中国的科学技术从最开始超越欧洲之后，没有保持住其发展的步伐——仍没有得到解释（Needham，1969a，p. 16；Sivin，[1984] 2005）。李约瑟（Needham，1969b，pp. 82-83）自己用朴实的措词表述了这个问题：“为什么中国社会在公元 8 世纪比西方社会更崇尚科学，而从公元 18 世纪开始却压制科学的存在?”即使很少有现代学者会使用这样的措辞来表述这一问题，不过这个问题本身却一直萦绕在学术界之中。最近一期的《技术史》（*History of Technology*）期刊刊登了几篇专门讨论这个问题的文章[①]。在这场辩论中，大多数参与者似乎都可以接受的一个结论是，中国并没有什么特殊的与众不同之处；唐宋时期确实科技兴盛，明清时期也确实出现了科技上的固化和停滞，但这种倒退的现象在历史上并不罕见。戈德斯通关于这一点的概括是，当各种文化和哲学传统融合的
时候，科学随之进步是一个很典型的现象，但是当社会的冲突和混乱介入 *288*

① 在这本期刊回答李约瑟之谜的文章中，奥布莱恩（O'Brien，2009，p. 23）不过是重复了韦伯的旧观点，儒家思想并没有将世界形容为上帝创造的理性的并且可理解的产物。他们解释的意思大概就是，在宋朝，儒家思想影响力的扩大使得它限制了中国科学与技术的发展；“儒家”一词也并不代表一组高度不同或前后不一致的道义（Bodde，1991，p. 344）。

的时候，科学发展自然会停滞，甚至是倒退（Goldstone，2009，p.141）。中国当时发生的情况并不奇怪，真正与众不同的是欧洲：区别于其他社会，当时的欧洲并不存在任何科学发展倒退或停滞的现象。有用知识的增长在欧洲不仅没有被限制在会让它们无法向前发展的桎梏之中，反而其获取、审查、传播、应用有用知识的方式逐渐扩散至了整个世界，最终打破了中东、中国，乃至世界其他很多地方原先固有的平衡。①

在欧洲发生工业革命之前，中国和欧洲都经历了技术进步。很难说1700年之前谁的技术更进步，谁又处于更“领先”的地位。欧洲一些地区当时确实超过了中国，可其他地区仍在尝试赶上中国。这种试图赶超“对方”的意愿其实在欧洲更为强烈，不过由于当时在清廷活跃的耶稣传教士们，再加上他们为中国带去的西方文化，例如对中国历法的改变、那些新奇的西方物件，像是消防泵和眼镜等（Elvin，1996，pp.83－84），也表明这种想要赶超对方的念头并不只在欧洲存在而已。无论是出于什么历史根源，这两种文化间的分歧所表现出的完全的经济症状直到1700年之后才变得明显。此时，欧洲的创新机制和动态正经历着可以被称为“相变”的过程。不过，当时中国的技术可能并不如一些学者认为的那么停滞，事实上，它确实也没有经历这样的过程。在这种表述中，李约瑟之谜仍然是这个议题的中心。然而，所谓的加州学派的坚持，即在工业革命之前，没有任何迹象表明中西方间存在任何形式的分流，并且文化间的差异也并非造成分流的原因，这一论点公然违抗了李约瑟坚持的论点，即中国的科学技术发展从明朝开始就走上了一条下坡路。②

一个不可否认的事实是，在历史上的某一时刻，中国和欧洲这两个社会之间确实出现了分流，欧洲的技术赶上并且超过了中国的技术，即使分流发生的具体时间仍存在争议。而关于这个事实，学界提出的解释已经太多了。彭慕兰（Pomeranz，2000）和莫里斯（Morris，2010）从地理方面给出了解释，指出了社会所处的地理位置、自然资源的贮藏以及好战邻国的存在的重要作用。还有一个更容易让人产生疑问并且近乎固执的论点是，
289 似乎中国的技术创造力是被其低工资模式所拖累的，这种说法的反面自然就是，高工资模式刺激下试图节约劳动力的技术创新是英国工业革命的驱

① 李约瑟引用了爱因斯坦1953年的信件（这一做法被很多人反对），信中爱因斯坦说道，“我的观点是，人们不应该对中国的圣贤们没有做出这些贡献（严谨的逻辑系统，用控制实验的方式来探寻事物间的因果关系）而感到惊讶。真正值得吃惊的是，这些知识最终还是被创造出来了”（Needham，1969a，p.43）。

② 像德·弗里斯（De Vries，2015，p.47）所说，如果将中国与欧洲之间某些方面的分流开始的时间确定为1600年而非1800年，将“文化当作这一故事中的变量”所面对的阻力就能被解决了。

动力（Allen，2009）。很多经济学家（McCloskey，2010，pp. 186－196；Kelly，Mokyr，and Ó Gráda，2014）以及历史社会学家（Vries，2013，pp. 184－189）都明确反驳了这一论点，不过它表面上的吸引力对一些学者来说似乎仍是不可抗拒的（Rosenthal and Wong，2011，pp. 36，120；Slack，2015，p. 9）。用大多数测量方式所估算出的结果都表明，当时中国的实际工资是低于大多数欧洲国家的。然而，想要从低工资模式来推断出某种创新的普遍缺失，就是一个错误的经济学观点了。首先，也是最重要的是，如果因为劳动生产率低而导致工资低的话，那么单位劳动成本（应该是一个相对变量，而非绝对变量）可能会相当高。但就算事实不是这样，即便是廉价劳动力仍然是有成本的，如果劳动力极为便宜，劳动力应该会被更加密集使用，因此任何可以使劳动效率更加高效的创新理应都是极受欢迎的。[①] 其次，没有证据表明，在工业革命之前、期间或之后的技术进步都是以节约劳动力为导向的。有些节省了劳动力，有些节约了资本和能源，有些只是纯粹制造除了做得更好的或全新的产品（Styles，2016）。

林毅夫（Lin，1995）对李约瑟之谜的回答，只引起了很少的关注。[②] 林区分了两种技术进步，一种是过去纯粹以"干中学"为基础的技术进步，因此这种进步其实是生产过程中的副产品（这可以被称为基于经验的技术变革），另一种进步则是将科学研究和开发投入实际应用而产生的进步（基于知识的技术变革）。他指出，前者是工业革命之前的所有技术变革的特征，而且由于技术进步是生产行为中无意产生的副产品，所以更大（或更集中的）的人口规模是具备优势的。因此，在中世纪及之前的时间里，因为远远大于欧洲国家的人口规模，中国一直处于技术领先地位。只有当欧洲开始将命题知识的系统化研究应用于生产时，欧洲的技术进步才开始迎头赶上中国。

林对两种形式的技术进步间的划分以及它们在不同时期起到的作用可 *290*
能有些过于明确了。即使到了18世纪，正如我们上面所看到的，欧洲的科学和技术之间的关系是微妙且复杂的，工业和农业上的进步其实只基于对

---

① 伊懋可（Elvin，1996，pp. 88，92）重申中国的廉价劳动力并非是技术进步的阻碍，他也很惊讶中国农民没能广泛使用中国关于农业技术的书籍中所介绍的某些能够节约劳动力的技术和方法。

② 令人惊讶的是，林毅夫看到的李约瑟之谜是"为什么工业革命不是起源于中国"，而李约瑟本人和大多数后来的学者首先并更为关注的是科学的兴起。这一暗含在这一问题之下的观点，即由于未能发展"现代科学"（无论这一概念究竟指代的什么）而导致中国没能首先爆发工业革命，而且"现代科学"和"工业革命"两者在这一语境下或多或少是可互换的概念，本身就是一个有趣的假设。李约瑟自己认为两个问题是明确不同的（Needham，1969a，p. 190）。不过接下来的大多数辩论似乎都采用了这样一种假设，即科学发展与技术发展两者是密不可分的。

自然现象微薄的理解。基于经验的技术变革不仅取决于人口的多少，同时也取决于新工匠的培训质量以及有技术的工匠们自身的创新意愿。18 世纪的工业革命在很大程度上仍然基于这些工匠们的知识储备，大部分是一代代工匠们传承下来的只可意会却不可言传的缄默知识，科学上的进步仍然相当罕见。只有在 1815 年以后，正式地，编码的显性知识才开始影响应用于更广泛的生产部门的技术，但事实上，直到今天，作为生产过程的副产品的“干中学”的技术进步仍然非常重要。但无论如何，林的文章仍是这方面研究的先驱，并且也在推动着关于这个方面的研究向着正确的方向前进。不过当然，仍然没有得到解释的是，在这两个世界中，创新产生的方式从一开始为何以及如何出现了如此大的差异。如果欧洲的成功是由于它能够产生大量最终能极大影响生产力和产量的命题知识的能力，那么为何世界其他地方不具备这一能力?

从任何意义上来说，中国在 18 世纪中叶都不是一个落后的经济体。它是一个商业化的、货币化的、教育水平高的社会，是由一批训练有素的专业官僚群体运行的国家。并且在 1680 年后，即使伴随着大量的人口增长，中国也能够适应这一增长，并且没有出现明显的马尔萨斯效应。在中国当时一个支持斯密增长的制度类型下，一个明显的难题在于，强有力的制度与停滞的经济发展为何会共同存在。中国的制度虽然与欧洲不同，但似乎从大多数方面来说并不逊于欧洲。它拥有一个以选拔精英贤能人才的科举制度为基础的中央行政机构、执行得很好的土地产权制度，以及主要由地方官僚执行的运行良好的法律和社会秩序体系。

然而，在工业革命前夕，通过游记或是传教士的记录而了解了中国的一部分欧洲思想家们却感觉到了中国与西方的差异。大卫·休谟在他的文章《论技艺和科学的兴起与发展》(The Rise of Arts and Sciences) 中做了一个欧洲的多样性和多元主义与中国所谓的同质性和统一国家的比较。他认为政治分裂是欧洲的有用知识能够繁荣发展背后的主要原因。他很了解中国过去在科学技术和高雅文化方面的成就（用 18 世纪的说辞来说，就是“文明”)，但他认为在他所处的时代，与欧洲相比，中国的科学进步是缓慢的。他认为其原因是很明显的。他指出，在中国，一位教师的权威很容易从帝国的一个角落传播到另一个角落，“没有人有勇气去抵制主流意见的洪流，后代们也没有胆量去反驳已经被他们的祖先普遍接受的观点”(Hume, [1742] 1985, p. 122)。这个观点在许多人中都产生了共鸣：钱文源 (Qian, 1985, pp. 25, 114) 认为大一统的中国无论在政治上还是知识上对
291 新观点或不同观点都是“不宽容的”，而欧洲的多元主义最终导致了一个适合“现代科学兴起”的政治结构和意识形态。他指出，分裂使得欧洲出现了一群“相互制衡”的政治权威们，从而使欧洲观点不同的思想家们拥有

了相当大的自由度。[1] 休谟发现的是一个两者间很重要的差别：在中国，知识活动无论是产生还是传播受到的中央政府的控制都远远超过欧洲，所以，中国的思想及观点市场是以一种与西方截然不同的方式运作的。

中国究竟“落后”于欧洲多少？在一篇极具开创性的论文中，薛华和凯勒（Shiue and Keller，2007）指出，在效率配置方面，直到 1750 年，中国都并没有明显滞后于欧洲。他们表明，至少按照市场一体化的标准（通过价格间的联动性测量），中国的水平大致与欧洲相当（虽然落后于英国）。因此他们更有理由怀疑改善的效率配置（斯密增长）自身可以加速技术进步的这一观点。他们的研究结果反而证明，之后出现的工业化（包括交通网络的改善）和制度变化（包括减少或消除贸易的内部障碍，以及朝着更自由化的国际贸易的改变）导致了 19 世纪上半叶欧洲更高程度的市场一体化。换句话说，数据显示，贸易不是导致技术进步的原因，反而是技术进步和体制变革确实导致了更有效的市场的出现。

另外，清朝时期确实存在着“资本主义萌芽”，尤其存在于引进了更先进的融资和管理模式的采矿业中。采用雇佣劳工制度的较大规模的纺织品工场与纸张工场在 18 世纪开始逐渐威胁到了当时的家庭手工业生产，正如欧洲同样发生的那样（Rowe，2009，pp. 125－126）。许多学者的研究已经表明，虽然中国的合同执行以及争端解决的制度形式与西方不同，但这些制度本身已经强大到足以创造一个运作良好的市场经济体制。[2] 此外，人们之前通常认为，中国的国家行政阶层在产权制度上只起到了一个作为第三方来执行制度的作用，但事实是，行政阶层在这其中发挥的作用要多得
多。地方官员在缺少正式民法典的情况下，成功解决了在水资源、土地所 292
有权、合同等方面的产权争端（Rowe，2009，p. 58）。虽然中国也有手工业的行会，但不像欧洲的行会通常会做的那样，中国行会并没有严格限制行会外的其他人加入相关贸易的可能，从而也没有像欧洲直到 19 世纪晚期那样，存在地方性的卡特尔以追求高额利润（Pomeranz，2013，pp. 106－108）。如果从“好制度”的传统定义入手，即好的制度能够支撑并支持市场运作良好，我们很难从中国和欧洲最先进的国家之间看到什么不同。也

① 当然，认为欧洲的国家和宗教处在一个完全竞争市场，而亚洲都是高度统一的同质的帝国的观点也有些夸张了（Goldstone，2009，pp. 99－102）。波斯、土耳其帝国以及印度北部的莫卧儿帝国及他们南边的对手马拉塔帝国等这些亚洲帝国之间的竞争的激烈和血腥程度并不亚于路易十四和弗雷德里克二世在欧洲的争斗，当时范围最大最血腥的战争之一要数 1761 年的帕尼帕特战役（帕尼帕特位于德里的北边）。

② 曾小萍（Madeleine Zelin）总结道，“中国古代的产权制度在农村与城市的资本积累中都起到了重要作用。从晚明时期开始，这些制度就提供了一个适宜培养企业家精神的环境”（Zelin，1994，p. 32）。关于此论点的一个有效概括可见勃朗特、马德斌和洛斯基（Brandt，Ma，and Rawski，2014，pp. 56－58，63－64）。

许最显著的区别是中国当时没有任何类似版权或任何其他正式的知识产权的概念存在（Alford，1995）。然而，这种缺失是更深层次的文化差异所导致的结果和症状，并且对于两者有用知识的发展之间日益扩大的差距来说，这一缺失本身大概只能算作第二梯队中的因素之一。

中国是一个民众文化水平和受教育程度较高的国家。在19世纪的清朝中国，男性人口的识字率为30%～45%，女性人口为2%～10%，这意味着每个家庭至少有一个识字的人（Rawski，1979，p. 23，140；Woodside and Elman，1994，p. 531）。[①] 这也不是一个到清朝才出现的现象。早在11世纪的北宋时期，中国就非常重视教育，当时公立和私立学校都经历了大幅增加。这一发展所带来的影响极其深远，“即使在最贫穷和最偏远的乡村地区，在很小的村庄里都逐渐出现了低级别的乡村教师……一些更高层次的文化习俗和规范也通过各种不同的地方教育方式广泛渗透到了一般人的生活之中”（Mote，1999，pp. 159-160）。正如刘子健（Liu 1973，p. 484）所指出的那样，印刷技术的进步使那些并不富有的人买得到也买得起书。他补充道，这是历史上第一次，一个中央政府在除了首都之外的各个地区都建立起了学校。此外，也有很多个人或是家族也自发地建立了各种规模的私立学校并维持着它们的有效运作。

在清朝，教育规模也扩大了。通过自上而下的“有组织的社会化”的方式和个人通过各种渠道学习知识的方式（仍由国家指导），教育在1644—1911年变得更加多样化，受众范围也更广（Woodside and Elman，1994，p. 526）。自上而下的“有组织的社会化”教育这一概念在这里是至关重要的。在欧洲，教育是一个分散并存在竞争的产业，并不存在一个拥有大量市场力量的实体。教会学校之间彼此竞争，同时又与非教会学校竞
293 争。因此，任何自上而下的社会化，都受到了严格限制，这一限制并非来自任何官员制定的政策，而是因为这些官员根本无法将自己的意志强加于这些教育机构之上。在中国，尽管国家在执行决策的方面受到了一定的限制，但它仍然是制定教育规则的中心实体。到明末时期，以前一直是改革主力军的私立书院失去了自主权，当时掌握实权的清军官僚机构制定了新规则：书院是“为了行政管理层的需要服务的”，同时书院也成为管理机构的一部分，与任何会扰乱社会秩序的事物都是完全对立的（Meskill，1982，quotation on p. 151）。即使外国人以耶稣会士的身份抵达中国，他们也只能依照皇帝和他的朝廷的喜好办事。这种影响可以被看作强制偏见的一种典

① 这个估计也有可能过于乐观，鉴于清朝时期印刷书籍的市场确实较小（Van Zanden，2013，p. 337）。同样要考虑到的是，阅读中文的能力可以相差得很大，像接受过良好教育的精英阶层就拥有完全的读写中文的能力，而有些人可能只认识有限的汉字，只能阅读一些很基础、很简单的中文。

型案例。中国皇帝虽然并不比欧洲的国王更能强迫他的子民依照他想要的方式去思考和行动，但中国皇帝可以限制知识分子间的谈话以及他们能在学校教授的内容。

此外，中国是一块充满书籍的乐土。在宋朝，中国的书籍贸易就很繁荣，公元 1500 年之后，更是经历了专家们称为印刷业“爆炸扩张”的大发展。到 1800 年，“学者、书籍印刷和书馆成为中国文化的核心”（Elman，2006，p. 81）。中国的印刷工人们同时使用雕版印刷（木板印刷）和活字印刷（于 11 世纪在中国被发明）两种方法，尽管汉字的性质使得活字印刷术的使用相当复杂和昂贵（Angeles，2014）。当时印刷出了各种各样类型的书，包括小说、年历、百科全书，以及“四书五经”等。到了 18 世纪，北京南部的一条街道成为专门从事书籍贸易的地方，是当时中国书籍市场的中心。不过，在整个长江三角洲地区也充斥着活跃的书籍市场。显然，这些事实都反驳了中西方大分流的一种荒唐的解释，即分流出现是因为西方在人力资本方面存在相对优势。① 周启荣（Chow，2004，pp. 248－252）指出了中国出版商们在当时享有的许多明显的优势。他们可根据不同的印刷数量选择不同的印刷技术（雕版印刷和活字印刷），并且在清朝的文字狱运动之前，即使出版一些政治敏感的书籍可能存在风险，但中国几乎没有什么正式的书籍审查制度。周启荣还认为，与欧洲严格的行会制度和许可要求不同，在中国，人们基本上是可以自由进入印刷产业的。

最近也有学者比较了中国和欧洲出版的书籍数量，虽然在解释数字方
面存在一些漏洞，但是比较结果表明，在中国出版的书籍数量只是欧洲出 *294*
版的书籍的一小部分（McDermott，2006，pp. 70－71）②。范赞登在中国和西方的图书出版方面完成了学术圈中最为细致的量化工作，他的结论是，“活字印刷术在 1800 年之前的中国未堪大用”（van Zanden，2013，p. 336）。汉字是表意文字，汉语中有成千上万的汉字，活字印刷术根本不是节约成本的技术，并且其实多数印刷仍采用雕版印刷的方式。③ 确定的是，由于

① 在这一方面，非西方世界之间存在着较大的不同：范·赞登（van Zanden，2013）做了一个关于早期近代欧洲中不同文化的社会可获得书籍程度不同的调查。

② 布林（Buringh）和范赞登（van Zanden，2009，pp. 436－437）估计，在 1522—1644 年（明朝后期）期间，每年出版的书籍数量在 27 本和 47 本之间。然而，这一估计是基于今天图书馆内现有的存书数量所得，而且由于中国的印刷数量比在欧洲少，同时中国也存在更多次的文化破坏，所以他们可能严重低估了中国的书本数量。不过，他们也注意到，鉴于欧洲出版的书籍数量比中国多四十倍，所以很难说书本是否能保存下来本身可以完全解释这个差距（也鉴于中国更大的人口规模）。清朝时两地的差距同样令人印象深刻。

③ 像安杰利斯（Angeles，2014）指出的那样，在欧洲印刷工场的实际的单字件数不是那么少（因为在一给定页面上，各种单字都可能重复用到很多次）。中西方活字印刷间的成本差异是由于每个汉字都不一样，因此不能大量生产。

在欧洲同一本书会有多次出版和多个翻译版本的影响，这使中国与欧洲书籍之间的比例会受到影响，这使得学术知识存量的实际差异可能小于书本标题数量间的巨大差距。

范赞登做出的中国及欧洲的印刷数量的图表清楚地显示，中国开始大量印刷的时间比欧洲更晚（van Zanden，2013，p. 327）。虽然中国图书的实际成本（特别是在非技术工人的工资方面）可能只是欧洲的一半（Angeles，2014），但有理由认为，从许多方面来说，在欧洲书籍可获得出版的途径更多、更容易，也使得出版成本更低。通常认为，欧洲制度上对书籍出版的限制（例如审查制度）在一定程度上阻碍了欧洲的书籍传播，但周启荣（Chow，2004）指出这种观点实际上忽视了一个事实，即各个行政单位之间并没有互相协调，合作施行这些限制，因此它们根本无法限制在整个欧洲大陆上可以出版的图书。相比之下，在中国，对非正统书籍的限制可能显得不那么严苛，但正如休谟指出的，由于这种审查是由朝廷直接执行的，所以在施行方面，部门协作之间的失误较少，因此更为有效。清朝皇帝对实际或潜在的政治不同意见的镇压以及对“外国人”的不信任在思想市场上产生的作用更大（Koyama and Xue，2015）。总之，在欧洲，对思想创新的负面刺激的作用在17世纪中叶之后变得越来越弱，一个世纪后基本消失，但在同时期的中国，这些作用几乎变得更强。

总而言之，毫无疑问的是，明清时期的中国知识精英文化水平高，接受过良好的教育，富有创造性，在为人处世上也更加老练。然而，人们可能会问，如果之前一切都那么好，为什么后来一切又都变得那么糟糕？不
295 同文化下的人们虽然可能都接受过良好教育，并且富有经验，但他们拥有的知识和经验的类型是不同的。我们能推断两种文化之间没有人力资本差异、大分流应该用纯粹的国家位置和地理变量来解释吗？人力资本的差异在数量和质量上都会存在。一些种类和模式的教育更有利于培养人们的怀疑和批判精神、创造力和跳出盒子思考的能力。[①] 基于选择的文化进化的相关概念表明，社会化是一个传播信仰和价值观的关键过程，同时一些关键的差异很有可能就存在于这一领域。如李瑾（Li，2012）这样的接受现代教育的学生就认为，在中国极为重视“尊师”这一概念，而这就是中国教育只一味强调顺从、缺乏批判性思维的标志。一个与其相关的美德是“谦虚”，将“骄傲”视为学生进步的障碍（Li，2012，pp. 51-52）。在西方传统中，“骄傲”并非一种障碍，而是学生尝试在同学中建立自己的声望

① 正如麦克洛斯基指出的，如果教育过分着重于教授古老的、过时的知识，并在社会上产生了一种“对创新充满敌意的固化官僚体系”，那么教育就会对社会发展产生反作用。她认为如果没有适当的价值观（体现在“资产阶级修辞学”之中），教育就只是一个人们想要的装饰自己的方式，而并非通往财富的途径（McCloskey，2010，pp. 162-163）。

的表现。社会化中的不同文化路径可能会使得每个维度中的文化结果都产生深刻的差异。其实学习上的文化差别就可以被类比为体细胞结构形成方式上的差异——它们成为许多其他后来出现在生活中的差异的根本原因。

此外也有人指出，其实清朝是一个人力资本过剩的国度。中国的传统教育就是让人们为了入仕做准备的，在 1800 年，就有 140 万个获得功名的读书人同时竞争不到 20 000 个职位。就算是最优秀的读书人，也就是那些成功跻身翰林院的学者们，都可能随时面临被解雇的风险。罗威廉认为表面上看，导致人力资源过剩出现的表面原因在于国家减少了对官员数量的需求，也在于卖官鬻爵之风的盛行（Rowe，2009，p. 152），更根本的问题在于当时整个中国的教育系统只有一个目的，那就是培养朝廷需要的官员。不像欧洲，中国没有专门教授年轻人有用知识，或者为他们以后的商业或工业职业道路做准备的学校或学院。虽然在欧洲，以此为导向的发展进程的速度也并不快，但到 18 世纪之前，欧洲大部分国家都已经完成了在教育上的转型，而包括中国在内的其他国家则已经大大落后于欧洲了。[①]

欧洲首先经历了启蒙运动所代表的成功，并在工业革命期间及之后的
时间里极大推进了自己的经济现代化，造成了欧洲和亚洲之间的两个世纪 296
的巨大差距。我们为了解释这一巨大差距，能指出一系列欧洲和中国之间明确的文化差异吗？[②] 格雷夫和塔伯里尼（Greif and Tabellini，2014）认为，在中国，组织合作的社会单位是有血缘关系的大家庭或是宗族；而在欧洲，它是一个由一群没有血缘关系的人自愿组成的被称为“公司”的团体。格雷夫和塔伯里尼将这两个团体用“道德观念”联系起来，欧洲的组织更具“一般性道德”（general morality）的特点，而另一个则是“有限道德”（limited morality）的组织，在这个组织里合作规范和习俗主要针对的是较小范围内的亲属。正如我在第二章中所论证的那样，“一般性道德”的组织很利于个人非集中的智力创新的产生。事实上，一般性道德的概念可以让人们更容易理解欧洲“文人共和国”是如何运行的。它的成员不得不在一个私人关系不强的网络中与陌生人打交道，但是一般性道德的规则是被广泛接受且应用的，他们不会对自己的研究结果造假，更不会随意复制

① 马尔科姆·汗（Malkom Khan，1833—1908），一位伊朗外交家和社会改革者，在 19 世纪 50 年代末指出，“欧洲的进步在于它拥有两种工厂，一种用于生产货物，另一种用于培养人才，把无知的孩子变成了工程师或是有学问的思想家”（Algar，1973，p. 28）。

② 把中国落后于欧洲归咎于中国文化的现代经济史学家中，最著名的莫过于戴维·兰德斯（David Landes，1998，ch. 21；2000）。许多对全球历史感兴趣的现代经济史学家对于他的立场都持怀疑的态度，认为他的观点是“毫无证据的断言”（O'Brien，2009，p. 7）和“本质主义的解释”（Goody，2010，p. 97）。

他人的研究成果。

在这里，中国和西方之间的差距不应被夸大：中国也存在一个思想市场，在这个市场中，不相识的人们可以很好地相互交流，交换彼此的想法和信息。同样，中国的历史记录确实表明，在唐宋期间，大部分有用知识都是由公职人员创造出来并广泛传播的（Mokyr，1990，pp. 209-238）。这一特质，即政府公职人员是这一增长进程中的主力军，并不会使这些知识显得更没价值，但它确实让有用知识的持续发展很容易受到政治变革的影响。相较于科学技术的发展主要由私人部门控制的文化来说，中国保守政府的兴起也使得这一发展经历了严重的减速过程。格雷夫-塔伯里尼框架表明，欧洲和中国之间的分流的确是由深层的文化和制度差异所驱动的，但它们是社会基本组织上的差异，而非儒家和犹太教、基督教等宗教之间的形而上学的差异。在他们的模型中，也像在这里所论证的这样，“内生的社会制度和文化特征彼此间起到了互相强化的作用”（Grief and Tabellini，2014，p. 21）。宋朝时期技术革新速度最快，之后则开始放缓的原因或许是因为在宋朝时期，宗族是中国经济生活中最为重要的组织，并在那时起到了极为突出的作用。

这其中最重要的是知识精英基于选择的文化进化，这些选择由不同的制度结构决定，又同时反作用于这些制度的形成。应该解决的问题不是“为什么中国失败了”（中国并没有失败）或是“为什么中国没有能力产生更多的技术进步?”（它有能力并且它也产生了更多的技术进步）。事实上，
297 问题是在那几个被称为早期现代阶段的世纪（1500—1700 年）中，欧洲和中国间的不同大到足以创造出了一个持续了将近一整个现代时期的技术和经济能力间的差距。① 中国本身并没有什么不妥之处，是在欧洲，并且仅仅在欧洲，发生了一些相当不寻常的事：导致启蒙运动产生的一系列思想变革。欧洲启蒙运动的独特力量是，它最终不仅影响了欧洲本身，也影响了地球上的每个角落。无论像是布劳特（Blaut，1993）或是古迪（Goody，2010）这样的修正主义学者如何坚持认为的那样，强调这种不对称性的论点并不应该被定性为“欧洲中心论”或“本质主义”。②

从这些文献中，读者们可以看出两个极端的观点。一个是，欧洲例外主义和经济优势的根源可以一直追溯回古典时期，非欧洲社会都是“原始

---

① 莫特（Mote，1999，p. 970）指出，19 世纪中国社会的崩溃是由于外国工业技术所造成的，这些技术降低了中国的竞争能力。

② 濮德培（Peter Perdue，2007，p. 145）指出，就像李约瑟认为的那样，西方历史学家可能会因为他们的“欧洲中心论”（“东方主义”）的偏见而遭受批评，但其实 19 世纪后期的中国学者们对于“东方主义”的观点更为狂热，认为东方过去的发展是停滞的并且是值得否定的。

的”和“落后的”。[①] 这个解释被修正主义的加州学派的历史学家们诟病不已，他们提出了另一个极端的观点，即东西方之间并没有真正的差别，大分流只是一种交替均衡，其中一方获得了暂时优势领先于另一方。这两个极端解释之间其实还存在着容纳第三个解释的余地。这个解释认为，在早期现代欧洲的某一时刻，文化环境开始发生了转变。这一转变大到足以创造出一种氛围，使得在此氛围中的各种文化企业家及他们的追随者们可以影响大众所持的态度和信仰，并创造出与之相一致的制度。这是欧洲精英文化中的重要组成部分，这种独特的方式极有利于创新和技术进步的产生。这一氛围的出现也因此为改变大众的态度，让他们为正确地对待有用知识做好了准备。最终，这导致了马尔萨斯极限和其他制约因素的崩溃，使得欧洲的生活水平在1800年之前的很长一段时间就已经开始不断上升。这也导致了长达两个世纪的欧洲全球主导地位的形成与维系。

欧洲的文化转型最终改变了全球的历史，但若不是因为非欧洲文化对西方文化的影响，这一改变也不会发生。当然，西方文化的影响在当地也会被限制、改变，或是与当地元素融合，转化为新的文化形式。西方和东方之间的伟大交流是一条双行道。在较早的时候，西方采纳了东方许多先进技术，从火药和瓷器，到雨伞和如何对抗天花病毒。在更近代的时期，298
从针灸到亚洲美食，欧洲对于接受中国技术仍没有丝毫的犹疑。然而，总体来说，欧洲对于复制中国产生有用知识的哲学和制度基础没有丝毫兴趣。西方迄今为止盛行并取得胜利的，是积极的西方培根主义，即人们调查和研究自然是为了得到可利用的自然规律来改变物质世界，以改善人类的物质福利为最终目标。

在欧洲，正如我们所看到的，启蒙运动可以被视为今人战胜古人所到达的胜利顶点，现代人深信他们自己这代人创造出了一种优于任何之前的文化和知识体系，并且这一体系就是通往更美好世界的大门。在东方有什么类似的事件发生吗？尽管缺乏一个像是基督教教会这样强有力的神性组织存在，但中国历史一直都承载着对前人无比尊重的厚重感。公元前475—公元前221年的战国时代产生了许多中国最成功的文化企业家，他们的遗产成为了中国文化的中心支柱：孔子本人，以及他最有影响力的追随者如孟子和荀子都是其中的佼佼者。虽然他们所建立起的哲学典范，成为中国社会多个世纪的文化参考系，但是在儒家思想中，也并非不存在大量异质性和灵活性的空间，并且儒家思想允许内部创新，对外来影响也有不

---

① 关于这个学派的描绘基本上都不中肯，也不切题。从古迪（Goody，2010，p. 95）的著作中，人们引用了大量关于这个学派的形容词，但他的著作本身并没有提到这些观点。人们其实很难想到任何近期的学者会持有这样极端的看法，例如，宋朝时的中国或德川时期的日本相对于中世纪的西方来说是“原始的”。

同程度的开放。儒家思想在秦（公元前221—公元前207年）和随后的西汉（公元前202—公元前9年）以及东汉（公元25—220年）的思想市场中成为赢家。在战国时期，存在一个百家争鸣的思想市场，不同学派的追随者都在试图“说服一个又一个的统治者接受自己学派的思想，声称自己学派所独有的特定方式最适合成为政府行动的指南”（Cohen，2012，pp. 36-37）。在统一的情况下，一组特定的思想相互融合，在汉民族中形成了一个关于“世界形成”连贯且单一的解释，这一解释一直到现代化之前还一直为人们所认可。[①] 儒家观点认为，社会和政治的稳定性和连续性是社会政
299 策最基础的价值观和目标，一个好政府带来的是美德和正义，而不会打破社会固有秩序的进步。[②]

李约瑟（Needham，1969a，p. 119）认为，中国社会存在一种独特的自主稳定性，作为一个功底扎实的历史唯物主义者，他认为这一稳定性首先归因于中国农业的本质和大规模水利控制的需要。但从某种程度来说，中国社会保守意识形态的胜利其实是偶然的，只不过是在竞争激烈的思想市场上最终可能产生的结果之一。即便关于应该如何解释中国各个学派思想的不同论点层出不穷，但关于其基本的叙述仍是毋庸置疑的（Cohen，2012，p. 37）。保守的儒家思想的主要竞争对手是墨家。有些学者认为，如果是墨家最终在思想市场的竞争中胜出，而非几乎完全从中国的思想市场上消失，中国历史可能看起来会完全不同。[③]

道家在中国历史上仍然具有很大的影响力，在某种程度上也是儒家的竞争对手之一。道家在中国历史的漫长过程中几经沉浮，但最终在清朝失去了统治者的青睐。李约瑟认为道家更注重实证经验，更尊重技术和工艺，

① 安守廉（Alford，1995，pp. 18-29）将中国的知识产权的缺失与“古人势力感”（sense of power of past）联系起来，即中国的礼仪（礼）均是从古代继承的，而中华帝国的结构也是在过去被合法化的。因此，他认为，这种强烈的希望与过去互动的需求，以及对普通人了解过去的限制，使得除了中央集权的政府之外，没有人有权利限制过去的思想在当今生活中的强大作用（Alford，1995，p. 25）。他引用了孔子自己在《论语》中的论述作为证据：“子曰：‘述而不作，信而好古，窃比于我老彭。’”安守廉的观点意味着，欧洲对知识产权的保护本身就代表了现代人的胜利，因为新的知识和想法在当时的社会中被视为有价值的财产，中国没有知识产权的概念恰恰意味着人们认为新的观念没有价值。

② 忽必烈，元朝皇帝，在1257年询问诗人和数学家李冶应该如何统治国家（忽必烈当时正在巩固其统治的过程中）。李冶回答应该有健全的制度、公正的法律和程序，消除腐败，这样统治者才能在民众中树立威望和信任（“为治之道，不过立法度、正纪纲而已。”——译者注）。事实上，李冶解释道，当时所发生的很多危机是由于太多的“妓女、阿谀奉承者和朝廷上的佞臣”（“辨奸邪、去女谒、屏馋慝。”——译者注）的存在所造成的（Chan and Ho，1993，p. 321）。

③ 卜德（Bodde，1991，p. 169）认为，如果墨家思想最终成为主流思想，中国或许会产生一种机械论哲学科学思想，“也许在最后不会与最终在西欧出现的思想有什么不同”。

因此对中国的技术进步产生了强烈的积极影响。他认为，儒家学者永远不会屈尊去研究有关体力劳动的细节，而对于道家学者来说，这就是“道”的一部分（Ronan and Needham，1978，pp. 85－113）。不过，李约瑟和博迪都指出了道家思想对于手工劳动和手工艺的支持和其理论上对技术创新的不信任之间的矛盾之处。李约瑟解释了这一悖论，指出道家之所以反对技术创新，是因为其可能造成一些社会恶习（Ronan and Needham，1978，pp. 106－107）。就道家和儒家思想对科学和技术的态度而言，他所指出的两者间的鲜明对比已经在最近的学术研究中引起了争议（Mote，1999，pp. 325－326）。无论如何，虽然有时儒家和道家是对立的，但是在宋代出现的融合型的新儒家思想使得儒道之间的对立显得不那么突出了。作为一个颇为盛行的宗教，道家思想对中国社会的影响无处不在，但它没有什么明确的界限，即欧洲宗教间所存在的尖锐的宗教差别和各教派间的激烈竞 *300*
争在中国并不存在。[①]

在中国，在元朝统一中原以及 1368 年明朝崛起之后，思想市场上不同思想间的竞争逐渐消失，思想创新在很大程度上受到了官方所采纳的哲学原则的限制。这些原则即出自朱熹（Zhu Xi，1130—1200）在 12 世纪所建立的新儒家正统思想——“理学”。无论根据何种定义，朱熹都称得上是一个真正的文化企业家。[②] 朱熹是一个拥有数百名弟子和门徒的优秀老师，他也是一个能力极强的社会活动家，拥有说服人的天赋，能让他人都加入传播其思想的行动中。朱熹的思想在他生前并没有被广泛接受，不过到 13 世纪上半叶，他的观点被越来越多的知识分子采纳，其影响力也逐渐渗透至了科举考试之中。在元朝和明朝，他的思想成为了朝廷统治中华帝国的正统思想。到 15 世纪初，朱熹的思想便完全成为了“官学”。[③]

如果正统思想被挑战，通常是因为它并没有以所谓的经典教义为理论基础，而不是因为它与新发现的结论相去甚远。欧洲的科学进步通过传教士们在中国的活动渗透至社会中，但除了重新校准了中国的阴历日历和预测了日食之外，传教士对中国社会的影响是经过高度过滤的，并且也都没

---

① 李约瑟（Needham，1969b，pp. 75－76）在谈到中国的宗教史时，使用了“非凡的融合”这一概念。在中国，学者们身着佛教长袍，套上儒教的帽子，手持道士的拂尘，认为这三种宗教“本质上同属一个真理”。

② 波尔（Bol，2008，p. 88）将朱熹称为“一个知识型企业家”。朱熹撰写、编辑和出版的著作“赋予了新儒家思想一个坚实的文本基础”。换句话说，朱熹融合协调了一系列关于新儒家思想的存在对立的解读，尤其是他的前人，程颢与程颐两兄弟所提出的解释。在朱熹之后，波尔指出，人们基本就可以把新儒家思想称为“朱熹主义”。

③ 波尔（Bol，2008，p. 97）指出，1415 年，当永乐皇帝颁布了倡导学习新儒学的《永乐大典》时，奠定了新儒学作为国家正统思想的地位，而这也就“缩小和封闭了知识分子们的思维”。

有产生什么深刻的变革。[1] 其实除了传教士以外，如果中国当局当时开放了其他允许欧洲知识流入的闸门，很可能伽利略和牛顿的新科学都会盛行。在明朝和清朝，中国是存在思想市场的，但准入门槛太高，而且在传统思想家和创新思想家之间的竞争中明显偏向于前者。这点在这一片没有“宗教裁判所”的土地上听起来很奇怪（虽然清朝皇帝有时也会迫害他们所怀疑的会颠覆其统治的知识分子），因为社会上并没有欧洲意义上所谓的亵渎
301 或冒渎神明的概念。但也许这些裁判所在早期现代欧洲的大量出现恰恰表明，当时欧洲的知识分子感到（这种想法是很正当的）他们受到了威胁。在中国，是允许传教士们进行各种活动的，但当然他们的行为也会受到皇帝的管控。钱文源（Qian，1985，pp. 57-58）有些夸张地指出，明清时代的中国科学家完全沉浸于“文学和考古学研究”，而不是研究科学，因为中国人痴迷于研究他们自己的历史。他补充说，“一个主张实证研究、批判性方法论的人在民众以及他的同行看来显得很古怪。”

这种对思想创新者的怀疑态度也确实存在于欧洲，但是“文人共和国”提供了一种特殊的机制，这种机制不仅不会抵制创新，反而会大大鼓励这些创新，甚至某些激进的创新。不过持有这种态度的人可能只是知识分子中的一小部分，许多人仍然相当保守且后视。但即使这样，这一小部分知识分子也足够克服欧洲思想体系中的内在惯性，但中国的情况并非如此。正如卜德（Derk Bodde，1991，p. 190）所指出的那样，欧洲对异教徒迫害的强度越大，就越表明了欧洲存在一个高度多样化和竞争性的“特别有利于科学发展”的思想环境。学界还不能确定的是，是否因为中国对激进创新的抵抗力更强，使得中国更偏好于保守思想的学习，最终导致其创新者和能够改变游戏规则的知识型企业家的数量和能力都低于欧洲。

中国的经验表明，一个有竞争力和开放的思想市场不是促进有用知识进步的唯一道路，却是最为可持续及最有效的途径。当这一国家的唯一统治者支持并鼓励顶级科学家开展研究时，有用知识也会得到显著发展。元朝皇帝忽必烈，就很像三个世纪后的欧洲统治者们一样，为很多重要的工程师和科学家们提供了大量支持，其中最为知名的就是郭守敬（Guo Shoujing，1231—1316），一个极富创造性且博学多才的人。郭守敬是一位优秀的水利工程师和数学家。在包括整修京杭大运河（京杭大运河是向京城运送粮食的主要通道）和重新设计中国历法这样对统治者极为重要的工程中，皇帝都极为依仗他的才能。他的天文仪器和钟表延续了宋朝传统的精华，

① 邓钢（Deng，2009，p. 62）甚至认为，欧洲对中国“知识库”的影响几乎不明显，中国“不需要大规模的欧洲知识”。

同时，从利玛窦（Matteo Ricci）的记叙中可以看到，他设计的浑天仪直到17世纪初仍在被使用。[①] 但郭守敬的成就同样可以被看作一个单一主仆制度脆弱性的标志；当1368年元朝大权旁落时，具备真才实学的中国工程师 302
和科学家都不再拥有可以施展才华的机会。李约瑟评论了郭守敬关于球体三角学的研究，他指出，在郭守敬时代之后到欧洲的传教士到来之前的这段时间里，中国没有任何重要的科学进展，而且郭守敬的天文学发展“也像明朝其他的科学学科一样，停滞不前”（Ronan and Needham，1981，pp. 45，82）。[②]

虽然“停滞”一词可能夸大了明朝时期的情况，但学术界确实存在共识，即明清时期中国文化气候僵化，并且越来越不适宜智力创新的出现。在欧洲，现代人的胜利是将古典教规置于一个经典文献被崇敬和传授、但其中的科学原理却被怀疑对待的地位上；而在中国，古今两个思想学派之间的竞争一直僵持不下。中西方体制就是这样有所不同。中国政府远远不像一些学者所描述的那样专制和压迫［例如巴拉兹（Balazs，1964，p. 3-27），他把中国视为原始极权主义的官僚统治体系］。明清时中国施行的是分散的市场经济体制，但市场又受到中央帝国官僚机构的管理，这是郡县（自上而下）行政制度的最终发展形式。这个体系促进了包含自由市场的商业经济的出现，即使最终这一商业经济受到了越来越无效的政治权威的干预（Sng，2014）。不过中国并不需要与邻国竞争以获得最好的公民和军事统领。国家稳定和国内和谐日益被视为帝国的最高目标，当然这也包括思想的稳定。新儒家思想在12世纪由朱熹编译的“四书”（《四书集注》），是像西方出现的一样的具有严格规范的文本。[③] 它成为了一种动态的意识形态，是政治现状和保守哲学之间形成的一种正式联姻，它在明朝建立，并在清朝被带向极端。[④] 更重要的是，非正统和异端的作家，像是拉米斯、哥白尼和培根，他们在16世纪和17世纪初推翻了欧洲的传统思维，而这

---

① 在其他被元朝统治者支持的工程师和科学家之中，刘炳琛（Liu Bingshong，1216—1274）也是一个值得被提到的人物。他是元王朝的首都大都（现北京）的设计者。数学家李冶（Li Zhi，1192—1279）也得到了忽必烈汗的青睐，虽然在受到重用之后，他很快就因病辞官了。与欧洲的情况一样，如果统治者喜欢并重用这些博闻强识的学者，就很容易获得他们充满智慧的关于统治王朝的建议。

② 何丙郁（Ho，1993，p. 299）也有同样的观点，郭守敬被视为传统中国历史上最后一位伟大的天文学家和数学家。

③ 包弼德（Bol，2008，pp. 105-106）指出的那样，朱熹的《四书集注》（包括《论语》和孟子的对话录）部分替代了“五经”的地位，“五经”曾经在中国传统文化上占据中心位置。

④ 类似于“动态意识形态”和“动态正统”的概念，描述的是封建中国的学者文化，这两个词来自艾尔曼（Elman，2000，pp. 67，70），同时它们也捕捉到了朝廷、行政层以及科举体系之间的协同作用。

样的学者在中国并没有取得与欧洲相当程度上的成功。与欧洲不同，中国没有竞争性的政治多元主义，异教徒和智力创新者无法利用它来创造出一个开放和竞争性的思想市场。

303 当然，对正统思想的异议和批评确实也存在于中国社会的某些角落。因此，例如河北漳南书院院长颜元（Yan Yuan，1635—1704）就对朱熹的新儒学进行了全面的反省，认为新儒学中的不少教条都是象牙塔中不切实际的礼法。他回溯古礼，发现古典儒家学说其实更合常理也更为实用。于是在漳南书院，他制定的课程则偏重于数学、考古、拳法武艺和地理等科目。颜元对于朱熹学说的反省，正如在欧洲同时代的一些学者对欧洲正统思想做出的反省一样（Ching，2000，pp. 197 - 198）。他和他的高足李塨（Li Gong，1659—1733）认为朱熹对经典儒家学说的理解有误，他们对朱熹的批评多数也是文本上的批评。他们对朱熹思想的反省并没有真正在中国思想市场上获得共鸣；在朝堂之上，甚至在中国知识分子中，都没有一场反朱运动是有影响力的。官僚系统仍然忠于新儒家的正统政治，没有任何知识分子企图破坏朝廷统治的风险，不像当时西欧独裁统治下欧洲启蒙运动中的思想家们所做的那样。

中国的精英选拔制度是赋有中国特色的。匿名科举制度考察了候选人们对于儒家经典知识的掌握程度。在其早期阶段，精英制度的设立是为了削弱皇家统治中皇亲国戚们盘根错节的势力，起先似乎运作良好。在宋代，许多优秀的知识分子们都通过科举得到晋升，在统治阶层发挥了重要作用。这些知识分子就包括朱熹本人，还有他在儒学研究上的前辈——程氏兄弟程颢（Cheng Hao，1032—1085）和程颐（Chen Yi，1033—1107）、苏氏兄弟（11 世纪另外两位杰出的文人），以及 16 世纪朱熹思想的主要批评家王阳明。艾尔曼（Elman，2000，p. 14）认为唐朝和宋朝科举制的兴起过程，是一次“仕”（文人士绅阶层）的转变，是“从论出身到论才学”的转变。能力高低而非血统贵贱，成了能否在统治阶层中获得重用的标准。

然而屡见不鲜的是，建立一项制度原本设计的目标与最后这项制度实际达到的结果可能会大相径庭，最终的结果也是人们在设计制度时根本未曾预料到的。科举制最终变成了身处统治阶层的文人们手中握有的强大武器，用来抵御那些文化创新者们会给现有政权带来的威胁，也用来保护现存的关于人力资本的价值观不受动摇。讽刺的是，朱熹以及其他几位新儒学的创始人都嘲笑死记硬背式的教条学习对于文化发展是毫无用处的，可偏偏科举考试内容的核心就是让那些雄心勃勃的青年将他们的童年浪费在日复一日背诵朱熹对古典儒家思想的评论上（Elman，2000，pp. 261 - 269，373）。李约瑟更是有些夸张地认为，清朝的科举考试使得科举制度“永生

直至千秋万代”(Needham，1969a，p. 202).[①] 也有学者认为，科举考试一 304
直就是使经典文献变成“强压社会统一的工具”的根源（Huang，1981，p. 210).[②] 在一个“入仕”是“最为重要的名誉与财富来源”(Brandt，Ma，and Rawski，2014，p. 77）的社会中，最优秀、最聪明的年轻人必然会将他们大量的时间和精力都投入准备科举考试之中。更确切地说，许多历史学家都认为，这是一场“精致文学的考试”，即使明朝时的考试内容也会涉及有关法律与政策建议（Elman，2013，pp. 250－279)，可它本质上却与行政技能越来越分离，而这些技能本应该是这些通过考试的人熟练掌握的（Rowe，2009，p. 46)。在这样一个高度集中的权力垄断不存在任何严重威胁的情况下，南森·席文（Nathan Sivin）观察到，“在一个将公职人员这一职业凌驾于其他职业之上的社会制度之下，思想家们很清楚如果提出一些其他方式以替代目前的权力分配，自己将承担的危险后果”(Lloyd and Sivin，2002，p. 245)。

北京耶稣会的负责人利玛窦在他约写于 1600 年的一篇著名的文章中写到，在中国“只有获得了博士学位或持有执照的人才被允许在国家政府中任职……但凡有想法要在哲学领域（即经典研究）中扬名立万的，是不会愿意费劲去钻研数学或医学的。结果就是几乎没有人投身于这些研究……数学和医学的研究不受世人尊重，因为它们根本不像哲学研究那样被光环和荣耀围绕”(Matteo Ricci，1953，p. 32)。[③] 不过现在的研究表明，有关数学、天文学和医学等自然研究的问题仍然存在于明朝的科举考试中，通常是让考生写作类似于“政论”和“自然研究”的文章，只是在清朝，这
方面的考试内容消失了（Elman，2000，pp. 461－485；2013，pp. 261－ 305
272)。但关于这些问题的回答往往都只能用“因循守旧”来形容：关于历法改革的问题，他们不用技术作答，反倒是用朝代更迭的历史来作答。艾

---

① 据说在 1713 年，康熙皇帝禁止在科举考试中出现关于自然学科的问题，以防关于天象预测的内容被大众所知。虽然清政府鼓励有关历史地理学的研究，但地图制作被清朝政府作为机密活动，这也是一个政府是如何限制民众获得有用知识的很好的例子（Elman，2000，p. 485)。在清朝，关于三角函数和天文学的一些自然研究和朝廷对此的翻译项目是严禁考试出题人以及考试人学习的（Elman，2005，p. 168)。进一步讨论参见德赛格（De Saeger，2008)。

② 很多其他学者也同样把科举制作为“李约瑟之谜”的主要解释，并像李约瑟本人一样强调了这一点。“明清科举考试中的八股文束缚住了男人的思想，就像裹脚布束缚住了女人的脚一样”（John King Fairbank，in his preface to Qian，1985，p. vi)。巴尔克（Baark，2007，p. 346）的结论是，中国思想市场从属于其政治制度，从而阻碍了思想的创新，科学知识“极易受到‘政治正确’的审查”。

③ 可以补充的一点是，精英制度一贯倾向于收纳有钱有势家族的孩子进入这一系统，并且相比于士绅阶层的后代来说，儒家理想中有关公正平等的语句根本无法改变农、工、吏的后代身上的明显缺陷（Woodside and Elman，1994，p. 546)。

尔曼解释说，技术学习并非让考生回答这些问题的终极目标——让考生将这些问题与经典教义融合才是重点（Elman，2013，p.269）。此外，自然研究被严格地控制在新儒家正统思想的框架之中，任何会威胁到政治现状的思想创新都会被判定为异端邪说，而写出这样文章的考生也绝不会榜上有名。

这种做法只会造成社会停滞不前。最后，拥有那么多文人志士的中国，依靠耶稣会传教士来帮助他们制定正确的历法。到18世纪初，自然研究从课程大纲中消失了。可以肯定的是，正如包弼德（Bol，2008，p.109）所言，即使每个考生都被要求熟记“四书五经”，这也并不意味这是他们所学的知识的全部，更不用说他们的信念和行为会否一定与这些儒家经典相一致。同时，在明清时期，科举制的性质不断发生改变，人们当时并非不能改变它所考察的内容越来越狭隘这一现实。然而，事实就是，科举越来越成为当权者们为了保护自己的利益而设定学术研究计划的工具。

即使在当时的标准下，中国精英家庭的子弟们所学习的内容都是极为教条的。小男孩们需要按顺序诵读“四书五经”中的某些经典片段——中国文化教义的摘要——每篇都要诵读超过百遍。这样机械式的学习恰恰强化了这些正统思想，也强化了人们“对于正统思想的机械式接受”（Woodside and Elman，1994，p.532－533）。不过如果这样做的目的就是延续传统、维系稳定，那显然这是最适合的方法。官僚系统中的每一个个体从小接受的教育，都是无时无刻不在被灌输正统思想的教育（Rowe，2009，p.48）。这些文本所蕴含的都是无可辩驳且至高无上的真理，而这也使得它们成为了抵御那些离经叛道的创新者的最有利的武器。席文指出，直至19世纪的中国，都没有科学家愿意在研究中摒弃那些已存在上千年的价值观和信仰，因为它们根本已经成为了中华文化中“已被证明的事实”。[①] 不过这并不是说这种保守的学习形式在欧洲并不普遍，也不是说中国的制度是
306 完全冻结僵化和不能改革的制度。但欧洲的思想市场由于其更丰富的多样性和更高的竞争水平，是允许创新和那些离经叛道的思想在其中茁壮成长的，并最终产生了多元主义，以及大规模的智力创新。而这些正是中国体

① 奇怪的是，席文（Sivin，［1984］2005，p.13）在解释“为什么中国在科学革命中没能击败欧洲”的论点上并没有什么耐心。这个论点是说，中国的学者-官僚阶层，沉湎于经典古籍之中，只追溯过去，不面向未来，也不追求什么自然奥秘，只在乎古人们所构造出的制度。他也指出，其实在欧洲大学里也有不少这样的学生。“他们的存在没有阻止横扫欧洲的巨大变革的出现。”但这个论点并没有什么说服力：欧洲当然有思想保守的学者，但他们不断地受到越来越多的创新者的挑战，最终在思想市场的竞争中败下阵来。大学可能是（除了几个明显的例外）保守和固化的场所，但大部分的智力创新产生并发酵成熟于研究科学的协会和研究院，当然也包括“文人共和国”成员的私人通信之中。

系所要抑制的革新。

将中国的科举制视为一种完全僵化固定的制度是不合理的。科举制并非一块阻挡现代化进程的巨石，也并非从形成伊始直至其 20 世纪初灭亡都不曾改变过。艾尔曼（Elman，2000，pp. xx，xxiv）就正确地指出这些观点都是对科举制的误读，他认为，科举制的本质是中央政府和地方精英之间一种平等交换关系的产物，随着时间的推移，其本身会不断地进行改变和调整以反映社会新现实，满足这种关系中的新需要。虽然该系统设计的初衷是为了不断复制社会、政治和文化现状，但它的效用从未减弱或是绝对化（Elman，2000，p. xxix）。它与竞争性的思想市场是相辅相成的，并也试图在一定程度上挑战现有权威。新儒家学派和他们的批评者总是处在相互竞争的状态。有时，他们会勇敢地反抗政府官员对权力的滥用，特别在地方层面上，他们会尝试形成一个对立派，与权威作斗争（Bol，2008，p. 151）。

换句话说，这些对权威的挑战是受时代所限的，随着 1644 年清朝的建立，对挑战的限制变得更加严苛。思想竞争市场受到所有思想家已有的基本理解的约束，即“观点间的分歧只可存在于不影响现有政治体制的情况下”（Iloyd and Sivin，2002，p. 245）。因此，在一些现代史中，一个很流行的论点就是，比较中国和欧洲不同的文化体系，以及它们所产生及传播的知识创新成果，得出的比较结果是毫无意义的。因为这种比较本身就是“目的论”和“欧洲中心论叙述”的典型，理应因为其明显不顾史实的特质而被摈弃——这个观点好像就是在说大分流从未发生过或根本不值一提，或者这种文化解释就应该作为先验解释被排除。

中国的保守主义在多大程度上是一个由外部事件决定的内生结果？这里当然不存在一个固定的包含各种有关中国文化发展参数的“中国模型”。艾尔曼（Elman，2000，p. 64）认为，中国古代教育所要求的对正统思想文本的背诵和死记硬背式的学习模式是一种政治行为。尽管如此，虽然中国的人力资本存量极大，但它也是严重配置不当的资本——如果说发展的目标是增加有用的知识，并最终产生一个技术驱动的经济发展过程。[1] 中国 307
文化中没有任何一个特质可以保证这一过程的出现。的确约在 1000—1200 年，中国经历了一场经济和思想的大繁荣，彼时乐观主义盛行，甚至出现

① 明清时期科举制度的僵化更是恶化了这种资源配置的不当。科举考试中的最高等级是进士，进士也是为成为顶级公职人员的必备功名。与此同时，太多的考生都只考取了科举制中的最低功名——生员。这一功名的冗员问题极为严重，因为生员是没有任何机会能成为政府公职人员的。艾尔曼（Elman，2000，p. 140）指出，持有生员功名的相对人数从 1500 年的每 2 200 人中 1 个增加到了 1700 年每 300 人中就有 1 个。关于人力资本冗余的更多叙述，参见黄卫总（Huang，1998，p. 108）。

了进步和理性主义的概念，这让我们可以将其与欧洲启蒙运动联系起来。在宋代，一种有关进步的信念在中国社会无处不在。人们相信教育的益处，相信政治制度是会得到改善的，也相信理性会使得社会发展更完善（Gernet，1982，p. 345）。一些哲学家，如王安石（Wang Ansh，1021—1086）就认为，经济进步在当时的条件下是极为可能的，他也认为，经济发展应由国家主导，并且以官僚改革为前提。其他人的想法更为保守，特别是王安石在政治理念上的宿敌，司马光（Sima Guang，1019—1086）。司马光反对商业化和任何有利于经济进步的政策，坚定地相信政治稳定和经济发展就是一场“零和博弈”。王安石提出的新政被莫里斯（Morris，2010，p. 376）称为“罗斯福新政与里根经济学合二为一”的政策，是进步的，明确旨在改革中国经济的政策。11 世纪时保守派与变法派之间的两党斗争就是一个例子，说明中国很可能存在一个竞争激烈的思想市场。然而，正如罗威廉（Rowe，2001，p. 286）所指出的，在这场斗争中，大多数新儒家学者都认为司马光“易如反掌”地取得了胜利。[①] 虽然一个激进的少数派在中国的思想舞台上从未消失，但是它也只能在那个保守巨人的阴影下悄悄地活动。

可以肯定的是，当时的中国是一个商业化的、在某些方面甚至是一个“资产阶级”的社会，但它的商人相比于欧洲商人还是保守的。正如莫特（Mote，1999，pp. 764-765）强调的那样，中国商人并没有培养出一种鼓励激进的、非正统思想的文化。他们积极地采纳了那些精英知识分子们的生活方式，“与 18 世纪欧洲的启蒙思想家不同，他们没能打响一场反对正统的战争”（Mote，1999，p. 765）。这是最终的“资产阶级的背叛”。中国精英文化所创造的，用伍德赛德和艾尔曼（Woodsite and Elman，1994，p. 551）创造的经典短语来说，就是“一场又甜又苦的婚礼，一方是儒学与新儒学道德话语，另一方是来源于法家的关于国家权力的强制性观点”。在这种文化中，思想市场难以产生出像公元 1500 年后欧洲文化环境中产生的那种能够打破传统的文化创新。

中国政治的文化基础根植于一个本质上既不敌对又不利于有用知识增长的世俗意识形态。取决于具体情况，它可以是先进的，也可能是保守的。莫里斯（Morris，2010，pp. 423-426）认为“朱熹给予了他身处的时代所
308 需要的思想”（p. 423），他的哲学并没有使中国精英文化变得更保守，而是越来越保守的大环境使得他的想法成为主导（在其身后的元朝统治下，他

---

① 王安石曾经试图改革科举考试，使之更加实用。他的做法受到了司马光的亲密盟友——苏轼和苏辙两兄弟的极力反对。不过在宋朝，王安石变法一派的呼声很高，可是到元朝，统治者重建了科举制度，代表着最终仍是保守派在这场斗争中胜出。

的儒学才成为主流)。无论是由于什么确切的因果机制，在思想市场上孔子的思想被其他文化观念威胁之时，以朱熹的著作为核心的新儒学或是“程朱理学”被定义为了“中国价值的重申”(Mote，1999，p. 147)。它必然还是保守的学说，因为它以经典儒家学说为基础，为其加上了时人的注释，是一套后顾且复辟旧统的思想。朱熹是新儒家思想的集大成者，其思想也成了未来科举考试的主要材料。① 朱熹保守观的胜利往往被认为是中国在宋朝之后越来越封闭保守的主要组成部分。在思想市场中，对立的思想相互竞争，最终还是新儒学胜出。特别是在元朝，科举制一度被废，随后又被重立。1313 年仁宗皇帝颁布圣旨，新儒学正统正式成为恢复后的科举考试的主要基础。② 到了 14 世纪 70 年代，对新儒家学说的强调已经发展到了“朱熹自己都不主张的程度”(Elman，2000，p. 37)。也许这样的结果并不是预定的，也许王安石更开明的意识形态在某种情况下也可能赢得胜利。③

事实证明，明朝晚期以及清朝的学者们的思想变得越来越保守落后。艾尔曼(Elman，2006，p. 36-37)指出，18 世纪中国的学者总能让人想起文艺复兴早期的学者们，他们将古希腊文本翻译成拉丁文，以期创造出一个新学说。然而他也指出，欧洲人“超越了他们的前辈大师们，取得了重大突破”，而当时的中国人只“关注遥远的过去，却希望能克服现在的困
难”。④ 与早期近代欧洲的对古典重新学习和解读不同，中国的正统学说从 309
未受到过来自通过更先进的数学知识与更精密的实验仪器所得出的科学观察和实验结果的残酷批评。

文化变革与其他因素密切相关。13—14 世纪的中国外生冲击不断，像是外族入侵和瘟疫肆虐等。因为观察到身边公民社会的不断崩溃，学者们都更加趋于保守，因为“历史成为他们寻求慰藉而非新出路的所在”

---

① 许多中国学者已经明确地将朱熹对中国思想的影响比作亚里士多德和托马斯·阿奎那的哲学在中世纪晚期对西方的“灭菌效应”。将朱熹与另一个伟大的集大成者阿奎那的对比当然是很有吸引力的(Needham，1969b，p. 66；Gernet，1982，p. 346)。就像阿奎那一样，朱熹提出了像包弼德(Bol，2008，p. 102)所说的那种连贯的“一统学派的理论”，这种统一的理论定义了智慧，解释了人类社会以及与天地的关系。

② 即使这样，像艾尔曼(Elman，2000，p. 33)指出的，朱熹的正统思想的胜出是不完全的，其他领域的内容仍在科举考试的大纲之中。直到 1366 年，写作经典韵律风格文章仍在考查内容里。

③ 刘子健(Liu，1973)强调了新儒家学派胜利的或然性。

④ 正如戈德斯通(Goldstone，2012)所说，这样的论证似乎很吸引人：正是因为欧洲科学首先抛弃了它们用以为基础的西方的经典文化遗产，但后来又回归经典。以阿奎那为代表的中世纪学者们，必须创造出一个巧妙但严格、最终又是脆弱的融合了现有的宗教教条与古典知识的包容性的知识结构。他认为，中国、印度从来没有抛弃过其古典教条，并通过紧缩思想结构来应对挑战。在 17 世纪，由于所有亚洲国家的内部都动荡不安(如反宗教改革时期的欧洲)，戈德斯通认为，“为了维持秩序稳定，当局只能依赖于保守的正统思想”。

(Morris, 2010, p. 426)。不过，在明朝（1368年）崛起之时，最糟糕的时刻已经结束了，但是即使有郑和下西洋这样的壮举，中国人之后却没有采取积极的海外扩张政策，也没有认真对待宋朝时王安石提出的一系列改革措施。中国像她所希望的那样，将欧洲人和欧洲思想都隔绝在外，而中国知识分子似乎在总体上也对复制现有文化秩序更有兴趣，而不希望去挑战它，即使对现状有些微词，这些评论也没什么影响力。

在古代中国，政治本质上是保守的，因为大多数皇帝和他们的官僚集团都发现激进的想法就是造成社会不稳定的因素。朱熹的新儒家意识形态是维持国家秩序和社会稳定的工具，它的存在使得明朝和清朝可以以相当低的社会成本维持运转。但它在中国的韧性可不仅仅是用它的功能就解释得了的。基于选择的文化进化也揭示了一部分保守主义的倾向。14世纪的瘟疫肆虐到1644年之后反清复明的叛乱等可怕事件所驱动的显著事件偏见很可能导致对国家稳定不断增长的需求和正向的强制偏见。其实，欧洲统治者对造成社会不稳定的激进思想的厌恶程度毫不逊色于中国的皇帝们。不过，因为他们没有对思想市场施加过多管束，他们在长期也无力阻止激进思想的传播和扩散。

中国保守主义的盛行不是一个难解的谜题。对于大多数社会来说，尊重并且传承前人的智慧是一个默认的正确选择。奇怪的不是中国社会，而是欧洲社会以及它愿意推翻那些不可接受的旧观念的倾向。最重要的是，这些旧观念在欧洲被认为是不可接受的，不仅是因为在不断改变的经济和社会现实下它们变得不合时宜，更是因为它们在证据和逻辑验证下被发现是不正确
310 的、不一致的或未经证实的。欧洲人在观察、试验和计算方面做得越好，他们就越不会对那些古代崇高权威的智慧盲目崇拜。正如我们所看到的，深深根植于欧洲的怀疑主义传统是对坚信社会会不断进步的这一信念的另一面。中国文化中有类似的信念吗？李约瑟认为，宋朝中国的情况与欧洲所差无几。“在中世纪的中国，公正的合作型组织在积累科学信息方面比在文艺复兴时期前西方的任何地方都更为突出，”他补充说，“中国身处任何世纪的数学家或天文学家都不会想着有一天要否认他们所研究的科学所经历着的持续进步和改进”(Needham, 1969a, p. 277)。一些学者并不同意他的观点：博迪指出，道教认为，如果历史真的存在一个趋势的话，那也是从天堕落至地的趋势。按照这个逻辑，在中国早期圣人完成了他们对社会“文明开化”的任务之后，这种衰落就开始了。虽然从中国人对历史的反思中可以发现“周期性”和“线性”动态的同时存在，但是周期性因素明显占主导地位(Bodde, 1991, pp. 122-133)。一般来说，大多数中国思想家都认识到一种趋势，即认为过去比现在更好，即使在最坏情况下，历史也是一个周期性但又静止的进程。新儒家学者在明朝时期获得了对中国知识世界的明确控制，

对于他们来说，圣人生活的时代是最理想的时期，之后社会就一直处于衰败之中，谁也不能保证世界会变得更好（Bol，2008，p. 101）。引人注目的是，李约瑟关于社会会进步的信念的证据完全取自明朝之前，但之后这个想法在中国逐渐萎缩，可同时它在欧洲部分地区却逐渐获得了最终的胜利。

宋朝之后，非常有竞争力的思想市场在中国不复存在，而且那些占领高地的文人们又设立了铜墙铁壁以抵御潜在的意图改变现状的思想改革家们进入市场。在中国，科学在许多方面仍然是由国家行政部门控制和管理的活动。不过如果说中国并不存在一个“文人共和国”，那也是不正确的：当时存在一个学者团体，他们彼此之间对话交流学术问题，阅读彼此的文章书籍，并形成了一个学术网络，专门用于在成员间共享关于儒家学习的材料（McDermott，2006，p. 118）。虽然在中国知识分子之间存在关于儒家思想的讨论和争议，但是这一切都没有使得真正激进的创新出现，没有人彻底否定或是批判以前的范式和经典的教条。中国没有帕拉塞尔苏斯，没有笛卡尔，也没有斯宾诺莎。不同想法之间不存在什么竞争，中国知识界也不存在一个自主性和竞争性市场可以让思想消费者们在其中自主的进行文化选择。此外，在欧洲，随着人们意识到传播有用知识可以最大化其社会效益的时候，想要学习有用知识变得极为容易，可在中国，被凯瑟琳·杰米（Catherine Jami，2012，p. 389）称为对学者的“封建垄断”极大决定了市场上的思想内容。中国也并不置身于一个竞争性的城邦制度之中，若非如此，或许当局即使不愿意，也要逼迫自己采取和鼓励创新，否则他 311
们就无法在激烈的国家竞争中占领一席之地。①

中国思想市场竞争度很低的一个原因是，中国很少会做出促进国家间思想流动的努力。以 17 世纪的中国学者朱舜水（Zhu Shun-shui，1600—1682）为例，他周游列国，是少数几个可以与欧洲知识分子相比较的中国学者。他涉猎的知识相当广泛，甚至扩展到了如建筑和工艺产业的实用知识。逃出中国之后（在 1644 年明朝被推翻之后，他一直仍是前明的支持者），他先抵达了安南（越南），随后到达了日本，在那里有他相当数量的追随者，并最终成为了日本大名，德川光圀的顾问和导师。正如秦家懿（Julia Ching）所指出的，朱舜水并不是一个纯粹的抽象哲学家，他“对事

① 一个引人注目的例子是关于洪亮吉（Hung Liang-Chi，1746—1809）的故事。他是一个影响极大的知识分子，他曾著文针砭时弊，被清廷处以了流放之刑（后被赦免）。洪亮吉被称为“中国的马尔萨斯”，在马尔萨斯的《人口原理》第一版出版的同一年，他写出了一篇论点极为相似的文章。两者之间的差异在于人们对于文章的反应。马尔萨斯在他的时代成为了一个名家，得到了人们的尊重，他的著作在欧洲得到了广泛讨论和阅读。而中国古代的学者完全忽视了洪亮吉的观点，即使在这之前的一个世纪中国已经经历了人口的迅速增长，19 世纪的中国也出现了人口压力过大的明显迹象。(Silberman，1960，pp. 257-260)。

物的研究甚少涉及对于物质力量原理形而上学的理解，反而更多地涉及对具体情况的解释”。同时，他所学习的不仅只是儒家经典的知识，而是“一切在生活中有用的知识”（Ching，1979，p. 217）。这听起来很有发展潜力，但朱舜水的著作在中国一直不为人所知，直到19世纪末人们才重新发现了他的作品。离开了祖国之后，他仿佛就成为了一个无足轻重的人；这与欧洲的学者声誉并不受国家边界影响形成了鲜明对比。

关于中国文化中的保守偏见还有一些其他解释。这些解释中所提出的一点在今天看来有些奇怪。我们时代最杰出的汉学家之一，卜德（Derk Bodde，1991），提出了一个令人吃惊的论点，即汉语这一语言阻碍了更具创新性的文化的出现。他指出，汉语语言在作为一种传递准确信息的模式上及其内在保守机制中的固有缺点。他认为，汉语为中国有用知识设置了一系列障碍。一个是书写汉字和汉语口语之间的巨大差距。这差距使得那些没有专门学习过书写汉字的人基本无法看懂汉语书籍，因此工匠和技术人员们难以利用学者和科学家所积累下来的有用知识。在这里人们可能需要知道的是，在欧洲，拉丁文文字和口语之间的差距是不是至少与汉语一样大。同时，他认为
312 汉字没有屈折变化、句中没有标点这两点会使得文本意思相当不明确。博迪的批评不是没有道理，只是如果人们熟知上下文的话，大部分的不明确都不复存在了。问题的关键在于有效的交流必须能够提供给对方尽可能多的信息，以及背景和语境。此外，在他看来，由于汉字不是字母文字，所以使得知识缺乏组织和分类。最后，博德指出，中文书写本身就是一个强大的保守力量：无论时间、空间如何变化，它都保证了文化的一致性，而这与欧洲的动态多样性相比是完全相反的。他认为，汉字“在中华文明中所取得的威望和神秘……是其他任何文字在任何文明中都无可比拟的……在意识形态上，（中国文学语言）所带来的效果是强烈保守的……并且阻碍了文化间差异的保存，尤其是在那些小但重要的有自己文化的少数民族间的差异”（Bodde，1991，p. 90）。19世纪的中国官员描述起野蛮的西方人的方式，无论在比喻还是描述上都与两千年前的汉族政治家的方式一模一样（Bodde，1991，p. 31）。语言本身是不是影响文化的自发因素，还是说它只是一种更深的保守力量的反映，这一问题其实仍没得到解决。①

中国文化中另一个令人困惑的问题是，中国人对西方知识所持有的态度以及他们自己对是否应该学习西方知识的犹豫不决。中国有用知识的发展在多大程度上是被他们对外国思想的怀疑所阻碍的？在先前的文献中，

① 值得注意的一点是，卜德花了极长的篇幅解释汉语里缺少标点符号这一特质就是为了保证只有这些有文化的圈内人才能互相交流，而不是想让文字成为大多数中国人的交流方式，不过在这之后，他又认为20世纪之后汉语中标点符号的普遍是因为受到西方的影响。

中国精英们对这些“野蛮”文化的敌意肯定是被夸大了。戴维·S. 兰德斯(David S. Landes，1998，pp. 341-342）曾说过，在中国，拒绝外国技术这一问题更加严重，因为中国本身已经陷入了对“技术和科学的麻木”之中，但即使是他，都承认“并不是所有中国人都有这种知识仇外心理”。正如艾尔曼（Elman 2005）详细展示了，17 世纪的耶稣会数学家和天文学家教会了中国文人很多知识。但最终，这一切都取决于皇帝和他的朝廷的善意，他们一直都对耶稣会的宗教目标持怀疑态度，并最终开始抵制他们。

一开始，耶稣会士对中国做出了贡献。[①] 耶稣会士来到中国的目的本 313
是传播天主教，而不是传播西方最佳的科学技术。更何况到 1670 年之后，他们的知识储备也不再处于最前沿（Elman，2005，p. 105，148）。在欧洲的耶稣会士势力逐渐变弱，多数有用知识的发展也与他们无关，因为他们一直试图坚持过时的亚里士多德观念，以避免与教廷的正统教义发生冲突。1793 年，乔治·马卡特尼在期刊上评论说，中国的耶稣会士没有掌握牛顿的科学知识，对数学也知之甚少。西方知识被认为是欧洲人达成他们宗教和政治目标的一部分，所以到了 18 世纪早期，为了应对这一问题，康熙皇帝禁止科举考试涉及任何科学自然的问题，他的继任者，雍正皇帝也随后开启了一个长达一百多年的闭关锁国时代，直到 19 世纪 40 年代鸦片战争之后才算结束（Elman，2005，p. 168）。

对耶稣会士的依赖说明了向中国输入西方文化的一个基本问题：整个过程必须由清廷控制，输入的内容也要经过严格的过滤和分类。所以清廷对只通过耶稣会传教士这一狭窄渠道输入知识的做法极为满意，但这也限制了中国可以学习的内容。人们会问，是什么阻止了中国人没能像俄国人和后来的日本人一样，聘请外国工程师和数学家，派大使和间谍到阿姆斯特丹、巴黎和伦敦学习最好的欧洲实用知识？其实，耶稣会士在中国的角色极具讽刺意味：在 1600 年以后的欧洲，耶稣会士们一直是保护过时的知识体系坚定的保守力量，而在中国，他们却被认为是进步的力量。值得注意的是，直到 1760 年，耶稣会士们都没有在中国传播日心说的观念。席文(Sivin，［1973］1995，p. 13）总结出了这一讽刺意味：“尽管耶稣会士在中

① 莫特（Mote，1999，p. 959）甚至认为，清廷之上的耶稣会士们的素质与欧洲在任何地方所能提供的学者素质相当。这一看法就有些夸张了。这一点在足智多谋的弗兰芒耶稣会士南怀仁（Ferdinand Verbiest）于清初任职于清廷的时期（1659—1688）可能还算是部分正确的。不过即使是南怀仁，都忠诚于第古体系的宇宙观，到 17 世纪 50 年代，耶稣会在中国所应用的仪器和理论都已经过时了。虽然他在 1670 年设法说服了康熙皇帝弃用清朝天文学家杨光先所测算的历法，而接受他的历法，可他试图在科举考试中纳入西方（大部分是亚里士多德）的哲学和科学内容的提议却在 1683 年被康熙拒绝（Elman，2005，pp. 103，146；Kurz，2011，pp. 79-88）。

国的著作一开始都反映出了当时既保守又开明的思想，但它们逐渐变得陈腐过时，脱离了实践，也脱离了理论。但限制他们写作的因素加上学者之
314 间缺乏竞争意识则意味着……在19世纪中叶之前，没有任何一个人承认或纠正了他们这些文章中那些影响颇深的错误陈述。”[①]

任何基于西方或基督教文化固有优势的论点大多都与历史事实相悖。[②] 最好的反例当然是在11、12世纪的宋朝，中国物质文化蓬勃发展，更有人认为，在此期间，中国距离工业革命的爆发不过咫尺之遥。当然，如果把英国的工业革命看作一个化石燃料、铁、纺织品使用增加，运输改善，农业生产力提高，内部商业增强的时代，那么宋朝时的中国确实有资格产生工业革命。为了回答宋朝为什么没能经历经济起飞成为世界工厂，反而是陷入了技术上更为停滞的经济，这将是一场漫长而艰巨的辩论。古代中国在对抗游牧民族和半游牧民族时的无能，是这一倒退进程中的重要因素。但这又提出了一个新的问题，为什么这样一个强大又智慧的社会没有发展出一套能够让入侵者远离国境的防御体系。[③] 莫里斯（Morris，2010，p. 392）绝妙地将宋朝中国的衰落描述为“13世纪中国的天启四骑士”所带来的结果——移民、政权更迭、饥荒和疾病，但这最终不能解释为什么在1368年明朝建立，国家恢复和平之后，中国也没能恢复到宋朝最顶峰的时期。

另一种解释是，1750年后英国和欧洲所经历的积极反馈的、自我强化的、爆炸性的技术发展，本质上是一个非常新奇的现象，与宋朝中国、文艺复兴时期欧洲等社会所经历的早期技术风潮完全不同（Goldstone，2002）。柯文（Cohen，2012，p. 28）在他对现代科学兴起的调查中，一再涉及关于科学发展减速的问题，对于随后这些科学进步终成泡影的状况，他的解释是“你难道还在期待些别的？”在这种解释中，工业革命根本不可能发生在宋朝中国。一个自由开放的思想市场，如同16世纪欧洲出现的那样，才能最终导致启蒙运动和文化转型，创造出了一套对有用知识的新态度——这在中国或者其他任何地方都从未出现。

315 这样的解释绝不是说，即使给定足够的时间，工业革命也都不可能在中国或其他地方发生。不过，如果在其他地方出现，它的样貌确实不太可

① 李约瑟（Needham，1956，p. 294）指出，“历史的一大讽刺就是耶稣会士们对自己将正确的亚里士多德‘四元素说’引入中国感到极为自豪，而其实仅仅半个世纪后，欧洲人就彻底摈弃了这一教义。”

② 关于这些理论较新的例子，参见斯塔克（Stark，2003，2005）。

③ 当然从某种程度上来说，宋朝是有这样一套体系的。1127年，宋朝原首都东京（今开封）落入金人之手之后，宋朝迁都至东南，在临安（今杭州）建都。1276年，蒙古人入侵并取得了对临安的控制，但在元朝（1279—1368），杭州一直是一个繁荣的大都市。

能与实际出现的类似。这个问题有点像是，如果智人从未出现并进化成优势物种，那么地球上会出现其他形式的智慧生物吗？可能的回答是，给予足够的时间，这是很有可能的，但无论何种不同的文化出现，都不太可能同样出现《英雄交响曲》(*Emroica Sympony*) 或是《芬尼根守灵夜》(*Finnegans Wake*)。在欧洲的政治体制中，一个分散的政治制度，加上“文人共和国”中各国学者的智慧，为戏剧性的文化变革创造出了独特的机会。这些变化在从马丁·路德和帕拉塞尔苏斯到马克思和达尔文这样的文化企业家们的领导和协调下产生。而这些变化最重要的产物就是欧洲启蒙运动。

启蒙运动对欧洲后续经济发展的重要性远超出了工业启蒙的本质，也就是绝不仅限于它让人们开始运用有用知识，并产生了大量的物质进步。它还制定和规范了任何社会需要维持其技术动力的制度：法治、行政机关间的分权与制衡，对通过腐败以及高度无效的再分配等形式所造成的公然和有害的寻租形式采取更严厉的制裁（虽然启蒙运动从来没有能够完全消除寻租行为）。勃兰特、马德斌和洛斯基（Brandt，Ma，and Rawski，2014）明确表示，1750 年后的中国缺乏这样的制度，也因为此，中国没能像日本那样，利用西方技术进步所带来的机遇而获得发展。如前所述，清朝中国首先就是一个统治者将追求“稳定繁荣”作为首要目标的社会(Brandt，Ma，and Rawski，2014，p. 105)。讽刺的是，1750 年以后经济繁荣需要的就是创造性的破坏，就是社会和经济稳定的对立面。

在 1750 年以前的经济中，经济增长相对快速的繁荣时期出现的频率相当高。问题是，这些早期的兴旺时期总是带来负面的反馈：繁荣和发展恰巧培育出了能够消除它们自身的力量。最著名的就是马尔萨斯式的力量：人口增长导致资源压力过大，从而导致各种会抹杀一切发展的积极性抑制出现，如环境灾难、饥荒和疾病。另一种形式的负面反馈是体制性的：一个地区或一个社会的繁荣容易吸引各式各样的猎食者和寄生虫，有来自外部的（贪婪和军事力量强大的邻居们，其中许多是厉害的骑兵和水手），也有来自内部的（腐败官员、贪婪的统治者和牧师，以及各种其他寻租者）。最终，这些寄生虫屠杀了大量生金蛋的鹅，他们不仅摧毁了基础设施的资本，更是永久地改变了社会上从事辛勤工作和投资的动机，这是一种典型的事件偏误（见第五章）。从这个意义上说，文化对这些事件来说是内生的，但这种反馈倾向于放大一个成吉思汗或是一个帖木儿所统治下的经济 *316*
后果。我们很难得知在宋朝中国的衰落中，是人口上的还是制度上的反馈更为重要。不过这些都不意味着这些社会无法维持长达几十年甚至几个世纪的繁荣。许多经济体都运用了各种机制来阻止或延迟负反馈的出现。它们通过加大农业投入以获得总产量的增长，通过减少休耕和采纳复种制度来增加土地的实际有效供给。他们可以通过各种预防手段来减缓人口增长，例如推迟初婚时间等。他们也可以试图收买那些潜在的入侵者或是雇佣兵来应对入侵者的袭击。

从长远来看，这些解决方案没有一个是奏效的，因为经济增长的第三个基本上限仍然存在：对技术的认知基础过于狭窄，也就是说，他们并不了解生产技术背后的基本原理。只有在19世纪和20世纪，西方世界的这一天花板被打破了，很大程度上是因为人们关于有用知识的文化信仰有所改变，并且也因为这些有用知识在经济发展中创造出了一种积极的反馈机制（Mokyr，2002)。这些不断变化的科学和技术观念，也同时被由启蒙运动所引起的其他观念变革所补足，包括对法律和秩序、暴力和人权的观点的改变（Pinker，2011，pp. 133-134，184-186)。

到17世纪中叶，西方和中国技术的认知基础之间的差异可能并不大。[①]欧洲与中国的分流出现于欧洲有关技术的认知基础扩大的时期。这一扩大来源于欧洲启蒙运动时期鼓励有用知识产生和扩散的文化以及支持这一文化的制度。李约瑟（Needham，1954，p. 18）在他的巨著开篇便指出，他的著作旨在理解为什么古代和中世纪的中国科学都显示出了实验科学和观察归纳科学最为清晰的发展，“即使它们总是被原始类型的理论和假设所解释”。在17世纪之前，欧洲与中国并没有很大的区别。卜德的论述也支持了这一观点，他认为，在1668年之前，“欧洲和中国的传统技术相似，主要都是基于实践而非理论之上，在现代科学出现之前，两地的技术都发展到了它们所能达到的最高水平”（Bodde，1991，p. 235)。无论这里的“理论”指的是什么，两者间命题知识的差距越来越大。到1700年，欧洲人已
317 经大大扩展了他们所涉猎的有用知识的范围，包括地理学、水力学、光学、驯养动物、图形表示、天文学、科学仪器、作物轮作等学科。命题知识和指令知识间相辅相成。这种共同发展创造出了一种自我强化的良性循环，在18世纪末到19世纪初这一段相对较短的时间内，使得西方与东方之间的技术差距日益扩大。[②]

我们永远不会知道，如果没有西方的兴起，如果具备足够的时间，东方是否有能力复制出类似的进程。这似乎不太可能，但我们无法知道他们是否也会偶然发现蒸汽动力或是细菌致病理论。的确，现代学者们一致认

---

① 与李约瑟一样，卜德似乎也非常相信“科学知识”与技术进步之间的线性关系。他的观点为，“在1687年，牛顿的《数学原理》出版……不到一个世纪以后，蒸汽成为了转动英国轮子的动力”似乎意味着两者之间的线性因果关系不能被捍卫（Bodde，1991，p. 235)。

② 卜德（Bodde，1991，p. 362）列出了一系列的中国发明，如天文钟、数学与指南针、地动仪等，可这些发明最终成为中国技术与科学“宏伟的尽头”（用戴维·兰德斯的术语表述)，最终它们都没能得到进一步的发展。博迪认为这是因为中国人对“理论”缺乏兴趣。

为，直到1800年，中国工业的大部分产出所采用的技术与宋朝时期的技术都没有什么不同（Richardson，1999，pp. 54—55）。在整体经济层面，这是一个夸大的说法：中国农业种植的花生和甘薯等新作物，其中一些是通过16世纪欧洲探险家们所开展的跨洲农业产品的套利活动所引入的。因此，停滞一词对于中国来说太过强烈，不过将中国的技术成果与西方的技术成就相比较，甚至只与宋朝中国自己所取得的成功相比较，都显示出中国的科学进程是一个减速的过程。伊懋可（Elvin，1996，p. 93）在研究中国错失了采用水力技术的机会之后，得出结论认为其实人们对它的需求强烈，并且在运用上也不存在什么限制。可即使在这种情况下，中国在这一技术上也没什么进步。19世纪西方技术的大量涌入就破坏了中国的这一技术惰性。

那些激进的异端邪说没能在中国变成主流思想更突显了中欧之间的根本区别：欧洲存在大量的镇压和反动政权，但国与国间的竞争限制了他们推行某一种正统学说的能力。这种镇压对它们的军事权力和政治威信都会产生负面影响，甚至还会让它们失去一些对于它们来说最有用的公民。因此，如果所有的统治者都是理性的，那么我们在欧洲就不会看到什么镇压思想的事件发生。事实上，这样的事件确实发生了（经济学家称之为“非均衡之路”），最臭名昭著的是1685年法国终止了《南特法令》（Edict of Nantes）。但在欧洲的制度环境下，所有这些决定不过只会改变知识创新发生的地点，而不会完全抑制知识创新的发生。正如我们所看到的那样，法国的胡格诺派人就只是将他们的创造力转移到了别处。简而言之，中国的制度所缺少的是在思想市场和政治层面两方面上高水平的竞争力。

文献中还有关于为什么中国科学在1600年以后发展比欧洲慢的问题的 *318*
其他文化方面的解答。李约瑟是第一个提出中肯回答的人，他认为因为中国不存在强烈的有神论传统，不存在一个神圣的造物者，所以文化中也不存在一个普遍的自然规律的概念。相反，他认为，中国人相信一个有机世界的存在，在这一世界中，几种主要力量有机地相互作用，就像人体的内分泌系统，其中的因果关系难以确定。他指出，如果没有像伽利略和牛顿所发现的并用公式所表达出的一整套机械力量系统的存在，则现代科学也将不复存在（Needham，1969a，p. 311）。虽然他承认中国也有着“至高无上的力量”这一概念，但这一概念是“去人格化的”，是“缺乏创造性思想的”。因此，中国人没有上帝的概念，没有这样一个天国立法者的概念。如果有这样的概念，人们就会试图用各种科学方法去解释上帝所制定出的各种自然法则（Needham，1969a，p. 328）。

这一阻碍有多严重？所有文化中几乎都会有这样一个观念，即自然万物都有规律可循，并且这些规律都是可预测和可利用的。这个道理太明显，明显到不可能被任何文化完全抛弃，更何况如果没有它，人们根本都无法从事生产活动。[①] 这些法则是否真正具有普遍性，或只是可运用于生产的经验规律，可能对于技术本身来说并没那么重要（对现象学来说更重要）。对于一个能够控制万物规律的万能的神的信仰也可能会带来些意想不到的后果，因为它可能会导致偶因论和其他妨碍进步的形而上学的信仰的产生。如何翻译中文词汇是这里的一个关键问题，因为中国文化中采用的是“天道”(laws of heaven) 这样的概念，但是，就像李约瑟所坚持认为的，这些法则都不需要立法者存在。在这个意义上，中国人当然可能更接近 20 世纪思考自然的思维方式，而不是开普勒和牛顿的思维方式。[②] 对于古代中国人来说，世界看起来更像是一个“巨大的有机体，它所有的组成部分都在完全的自由中相互合作、共同作用”(Ronan and Needham，1978，p. 167)。

总而言之，到底什么可以解释李约瑟之谜？一个让人心痒痒却又看不清、摸不透的线索来自于南森·席文的一个著名言论，古代中国有很多科学学科却没有科学本身（Sivin，[1984] 2005，p. 4)。在这种观点下很矛盾的是，古代中国缺乏一个统一的单一协调机制，例如一个单一的、所有新观点都能得到检验的思想竞争市场。在欧洲，尽管政治分裂，但思想市场
319 运作良好，允许新思想家们挑战老牌的正统思想家。有时，这些新思想甚至能够推翻一整个思维范式。欧洲的思想市场允许这样的文化企业家们蓬勃发展自己的思想，即使这些文化企业家的数量并不多，所处的地方又相隔甚远。思想市场的这一重要特点，只要不退化成只拥有一个无可争辩的权威观点的市场，那么它就是证明这是一个运作良好的竞争性市场的证据（在某种程度上可与单一价格相比较)。竞争过程比较了每种思想的逻辑和证据，比较了文化进化中的各种偏见及它们最终所形成的不同的范式信念，也协调了参与其中的各个关键角色。艾萨克·牛顿扮演的角色，就和帕拉塞尔苏斯、维萨里、笛卡尔、伽利略、拉瓦锡、林奈、达尔文、爱因斯坦等所扮演的角色一样。使这些文化企业家最终成功的原因就是，在欧洲，

① 李约瑟（Needham，1969a，p. 322）引用了公元 240 年中国思想家王弼的语句：“不见天之使四时，而四时不忒，不见圣人使百姓，而百姓自服也”(引自王弼《周易注·上经随传卷三：观》。——译者注)。他补充说，这就是典型中华文化的体现。然而季节的更迭在这里可以被解释为“法则”，即使人们都不清楚究竟是谁订立的。像是博迪（Bodde，1991，pp. 332-343）所引用的，还有其他古典文本也都证实了对这样的规律性（“常”）的识别与认可。不过，博迪强调，这样的文本并不会使得李约瑟认为中国文化中不存在与西方类似的自然法则的这一论点变得毫无价值，因为这种对自然法则的看法毕竟是少数人所持有的，不可能在 11 世纪后那些新儒家思想的崛起中幸存下来。

② 伍顿（Wootton，2015，p. 378）反驳了古代世界没有自然法则是因为由于不存在一个神圣的立法者这一观念，他同时指出了像卢克莱修（Lucretius）这样的思想家对 17 世纪科学发展的深刻影响。

思想市场中的思想不仅是可争议的，同时对这些思想的争议从不间断。越来越多古代智者们在证据的面前，其神圣的地位都轰然倒塌。

早期的欧洲知识分子对亚里士多德、托勒密和盖伦的所作所为，如果让明清的知识分子对孔子、孟子和荀子做同样的事，那是他们想都不敢想的。这一情况直到19世纪的最后几十年，清朝日渐衰落的时候才得到些许改变。中国人比欧洲人更加尊崇自己文化中的古典思想。南森·席文指出，中国人认为，中国古代经典“包含着所有可能的智慧”，所以“中国人的科学追求并不旨在逐步接近客观现实，只是重现古代圣人已经知道的所有现实”(Lloyd and Sivin，2002，p. 193)。

此外，欧洲开放科学的兴起几乎保证了它不再重蹈覆辙，使得现有知识不会消失或被遗忘，因为曾经古典文明中存在的许多有用知识在中世纪的欧洲已经不复存在。在中国，尽管有着许多充满活力的知识分子，但一些技术——最著名的是造船和制表技术——似乎就已经被废弃和消失了，也有可能通晓这些技术的人们在得以传播这些知识之前就去世了，关于技术的记录或模型也没能保存下来。也许最能说明问题的例子就是苏颂所发明的水运仪象台，它可能是历史上最先进和最复杂的水驱钟，但当耶稣会士抵达中国时，关于它的记忆已经完全消失了。用兰德斯那句如果有些不太准确的话来形容的话，那就是“这是一个宏伟的尽头”。值得一提的是他所认为的使得那些技术胜利惊人地消失的原因是：“没有一个交流思想的市场，没有知识的传播和交换，没有技术或信息的持续增长——从而知识难以均匀地从一代传递至下一代”(Landes，1983，p. 33)。[①] 开放科学是对有 320
用知识的持续累积的最佳保证：每一个新发现和每一项发明都有望被置于公共领域。尽管欧洲专利局声称他们就是一个旨在限制采用新技术的组织，但它也加强了保护有用知识的这一趋势，因为每项发明的详细描述必须与它们的申请书一并提交。

---

① 兰德斯对中国技术史的解读有些片面，也有些简单化的。他没有提到13、14世纪元朝时期的中国钟表发展，特别是郭守敬的贡献。然而，即使是对兰德斯的方法持批判态度的专家也得承认，在元朝灭亡后，虽然钟表制造业并没有完全消亡，但也没什么能证明其往日辉煌的迹象存在了：“当耶稣会士背着他们‘自己会鸣叫的铃’时，已经没什么证据能反驳耶稣会士认为中国人不了解钟表的印象了”(Pagani，2001，pp. 12-15)。

第十七章 中国与启蒙运动

321 如果人们接受，即使只是部分地接受，欧洲启蒙运动是欧洲后续发展中的关键因素这一论点，那么就会出现一个为什么其他文明没有经历类似转型的问题。有一种回答认为，正是因为欧洲经历了这种文化转变，也正是因为这是经济增长路径中的一个阶段，所以并不存在其他的经济发展道路，不过这显然是欧洲中心主义的说法。另一个我觉得更有吸引力的观点是，中国确实经历了一个可以与欧洲启蒙运动相提并论的运动，只是因为这两个运动迥然不同，因此也导致了极为不同的结果。带来国家发展的科学和技术进步，主要取决于处于人力资本分布上尾人群，即智力和技术精英们的文化信仰。这是不是解开李约瑟之谜的关键之一?

简单认为中国从来没有过启蒙运动，因此也没有过工业革命的看法是不完整也是具有误导性的。一些与启蒙运动紧密联系起来的欧洲发展与中国出现的一些事件其实非常相似，欧洲与中国启蒙运动之间的差异与相似之处其实一样显著。明朝晚期时的中国经历了一场被称为“实学”的思想运动的兴起。鉴于这个术语的含义有些含糊，我们不应该用任何现代观念来解读它。然而，它通常被认为代表着一些有关“实际事物”的知识，如控制水资源、军事科学和行政管理，以及某种可以被证明的知识。它表达了人们对应对科举死记硬背式教育的不满和对主导着思想发展的迂腐的照本宣科式学习的反感（Rowe，2009，p. 59）。但无论如何，大量的智力创新都与“实学”相关。其中一些知识来自西方（主要是通过传教士和他们带来的书籍），另一些则来自中国本身（Jami，Engelfriet，and Blue，2001，p. 12-14）。

另一个在中国不见踪迹的关键因素是18世纪欧洲建立在创造命题知识
322 的学者与控制指令知识的工匠之间的制度桥梁。在工程、力学、化学、矿业和农业方面，中国学者和生产者之间的距离和在欧洲他们两者之间一样远，甚至是更远。[①] 流动在了解事物者和生产事物者之间的信息流，在中国比欧洲少得多，也弱得多。在东方，人们没有认识到这种联系正是实现未来进步的关键所在。[②] 李约瑟指出，工程学中的真正研究“多数是由不识字，或者是不太有文化的工匠和手艺人所创造出来的，但他们永远都无法跨过与‘白领文人’之间的那道鸿沟”（Needham，1969a，p. 27）。[③] 培根主义者强调的是不仅要在学术界中学者与掌权者之间需要沟通，并且在最后，学者与生产商、农民和航海家之间也要有沟通。而这一强调也重新定义了欧洲学术的研究计划。李约瑟（Needham，1969a，p. 142）指出，中国学者是表意文字的专家，他们都将自己与工匠们分隔开来，并在很长一段时间里“在五行和阴阳这样的原始理论上喋喋不休”。他也指出，在中国，只有很少与众不同的人会设法突破学者与工匠间的界限。而在欧洲，正如我们所看到的，这样的个体显然更普遍。此外，欧洲文化努力把最优的科学知识和自然哲学家所使用的研究技术都传递至技术创新者的手中，从而帮助和支持技术进步。我们不能说在过去的两个世纪中，中国没有试图在这个方向上做出任何努力，可直到最后，无法克服那些早已根植于其发展道路上的障碍。

在 17—18 世纪的中国，能与欧洲启蒙运动中的学者们相类比的中国学 *323*
者们被称为“考证学派”。在这一学派中，对具体事实、文本化的制度和历史事件取代了抽象思想和道德价值成为讨论的主题（Elman，2001，p. 4）。这个时期的中国学术“本质上对科学研究并不反感，也并非完全抵制新观念”（De Bary，1975b，p. 205）。它以严谨的研究为基础，讲求对论点的证

---

① 李约瑟指出，理论与实践之间在希腊文化中的区别是，前者适合于绅士而后者不适合，而这一区别在中国文化之中也有一个完全相同的等价物：“学”与“术”（Needham，1969，p. 142）。

② 18 世纪初，当时著名的学者胡旭抱怨说，广大的农民、工匠和商人都不是教育体制下的一部分，他们几乎都是完全无知的（Woodside and Elman，1994，p. 529）。南森·席文（Nathan Sivin，1995，ch. Ⅶ）对此做了很好的总结：“中国科学完全是由少数受过教育的人士完成的，并通过书本传递下去。技术则是由工匠自己向其子女和学徒个人所传授的工艺和制造技能。大多数这样的工匠都没有能力阅读科学家的书。他们必须完全依靠自己得出的实践和美学知识。”

③ 卜德（Bodde，1991，p. 224，p. 367）同样认为，“在中国，‘白领’和‘蓝领’工人之间存在着巨大的差距，中国科学主要是在学校里接受过经典文献教育的学者们的追求。因此，技术进步主要是没什么文化的工匠和技能娴熟的手艺人的产物，而不是知识分子的。当创新不要求命题知识的注入，技术工匠只要通过经验和运气就可获得的时候——就像 1700 年前的欧洲一样，这种学者与工匠之间的巨大差距不会给中国带来什么危害。可当需要科学见解来保持住技术变革的势头的时候，中国因为没有这些见解，导致了技术进步在中国逐渐消失，也最终导致在这之后，中西方间的差距开始越来越大”（Lin，1995）。

据支持，并且避免了从信仰和推测向现实的直接跨越。这一切听起来似乎都预示了一个成功的前景，但最终它导致中国出现了与欧洲完全不同的结果。中国学者主要对文献学、语言学和历史研究感兴趣，“他们自信地认为这些学科能让人们更明确中国古代圣贤的真实话语和意图，从而更好地了解人们当下的生活”（Spence，1990，p. 103）。① 同样重要的一点是，与欧洲启蒙运动不同，中国的运动是由统治阶层的新儒学主义者们领导的，也是为他们自己这一官员阶层服务的，他们中大多数人都对物质进步没有兴趣。

李贽（Li Zhi，1527—1602）的一生和他的作品都可以算作早期中国思想创新的尝试。他的活跃时间也与欧洲对古人批判盛行的时期相近。他是一位离经叛道的哲学家，他的出现也让人们觉得，成为儒家学者似乎并不是成为一位哲学家的必要条件，而这一看法正是与传统信仰相悖的（Jiang，2001，p. 13）。很多我们能与欧洲激进的启蒙思想相联系的中国观点都是由李贽提出的：个人私欲是人性的一部分而不应受到谴责；追求肉体上的舒适享受是有道德的行为，也是有益于身心健康的。他在与耿定向（Geng Dingxiang，1524—1594）的通信中，提出了应推崇今人而非古人的观点。他认为，“行虽不谨，而肯与人为善”显然比“行虽端谨，而好以佛法害人”更可取，并指责耿定向“效颦学步从人脚跟走乎”（Brook，2010，p. 180）。黄仁宇（Huang，1981，p. 204）指出，李贽的思想是对以朱熹著作为基础的新儒家学派的威胁，如果接受宇宙皆在人一念之中的观点，那么人们就会摈弃正统的儒家观念。这显然会对皇帝的统治构成严重威胁，因为“统一在很大程度上依赖于受过教育的精英人士对正统教义的普遍接纳”。至少在这个意义上，李贽被当权者们看作一个严重的威胁，就像一两代人之前，马丁·路德在欧
324 洲的情况一样。然而在中国，潜在的文化企业家们所面临的是一场硬仗。② 即使是已摇摇欲坠的末代明朝，也会比欧洲国家更有力地镇压住这些异端思想。

此外，李贽既不是伽利略，也不是培根。他所关注的完全是人们不可否认的私欲应如何与公众道德相调和的问题（Huang，1981，p. 198）。无论如何，他为他的异端观点付出了惨痛的代价：在他的异端著作《焚书》（*A Book to Burn*）出版之后，他被锦衣卫逮捕下狱，并在狱中自刎（Huang，1981，pp. 189-221）。鉴于他的生活方式以及他好强喜辩的性格，

① 具体来说，考证学派也着重于对古典教义的解读：确定其真实性和意义、分析古代汉字的词源和字体。这种对古典的专注影响了整个国家的科举考试。参见艾尔曼（Elman，2013，p. 275）。

② 卜正民（Brook，2010，p. 182）评价李贽在现代学者看来就是一位要求思想独立自主的殉道者，但对于他同时期的人们来说，他只是一个“疯老头”。

我们并不完全清楚李贽的异端著作究竟在何种程度上决定了他的命运。其实在明朝末期，还有许多其他作家的作品也是离经叛道的：姜进为我们提供了一个以王阳明（Wang Yangming，1472—1529）为首的那个时期革新作家的名单。王阳明是一位成功且极有影响力的朱熹思想的批评家，他提出了一个更具理想主义和平等主义的哲学，主张道德是天生的而非后天学习获得的，并指责朱熹和他的学派用道德研究取代了道德行为。王阳明的追随者随即得出结论，对获得道德知识来说，学习经典还不如冥想行之有效——一个新儒家学派完全无法接受的观点（Brook，2010，pp. 163，183）。不过似乎没有什么证据表明这些对朱熹的批评阻碍了王阳明的仕途。王阳明的观点建立了一套在新儒家学派下，与维持国家现状及当权者联系紧密的程朱理学相抗衡的竞争思想（Bol，2008，p. 99）。在一段时间中，王阳明和其后继者们的自由主义方法似乎在新儒学主义的传统下，为中国打开了一道接受更多元化知识的大门。[①] 王阳明顺遂的职业生涯表明，中国当时的思想市场显然在某种程度上是竞争性的，并非对反对正统观念的批判观点充满敌意。然而，人们的精神生活仍然被参加科举考试主导，其中，创新、多元化和争议性都会受到责难——实际上，新儒家思想中日益垄断的程朱理学为当权者提供了一个绝佳武器来击退王阳明和他的追随者们对国家现状所提出的种种挑战（Elman，2013，p. 81）。

在此期间的中国，还存在着思想改革的其他谨慎尝试。我们可以说，是方以智（Fang-Yizhi，1611—1671）种下了中国启蒙运动的种子，他的著述《物理小识》（*Small Encyclopedia of the Principles of Things*）中讨论
了能衍生出有用知识的学科，如气象学和地理学等。他熟悉西方著作，并 325
与居住在中国的耶稣会传教士学者约翰·亚当·沙尔·冯·贝尔（Johann Adam Schall von Bell）保持着密切联系。早期，方以智在 18 世纪的考证学派中颇具影响力，他的生平和作品也被看作一种在不同情况下，中国历史可能会展示出的不同模样的暗示。裴德生（Peterson，1975，pp. 400-401）认为方以智代表着 17 世纪的一种可能性，即人们所研究的“事物”领域将以物品、技术和自然现象为中心，这一说法显然夸大了方以智的影响力。[②] 他认为方以智的作品可以与欧洲科学的世俗化相提并论。因此，真正的问题在于，究竟是中国的什么特殊因素使得方以智没能成为可与培根或者伽

① 李约瑟将王阳明的观点与西方哲学中的伟人，如伯克利以及康德的观点相类比，但他补充道，“不幸的是，即使王阳明的思想令人崇敬，但它却不能与自然科学的发展产生共鸣……王阳明永远都无法理解科学方法的基本原理”（Ronan and Needham，1978，p. 252）。

② 席文（Sivin，1975，note n）对方以智的能力深表怀疑，他将方以智的作品与西方学者们的作品相比较，认为方以智的作品是“过时的”。

利略相媲美的文化企业家，限制了他的新想法只是一种“可能性”而已？[①]实学运动代表了学者们对自然现象和技术作品的强烈兴趣，在现代学者看来，它“几乎完全在清朝消失了”，而为更多只注重文本分析和历史的思想活动腾出了空间（Jami，Engelfriet，and Blue，2001，p. 14），不过实学与考证学派的具体差异仍存在着争议。今天的学者们有一个共识，即随着清朝的崛起，中国科学，用艾尔曼的话来说，“向内转向，向经学的本国传统靠拢”，“在欧洲牛顿时期的中国，中国学者专注于将本国医学、数学和天文学等学科恢复为值得学者们关注的经学中的受欢迎学科。……直到19世纪中叶，当现代西方医学和技术的进步令人无法抗拒的时候，这些发展在中国也就不再受到挑战了”（Elman，2005，pp. 220-221）。

关于“中国启蒙运动”的文献也许夸大了中国学者对文学和文献学主题的偏好。16世纪末耶稣会士的到来唤醒了中国人对天文学和数学的兴趣，中国学者们仔细研究了从西方渗透至中国的有用知识（Jami，1994）。像梅文鼎（Mei Wending，1633—1721）这样的考证派学者，就将西方数学和天文学与中国的知识进行了比较，并指出了西方知识的进步性。然而，梅文鼎在他的著作《历学疑问》（*Doubts Concerning the Study of Astronomy*，1693）中的表述方式正说明了中国有用知识的积累和应用所受到的根
326 本制约。在梅文鼎的著述中，现代人在任何方面都不优于古人，历史上也没有产生任何进步；“人类知识的积累只不过是古人美德的象征”（Jami，2012，p. 220）。虽然考证学者认为数学和天文学的研究对于他们的文献考证研究来说尤其重要，可他们并没有把这些数学和天文学思想转化为实际行动，他们把重点仅放在了理解古代文本上，而不是“将他们的知识应用于实际问题上”（Jami，1994，p. 227）。

也许这里最值得我们关注的是明末官员徐光启（Xu Guangqi，1562—1633）。徐光启的职业生涯和观点在某种程度上堪比其同时代的弗朗西斯·培根，他与培根有着相似的信仰，即在中国被称为“实用”的思想：将知识切实应用于对社会秩序的追求中（Bray and Métailié，2001，p. 323）。他对学习的热忱来自他坚定的信仰，他相信知识可以拯救国家，不仅通过军事手段，也可以通过科学技术使国家更加繁荣昌盛（Qi，2001，p. 361）。在这方面，他的信仰很容易就让人联想到培根，尽管两者间还是存在明显的差异。徐光启是明朝官员阶级中的高级官员（逝世的时候，他官至内阁

---

① 方以智最后的结局是，他在人生的最后二十年遁入空门，也许是因为他不想效力于新的清朝统治者。在他人生的最后几年，他似乎对西方知识也失去了兴趣，也没有证据表明他在思想上做出了什么更深入的追求（Engelfriet，1998，p. 358）。裴德生（Peterson，1979，p. 12）强调，方以智的影响力与同时代的顾炎武（Gu Yanwu，1613—1682）和黄宗羲（Huang Zongxi，1610—1695）相比相差甚远。

次辅，兼任礼部尚书)。他主持了修历工作，根据他从耶稣会士处获得的天文数据校准中国历法，而这些耶稣会士的知识则来自布拉赫和开普勒。值得一提的是，他于1603年受洗加入了基督教(之后他被称为“保罗博士”)，并且他也是传教士神父利玛窦的紧密的合作伙伴，他们合作翻译了欧几里得的《几何原本》。也许他最惊人的贡献是他所编写的《农政全书》，全套丛书在他死后的第6年，即1639年被刻板付印。这套书总结了当时大部分的中国农业知识，同时也表明了他所坚持的通过实验来增加农业知识的重要性。这是部旷世巨著，全书约70万字(Bray，1984，p.66)。以当时任何一个社会的标准来说，这本书都充满了进步的想法。徐光启报告了大量农业试验的结果，其中一些更是他自己完成的。他还主张从新世界(美洲大陆)引进新作物，并谴责了那些不愿意接纳例如甘薯等新作物的保守农民，因为这些农民错误地认为农作物只会在其发源地才能茁壮生长(Bray and Métailié，2001，p.341)。他拥有务实的智慧，并支持实际研究(实学)；他的著作或许也表明，如果生活在一个不同的政治体制下，中国的知识创新者可能会取得的发展(Zurndorfer，2009，p.82)。

明末的学者们没有一个敢于直接挑战和驳斥中国形而上学的基本规范。狄培理(De Bary，1975a，p.5)和姜进(Jiang，2001)指出，世界各地各种现代化和创新观点在明末中国只经历了有限的发展。[①] 杰米(Jami，2012)及其他一些学者指出，清朝的出现对于中国科学发展的命运具有决 327
定性意义，1644年短暂出现的一场活跃的思想进步根本不能在德巴里所说的“镇压”中幸存下来，而这也是清朝所缺少的。在18世纪末，乾隆皇帝的清朝官员们在“文字狱”中制裁了一大批知识分子。这场镇压行动主要针对的是有反清倾向的学者，而并非智力创新者本身，但人们相信，“文字狱”对中国知识分子阶层和人力资本的形成造成了长久的破坏(Koyama and Xue，2015)。[②]

而且，为了让西方知识的学习更容易让人接受，中国学者不得不说服当朝官员，特别是清朝的官员，这些知识中的大部分都起源于中国，以此赋予它们与中国传统知识相当的地位，从而合法化了对西方知识的学习。梅文鼎说服了康熙皇帝相信欧洲学术是中国学术的衍生品，唯一可靠的知识来源就是中国古代的知识(Elman，2005，pp.231，236)。很多新的天文学知识，如地球的精确形状等这些在当前看来首先出现于欧洲的知识，在

① 同样，李贽的死亡与他同时代的另一位异端学者紫柏真可(Tzu-po Ta-kuan，1544—1604)的相似命运，让当时的人认识到“如果有人表现得离经叛道，他就会被处死。李贽和真可大师就是真实的教训”(Kengo，1975，p.60)。

② 莫特(Mote，1999，p.928)指出，无处不在的恐惧导致许多知识分子销毁了他们所拥有的书籍，以避免因为被发现持有某些书籍而受到惩罚。

当时被认为一早就出现于中国，所以这些知识根本不是外来的（Jami，2012，p. 222）。这种中国学者需要做出的西方知识早已出现于古代中国的声明表示，他们难以让自己摆脱身上所肩负的“尊重过去”的负担。而在欧洲，似乎一直不存在这种维护本国独创性的需求。欧洲人自由地，没有羞愧感地借用着外国文明中的有用知识，感谢前人所做出的贡献，之后再用同样的方式继续扩大知识储备、改进技术。这与中国形成了鲜明对比：一位学者总结道（带有些夸张成分）：“到 1800 年，没有迹象表明中国大规模地采纳了欧洲的知识，也没有迹象证明欧洲的知识能够从根本上影响到普通中国人的生活”（Deng，2009，p. 62）。

虽然中国科学家有时确实采用了一些欧洲工具，但他们并没有在欧洲人的研究基础之上再做出什么改良。这里的一个例子与天文学中望远镜（由欧洲人发明的仪器）的使用相关（Huff，2011，p. 110－114）。当望远镜被耶稣会士引入中国时，他们恒星表的扩展速度并没有装备了
328 望远镜的欧洲天文学家［例如约翰·弗兰克斯特德（John Flamsteed）］的速度快。赫夫把这个差异归因于中国人“好奇心不足”，但如果不更深入的研究有用知识积累所产生的制度和政治环境的话，我们就无法理解这种差异。

考证派的传统包含了许多与欧洲科学革命和随后的启蒙运动相关的元素（Elman，2001）。考证派学者们建立了高效的信息交流与通信网络。许多考证派学者所居住的江南（长江三角洲）地区，拥有相当数量的图书馆，书籍借阅也是一个普遍的习俗。在北京有一条街是人们买卖书籍的主要场所，而且很像欧洲的是，出版业既印刷小说，也印刷经典文献。在明朝晚期，江南书籍价格下降，于是书籍被广泛买卖和传播（Elman，2005，p. 29）。中国学者与他们的欧洲同行类似，都认为数学是实学研究的关键学科之一，例如焦循（Jiao Xun，1763—1820）就极为重视算学。与欧洲一样，信息也以表格的形式组织了起来，并经常附以图表和示意图的形式进行说明。顾栋高（Gu Donggao，1679—1759）的书中就使用了表格记录了前秦及汉朝时期（公元前 722—公元前 481 年）的信息，阎若璩（Yan Roju，1636—1704）对古典诗歌的引文进行了计算和分析。清初时期的科学家们深信，他们的数学工具（三角学和几何学）有能力解释自然并预测自然。然而正如席文（Sivin，1975，p. 161）所说，“在中国，这些新工具被用来重现和重塑被遗忘的天算学，从而使其传统价值观能够长存，而不是塑造新的价值观以取而代之。”

与欧洲不同，中国学者们很难摆脱过去加诸其身的镣铐。数学、医学和大多数其他形式的有用知识被研究和思考，但它们仍只是古典研究的分支而已。确实产生了一些尝试把这些知识应用于实际用途的努力，而当新

的想法或产品出现时，中国人也并不反对它们。但与欧洲学者不同的是，中国学者从来不相信有用知识以及通过应用它们而产生物质进步的能力就是自然哲学存在的目的和理由。彻底推翻早期学者们的研究有时是非常放肆的做法，但这样做过的欧洲学者很多，可在中国从没有一刻风行过这种做法。即使是徐光启的农业巨著，也有超过 90%的部分是对前人的引用（Bray and Métailié，2001，p. 337）。

考证学派的创始人之一顾炎武（Gu Yanwu，1613—1682）的著作是极富启迪作用的。他有时也被看作中国的亚瑟·杨（Morris，2010，p. 473），其著述是明末时新的中国学术研究的典型：他的研究更加严谨和理性；他四处游历，获得了大量的第一手资料。但顾炎武的著述仍是通过文献学、 329
考古学和对早期作品的仔细分析来提供信息，他的兴趣也大多在历史文本考据和政治学中。①

中国早期的启蒙型学者宋应星（Song Yingxing，1587—1666），《天工开物》的作者，于 1637 年完成了这部配图丰富的工艺百科全书（Song Yingxing，［1637］1966）。曾多次参加科举考试而落榜的宋应星是一位拥有过人才学的科学家，他曾被李约瑟称为“中国的狄德罗”和“中国的阿格里科拉”（Needham，1959，p. 154；1986，p. 102）。宋应星的作品特别有趣，因为他的思维在某种程度上与欧洲同时代的学者们非常吻合。正是因为在古代中国，通往成功和获得社会声望的道路决定于对儒家经典的学习和掌握，雄心勃勃的有志青年们从小就以研习圣贤之书为己任，所以大多数中国知识分子对新技术乃至实用工艺与科学都没什么兴趣。中国知识分子对公共管理和国家治理等事宜更感兴趣，并且也十分乐意将技术问题全权交由工匠们负责。或许就是因为宋应星从没能迈入精英阶层之中，他才能打破自然哲学和技术知识之间的障碍（Cullen，1990，p. 315）。在他的序言中，他坦白地说：“丐大业文人，弃掷案头，此书于功名进取，毫不相关也。”（Song Yingxing，［1637］1966，p. xiv）。宋应星还认为，礼制仪式和道德问题与天人合一的讨论根本无关。正如舍费尔（Schäfer）指出的那样，这似乎与“培根计划”中的价值观一致，并且用她的话说就是，“他符合我们对现代科学家的认知：一个怀疑权威思想灌输，敢于挑战当代观念，系统地寻找他所身处的世界中的理性秩序的人”（Schäfer，2011，p. 54）。卡伦指出，宋应星的观点使他成为了如培根一样对工业启蒙影响巨大的欧洲思想家的灵魂伴侣。但是两者之间的区别与他们间的相似之处一样显著：宋应星没能成为“中国的培根”，他的作品对他同时代人的精神生活影响不

① 他的代表作，《日知录》是一个信息宝库，但在儒家经典、历史、仪式和行政管理方面，它所包含的信息绝对比实践知识更多。参见裴德生（Peterson，1979，pp. 9-12）。

330 大（Cullen，1990，p. 316）。[①] 我们要意识到的另一个重点是，即使是一个像宋应星这样的进步学者，他的思维方式也与培根时代的欧洲学者们有很大不同。舍费尔（Schäfer，2011，p. 117）指出，他会"嘲笑任何让有才华的学者从事手工艺制造的建议，反之，他也会嘲笑任何让工匠们尝试学术研究的建议……事实上，他坚持认为，一类人可以恰当使用另一类人的知识的想法是无法奏效的"。中国像欧洲一样，有着很多多才多艺、学富五车的人才，既懂得理论知识，又懂得实践知识。可是与欧洲不同的是，绝大多数的知识分子都将自己视为一个纯粹的学者，他们只会与学者们交往。

中国启蒙运动与欧洲不同的另一个例子与一位后来的学者相关，哲学家戴震（Tai Chen，1724—1777）。戴震是考证运动中的主要人物之一，他对证据的坚持和他的数学能力几乎可以使他与欧洲同时代的学者相媲美。一位历史学家将他描述为"真正有科学精神的人……他所坚持的原则基本与西方人所坚持的一致，使精确科学的进步成为可能"（Gernet，1982，p. 513）。然而，戴震虽然对新儒家学派，也就是程朱理学持尖锐的批判态度，可谢和耐也立即补充道，戴震的作品虽然博学，但他也放弃了对程朱理学的观点进行任何反思或综合的尝试，所以他是为了考据而考据，深入历史细节的研究本身成为这项研究的目的之一（Gernet，1982，p. 516）。因此，戴震重新诠释了孔子的著作，并试图调和两位孔子最杰出的追随者，孟子和他的对手荀子之间的矛盾。他批评了诸如朱熹等宋朝儒家权威的著作，但主要是因为朱熹误解了圣人话语的真实含义，而不是站在观察或实验证据的基础上而批评。在坚持证据的同时，戴震所谓的证据并非是伽利略或波义耳会感兴趣的东西——因为他的研究重点是语言学和语音学，他想对前几代人的著作做出新的诠释。[②] 没有什么能阻碍戴震对经典文献的仔细研究，"考据学派的学生必须做的就是以开放的心态研读古典文本，而不能带有任何先入为主的观念"。他反对新儒家的正统观念，但纯粹是从原教旨主义出发，他同时认为教育应该"完全永久地依赖经典"（Brokaw，1994，pp. 269，277）。

在戴震的前一代人之中，还有一位影响力不输于戴震的学者——陈宏

---

① 舍费尔（Schäfer，2011，pp. 258-282）指出，这部书共出版了两次，一共约印刷出了五十套，虽然它并不能算是被世人完全忽略了，同时也似乎在一个对它怀着"古怪却又不经意"的兴趣的小圈子里流传开来了——可这显然与弗朗西斯·培根的著述对他同时代的人所产生的巨大影响相差甚远。在清朝（1644 年以后），再没有人重印宋应星的这部代表作，而幸亏之后有人在日本发现了一套于 19 世纪 80 年代被送去那里的副本，才让这部旷世巨著重见天日。

② 正如艾尔曼（Elman，2005，p. 259）所指出的那样，戴振投身于一个系统的研究之中，"在古字体和语音学的基础上重建古典词汇的意义"。他的追随者延伸了他的方法，试图用词源来重建圣人的真实意图，以保护真正的儒学，与国家推崇的新儒学相抗衡。

谋。他是一位专业的行政人员，在政治经济与公共管理方面写下了不少著作。正如罗威廉（Rowe，2001，p. 114）所示，陈宏谋是一位思想极其进步的学者，在某种程度上与重农学派学者及亚当·斯密相似，他谴责了象 331
牙塔中的考据学派沉迷于对古物的研究，并认为他们都是“陷于过去无法自拔的人”。他坚持市场和商业的力量是可以提高生产效率的，这也很接近斯密“看不见的手”的概念。罗威廉（Rowe，2001，p. 214）指出，欧洲启蒙运动所具有的一个在中国完全不见踪影的元素，就是对效仿这一经济美德的坚定信念，可这也是欧洲启蒙思想中的核心要素。同样引人注目的是，在戴震的作品中并没有出现有用知识是经济进步的来源这一观点。[①]陈宏谋对创造繁荣深感兴趣，他的建议包括积极的经济政策以鼓励采矿业、贸易和制造业的发展。他本能地理解这些激励措施，并试图将更多的农村劳动力纳入本国的制造业之中，国家干预在省级地方成为了主要推动力。但重要的是，技术进步和有用知识所能产生的更积极的作用并不是他思想的核心。他认为在农业生产中，技术起了最重要的作用，所以将在其他地方种植的作物引入陕西省可以改善这一地区的农业。然而，他的重点不是在于创新本身，而更多在于对现有知识的传播。“儒家道德基调”假设地方农民都是无知和短视的，“而受过良好教育和经验丰富的官员有义务去克服这些缺陷”（Rowe，2001，p. 232）。[②]

考证派的医学文献中记载着自己关于古人与今人的辩论，但讽刺的是，它与欧洲在两个关键方面有所不同：第一，古人指的是汉代的研究经史典籍的学者（公元前206年—公元220年），今人指的是宋代学者（相距考证派学者的著书时间也有三四个世纪的时间了）；第二，考证派学者更青睐于早期学者（Elman，2005，p. 232-236）。没有中国版的帕拉塞尔苏斯、维萨里和哈维，没有这样将所有的警告都抛诸脑后，只有信任他们（相信他们自己）所看到的事实的学者。奇怪的是，历史学家们的判断却是“这种科学精神几乎完全适用于过去所有的调查研究”（Gernet，1982，p. 513）。

人们可能认为，明清时期中国精神生活中对过去无比尊重的“回溯”特质令人吃惊。毕竟，中国是一个没有制度化宗教的社会。像是神父拉比或毛拉，他们的权力与生活依赖于他们对过去神圣经典的解读，这让他们 332

① 可以肯定的是，这样一个概念也在很大程度上（如果不是完全）在斯密的思想中也是缺失的，他认为经济增长主要是来源于贸易和劳动分工。

② 令人惊讶的是，陈宏谋是保守的宋代历史学家和政治家司马光的“忠实信徒”，他撰写了司马光的传记，还编辑了他的作品。虽然以罗威廉的话来说，陈宏谋比司马更具有“发展的”眼光，但他的著作中很少有培根的意味，即相信有用知识的进步力量（Rowe，2001，p. 287）。可确实令人震惊的是，他对“积累”的讨论几乎不包括扩大新的生产资料和技术，而是完全侧重于通过修建粮仓而稳定价格这样的议题。

对任何人叛教的行为都难以容忍；可中国并不存在这样的社会群体。然而，宗教信仰既非思想保守主义的必要条件，也非其充分条件。一个关于“回溯”的解释当然与科举制度相关。大量雄心壮志的中国青年投入大量时间奋力研究经典文献，以增加人力资本，希望通过科举考试。大部分候选人在第一级府县级的考试中就落榜了，因此这一大批受过经学训练的人只能拼命寻找一些其他方式来从自己的人力资本中获得一定租金。这些人同时也成了当时出版物的主要受众。此外，统治了长达一个多世纪时间的清朝前四位皇帝，试图通过挪用儒家经典遗产以“树立王朝的声望和其政治合法性”（Elman，2005，p. 238）。但更一般的情况是，1500 年以后在欧洲出现的对早期学者知识的怀疑，以及欧洲科学家和医生们开始质疑、验证越来越多古代权威并发现其中不足的做法，都没能在中国普及。①

一个很能说明问题的例子与中国的百科全书出版有关。正如我在其他地方所说的（Mokyr，2005），欧洲的百科全书是工业启蒙运动中一个重要主题的表现，它们的存在就是为了降低人们获取有用知识的成本，并让它们能真正为人们所用。通过在单一出版物中融合大量知识，它们显现出了想要将知识传播给更多充满好奇和有需要的人的渴望。然而，这样的概略型著作也包含着保守的因素，因为它们呈现的是现有积累知识的快照，除非其中的知识能够不断被更新和替换。欧洲人普遍意识到，百科全书几乎是在出版的那一刻就已经过时了，因此百科全书也迅速被取代了。

并非只有欧洲人认识到了参考书的重要性，但是一个关键区别在于：欧洲的社会大众基本都有渠道接触到参考书，而在中国通常只有少数官员能够获得这些书。王祯于 1313 年完成了《农书》（*Treatise on Agriculture*）的写作，成为后来欧洲启蒙运动中可能出现的最佳作品的先兆：书中有 300 多幅工具和机械插图，这些插图准确到人们可以直接对照插图制作出实际工具，而这也正是作者画图的目的所在（Elvin，1973，p. 116）。然而，到 1530 年，全中国只存一套《农书》，人们必须重新刊印。另一个早期的
333 例子是《永乐大典》，由明朝永乐皇帝于 1403—1408 年组织编纂，其中包含了大量关于科学、技术、宗教、历史和文学等方面的信息。由于此书体量太大，所以无法将其刻板印刷，一共仅存三份抄本。在 1557 年皇宫失火，《永乐大典》正本差点毁于大火之后，嘉靖皇帝则命人抄写了第三份。除非得到皇帝本人允许，一般情况下只有皇帝可以阅览此书（McDermott，2006，p. 126-127）。另一个例子是 16 世纪晚期由草药学家李时珍所编写的

① 即使像杰克·古迪一样谴责对中国历史进行“本质主义”解读的作家也写道：“中国文化史的特征一直都是回顾儒家经典，回顾‘古代’，它们既为保守派，也为改革者，提供了连续一致的参考点”（Goody，2009，p. 238）。

规模庞大的《本草纲目》(*Compendium of Materia Medica*),其中收录了1 892种具有药用价值的医药植物、草药和其他物质,分列在53卷书中。这套书不仅仅是对已有旧知识的重复,同时也包含了很多新的内容,如书中提到了梅毒和红薯,它们都来自新世界(因此是新信息)。比此书更宏大的是《格致丛书》,是一个包含了“从古至今(即明末时代)的经典、历史、制度、医学和技术作品的资源库”(Elman,2005,p. 34),是一套书籍的收藏集(约完成于1603年),其中包括了在传教士到来之前所有对受过教育的人来说重要的知识。这些书体现了中国人对前几代人学术研究的极大尊重,并且将尽可能多的分散四处的有用知识集合在了一起。

与狄德罗的百科全书不同,这些汇编都没有被广泛传播。早期的清初学者刘献廷(Lio Xianting,1648—1695)曾经抱怨说,他寻找了十年,都寻找不到一套完整的徐光启的《农政全书》(Bray and Métailié,2001,p. 355)。① 这部书在两个世纪的时间里都没有被重新印刷。正如我们所看到的,宋应星的巨著《天工开物》,也只是因为一套偶然流传至日本的副本而得以幸存。胡文焕所刻刊印刷的《格致丛书》本有346种藏书,而仅有181种最终幸存至了18世纪末(Elman,2010,p. 381)。

在1644年推翻明朝后,中国学者延续了他们系统地组织知识的努力。清朝的康熙皇帝和乾隆皇帝就为出版百科全书和汇编知识付出了巨大努力——首先是由陈梦雷编辑的大型类书《古今图书集成》,于1726年出版(它是有史以来规模最大的图书之一,共有1万章、85万页和5 000幅图)——这说明人们当时已经意识到了信息获取的重要性。此书是在北京的皇家印刷局——武英殿书局印刷的。共印刷了约60份,这与欧洲百科全书的印刷数量相比,只能算是小巫见大巫了。② 陈梦雷的经历也能说明些问题,他曾经被捕入狱,被皇帝下旨流放(两次),皇帝也曾一怒之下将他 334
的名字从该项目中剔除。整个项目都是在皇家主持下进行的,是属于朝廷、来自朝廷、为了朝廷的一个项目。③ 在一个与之类似的项目,陈元龙(Chen Yuanlong,1652—1736)所编撰的一部同等大型的类书——《格致镜原》中,几乎没有任何欧洲知识,因为康熙皇帝相信所有的学问和知识

① 白馥兰(Bray,1984,p. 70)同时指出,徐光启所提出的具体改革农业行政管理的计划从没有被付诸实践。

② 达恩顿(Darnton,1979)做了估算,达朗贝尔和狄德罗的《百科全书》共印刷了25 000册。鉴于在18世纪欧洲出现了同一本书存在很多不同语言的竞争版本,也不计算18世纪各种摘要、词典、词汇书以及其他同类型的书籍,百科全书式的参考书在欧洲印刷的总量仍是《百科全书》印刷量的数倍。

③ 有一位学者指出,与欧洲百科全书式作品很不相同的是,汇编《古今图书集成》的原意是皇帝希望将世界上所有的知识都汇集到他所管辖的四方天下之中(Bauer,1966,p. 687)。

都起源于中国，他的儿子雍正皇帝更是不喜欢耶稣会士。最后一部这一类型的大型图书是由乾隆皇帝于 1773 年下旨开始修订的于 1782 年完成的《四库全书》。这部书同样体量巨大，共有 3.6 亿个词汇，共 3.6 万卷。这部书共存 7 份抄本，其中有 4 份保存在皇宫，1787 年后学者和文人也可以阅览此书（McDermott，2006，p. 168）。在欧洲，一般而言，百科全书和参考书是私人企业的产物，有时当局是非常抵制这些作品的印刷流传的，只是它们无力阻止。我们有理由认为，中国出版的一些参考型书籍是为参加科举考试的考生们服务的，也许“对官员们也能起到帮助作用”（Burke，2000，p. 175）。

此外，即使是普通的书籍也没有被广泛传播。中国有公共图书馆，在宋代时期，只要有合理理由，人们是可以阅览其中的图书的，有前途的年轻学者甚至被允许在里面花上几年时间进行学习研究。然而，随着时间的推移，盗窃、火灾和自然损耗都减少了它们所拥有的藏书的数量。明朝时期，这些图书馆的藏书被缩减为它们本拥有的书籍中的一小部分。公共图书馆不再是学习的中心，多数书籍都集中到了少数人手中，而由于他们对藏书戒备森严，所以公众也很难获得这些资源（McDermott，2006，p. 127-147）。在清朝，情况得到了改善，当时的官员一共赞助了 150 多个编撰书籍的项目，乾隆皇帝著名的《四库全书》也代表着书籍汇编的最高成就，并且在 18 世纪中期，藏书家们之间也开始流行分享藏书（McDermott，2006，p. 167-168）。然而即使如此，对于学者来说，如何能阅读到这些书籍仍是一个重要的问题，尤其是对于那些生活在远离城市地区的江南村庄的学者们来说更是不易。

一个旨在说明启蒙运动时期的欧洲和倒退的中国之间的巨大分流的历史案例是 1793 年乔治·马戛尔尼伯爵（Lord George Macartney）在中国经历的一次著名的失败访问，其中英国人显示友好的行为和他们精巧的发明据说都遭到了年迈的乾隆皇帝的鄙夷。关于这一事件的传统观点认为，这
335 就是对分隔东西方的巨大文化鸿沟的一个很好的说明。在一篇经典论文中，克兰默-宾和莱弗里（Cranmer-Byng and Levere，1981）认为，对“工业革命有信心的”英国人“致力于发展一种相信通过科学能获得进步的意识形态”，而马戛尔尼在他的日记中也记录了他自己对英国文化优越性的明显信心，他也想把这种文化带给中国人。这完全站在了“清政府抵制所有新奇事物的政策”的对立面。中国人似乎无法理解自然哲学的思想和理论内容及其潜在的大量有用应用（Cranmer-Byng and Levere，1981，pp. 516，518）。因为两国拥有的不同文化、两套截然不同的价值观，这个任务的命运从一开始就注定了。这个观点可能会夸大两国之间的实际差距。克兰默-宾和莱弗里（Cranmer-Byng and Levere，1981）承认，年迈的乾隆皇帝对

科学与技术的兴趣远远不及他的祖父康熙皇帝，所以马戛尔尼出访的失败在某种程度上是可以被偶然因素所解释的，出访失败这件事确实也比人们之前所认为的更具偶然性。最近的学者们对此更为谨慎："马戛尔尼伯爵和乾隆皇帝都不能预见工业革命将会为英国产生强大的军事优势……我们不应该带着第一次和第二次鸦片战争的结果来解读 18 世纪"（Elman，2005，p. 254）。另外一点是，马戛尔尼当时并没有向中国展示英国一些最先进的工业机械。蒸汽机模型、斯米顿滑轮以及"各种化学、电气和哲学仪器"从未在清廷出现。简而言之，合理的解释是，马戛尔尼使团带去中国的并非是能够体现英国机械胜利最有代表性的样本，而且他们所带去的样本对清廷来说几乎没有吸引力。

不过，即使马戛尔尼出访的失败一部分归咎于组织上的错误和运气不佳，它也表明了中国与欧洲国家之间的深刻差异。正如莫特（Mote，1999，p. 961）强调的，中国官员可能察觉到欧洲人确实有一些他们所没有的东西，但是他们对此没有任何反应，因为他们觉得没有必要去做出什么反应。他们致力于发展的是一种缓慢变化的中国模式，如莫特所说，"自我更新的变化是持续的、渐进的、不突然的、不具有破坏性的，并通过参考过去的模式以证明其合理性"（Mote，1999，p. 966）。[①] 一位 18 世纪的儒家学者，程廷祚（Cheng Tingzuo），对欧洲科学表现出的除了轻视，还是轻视："迢迢欧罗巴……其人号多智。算法殊精特。外此具淫巧"（Elvin，1996，p. 97）。在这方面，中国社会与早期现代欧洲的犹太社会并没有什么不同： 336
在固定的国界下，人们愿意受到过去的制约，容忍缓慢的发展和知识的边际增长。这是一个运作良好、可持续和稳定的模式，除了一点：18 世纪的欧洲出现了一种新的文化，这种新的文化质疑且拒绝了他们权威祖先的智慧，并从零开始重建了大量的有用知识。这样的文化变得更具侵略性，也受到了诸如工业革命等突如其来的破坏性变化的影响。它不可避免地溢出欧洲，影响了其他许多本身更为静态的文化。中国没有做错什么，而是欧洲与众不同。

回归文化企业家的概念能帮助我们了解中国与欧洲之间可能有什么不同。在某些时代，特别是在战国时期，中国最有创意和最初的哲学家们在改变社会前景以及制度和经济表现方面都有极大的影响力。如第十六章中所述，中国最著名的文化企业家是朱熹，是新儒学主义的集大成者。他所建立的正统儒学在明朝时期达到了鼎盛。一位 15 世纪的中国作家指出，"自朱熹之后，'理'已经被阐释地非常清楚。我们不需要再继续研究它了，

---

① 明朝末期中国社会最敏锐的观察家之一利玛窦神父指出，当中国人意识到外国产品的优越性时，他们会更偏好这些外国产品；但是"他们的骄傲来自他们不知道原来存在着更好的东西，以及来自他们认为自己远远优于周围那些蛮夷之地的事实"（Ricci，1953，p. 23）。

我们只需要去实践它”[转引自哈克（Hucker，1975，p. 373）]。[①] 这样的观点是言过其实的：17 世纪见证了多元化的、有时也有争议的文学的蓬勃发展，一位学者将其描述为“充满活力和创新的文化”（Schäfer，2011，p. 14）。新儒家正统观念之间出现分歧是可能的，因为它是一个“浮动的概念”，而不是一个僵硬固定的思想体系。[②] 在朱熹正统思想的流动界限内，明朝晚期的中国经历了一个关于自然现象的研究蓬勃发展的时代，包括对磁力、水力学和医学等方面的研究。然而在这一切结束的时候，我们并没有看到与其过去相比，中国产生了什么重大突破，也没有找到人们愿意摆脱古人智慧的意愿。像培根所说，学术研究并不意味着是“改善人类生活”的最终手段，而在于理解“造物者的杰作”和“一切的开始”。也就是说，当细致地描述工艺和技术时，晚明的学者希望他们能够以此来学习能为世界带来秩序的原理。归根结底，人类事务并不是他们研究的重点（Schäfer，
337 2011，p. 17-18）。这个国家，既有文化又有知识，充满着强有力的知识分子和博学多才的人，他们成功地将抽象哲学与凡尘俗世联系了起来，他们的成就也可以与欧洲最受瞩目的超级巨星相媲美。不过，在朱熹之后，我们很难在这个国家再发现许多这样成功的文化企业家了。只有在推翻封建王朝之后，在 20 世纪，才有一大批极有影响力的文化企业家出现了。这样的思想连续性只是一个弱点，但算不上是失败。这是人类历史上的正常状态，只有在极特殊的情况下才能被打破。

中国对知识的获得方法与欧洲在一些细节上有很重要的不同。它并没有“假定在物理宇宙中存在着统一和可预测的秩序”（Dikötter，2003，p. 695），也没有依赖新的数学工具，而正是这些数学工具使得欧洲人越来越多地将其有用知识应用于工程问题之中。[③] 在中国发展起来的有用知识的本质和特点并不比在西方出现的要“更少”或“更糟”，只是不同而已。

---

① 李约瑟（Needham，1969b，p. 66）指出，朱熹被称为中国的托马斯·阿奎那和中国的赫伯特·斯宾塞。

② 例如，明朝思想家陈献章（Chen Chianzhang，1428—1500）就不同意朱熹的观点，但“也并没有完全摆脱时代的主流趋势”（Ng，2003，p. 36）。他的思想被指控为异端，也因受道教和佛教思想的影响而被谴责，但因为官方正统的统治思想过于根深蒂固，所以他的思想也没有被充分关注过。

③ 在一篇著名的文章中，李约瑟（Needham，1969a，pp. 299－330）认为，中国人从没有过一个关于普遍科学规律的概念，因为它的宗教中不存在一个高于一切的立法者的概念。他认为他们最多能理解的，就是道教关于经验规律的概念，这些规律完全是“不能预测的”和随情境变化的，他总结（p. 311）道，“在这条道路上，科学是得不到发展的”。他指出，欧洲科学革命伴随着永恒不变的自然规律的概念的兴起（Ronan and Needham，1978，p. 290－291）。我们很难看出，至高无上和全能的造物主的中心地位对于犹太-基督等有神论宗教在发展有用知识方面竟是如此有益。

中国科学作为中国技术的认知基础的能力显然没有那么有效，如果我们认为行之有效的标准是能够产生经济增长的能力。[①]

前现代时期的中国技术，无论与欧洲技术相比是多么的复杂和先进，它仍然基于一个狭隘的认知基础。[②] 除了医学这种实践和理论知识必然相互交织在一起的学科以及少数几个能够像达·芬奇一样知晓一切也研究了一切的全能型天才，比如博学到令人惊讶的宋朝科学家沈括（Shen Kuo，1031—1095）和苏颂（Su Song，1020—1101）——那个时期的中国科学中 338
技术和生产基本上是分开的（当时在欧洲也是如此）。[③] 总而言之，中国科学对技术是为何以及如何起作用的没太大兴趣。此外，人们可能会想，中国的工匠和工程师们在当时是否认为他们世界中的科学其实非常有用？也许这种说法更能说明问题：虽然相当数量的中国发明和技术我们都能在西方发现它们以某种形式同样出现了，但在欧洲采用了中国的命题知识（更不用说科学本身了）的例子相对较少。

如上所述，启蒙运动时期的欧洲所表现出的一个越来越普遍的共识是一种看待宇宙的机械观。自然界有固定而明确的规则，人类的挑战就是发现这些可知的规则并合理利用它们。然而，这些差异在某种程度上妨碍了中国人，并造成了他们“失败”的观点，可以被批评为一个后见之明偏误的例子。这一偏误认为，正是因为欧洲创造了所谓的“现代科学”，这才是技术进步和经济增长可能发生的唯一途径。进化理论表明，我们观察到的实际结果只是所有可能的结果中的一小部分，我们无法得知，如果没有接触到西方文化，中国有用知识在长期内会如何演化，它是否会无法产生与欧洲工业启蒙所产生的物质文化相当的物质文化。

无论如何，很明显的是，中国的启蒙运动（如果这么表达是正确的话）没能产生出欧洲启蒙运动所产生的结果。它的研究计划包含很少，甚至不包含对有用知识的研究，用一个简洁的表述就是，中国学者们“在实践着他们自己文化的价值观”（De Bary，1975b，p. 205）。例如，数学和天文学被用来重建礼仪场合使用的青铜钟的大小和形状，或是重新制造古代的马车。尽管考证运动的起源可被看作一场抗议 1644 年清军入关的反叛运动，

---

① 席文（Nathan Sivin，[2005] 1984，p. 542）正确地批评了一个观点，即“这是一个关于欧洲成功了，但其他所有人都失败的传奇故事”，但他自己在前几页（p. 537）则提到，“西方的特权地位到来了……在对自然的技术开发上占尽先机。”如果要解释这样的“占尽先机”却不承认西方人对自然的了解和中国人是不同的，那这种解释是不合理。

② 李约瑟（Needham，1970，p. 39）经过同意，引用了一个对一位 9 世纪阿拉伯作家的判决，“令人好奇的是，希腊人对理论感兴趣，但不关心实践，而中国人对实践感兴趣，却不关心这个理论。”

③ 一个类似且最近提出的观点，参见戴维斯（Davids，2013，pp. 230-231）。

但它却无法让自己摆脱正统思想的限制，它的研究仍然主要局限于朝廷所支持的研究内容。如果当时的中国帝国政府没有兴趣将学术研究向有利于有用知识或经济发展的方向上引导，那就更不存在其他的机构有兴趣或有能力这样做了。中国学术研究的计划仍然维持着它的回溯性：证明古代圣人是正确的，对他们的著作进行解读是有意义的智力活动，但这些活动都没有带来能改变世界历史进程的技术发展。将中国的经历形容成“失败”是错误的。真正不同且独一无二的，是18世纪欧洲的经历。

结语　有用知识与经济增长

国家和其经济的发展与增长在很大程度上是因为它们增加了自身对自然和环境知识的储备，也因为它们能够将这些知识运用到生产中去。但这些知识的出现显然不是必然的。虽然大多数曾经存在过的社会都或多或少出现过某种技术进步，但这些进步通常只是一次性的，带来的有益成果有限，而且整个进步过程很快也就尘埃落定了，其所带来的些许增长也随即消失不见。只有在一种情况下，知识积累可以持续发展、自我推进，直至其爆炸性的发展，并且以人类自出现在这个星球上见所未见的深度、广度与速度，改变了人类生存的物质基础。这个例子发生在工业革命期间及之后的西欧。 339

许多因素都促成了这一独特事件的出现，在工业革命之前的几个世纪所发生的精英文化信仰的转变只是其中之一。欧洲与世界其他地区的巨大差异在于启蒙运动的出现及其对科技进步造成的巨大影响。然而，17 世纪晚期的启蒙运动的兴起也不是一个突然的现象，而是欧洲的文化精英们数百年来所经历的智力变革进程的高潮。思想市场的变化是将欧洲与世界其他地区区分开的重要事件。欧洲并非一个在各方面都比其他欧亚社会都更有序或更有活力的社会。戈德斯通（Goldstone，2012，p. 238）表明，“智力转向最先发生于 1500 年左右，在很长一段时间里都只局限于学者和神学家之中，而到 1660 年，它已经极大改变了精英们获得和验证知识的方式”。 340
在一段时间内，文化信仰的变化几乎可以独立于如商业化、城市化和经济增长等其他经济变量的变化。然而，最终文化信仰对经济发展做出反馈的方向和规模是 17 世纪最激进的现代主义者和最信奉进步的人都想象不到的。从这个意义上来说，至少我们可以对一个观点做出修改，即认为大分流是一个主要由地理上微小和意外的差异所造成的很近期的暂时现象。毕竟，文化是重要的。

在这本书中，我概述了一个文化变革的模型，解释了为什么启蒙运动会在欧洲发生。我们不可避免地会提出的一个问题是，欧洲出现了一系列最终带来了爆炸式经济增长和现代经济模式的重大突破，而欧洲启蒙运动是不是这些重大突破的必要或充分条件？另一种不同的文明是否最终打破了马尔萨斯陷阱和知识壁垒，那些从人类出现以来，就限制人类只能存活在维持生计的水平上的障碍？

我们可能永远都不会知道这些问题的答案，因为非洲、中国、印度以及美国原有的土著社会都暴露于欧洲文化之中，而它们的发展轨迹也随之不可逆转地发生了改变。然而，大多数存在过的社会都受到我所提出的“卡德韦尔定律”（Mokyr，1994，2002）的限制，这是一种对技术停滞现象的概括描述。在任何经济中，技术到达了某一点之后就会开始固化，技术进步速度减慢，最后直接消失。这种停滞之所以发生，是因为社会现状会压制对现有文化的进一步挑战，并通过一系列手段来阻止非边际性的进步，从直接威胁迫害异端分子、焚烧他们的著作，到其他一些不易察觉但同样有效的机制。例如在一种英才选拔制度下，人们成功的关键是毫无保留、不加批判地熟练掌握从过去传承下来的现有知识体系中的知识。

打破卡德韦尔定律首先需要的就是一个将多元主义与竞争相结合的社区，其中的协调机制使知识得到传播和共享，进而受到挑战、纠正和补充。古希腊及其在东地中海地区所创造出的希腊文化，至少在一段时间内，可能就已经具备这些特征。如果当时它没有被纳入罗马统治之下，或许它就会演化出不同的结果。

虽然有些自相矛盾，可是考虑欧洲现代科学技术崛起的正确方法是不仅将它视为一个从欧洲古代，到中世纪，再到文艺复兴时期的文化的自然延续，但也要把它视为一个对自己过去文化的否定（Goldstone，2012）。在这段变化中，没有什么是不可阻挡的；事实上，这是一个紧密斗争后的结
341 果。即使是相当微小的改写历史的事件可能都会使欧洲成为一个蒙昧主义的天主教政体，其中“文人共和国”将变成由耶稣会主宰的一个黑暗的神治国，就像在金斯利·艾米斯（Kingsley Amis，1976）的反事实小说中所描写的那样。在这样一个世界中，从牛顿、斯宾诺莎到托兰德和拉美特利，所有这些跳出盒子思考的思想家可能早就被禁言或被压制，启蒙运动也许永远不会出现。

一套完全不同的制度是否也有可能创造出现代经济？如果不存在一个分散型的竞争科学家和发明家的社区，而是想象一个由中央行政机构管理的新大西岛，在那里，一个和蔼和公正的官僚机构支持和维护着公职人员所带来的技术进步。即便在不存在欧洲启蒙运动类似现象的情况下，这样

的组织能否引致一个现代世界的产生？按照经济学的逻辑，这种情况可能会被判断为不太可能。在一个较短时期内要形成这样一个政治局势是一回事；从长远来看这又是另一回事，它不具备可以长期维系的可能性，因为它总会被贪婪和无知的外部侵略者，或是被其内部的寻租者破坏和摧毁。

要了解欧洲启蒙运动对随后经济发展的真正意义，请记住它所涉及的两个高度创新和互补的想法：其一，知识和对自然的理解可以而且应该被用于提高人类生存的物质条件的进程中；其二，权力和政府不为富人和权势者服务，而是为了整个社会。这两者的结合和它们在思想市场上的胜利，创造出了巨大的协同作用，导致我们所观察到的经济发展中的巨大变化出现。从工业化、物质资本和人力资本的增长，到发现和控制自然力量和资源，这些变化直到 1750 年还都是超乎人们想象的。这是一个未来会被讲述并被不断讲述的故事，我在这里所提出的论证肯定也会受到许多人的挑战和质疑。而这，恰好就是一个运作良好的思想市场的荣耀与辉煌。

参考文献

Aarsleff, Hans. 1992. "John Wilkins." In Joseph L. Subbiondo, ed., *John Wilkins and 17th-Century British Linguistics.* Philadelphia: John Benjamins, pp. 3–41.

Abbattista, Guido. 2016. "China, the West, and the 'Commercial Enlightenment.'" Presented to a Conference on "Global Perspectives in a European 'long Enlightenment,' 1750 to 1850." Unpublished.

Abraham, Gary A. 1983. "Misunderstanding the Merton Thesis: A Boundary Dispute between History and Sociology." *Isis* Vol. 74, No. 3, pp. 368–87.

Acemoglu, Daron, Simon Johnson, and James Robinson. 2005a. "Institutions as a Fundamental Cause of Economic Growth." In Philippe Aghion and Steven Durlauf, eds., *Handbook of Economic Growth* Amsterdam: Elsevier, pp. 385–465.

———. 2005b. "The Rise of Europe: Atlantic Trade, Institutional Change, and Economic Growth." *The American Economic Review* Vol. 95, pp. 546–79.

Acemoglu, Daron, and Matthew O. Jackson. 2015. "History, Expectations and Leadership in the Evolution of Social Norms." *Review of Economic Studies* Vol. 82, No. 2, pp. 423–56.

Acemoglu, Daron, and James Robinson. 2006. "De Facto Political Power and Institutional Persistence." *American Economic Review* Vol. 96, pp. 325–30.

———. 2012. *Why Nations Fail: The Origins of Power, Prosperity, and Poverty.* New York: Crown.

Agrippa, Heinrich Cornelius. [1527] 1676. *The Vanity of Arts and Sciences.* London: Printed for Samuel Speed.

Aldrich, Howard E., Geoffrey M. Hodgson, David L. Hull, Thorbjørn Knudsen, Joel Mokyr, and Viktor J. Vanberg. 2008. "In Defence of Generalized Darwinism." *Journal of Evolutionary Economics* Vol. 18, pp. 577–96.

d'Alembert, Jean LeRond. [1751] 1995. *Preliminary Discourse to the Encyclopedia of Diderot*, translated and edited by Richard S. Schwab. Chicago: University of Chicago Press.

———. 1821. *Oevres Complètes de d'Alembert.* Vol. 3, pt. I (Historical Eulogies). Paris: A Belin.

Alesina, Alberto, and Paola Giuliano. 2016. "Culture and Institutions." *Journal of Economic Literature,* forthcoming.

Alexander, Amir. 2002. *Geometrical Landscapes: The Voyages of Discovery and the Transformation of Mathematical Practice.* Stanford, CA: Stanford University Press.

———. 2014. *Infinitesimal: How a Dangerous Mathematical Theory Shaped the Modern World.* New York: Farrar, Straus and Giroux.

Alford, William P. 1995. *To Steal a Book is an Elegant Offense: Intellectual Property Law in Chinese Civilization.* Stanford, CA: Stanford University Press.

Algar, Hamid. 1973. *Mirza Malkum Khan: A Study in the History of Iranian Modernism.* Berkeley: University of California Press.

Algarotti, Francesco. 1739. *Sir Isaac Newton's Philosophy Explain'd for the Use of the Ladies. In Six Dialogues on Light and Colours.* London: Printed for E. Cave.

Allen, Robert C. 1983. "Collective Invention." *Journal of Economic Behavior and Organization* Vol. 4, No. 1, pp. 1–24.

———. 2009 . *The British Industrial Revolution in Global Perspective.* Cambridge: Cambridge University Press.

Amico, Leonard N. 1996. *Bernard Palissy.* New York: Flammarion.

Amis, Kingsley. 1976. *The Alteration.* London: Jonathan Cape.

Angeles, Luis. 2016. "The Economics of Printing in Early Modern China and Europe." *Economic History Review*, forthcoming.

Anstey, Peter R. 2002. "Locke, Bacon and Natural History." *Early Science and Medicine* Vol. 7, No. 1, pp. 65–92.

Arbuthnot, John. 1701. *An Essay on the Usefulness of Mathematical Learning.* Oxford: Printed at the Theater in Oxford for Anth. Peisley Bookseller.

Ariew, Roger. 2003. "Descartes and the Jesuits: Doubt, Novelty, and the Eucharist." In Mordechai Feingold, ed., *Jesuit Science and the Republic of Letters.* Cambridge, MA: MIT Press, pp. 157–94.

Ashworth, William B. Jr. 1986. "Catholicism and Early Science." In David C. Lindberg and Ronald L. Numbers, eds., *God and Nature: Historical Essays on the Encounter between Christianity and Science.* Berkeley: University of California Press, pp. 136–66.

Aubrey, John. 1898. *Brief Lives, Chiefly of Contemporaries, Set Down by John Aubrey between 1669 and 1696.* Edited from the author's mss by Andrew Clark. Oxford: Clarendon Press.

Baark, Erik. 2007. "Knowledge and Innovation in China:Historical Legacies and Emerging Institutions." *Asica Pacific Business Review* Vol. 13, No. 3, pp. 337–56.

Bacon, Francis. [1592] 1838. "In Praise of Knowledge." In *The Works of Lord Bacon.* London: William Ball. Vol. 1, pp. 216–17.

———. [1603] 1838. "Valerius Terminus: of the Interpretation of Nature." In *The Works of Lord Bacon*, London: William Ball.Vol. 1, pp. 218–31.

———. [1605] 1875. *The Advancement of Learning, Books 2–6.* Reprinted in *Works of Francis Bacon,* edited by James Spedding et al. London: Longmans and Co. Vol. IV, pp. 283–498.

———. [1605] 1996. *The Advancement of Learning, Books 1 and 2.* Reprinted in *Francis Bacon: the Major Works.* Oxford World Classics. Oxford: Oxford University Press.

———. [1620] 1861–79. *Preparative towards a Natural and Experimental History.* In Reprinted in *Works of Francis Bacon,* edited by James Spedding et al. Boston: Houghton Mifflin and Co., Vol. VIII pp. 351–71 (http://onlinebooks.library.upenn.edu/webbin/metabook?id=worksfbac

on, accessed Sept. 10, 2014).
———. [1620] 1999. *The Great Instauration.* Reprinted in *Selected Philosophical Works,* edited by Rose-Mary Sargent. Indianapolis, IN: Hackett Publishing.
———. [1620] 2000. *The New Organon.* Edited by Lisa Jardine and Michael Silverthorne. Cambridge: Cambridge University Press.
———. [1623] 1996. *The Advancement of Learning,* Book One. Reprinted in Brian Vickers, ed., *Francis Bacon, Major Works.* Oxford World Classics, Oxford University Press, pp. 120–68.
———. [1627] 1996. *New Atlantis.* Reprinted, *Francis Bacon, Major Works* edited by Brian Vickers. Oxford World Classics. Oxford: Oxford University Press.
Baechler, Jean. 2004. "The Political Pattern of Historical Creativity." In Peter Bernholz and Roland Vaubel, eds., *Political Competition, Innovation and Growth in the History of Asian Civilizations.* Cheltenham, UK: Edward Elgar, pp. 18–38.
Bala, Arun. 2006. *The Dialogue of Civilizations in the Birth of Modern Science.* New York: Palgrave Macmillan.
Balazs, Etienne. 1964. *Chinese Civilization and Bureaucracy,* translated by H. M. Wright. New Haven, CT: Yale University Press.
Barnett, Lydia. 2015. "Strategies of Toleration: Talking across Confessions in the Alpine Republic of Letters." *Eighteenth-Century Studies* Vol. 48, pp. 141–57.
Barzilay, Isaac. 1974. *Yoseph Shlomo Delmedigo (Yashar of Candia): His Life and Works.* Leiden: E. J. Brill.
Basalla, George. 1988. *The Evolution of Technology.* Cambridge: Cambridge University Press.
Baten, Joerg, and Jan Luiten van Zanden. 2008. "Book Production and the Onset of Modern Economic Growth." *Journal of Economic Growth* Vol. 13, No. 3, pp. 217–235.
Bateson, Gregory, 1979. *Mind and Nature: A Necessary Unity.* New York: Dutton.
Bauer, Martin, ed. 1995. *Resistance to New Technology.* Cambridge: Cambridge University Press.
Bauer, Wolfgang. 1966. "The Encyclopedia in China." *Cahiers d'Histoire Mondiale* Vol. 9, pp. 665–91.
Bayle, Pierre. [1696–97] 1734. *The Dictionary Historical and Critical of Mr Peter Bayle.* Second edition, collated ... by Mr Des Maizeaux. London: printed for J. J. and P. Knapton.
———. [1696–97] 1740. *Dictionaire Historique et Critique.* Fifth edition, revised, corrected and expanded, *avec la vie de l'auteur,* by Mr. Des Maizeaux. Amsterdam: P. Brunel.
Becker, Carl L. 1932. *The Heavenly City of the Eighteenth-Century Philosophers.* New Haven, CT and London: Yale University Press.
Becker, George. 1984. "Pietism and Science: A Critique of Robert K. Merton's Hypothesis." *American Journal of Sociology* Vol. 89, pp. 1065–90.
Becker, Sascha O., and Ludger Wöeßmann. 2009. "Was Weber Wrong? A Human Capital Theory of Protestant Economic History." *Quarterly Journal of Economics,* Vol. 124, No. 2, pp. 531–96.
Belfanti, Carlo Marco. 2004. "Guilds, Patents, and the Circulation of Technical Knowledge." *Technology and Culture* Vol. 45, No. 3, pp. 569–89.
Bell, A.E. 1947. *Christian Huygens and the Development of Science in the Seventeenth Century.* London: Edward Arnold.
Benabou, Roland. 2008. "Ideology (Joseph Schumpeter Lecture)." *Journal of the*

European Economic Association Vol. 6, Nos. 2-3, pp. 321–52.

Benabou, Roland, Davide Ticchi, and Andrea Vindign,. 2014. "Forbidden Fruits: The Political Economy of Science, Religion and Growth." Unpublished working paper, Princeton University.

Benhabib, Jess and Spiegel, Mark M. 2005. "Human Capital and Technology Diffusion." In Philippe Aghion and Steven N. Durlauf, eds., *Handbook of Economic Growth*. Amsterdam: North Holland, Vol. 1A, pp. 935–66.

Benrath, Karl. 1877. *Bernardino Ochino of Siena.* New York: Robert Carter and Brothers.

Benz, Ernst. 1966. *Evolution and Christian Hope: Man's Concept of the Future from the Early Fathers to Teilhard de Chardin.* Garden City, NJ: Doubleday.

Berg, Maxine. 1980. *The Machinery Question and the Making of Political Economy, 1815–1848.* Cambridge: Cambridge University Press.

———. 2007. "The Genesis of Useful Knowledge." *History of Science* Vol. 45, pt. 2, No. 148, pp. 123–34.

Bernholz, Peter, Manfred Streit, and Roland Vaubel, eds. 1998. *Political Competition, Innovation, and Growth*. Berlin: Springer.

Bertucci, Paola. 2013. "Enlightened Secrets: Silk, Intelligent Travel, and Industrial Espionage in Eighteenth- Century France." *Technology and Culture* Vol. 54, No. 4, pp. 820–52.

Biagioli, Mario. 1990. "Galileo's System of Patronage." *History of Science* Vol. 28, No.1, pp. 1–62.

Bietenholz, Peter. 1966. *History and Biography in the Work of Erasmus of Rotterdam.* Geneva: Librairie Droz.

Birse, Ronald M. 1983. *Engineering at Edinburgh University: A Short History, 1673–1983.* Edinburgh: School of Engineering, University of Edinburgh.

Bisin, Alberto, and Thierry Verdier. 1998. "On the Cultural Transmission of Preferences for Social Status." *Journal of Public Economics* Vol. 70, pp. 75–97.

———. 2001. "The Economics of Cultural Transmission and the Dynamics of Preferences." *Journal of Economic Theory* Vol. 97, pp. 298–319.

———. 2011. "The Economics of Cultural Transmission and Socialization." In Jess Benhabib, Alberto Bisin and Matthew O. Jackson, eds.: *Handbook of Social Economics*, Vol. 1A. Amsterdam: North-Holland, pp. 339–416.

Blackmore, Susan. 1999. *The Meme Machine.* Oxford: Oxford University Press.

Blaut, James M. 1993. *The Colonizer's Model of the World.* New York: Guilford Press.

Blom, Philip. 2010. *A Wicked Company: The Forgotten Radicalism of the European Enlightenment*. New York: Basic Books.

Bodde, Derk. 1991. *Chinese Thought, Society, and Science.* Honolulu: University of Hawaii Press.

Bol, Peter K. 2008. *Neo-Confucianism in History.* Cambridge, MA: Harvard University Press.

Botticini, Maristella, and Zvi Eckstein. 2012. *The Chosen Few: How Education Shaped Jewish History 70–1492.* Princeton, NJ: Princeton University Press.

Bowles, Samuel. 2004. *Microeconomics: Behavior, Institutions, and Evolution*. Princeton, NJ: Princeton University Press.

Bowles, Samuel, and Gintis, Herbert. 2011. *A Cooperative Species: Human Reciprocity and Its Evolution.* Princeton, NJ: Princeton University Press.

Boyd, Robert, and Peter J. Richerson. 1985. *Culture and the Evolutionary Process.* Chicago: University of Chicago Press.

———. 2005. *The Origins and Evolution of Cultures*. Oxford and New York: Oxford

University Press.

Boyd, Robert, Peter J. Richerson, and Joseph Henrich. 2013. "The Cultural Evolution of Technology." In Peter J. Richerson and Morten H. Christiansen, eds., *Cultural Evolution: Society, Technology, Language, and Religion.* Cambridge, MA: MIT Press, pp. 119–42.

Boyle, Robert. 1664. *Some Considerations Touching the Usefulnesse of Experimental Natural Philosophy. Propos'd in a Familiar Discourse to a Friend, by way of Invitation to the Study of it.* second ed. Oxford: Hen. Hall for Ri. Davis.

———. 1669. "A Proemial Essay, Wherein, With Some Considerations Touching Experimental Essays in General, Is Interwoven Such an Introduction to All Those Written by the Author, as is Necessary to be Perus'd for the Better Understanding of them." In *Certain Physiological Essays and Other Tracts Written at Distant Times, and on Several Occasions.* Second ed. London: Blew Anchor in the Lower Walk of the New-Exchange: Henry Herringman.

———. 1671. *Some Considerations Touching the Usefulnesse of Experimental Natural Philosophy.* Oxford: Henry Hall for Ric. Davis.

———. 1682. *A Continuation of New Experiments, Physico Mechanical. The Second Part.* London: Printed by Miles Flesher.

———. 1690. *The Christian Virtuoso.* London: Printed for Edw. Jones.

———. 1744. *The Works of the Honourable Robert Boyle,* (5 vols). London: Printed for A. Millar.

Brandt, Loren, Debin Ma, and Thomas G. Rawski. 2014. "From Divergence to Convergence: Re-evaluating the History Behind China's Economic Boom." *Journal of Economic Literature* Vol. 52, No. 1, pp. 45–123.

Bray, Francesca. 1984. *Agriculture.* In Joseph Needham, ed., *Science and Civilization in China.* Cambridge: Cambridge University Press, Vol. 6, part 2.

Bray, Francesca, and Georges Métailié. 2001. "Who Was the Author of the Nongzhen Quanshu?" In Catherine Jami, Peter Engelfriet, and Gregory Blue, eds., *Statecraft and Intellectual Renewal in Late Ming China: the Cross-Cultural Synthesis of Xu Guangqi (1562–1633).* Leiden: Brill, pp. 322–59.

Breger, Herbert. 1998. "The Paracelsians—Nature and Character." In Ole Peter Grell, ed., *Paracelsus: the Man and his Reputation, his Ideas and their Transformation.* Leiden: Brill, pp. 101–15.

Brock, William H. 1992. *The Norton History of Chemistry.* New York: W. W. Norton.

Brockliss, L.W.B. 2002. *Calvet's Web: Enlightenment and the Republic of Letters in Eighteenth-century France.* Oxford: Oxford University Press.

Brokaw, Cynthia J. 1994. "Tai Chen and Learning in the Confucian Tradition." In Alexander Woodside and Benjamin A. Elman, eds., *Education and Society in Late Imperial China, 1600–1900.* Berkeley: University of California Press, pp. 257–90.

Broman, Thomas. 2012. "The Semblance of Transparency: Expertise as a Social Good and an Ideology in Enlightened Societies." *Osiris* Vol. 27, No. 1, pp. 188–208.

———. 2013. "Criticism and the Circulation of News: The Scholarly Press in the Late Seventeenth Century." *History of Science* Vol. 51, pp. 125–50.

Brook, Timothy. 2010. *The Troubled Empire: China in the Yuan and Ming Dynasties.* Cambridge, MA: Harvard University Press.

Broomé, Per, Benny Carlson, Holmberg Ingvar, and Charles Schewe. 2011. "Do Defining Moments Leave their Mark for Life? The Case of Sweden." Malmö, Sweden: Malmö Institute for Studies of Migration, Diversity, and

Welfare.

Browne, Sir Thomas. [1646] 1964. *Pseudodoxia Epidemica or Enquiries into Very Many Received Tenents and Commonly Presumed Truths.* In Geoffrey Keynes, ed., *The Works of Sir Thomas Browne*, Chicago: University of Chicago Press, Vol. II.

———. [1680] 1964. "Harveian Anniversary Oration." In Geoffrey Keynes, ed., *The Works of Sir Thomas Browne*, Chicago: University of Chicago Press, Vol. III, pp. 195–205.

———. 1964. *The Works of Sir Thomas Browne*, edited by Geoffrey Keynes. Chicago: University of Chicago Press.

Buringh, Eltjo, and Jan Luiten Van Zanden. 2009. "Charting the 'Rise of the West': Manuscripts and Printed Books in Europe, a Long-Term Perspective from the Sixth through Eighteenth Centuries." *Journal of Economic History* Vol. 69, No. 2, pp 409–445.

Burke, Peter. 2000. *A Social History of Knowledge.* Cambridge: Polity Press.

Bury, J. B. [1920] 1955. *The Idea of Progress: An Inquiry into Its Growth and Origin.* New York: Dover.

Bynum, W. F. 1993. "Nosology." In W.F. Bynum and Roy Porter, eds., *Companion Encyclopedia of the History of Medicine.* London and New York: Routledge, pp. 335–56.

Campanella, Tommaso. [1602] 1981. *The City in the Sun: A Poetical Dialogue.* Translated by Daniel J. Donno. Berkeley: University of California Press.

Cantoni, Davide, and Noam Yuchtman. 2014. "Medieval Universities, Legal Institutions, and the Commercial Revolution." *Quarterly Journal of Economics* Vol. 129, pp. 823–87.

Cardwell, Donald S. L. 1972. *Turning Points in Western Technology.* New York: Neale Watson, Science History Publications.

Carlos, Edward Stafford. 1880. *The Sidereal Messenger of Galileo and a part of the Preface to Kepler's Dioptrics.* London: Dawson's of Pall Mall.

Carpenter, Nathanael. 1625. *Geographie Delineated.* Oxford: Printed by John Lichfield and William Turner.

Castellano, Daniel J. 2004. "The Reception of Copernicanism in Spain and Italy before 1800." Masters thesis, Department of History, Boston University.

Caton, Hiram. 1988. *The Politics of Progress: The Origins and Development of the Commercial Republic, 1600–1835.* Gainesville: University of Florida Press.

Cavalli-Sforza, Luigi L., and M. W. Feldman, 1981. *Cultural Transmission and Evolution: a Quantitative Approach.* Princeton, NJ: Princeton University Press.

Cavalli Sforza, Luigi L., M. W. Feldman, K. H. Chen, and S. M. Dornbusch. 1982. "Theory and Observation in Cultural Transmission." *Science* Vol. 218, pp. 19–27.

Chambers, Douglas D. C. 2004. "Evelyn, John (1620–1706)." In *Oxford Dictionary of National Biography.* Oxford: Oxford University Press.

Chan, Hok-lam, and Peng Yoke Ho. 1993. "Li Chih, 1192–1279." In Igor de Rachewiltz et al., eds., *In the Service of the Khan: Eminent Personalities of the Early Mongol-Yüan Period (1200–1300).* Wiesbaden: Harrassowitz Verlag, pp. 316–35.

Chaney, Eric. 2008. "Tolerance, Religious Competition and the Rise and Fall of Muslim Science." Mimeo, Harvard University.

———. 2015. "Religion and the Rise and Fall of Islamic Science." Unpublished ms., Harvard University.

Childrey, Joshua. 1660. *Britannia Baconia or the Natural Rarities of England, Scotland,*

and Wales. London: Printed for the author.

Ching, Julia. 1975. "Chu Shun-Shui, 1600–82. A Chinese Confucian Scholar in Tokugawa Japan." *Monumenta Nipponica* Vol. 30, No. 2, pp. 177–91.

———. 1979. "The Practical Learning of Chu Shun-shui, 1600–1682." In W. Theodore de Bary and Irene Bloom, eds., *Principle and Practicality: Essays in Neo-Confucianism and Practical Learning* New York: Columbia University Press, pp. 189–229.

———. 2000. *Religious Thought of Chu Hsi*. New York: Oxford University Press.

Chitnis, Anand. 1976. *The Scottish Enlightenment*. London: Croom Helm.

Chow, Kai-Wing. 2004. *Publishing, Culture, and Power in Early Modern China*. Stanford: Stanford University Press.

Christopoulou, Rebekka, Ahmed Jaber, and Dean R. Lillard. 2013. "The Intergenerational and Social Transmission of Cultural Traits: Theory and Evidence from Smoking Behavior." NBER Working Paper 19304.

Cipolla, Carlo M. 1972. "The Diffusion of Innovations in Early Modern Europe." *Comparative Studies in Society and History*, Vol. 14, No. 1, pp. 46–52.

———. 1980. *Before the Industrial Revolution: European Society and Economy, 1000–1700*. Second ed. New York: W. W. Norton.

Clark, Gregory. 2007. *A Farewell to Alms*. Princeton, NJ: Princeton University Press.

Clark, Peter. 2000. *British Clubs and Societies, 1580–1800: The Origins of an Associational World*. Oxford: Clarendon Press.

Clarke, John. 1731. *An Essay upon Study*. London: Printed for Arthur Bettesworth.

Clifton, Gloria. 2004. "Dollond Family (per. 1750–1871)." In *Oxford Dictionary of National Biography*, Oxford: Oxford University Press.

Coase, Ronald. 1974. "The Market for Goods and the Market for Ideas." *American Economic Review* Vol. 64, pp. 384–91.

Cobb, Matthew. 2006. *Generation: Seventeenth-Century Scientists Who Unravelled the Secrets of Sex, Life, and Growth*. New York and London: Bloomsbury.

Cohen, Bernard I. 1990. "Introduction: The Impact of the Merton Thesis." In Bernard I. Cohen, ed., *Puritanism and the Rise of Modern Science*. New Brunswick, NJ: Rutgers University Press, pp. 1–111.

Cohen, H. Floris. 1994. *The Scientific Revolution: A Historiographical Inquiry*. Chicago: University of Chicago Press.

———. 2012. *How Modern Science Came into the World*. Amsterdam: Amsterdam University Press.

Cohen, Jack, and Ian Stewart. 1994. *The Collapse of Chaos*. New York: Penguin.

Cohn, Norman. 1961. *The Pursuit of the Millennium*. New York: Harper Torchbooks.

Colie, Rosalie. 1955. "Cornelis Drebbel and Salomon De Caus: Two Jacobean Models for Salomon's House." *Huntingdon Library Quarterly* Vol. 18, pp. 245–60.

Collins, Randall. 1998. *The Sociology of Philosophies: A Global Theory of Intellectual Change*. Cambridge, MA: Harvard University Press.

Comte, Auguste. 1856. *Social Physics from the Positive Philosophy*. New York: Calvin Blanchard.

Condorcet, Jean-Antoine-Nicolas de Caritat, Marquis de. 1795. *Outlines of an Historical View of the Progress of the Human Mind: Translated from the French*. London: Printed for J. Johnson.

Constant, Edward W. 1980. *The Origins of the Turbojet Revolution*. Baltimore: Johns Hopkins University Press.

Cook, Harold J. 2007. *Matters of Exchange: Commerce, Medicine and Science in the Dutch*

Golden Age. New Haven, CT and London: Yale University Press.

Copenhaver, Brian P. 1978. *Symphorien Champier and the Reception of the Occultist Tradition in Renaissance France*. The Hague and New York: Mouton.

Cormack, Lesley B. 1991. "Twisting the Lion's Tail: Practice and Theory at the Court of Henry Prince of Wales." In Bruce T. Moran, ed., *Patronage and Institutions: Science, Technology and Medicine at the European Court, 1500–1750*. Rochester, NY : Boydell Press, pp. 67–83.

Cosmides, Leda, and John Tooby. 1994. "Better than Rational: Evolutionary Psychology and the Invisible Hand." *American Economic Review* Vol. 84, pp. 327–32.

Cowan, Brian. 2005. *The Social Life of Coffee: The Emergence of the British Coffeehouse*. New Haven, CT and London: Yale University Press.

Cranmer-Byng, J.L., and Trevor Levere. 1981. "A Case Study in Cultural Collision: Scientific Apparatus in the Macartney Embassy to China, 1793." *Annals of Science*, Vol. 38, No. 5, pp. 503–25.

Cullen, Christopher. 1990. "The Science/Technology Interface in Seventeenth-century China: Song Yingxing on Qi and the Wu Xing." *Bulletin of the School of Oriental and African Studies* (University of London) Vol. 53, No. 2, pp. 295–318.

Damon, S. Foster. 1988. *A Blake Dictionary: The Ideas and Symbols of William Blake*. London: Brown.

Daniel, Stephen H. 2004. "Toland, John (1670–1722)." In *Oxford Dictionary of National Biography*. Oxford: Oxford University Press.

Darnton, Robert. 1979. *The Business of Enlightenment*. Cambridge, MA: Harvard University Press.

———. 2003. "The Unity of Europe: Culture and Politeness." In *George Washington's False Teeth*. New York: W. W. Norton, pp. 76–88.

Darwin, Charles. 1859/1871. *The Origin of Species by Means of Natural Selection* and *The Descent of Man and Selection in Relation to Sex*. New York: Modern Library edition.

Dasgupta, Partha, and Paul A. David. 1994. "Toward a New Economics of Science." *Research Policy*, Vol. 23, No. 5, pp. 487–521.

Daston, Lorraine. 1990. "Nationalism and Scientific Neutrality under Napoleon." In Tore Frängsmyr, ed., *Solomon's House Revisited*. Canton, MA: Science History Publications, pp. 95–119.

———. 1991. "The Ideal and Reality of the Republic of Letters in the Enlightenment." *Science in Context* Vol. 4, No. 2, pp. 367–86.

David, Paul A. 2004. "Patronage, Reputation, and Common Agency Contracting in the Scientific Revolution." Unpublished manuscript, Stanford University.

———. 2008. "The Historical Origins of 'Open Science': An Essay on Patronage, Reputation and Common Agency Contracting in the Scientific Revolution." *Capitalism and Society* Vol. 3, No. 2, pp. 1–103.

Davids, Karel. 2013. *Religion, Technology and the Great and Little Divergences*. Leiden and Boston: Brill.

Davy, Humphry. 1840. "Sketch of the Character of Lord Bacon." In *The Collected Works of Sir Humphry Davy*, edited by John Davy. London: Smith, Elder & Co., Vol. 7, pp. 121–22.

Dear, Peter. 1995. *Discipline and Experience: the Mathematical Way in the Scientific Revolution*. Chicago: University of Chicago Press.

———. 2006. *The Intelligibility of Nature: How Science Makes Sense of the World*.

Chicago: University of Chicago Press.

Deaton, Angus. 2011. "Aging, Religion, and Health." In David A. Wise, ed., *Explorations in the Economics of Aging*. Chicago: University of Chicago Press, pp. 237–62.

De Bary, W. Theodore. 1975a. "Introduction." In W. Theodore De Bary, ed., *The Unfolding of Neo-Confucianism*. New York: Columbia University Press, pp.1–36.

De Bary, W. Theodore. 1975b. "Neo-Confucian Cultivation and the Seventeenth-century 'Enlightenment.'" In W. Theodore De Bary, ed., *The Unfolding of Neo-Confucianism*. New York: Columbia University Press, pp. 141–206.

Debus, Allen G. 1978. *Man and Nature in the Renaissance*. Cambridge: Cambridge University Press.

———. 2002. *The Chemical Philosophy: Paracelsian Science and Medicine in the Sixteenth and Seventeenth Centuries*. Second ed. New York: Science History Publications.

DeJean, Joan. 1997. *Ancients Against Moderns: Culture Wars and the Making of a Fin de Siècle*. Chicago: University of Chicago Press.

Delambre, J. B. [1816] 1867. "Notice sur la vie et les ouvrages de M. le comte J. L. Lagrange." In *Oeuvres de Lagrange*, Paris: Gauthiers-Villars, Vol. 1, pp. ix–li.

Delatour, Jérôme. 2005a. "Le Cabinet des Frères Dupuy." *Sciences et Techniques en Perspective* Vol. 9, No. 1, pp. 287–328.

———. 2005b. "Le Cabinet des Frères Dupuy." *Revue d'Histoire des Facultés de Droit et de la Science Juridique* Vol. 25–26, pp. 157–200.

Delmedigo, Joseph Salomon. 1629. *Sefer Elim*. https://archive.org /stream/seferelim00delmuoft#page/135/mode/2up, accessed Nov. 23, 2014.

Deming, David. 2005. "Born to Trouble: Bernard Palissy and the Hydrologic Cycle." *Ground Water* Vol. 43, No. 6, pp. 969–72.

Deng, Kent. 2009. "Movers and Shakers of Knowledge in China during the Ming-Qing Period." *History of Technology* Vol. 29, pp. 57–79.

Denonaine, Jean-Jacques. 1982. "Thomas Browne and the Respublica Litteraria." *English Language Notes* Vol. 19, No. 4, pp. 370–81.

Desaguliers, John Theophilus. 1745. *A Course of Experimental Philosophy,* second ed. London: Printed for W. Innys and others.

Descartes, René. 2000. *Philosophical Essays and Correspondence*. Edited by Roger Ariew. Indianapolis, IN: Hackett.

———. [1641] 2005. *Discourse on Method and Meditations on First Philosophy*. Translated by Elizabeth Haldane. Stilwell, KS: Digireads.

Deutsch, David. 2011. *The Beginning of Infinity: Explanations that Transform the World*. New York: Penguin.

Devlin, Keith. 2000. *The Language of Mathematics: Making the Invisible Visible*. New York: Henry Holt.

De Vries, Jan. 2008. *The Industrious Revolution: Consumer Behavior and the Household Economy, 1650 to the Present*. Cambridge: Cambridge University Press.

———. 2015. "Escaping the Great Divergence." *Tijdschrift voor Sociale en Economische Geschiedenis* Vol. 12, No. 2, pp. 39–49.

De Pleijt Alexandra M., and Jan Luiten van Zanden. 2013. "The Story of Two Transitions: Unified Growth Theory and the European Growth Experience, 1300-1870." Unpublished ms., Utrecht University.

De Saeger, David. 2008. "The Imperial Examinations and Epistemological Obstacles." *Philosophica* Vol. 82, No. 2, pp. 55–85.

Dharampal. 1971. *Indian Science and Technology in the Eighteenth Century*. Goa: Other India Press.

Dibon, Paul. 1978. "Communication in the *Respublica literaria* of the 17th Century." *Res Publica Litterarum: Studies in the Classical Tradition*. Vol. I, pp. 43–55.

Dick, Malcolm. n.d. "The Lunar Society and the Anti-slavery Debate." http://www.search. revolutionaryplayers.org.uk, accessed Nov. 23, 2013.

Diderot, Denis. [1751] 2003. "Arts" in the *Encyclopédie ou Dictionnaire raisonné des sciences, des arts et des métiers*. Vol. 1 Reprinted in *The Encyclopedia of Diderot & d'Alembert, Collaborative Translation Project,* translated by Nelly S. Hoyt and Thomas Cassirer. Ann Arbor: Michigan Publishing, University of Michigan Library. <http://hdl.handle.net/2027/spo.did2222.0000.139>, accessed June 24, 2014, n.p.

Dieckmann, Herbert. 1943. "The Influence of Francis Bacon on Diderot's *Interprétation de la Nature*." *Romanic Review* Vol. 34, pp. 303–30.

Dijksterhuis, Fokko Jan. 2007. "Constructive Thinking: A Case for Dioptrics." In Lissa Roberts, Simon Schaffer, and Peter Dear, eds., *The Mindful Hand: Inquiry and Invention from the Late Renaissance to Early Industrialization.* Amsterdam: Royal Netherlands Academy of Arts and Sciences.

Dikötter, Frank. 2003. "China." In Roy Porter, ed., *The Cambridge History of Science,* Vol. 4: *Eighteenth-century Science.* Cambridge: Cambridge University Press, pp. 688–98.

Dittmar, Jeremiah. 2011. "Information Technology and Economic Change: The Impact of the Printing Press." *Quarterly Journal of Economics* Vol. 126, No. 3, pp. 1033–72.

Dobbs, Betty Jo Teeter. 2000. "Newton as Final Cause and Prime Mover." In Margaret J. Osler, ed., *Rethinking the Scientific Revolution*. Cambridge: Cambridge University Press, pp. 25–39.

Dobbs, Betty Jo Teeter, and Margaret C. Jacob. 1995. *Newton and the Culture of Newtonianism.* New York: Humanity Books.

Doepke, Matthias and Zilibotti Fabrizio. 2008. "Occupational Choice and the Spirit of Capitalism," *Quarterly Journal of Economics* Vol. 123, No. 2, pp. 747–93.

Dooley, Brendan. 2003. "The *Storia Letteraria d'Italia* and the Rehabilitation of the Jesuit Science." In Mordechai Feingold, ed., *Jesuit Science and the Republic of Letters.* Cambridge, MA: MIT Press, pp. 433–73.

Dougharty, John. 1750. *The General Gauger: or, the Principles and Practice of Gauging Beer, Wine, and Malt,* sixth ed. London: Printed for John and Paul Knapton.

Dupré, Louis. 2004. *The Enlightenment and the Intellectual Foundations of Modern Culture.* New Haven, CT: Yale University Press.

Durham, William H. 1992. "Applications of Evolutionary Culture Theory." *Annual Reviews of Anthropology* Vol. 21, pp. 331–55.

Eamon, William. 1985. "Science and Popular Culture in Sixteenth Century Italy: The 'Professors of Secrets' and Their Books." *The Sixteenth Century Journal* Vol. 16, No. 4, pp. 471–85.

———. 1991. "Court, Academy and Printing House: Patronage and Scientific Careers in Late Renaissance Italy." In Bruce T. Moran, ed., *Patronage and Institutions: Science, Technology and Medicine at the European Court, 1500–1750.* Rochester, NY: Boydell Press, pp. 25–50.

———. 1994. *Science and the Secrets of Nature.* Princeton, NJ: Princeton University Press.

Easterlin, Richard. 1981. "Why Isn't the Whole World Developed?" *Journal of*

Economic History Vol. 41, No. 1, pp. 1–19.

Easterly, William. 2001. *The Elusive Quest for Growth*. Cambridge, MA: MIT Press.

Edinburgh Review, 1851. "Review of the Official Catalogue of the Great Exhibition of the Works of Industry of All Nations." *Edinburgh Review* No. 192, pp. 285–306.

Eisenstein, Elizabeth. 1979. *The Printing Press as an Agent of Change*. Cambridge: Cambridge University Press.

Eldredge, Niles. 1995. *Reinventing Darwin: The Great Evolutionary Debate*. London: Weidenfeld and Nicholson.

Elman, Benjamin A. 1994. "Changes in Confucian Civil Service Examinations from the Ming to the Ch'ing Dynasty." In Alexander Woodside and Benjamin A. Elman, eds., *Education and Society in Late Imperial China, 1600–1900*. Berkeley: University of California Press, pp. 111–48.

———. 2000. *A Cultural History of Civil Examinations in Late Imperial China*. Berkeley: University of California Press.

———. 2001. *From Philosophy to Philology: Intellectual and Social Aspects of Change in Late Imperial China*, second ed. Los Angeles: UCLA Asia-Pacific Institute.

———. 2005. *On Their Own Terms: Science in China, 1550–1900*. Cambridge, MA: Harvard University Press.

———. 2006. *A Cultural History of Modern Science in China*. Cambridge, MA: Harvard University Press.

———. 2010. "The Investigation of Things, Natural Studies, and Evidential Studies in Late Imperial China." In Hans Ulrich Vogel and Günter Dux, eds., *Concepts of Nature: A Chinese-European Cross-Cultural Perspective*. Leiden and Boston: Brill, pp. 368–99.

———. 2013. *Civil Examinations and Meritocracy in Late Imperial China*. Cambridge, MA: Harvard University Press.

Elvin, Mark. 1973. *The Pattern of the Chinese Past*. Stanford, CA: Stanford University Press.

———. 1996. *Another History: Essays on China from a European Perspective*.Broadway, NSW, Australia: Wild Peony Press.

———. 2004. *Retreat of the Elephants: an Environmental History of China*. New Haven, CT: Yale University Press.

Engelfriet, Peter M. 1998. *Euclid in China: The Genesis of the First Chinese Translation of Euclid's Elements*. Leiden: Brill.

Epstein, Stephan R. 2013. "Transferring Technical Knowledge and Innovating in Europe, c. 1200–c. 1800." In Maarten Prak and Jan Luiten van Zanden, eds., *Technology, Skills and the Pre-modern Economy*. Leiden: Brill, pp. 25–67.

Evans, R.J.W. 1973. *Rudolf II and His World*. Oxford: Oxford University Press. Rep. ed., 1997.

Evelyn, John. 1661. "Translator's Preface." In Gabriel Naudé, *Instructions Concerning Erecting of a Library*. London: G. Bedle and T. Collins.

———. [1664] 1679. *Sylva or a Discourse of Forest Trees*. London: Printed for John Martyn, printer for the Royal Society.

Fara, Patricia. 2002. *Newton: The Making of a Genius*. New York: Columbia University Press.

———. 2004. "Desaguliers, John Theophilus (1683–1744)." In *Oxford Dictionary of National Biography*. Oxford: Oxford University Press.

Farrington, Benjamin. [1951] 1979. *Francis Bacon: Philosopher of Industrial Science*. New York: Farrar, Straus and Giroux.

Feingold, Mordechai. 2003. "Jesuits: Savants." In Mordechai Feingold, ed., *Jesuit Science and the Republic of Letters*. Cambridge, MA: MIT Press, pp. 1–45.

———. 2004. *The Newtonian Moment: Isaac Newton and the Making of Modern Culture*. New York: Oxford University Press.

———. 2010. "The War on Newton." *Isis* Vol. 1010, No. 1, pp. 175–86.

Fernández, Raquel.2008. "Culture and Economics." In Steven N. Durlauf and Lawrence E. Blume, eds., *The New Palgrave Dictionary of Economics*, second edition http://www.dictionaryofeconomics.com/article?id=pde2008_E000282, accessed July 12, 2015.

———. 2011. "Does Culture Matter?" In Jess Benhabib, Matthew O. Jackson, and Alberto Bisin, eds., *Handbook of Social Economics*. Amsterdam: North-Holland, Vol. 1A, pp. 481–510.

Ferrone, Vincenzo. 2015. *The Enlightenment: History of an Idea*. Princeton, NJ: Princeton University Press.

Findlen, Paula. 2004, ed. *Athanasius Kircher: The Last Man Who Knew Everything*. New York: Routledge.

Fontenelle, Bernard Le Bovier de. 1719. *Conversations with a Lady, on the Plurality of Worlds, to Which is Also Added, a Discourse Concerning the Antients and Moderns. Written by the Same Author*. London: Printed for J. Darby.

———. [1727] 1728. "Éloge de M. Neuton." In *The Life of Sir Isaac Newton*, London: printed for James Woodman, pp. 1–23.

Fowler, James and Darren Schreiber. 2008. "Biology, Politics, and the Emerging Science of Human Nature." *Science*, Vol. 322 (Nov. 7), pp. 912–14.

Frängsmyr, Tore, J.L. Heilbron, and Robin E. Rider. 1990. *The Quantifying Spirit in the 18th Century*. Berkeley: University of California Press.

Frank, Robert G. Jr. 1979. "The Image of Harvey in Commonwealth and Restauration England." In Jerome Bylebyl, ed., *William Harvey and His Age*. Baltimore: Johns Hopkins University Press, pp. 103–44.

Franklin, Benjamin, [1780] 1840. "True Science and its Progress—Inconveniences Attend all Situations in Life." In *The Works of Benjamin Franklin*, edited by Jared Sparks. Boston: Hilliard, Gray and Company, Vol. 8, p. 418.

Freud, Sigmund. [1930] 1961. *Civilization and Its Discontent*. New York: W. W. Norton.

Fumaroli, Marc. 2001. "Les Abeilles et les Araignées." In Anne-Marie, Lecoq, ed., *La Querelle des Anciens et des Modernes*. Paris: Gallimard, pp. 7–220.

———. 2015. *La République des Lettres*. Paris: Gallimard.

Futuyma, Douglas J. 1986. *Evolutionary Biology*. Sunderland, MA: Sinauer Publishers.

Galor, Oded. 2011. *Unified Growth Theory*. Princeton, NJ: Princeton University Press.

Galor, Oded and Omer Moav. 2002. "Natural Selection and the Origins of Economic Growth." *Quarterly Journal of Economics* Vol. 117, No. 4, pp. 1133–91.

———. 2006. "Das Human Kapital: A Theory of the Demise of the Class Structure." *Review of Economic Studies* Vol. 73, No. 1, pp. 85–117.

Gans, Joshua S. and Scott Stern. 2003. "The Product Market and the 'Market for Ideas': Commercialization Strategies for Technology Entrepreneurs" *Research Policy* Vol. 32, pp. 333–50.

Gascoigne, John. 1994. *Joseph Banks and the English Enlightenment*. Cambridge: Cambridge University Press.

———. 2003. "Ideas of Nature: Natural Philosophy." In Roy Porter, ed., *The Cambridge History of Science*, Vol. 4: *Eighteenth-Century Science*. Cambridge: Cambridge University Press, pp. 285–304.

Gaukroger, Stephen. 2001. *Francis Bacon and the Transformation of Early-Modern Philosophy*. Cambridge: Cambridge University Press.

———. 2006. *The Emergence of a Scientific Culture*. Oxford: Oxford University Press.

Gauss, Christian, ed., 1920. *Selections of the Works of Jean-Jacques Rousseau*, second ed. Princeton, NJ: Princeton University Press.

Gay, Peter. 1966. *The Enlightenment.* Vol 1: *An Interpretation: the Rise of Modern Paganism*, New York: Alfred A. Knopf.

———. 1969. *The Enlightenment.* Vol. 2: *The Science of Freedom*. New York: W. W. Norton.

Gernet, Jacques. 1982. *A History of Chinese Civilization*. Cambridge: Cambridge University Press.

Gibbon, Edward. 1789. *The History of the Decline and Fall of the Roman Empire*, new ed., 3 vols. London: Printed for A. Strahan and T. Cadell.

Giglioni, Guido. 2010. "The First of the Moderns or the Last of the Ancients? Bernardino Telesio on Nature and Sentience." *Bruniana & Campanelliana* Vol. 16, No. 1, pp. 69–87.

Gilbert, William. [1600] 1893. *De Magnete*, translated by P. Fleury Mottelay. London: Bernard Quaritch.

Gillispie, Charles Coulston. 1960. *The Edge of Objectivity: An Essay on the History of Scientific Ideas*. Princeton, NJ: Princeton University Press.

———. 1980. *Science and Polity in France at the End of the Old Regime*. Princeton, NJ: Princeton University Press.

Giuliano, Paola. 2016. Review of Peter J. Richerson and Morten H. Christiansen, 2013. *Journal of Economic Perspectives* Vol. 54, No. 2, pp. 522–33.

Glaeser, Edward L. 2005. "The Political Economy of Hatred." *Quarterly Journal of Economics* Vol. 120, No. 1, pp. 45–86.

Glaeser, Edward L, R. La Porta, F. Lopez-de-Silanes, and Andrei Shleifer. 2004. "Do Institutions Cause Growth?" *Journal of Economic Growth* Vol. 9, pp. 271–303.

Glanvill, Joseph. 1661. *The Vanity of Dogmatizing*. London: Printed by E. C. for Henry Eversden.

———. 1665. *Scepsis Scientifica, or, Confest Ignorance, the Way to Science.* London: Printed by E. Cotes for Henry Eversden.

———. 1668. *Plus Ultra, or, The Progress and Advancement of Knowledge since the Days of Aristotle.* London: Printed for James Collins.

Glass, Bentley. 2008. "Maupertuis, Pierre Louis Moreau De." In Charles C. Gillispie, ed., *Complete Dictionary of Scientific Biography*. Detroit: Charles Scribner's Sons,Vol. 9, pp. 186–89.

Goldgar, Anne. 1995. *Impolite Learning: Conduct and Community in the Republic of Letters, 1680–1750.* New Haven, CT: Yale University Press.

Goldschmidt, Richard B. 1940. *The Material Basis of Evolution*, reprinted, 1982. New Haven, CT: Yale University Press.

Goldstone, Jack A. 2002. "Efflorescences and Economic Growth in World History: Rethinking the 'Rise of the West' and the Industrial Revolution." *Journal of World History* Vol. 13, No. 2, pp. 323–89.

———. 2009. *Why Europe? The Rise of the West in World History, 1500–1850.* Boston: McGraw-Hill.

———. 2012. "Divergence in Cultural Trajectories: The Power of the Traditional within the Early Modern." In David Porter, ed. *Comparative Early Modernities.* New York: Palgrave-Macmillan, pp. 165–92.

Golinsky, Jan. 1995. "'The Nicety of Experiment': Precision of Measurement and Precision of Reasoning in late Eighteenth-Century Chemistry." In M. Norton Wise, ed., *The Values of Precision*. Princeton, NJ: Princeton University Press, pp. 72–91.

Goodman, Dena. 1991. "Governing the Republic of Letters: The Politics of Culture in the French Enlightenment." *History of European Ideas* Vol. 13, No. 3, pp. 183–99.

———. 1994. *The Republic of Letters: A Cultural History of the French Enlightenment.* Ithaca, NY: Cornell University Press.

Goody, Jack. 2009. *Renaissances: The One or the Many?* Cambridge: Cambridge University Press.

———. 2010. *The Eurasian Miracle.* Cambridge: Polity Press.

Gorodnichenko, Yuriy and Gerard Roland. 2011. "Culture, Institutions, and the Wealth of Nations." NBER Working Papers 16368, unpublished ms.

Gough J. B. 2008. "Réaumur, René-Antoine Ferchault de." In Charles C. Gillispie, ed., *Complete Dictionary of Scientific Biography.* Gale Virtual Reference Library. Detroit: Charles Scribner's Sons. Vol. 11, pp. 327–35.

Grafe, Regina. 2012. *Distant Tyranny: Markets, Power, and Backwardness in Spain, 1650–1800.* Princeton, NJ: Princeton University Press.

Grafton, Anthony. 1983. "Protestant versus Prophet: Isaac Casaubon on Hermes Trismegistus." *Journal of the Warburg and Courtauld Institutes* Vol. 46, pp. 78–93.

———. 2009a. "A Sketch Map of a Lost Continent: the Republic of Letters." *The Republic of Letters: a Journal for the Study of Knowledge, Politics, and the Arts,* Vol. 1, No. 1, pp. 1–18. Reprinted in *Worlds Made by Words: Scholarship and Community in the Modern West.* Cambridge, MA: Harvard University Press, pp. 9–34.

———. 2009b. "Where was Salomon's House? Ecclesiastical History and the Origins of Bacon's New Atlantis." Reprinted in *Worlds Made by Words: Scholarship and Community in the Modern West.* Cambridge, MA: Harvard University Press, pp. 98–113.

———. 2015. "A Hero of the European Mind." *New York Review of Books.*" Nov. 19.

Granovetter, Mark S. 1973. "The Strength of Weak Ties." *American Journal of Sociology* Vol. 78, no. 6, pp. 1360–80.

———. 1983. "The Strength of Weak Ties: A Network Theory Revisited." *Sociological Theory* Vol. 1, pp. 201–33.

———. 2005. "The Impact of Social Structure on Economic Outcomes." *Journal of Economic Perspectives* Vol. 19, No.1, pp. 33–50.

Grant, Edward. 2003. "The Partial Transformation of Medieval Cosmology by Jesuits in the Sixteenth and Seventeenth Centuries." In Mordechai Feingold, ed., *Jesuit Science and the Republic of Letters.* Cambridge, MA: MIT Press, pp. 127–55.

Greene, Kevin. 2000. "Technological Innovation and Economic Progress in the Ancient World: M. I. Finley Re-considered." *Economic History Review* Vol. 53, No. 1, pp. 29–59.

Greengrass, Mark. 2004. "Woodward, Hezekiah (1591/2–1675)." *Oxford Dictionary of National Biography*. Oxford: Oxford University Press.

Greengrass, Mark, Michael Leslie, and Timothy Raylor, eds. 1994. *Samuel Hartlib and Universal Reformation.* Cambridge: Cambridge University Press.

Greif, Avner. 1994. "Cultural Beliefs and the Organization of Society: a Historical and Theoretical Reflection on Collectivist and Individualist Societies." *Journal of Political Economy* Vol. 102, No. 5, pp. 912–50.

———. 2005. *Institutions and the Path to the Modern Economy: Lessons from Medieval Trade.* Cambridge: Cambridge University Press.

———. 2009. "Morality and Institutions." Unpublished ms., Stanford University.

______. 2012. "A Theory of Moral Authority: Moral Choices under Moral Networks Externalities." unpublished ms., Stanford University.

Greif, Avner, and Guido Tabellini. 2014. "The Clan and the City: Sustaining Cooperation in China and Europe." Unpublished ms.

Greif, Avner, and Steven Tadelis. 2010. "A Theory of Moral Persistence: Crypto-Morality and Political Legitimacy." *Journal of Comparative Economics* Vol. 38, pp. 229–44.

Grell, Ole Peter. 2007. "In Search of True Knowledge: Ole Worm (1588–1654) and the True Philosophy." In Pamela H. Smith and Benjamin Schmidt, eds., *Making Knowledge in Early Modern Europe.* Chicago: University of Chicago Press, pp. 214–32.

Guerrini, Anita. 2004a. "Keill, James (1673–1719)." In *Oxford Dictionary of National Biography.* Oxford: Oxford University Press.

———. 2004b. "Cheyne, George (1671/2–1743)." In *Oxford Dictionary of National Biography.* Oxford: Oxford University Press.

Guiso, Luigi, Paola Sapienza, and Luigi Zingales. 2006. "Does Culture Affect Economic Outcomes?" *The Journal of Economic Perspectives* Vol. 20, No. 2, pp. 23–48.

———. "Social Capital as Good Culture." Proceedings of the Twenty-Second Annual Congress of the European Economic Association. *Journal of the European Economic Association,* Vol. 6, No. 2/3, pp. 295–320.

Gundersheimer, Werner L. 1966. *The Life and Works of Louis Le Roy.* Geneva: Librairie Droz.

Haberman, Jacob. 2007. "Delmedigo, Joseph Solomon." In *Encyclopaedia Judaica,* Michael Berenbaum and Fred Skolnik, eds., second ed. Detroit: Macmillan Reference Vol. 5, pp. 543–44.

Habermas, Jürgen. 1989. *The Structural Transformation of the Public Sphere.* Cambridge, MA: MIT Press.

Hahn, Roger. 1986. "Laplace and the Mechanistic Universe." In David C. Lindberg and Ronald L. Numbers, eds., *God and Nature: Historical Essays on the Encounter between Christianity and Science.* Berkeley: University of California Press, pp. 256–76.

———. 1990. "The Age of Academies." In Tore Frängsmyr, ed., *Solomon's House Revisited.* Canton, MA: Science History Publications, pp. 3–12.

Hakewill, George. 1627. *An Apologie of the Power and Providence of God in the Government of the World.* Oxford: Printed by John Lichfield and William Turner.

Hall, A. Rupert. 1974. "What Did the Industrial Revolution in Britain Owe to Science?" In Neil McKendrick, ed., *Historical Perspectives: Studies in English Thought and Society.* London: Europa Publications, pp. 129–51.

Halley, Edmund. [1687] 1934. "Ode to Newton," translated by Leon J. Richerson. http://www.vrijmetselaarsgilde.eu/Maconnieke%20Encyclopedie/NMAP~1/Newtonis/EHOde.html.N.p. accessed Aug. 28, 2013.

Hankins, Thomas L. 2008. "Lalande, Joseph-Jérôme Lefrançais de." In Charles C. Gillespie, ed. *Complete Dictionary of Scientific Biography.* Detroit: Charles

Scribner's Sons, Vol. 7, pp. 579–82.
Harford, Tim. 2016. "How Politicians Poisoned Statistics." *Financial Times* April 16/17 2016, pp. 16–17.
Harkness, Deborah. 2007. *The Jewel House: Elizabethan London and the Scientific Revolution.* New Haven, CT and London: Yale University Press.
Harris, Judith Rich. 2009. *The Nurture Assumption: Why Children Turn Out the Way They Do,* second edition. New York: Free Press.
Hauk, Esther, and Maria Saez-Marti. 2002. "On the Cultural Transmission of Corruption." *Journal of Economic Theory* Vol. 107, pp. 311–35.
Headley, John M. 1997. *Tommaso Campanella and the Transformation of the World.* Princeton, NJ: Princeton University Press.
Headrick, Daniel R. 2000. *When Information Came of Age: Technologies of Knowledge in the Age of Reason and Revolution, 1700–1850.* New York: Oxford University Press.
Hegel, Georg Wilhelm Friedrich [1805–1806] 1892-6. *Lectures on the History of Philosophy* translated by Elizabeth S. Haldane, 3 vols. London: Kegan Paul, Trench, Trübner and Co.
Heilbron, J. L. 1990. "Introductory Essay." In Tore Frängsmyr, J. L. Heilbron, and Robin E. Rider, eds., *The Quantifying Spirit in the 18th Century.* Berkeley: University of California Press, pp. 1–23.
———. 2003a. "Academies and Learned Societies." In J. L. Heilbron, ed., *The Oxford Companion to the History of Modern Science.* Oxford and New York: Oxford University Press, pp. 1–5.
———. 2003b. "Experimental Philosophy." In J. L. Heilbron, ed., *The Oxford Companion to the History of Modern Science.* Oxford and New York: Oxford University Press, pp. 286–88.
Helsham, Richard. 1755. *A Course of Lectures in Natural Philosophy.* London: Printed for J. Nourse at the Lamb.
Henrich, Joseph. 2001 "Cultural Transmission & the Diffusion of Innovation." *American Anthropologist* Vol. 103, pp. 992–1013.
———. 2004. "Demography and Cultural Evolution: How Adaptative Cultural Processes Can Produce Maladaptive Losses—the Tasmanian Case." *American Antiquity* Vol. 69, No. 2, pp. 197–214.
———. 2009. "The Evolution of Innovation-Enhancing Institutions." In Stephen Shennan and Michael O'Brien, eds., *Innovation in Cultural Systems: Contributions from Evolutionary Anthropology.* Altenberg Workshops in Theoretical Biology. Cambridge, MA: MIT Press.
Henrich, Joseph, and Natalie Henrich. 2006. "Culture, Evolution, and the Puzzle of Human Cooperation." *Cognitive Systems Research* Vol. 7, pp. 220–45.
Henrich, Joseph, Robert Boyd, and Peter J. Richerson, 2008. "Five Misunderstandings about Cultural Evolution." *Human Nature* Vol. 19, No. 2, pp. 119–37.
Henrich, Joseph et al. 2001. "In Search of Homo Economicus: Behavioral Experiments in 15 Small-Scale Societies." *American Economic Review* Vol. 91, No. 2, pp. 73–78.
Henry, John. 2002. *Knowledge Is Power: How Magic, the Government and an Apocalyptic Vision Inspired Bacon to Create Modern Science.* Cambridge: Icon Books.
———. 2008. *The Scientific Revolution and the Origins of Modern Science,* third ed. Basingstoke, UK: Palgrave Macmillan.
Hetherington, Norriss S. 1983. "Isaac Newton's Influence on Adam Smith's Natural

Laws in Economics." *Journal of the History of Ideas* Vol. 44, No. 3, pp. 497–505.

Hilaire-Pérez, Liliane. 2007. "Technology as Public Culture." *History of Science* Vol. 45, pt. 2, No. 148, pp. 135–53.

Hill, Christopher. 1965. *Intellectual Origins of the English Revolution*. Oxford: Clarendon Press.

———. 1967. *Reformation to Industrial Revolution*. Harmondsworth, UK: Penguin.

Ho, Peng Yoke. 1993. "Kuo Shou-Ching." In Igor de Rachewiltz et al., eds., *In the Service of the Khan: Eminent Personalities of the Early Mongol-Yüan Period (1200–1300)*. Wiesbaden: Harrassowitz Verlag, pp. 282–99.

Hodgson, Geoffrey M. and Thorbjørn Knudsen. 2010. *Darwin's Conjecture: the Search for General Principles of Social and Economic Evolution*. Chicago: University of Chicago Press.

Hoffman, Philip T. 2015. *Why Did Europe Conquer the World?* Princeton, NJ: Princeton University Press.

Home, R. W. 2003. "Mechanics and Experimental Physics." In Roy Porter, ed., *The Cambridge History of Science,* Vol. 4: *Eighteenth-Century Science*. Cambridge: Cambridge University Press, pp. 354–74.

Hont, Istvan. 2005. *Jealousy of Trade: International Competition and the Nation-State in Historical Perspective*. Cambridge, MA: Harvard University Press.

Hooke, Robert. 1667. *Micrographia: Or Some Physiological Descriptions of Minute Bodies Made by Magnifying Glasses*. London: Printed for John Martyn.

———. 1705a. "The Present state of Natural Philosophy, and How Its Defects May Be Remedied." In *The Posthumous Works of Robert Hooke, M.D. S.R.S.* London: printed by Sam. Smith and Benj. Walford, pp. 3–185.

———. 1705b. "A Discourse on Earthquakes." In *The Posthumous Works of Robert Hooke, M.D. S.R.S.* London: printed by Sam. Smith and Benj. Walford, pp. 250–429.

Hooykaas, R. [1956], 1990. "Science and Reformation." *Journal of World History* Vol. 3, pp. 109–39. Repr. in I. Bernard Cohen, ed. 1990. *Puritanism and the Rise of Modern Science*. New Brunswick: Rutgers University Press, pp. 189–208.

———. 1972. *Religion and the Rise of Modern Science*. Edinburgh: Scottish Academic Press.

Hornung, Erik. 2014. "Immigration and the Diffusion of Technology: The Huguenot Diaspora in Prussia." *American Economic Review* Vol. 104, No.1, pp. 84–122.

Houghton, Walter E., Jr. 1942. "The English Virtuoso in the Seventeenth Century, pts. I and II," *Journal of the History of Ideas* Vol. 3, No. 1, pp. 51–73, 190–217.

Huang, Martin W. 1998. "Stylization and Invention: the Burden of Self-Expression in *The Scholars*." In Roger T. Ames, Thomas P. Kasulis, and Wimal Dissanayake, eds., *Self as Image in Asian Theory and Practice*. Albany: State University of New York Press, pp. 89–112.

Huang, Ray. 1981. *1587: A Year of No Significance*. New Haven, CT: Yale University Press.

Hucker, Charles O. 1975. *China's Imperial Past*. Stanford, CA: Stanford University Press.

Huff, Toby. 2011. *Intellectual Curiosity and the Scientific Revolution*. Cambridge: Cambridge University Press.

Hughes, Jonathan R. T. 1986. *The Vital Few: the Entrepreneur and American Progress*. Expanded Edition. Oxford: Oxford University Press.

Huizinga, Johan. [1924] 1984. *Erasmus and the Age of Reformation. With a selection from the letters of Erasmus.* Translated from the Dutch by F. Hopman. Princeton, NJ: Princeton University Press (Princeton Legacy Library).

Hume, David. [1742] 1985. "Of the Rise and Progress of the Arts and Sciences." In David Hume, *Essays: Moral, Political and Literary*, edited by Eugene F. Miller. Indianapolis: Liberty Fund, pp. 111–37.

———. [1754] 1985. ""Of the Populousness of Ancient Nations." In *Essays: Moral, Political and Literary*, edited by Eugene F. Miller. Indianapolis: Liberty Fund, pp. 377–464.

Hunter, Michael. 1981. *Science and Society in Restoration England.* Cambridge: Cambridge University Press.

———. 1989. *Establishing the New Science: the Experience of the Early Royal Society.* Woodbridge, UK: Boydell Press.

———. ed. 1994. *Robert Boyle Reconsidered.* Cambridge: Cambridge University Press.

———. 1995a. "The Debate over Science." *In Science and the Shape of Orthodoxy: Intellectual Change in Late Seventeenth-Century Britain.* Woodbridge, UK: Boydell Press, pp. 101–19.

———. 1995b. "First Steps in Institutionalization: The Royal Society of London." In *Science and the Shape of Orthodoxy: Intellectual Change in Late Seventeenth-Century Britain.* Woodbridge, UK: Boydell Press, pp. 120–34.

———. 1995c. "The Early Royal Society and the Shape of Knowledge." In *Science and the Shape of Orthodoxy: Intellectual Change in Late Seventeenth-Century Britain.* Woodbridge, UK: Boydell Press, pp. 169–79.

———. 1995d. "John Evelyn in the 1650s: a Virtuoso in Search of a Role." In *Science and the Shape of Orthodoxy: Intellectual Change in Late Seventeenth-Century Britain.* Woodbridge, UK: Boydell Press, pp. 67–98.

———. 2009. *Boyle: Between God and Science.* New Haven, CT: Yale University Press.

Iliffe Robert. 1995. "'Is He Like Other Men?' The Meaning of the *Principia Mathematica* and the Author as Idol." In Gerald MacLean, ed., *Culture and Society in the Stuart Restoration.* Cambridge: Cambridge University Press, pp. 159–76.

———. 2003. "Philosophy of Science." In Roy Porter, ed., *The Cambridge History of Science,* Vol.4: *Eighteenth-century Science.* Cambridge: Cambridge University Press, pp. 267–84.

Im Hoff, Ulrich. 1994. *The Enlightenment.* Oxford: Blackwell.

Inkster, Ian. 1991. *Science and Technology in History: An Approach to Industrial Development.* New Brunswick, NJ: Rutgers University Press.

Israel, Jonathan. 2010. *A Revolution of the Mind.* Princeton, NJ: Princeton University Press.

Itard, Jean. 2008. "Clairaut, Alexis-Claude." In Charles C. Gillespie, ed., *Complete Dictionary of Scientific Biography.* Detroit: Charles Scribner's Sons, Vol. 3 pp. 281–86.

Jablonka, Eva, and Marion J. Lamb. 2005. *Evolution in Four Dimensions: Genetic, Epigenetic, Behavioral, and Symbolic Variation in the History of Life.* Cambridge, MA: MIT Press.

Jacob, Margaret C. 1986. "Christianity and the New Worldview." In David C. Lindberg and Ronald L. Numbers, eds., *God and Nature: Historical Essays on the Encounter between Christianity and Science.* Berkeley: University of California Press, pp. 238–55.

———. 1988. *The Cultural Meaning of the Scientific Revolution.* New York: Alfred A.

Knopf.

———. 1991. *Living the Enlightenment: Freemasonry and Politics in Eighteenth-Century Europe*. New York: Oxford University Press.

———. 1997. *Scientific Culture and the Making of the Industrial West*. second ed., New York: Oxford University Press.

———. 1998. "The Cultural Foundations of Early Industrialization." In Maxine Berg and Kristin Bruland, eds., *Technological Revolutions in Europe*, Cheltenham, UK: Edward Elgar, pp. 67–85.

———. 2000a. "Commerce, Industry, and the Laws of Newtonian Science: Weber Revisited and Revised." *Canadian Journal of History* Vol. 35, No. 2 pp. 275–92.

———. 2000b. "The Truth of Newton's Science and the Truth of Science's History." In Margaret J. Osler, ed., *Rethinking the Scientific Revolution*. Cambridge: Cambridge University Press.

———. 2006. *Strangers Nowhere in the World: The Rise of Cosmopolitanism in Early Modern Europe*. Philadelphia: University of Pennsylvania Press.

———. 2007. "Mechanical Science of the Factory Floor." *History of Science*, Vol. 45, part 2, No. 148, pp. 197–221.

———. 2014. *The First Knowledge Economy*. Cambridge: Cambridge University Press.

Jacob, Margaret C., and Larry Stewart. 2004. *Practical Matter: Newton's Science in the Service of Industry and Empire, 1687–1851*. Cambridge, MA: Harvard University Press.

Jami, Catherine. 1994. "Learning Mathematical Sciences during the Early and Mid-Ch'ing." In Alexander Woodside and Benjamin A. Elman, eds., *Education and Society in Late Imperial China, 1600–1900*. Berkeley: University of California Press, pp. 223–54.

———. 2012. *The Emperor's New Mathematics: Western Learning and Imperial Authority during the Kangxi Reign (1662–1722)*. Oxford: Oxford University Press.

Jami, Catherine, Peter Engelfriet, and Gregory Blue. 2001. "Introduction." In Catherine Jami, Peter Engelfriet, and Gregory Blue, eds., *Statecraft and Intellectual Renewal in Late Ming China: The Cross-Cultural Synthesis of Xu Guangqi (1562–1633)*. Leiden: Brill, pp. 1–15.

Janiak, Andrew. 2006. "Newton's Philosophy." In Edward N. Zalta, ed., *The Stanford Encyclopedia of Philosophy*, http://plato.stanford.edu/archives/win2009/entries/Newton-philosophy/, accessed Nov. 29, 2013.

Jefferson, Thomas. 1789. "Letter to John Trumbull, dated Feb. 15, 1789." http://www.loc.gov/ exhibits/jefferson/18.html, accessed Sep. 3, 2013.

Jenyns, Soame. 1761. *A Free Inquiry into the Nature and Origin of Evil*, fourth edition. London: R. and J. Dodsley.

Jiang, Jin. 2001. "Heresy and Persecution in Late Ming Society: Reinterpreting the Case of Li Zhi." *Late Imperial China* Vol. 22, No. 2, pp. 1–34.

Jin, Dengjian. 2016. *The Great Knowledge Transcendence: The Rise of Western Science and Technology Reframed*. New York: Palgrave Macmillan.

Johnson, Dominic D.P. 2009. "The Error of God: Error Management Theory, Religion, and the Evolution of Cooperation." In Simon A. Levin, ed., *Games, Groups, and the Global Good. Springer Series in Game Theory*. New York: Springer, pp. 169–80.

Johnson, Dominic D.P., and Oliver Krüger. 2004. "The Good of Wrath: Supernatural Punishment and the Evolution of Cooperation." *Political Theology* Vol. 5, No. 2, pp. 159–76.

Johnson, Samuel. 1759. "What Have You Done? (With Your Life)." *The Idler* no. 88, 22 December 1759. http://www.ourcivilisation.com /smartboard /shop/johnsons/idler/chap88.htm, accessed May 11, 2015.

Jones, Bence. 1871. *The Royal Institution: Its Founder and Its First Professors.* London: Longmans Green and Co.

Jones, Eric L. 1981. *The European Miracle.* Cambridge: Cambridge University Press.

———. 2006. *Cultures Merging: a Historical and Economic Critique of Culture.* Princeton, NJ: Princeton University Press.

Jones, Richard Foster. [1936] 1961. *Ancients and Moderns: a Study in the Rise of the Scientific Movement in 17th Century England*, second ed., St. Louis, MO: Washington University Press.

Jones, Peter M. 2016. *Agricultural Enlightenment: Knowledge, Technology, and Nature.* Oxford: Oxford University Press.

Jonston (Johnstone), John. 1657. *A History of the Constancy of Nature.* London: Printed for John Streater.

Kant, Immanuel. [1784] 2010. *Principles of Politics and Perpetual Peace.* Translated by W. Hastie. n.p.: Digireads.com.

Karayalçin, Cem. 2008. "Divided we Stand, United we Fall: the Hume-North- Jones Mechanism for the Rise of Europe." *International Economic Review* Vol. 49 No. 3, pp. 973–99.

Kealey, Terence. 1996. *The Economic Laws of Scientific Research.* New York: St. Martin's Press.

Keeble, N. H. 2004. "Baxter, Richard (1615–1691)."In *Oxford Dictionary of National Biography.* Oxford: Oxford University Press.

Keill, James. 1708. *An Account of Animal Secretion, the Quantity of Blood in the Humane Body, and Muscular Motion.* London: Printed for George Strahan.

Keller, Vera. 2012. "Accounting for Invention: Guido Pancirolli's Lost and Found Things and Desiderata." *Journal of the History of Ideas* Vol. 73, No. 2, pp. 223–45.

Kelly, Morgan, and Cormac Ó Gráda. 2013. "The Waning of the Little Ice Age: Climate Change in Early Modern Europe." *Journal of Interdisciplinary History,* Vol. 44, No. 2 (Autumn), pp. 301–25.

Kelly Morgan, Joel Mokyr, and Cormac Ó Gráda. 2014. "Precocious Albion: a New Interpretation of the British Industrial Revolution." *Annual Review of Economics* Vol. 6, pp. 363–91.

Kengo, Araki. 1975. "Confucianism and Buddhism in the late Ming." In W. Theodore De Bary, ed., *The Unfolding of Neo-Confucianism.* New York: Columbia University Press, pp. 39–66.

Kerker, Milton. 1961. "Science and the Steam Engine." *Technology and Culture* Vol. 2, No. 4, pp. 381–90.

Kesten, Hermann. 1945. *Copernicus and his World.* New York: Roy Publishers.

Keynes, John Maynard. 1946. "Newton the Man." http://www-groups. dcs.st-and.ac.uk /~history/Extras/ Keynes_Newton. html, n.p., accessed September 17, 2010.

Khan, B. Zorina. 2006. "The Evolution of Useful Knowledge: Great Inventors, Science and Technology in British Economic Development, 1750–1930." Unpublished paper, Bowdoin College.

Klemm, Friedrich. 1964. *A History of Western Technology.* Cambridge, MA: MIT Press.

Ko, Chiu Yu, Mark Koyama, and Tuan-Hwee Sng. 2015. "Unified China and Divided Europe." Unpublished ms., National University of Singapore.

Koerner, Lisbeth. 1999. *Linnaeus: Nature and Nation*. Cambridge, MA: Harvard University Press.

Koyama, Mark, and Xue, Melanie Meng. 2015. "The Literary Inquisition: the Persecution of Intellectuals and Human Capital Formation in China." Unpublished ms.

Koyré, Alexandre. 1965. *Newtonian Studies*. Chicago: University of Chicago Press.

Kroeber, Alfred L., and Clyde Kluckhohn. 1952. *Culture: A Critical Review of Concepts and Definitions*. Cambridge, MA: Harvard University Peabody Museum of American Archeology and Ethnology Papers No. 47.

Kronick, David. 1962. *A History of Scientific and Technical Periodicals*. New York: Scarecrow Press.

Krugman, Paul. 1991. *Geography and Trade*. Cambridge, MA: MIT Press.

Kuhn, Thomas S. 1976. "Mathematical vs. Experimental Traditions in the Development of the Physical Sciences." *Journal of Interdisciplinary History* Vol. 7, No. 1, pp. 1–31.

Kumar, Deepal. 2003. "India." In Roy Porter, ed., *The Cambridge History of Science: Vol. 4: Eighteenth-Century Science*. Cambridge: Cambridge University Press, pp. 669–87.

Kuran, Timur. 1987. "Preference Falsification, Policy Discontinuity, and Collective Conservatism." *Economic Journal* Vol. 97, No. 387, pp. 642–65.

———. 1997. *Private Truths, Public Lies: The Social Consequences of Preference Falsification*. Cambridge, MA: Harvard University Press.

Kurz, Joachim. 2011. *The Discovery of Chinese Logic*. Leiden: Brill.

Labrousse, Elisabeth. 1983. *Bayle*, translated by Dennis Potts. Oxford: Oxford University Press.

Landa, Janet Tai. 1981. "A Theory of the Ethnically Homogeneous Middleman Group: An Institutional Alternative to Contract Law." *Journal of Legal Studies* Vol. 10, pp. 349–62.

———. 1995. *Trust, Ethnicity, and Identity: Beyond the New Institutional Economics of Ethnic Trading Networks, Contract Law, and Gift-exchange*. Ann Arbor: University of Michigan Press.

Landes, David S.1983. *Revolution in Time: Clocks and the Making of the Modern World*. Cambridge, MA: Harvard University Press.

———. 1998. *The Wealth and Poverty of Nations*. New York: W. W. Norton

———. 2000. "Culture Makes almost all the Difference." In Lawrence E. Harrison and Samuel P. Huntington, eds., *Culture Matters: How Values Shape Human Progress*. New York: Basic Books, pp. 1–13.

Lasch, Christopher. 1991. *The True and Only Heaven: Progress and Its Critics*. New York: W. W. Norton.

Lecoq, Anne-Marie, ed. 2001. *La Querelle des Anciens et des Modernes*. Paris: Éditions Gallimard.

Leighton, Wayne A., and Edward J. López, 2013. *Madmen, Intellectuals, and Academic Scribblers: The Economic Engine of Political Change*. Stanford: Stanford University Press.

Levere, T. H., and G. L'E. Turner, 2002. *Discussing Chemistry and Steam: The Minutes of a Coffee House Philosophical Society 1780–1787*. Oxford: Oxford University Press.

Levin, Daniel Z., and Rob Cross. 2004. "The Strength of Weak Ties You Can Trust: The Mediating Role of Trust in Effective Knowledge Transfer." *Management Science* Vol. 50, No. 1, pp. 1477–90.

Levine, Joseph M. 1981. "Ancients and Moderns Reconsidered." *Eighteenth-Century Studies* Vol. 15, No. 1, pp. 72–89.

———. 1991. *The Battle of the Books: History and Literature in the Augustan Age*. Ithaca, NY: Cornell University Press.

Levine, Robert. 1997. *A Geography of Time*. New York: Basic Books.

Li, Jin. 2012. *Cultural Foundations of Learning: East and West*. Cambridge: Cambridge University Press.

Lin, Justin Yifu. 1995. "The Needham Puzzle: Why the Industrial Revolution Did Not Originate in China." *Economic Development and Cultural Change* Vol. 43, No. 2, pp. 269–92.

Lindberg, David C. and Ronald L. Numbers. 1986. "Introduction." In David C. Lindberg and Ronald L. Numbers, eds., *God and Nature: Historical Essays on the Encounter between Christianity and Science*. Berkeley: University of California Press, pp. 1–18.

Liu James T. C. 1973. "How Did a Neo-Confucian School Become the State Orthodoxy?" *Philosophy East and West* Vol. 23, No. 4, pp. 483–505.

Livingstone, David N. 1994. "The Historical Roots of Our Ecological Crisis—a Reassessment." *Fides et Historia* Vol. 26, No. 1, pp. 38–55.

Lloyd, Geoffrey, and Nathan Sivin. 2002. *The Way and the Word: Science and Medicine in Early China and Greece*. New Haven and London: Yale University Press.

Locke, John. [1693] 1812. "Some Thoughts Concerning Education." In *The Works of John Locke*, London: John Otridge and Son. Vol. 9, pp. 1–205.

Long, Pamela O. 2011. *Artisan/Practitioners and the Rise of the New Sciences, 1400–1600*. Corvallis: Oregon State University Press.

Lowengard, Sarah. 2006. *The Creation of Color in Eighteenth-Century Europe*. New York: Gutenberg-ebooks. http://www.gutenberg-e.org/lowengard/ index.html, accessed October 4, 2010.

Lux, David S. 1991. "The Reorganization of Science, 1450–1700." In Bruce T. Moran, ed., *Patronage and Institutions: Science, Technology and Medicine at the European Court, 1500–1750*. Rochester, NY: Boydell Press, pp. 185–94.

Lynch, William T. 2001. *Solomon's Child: Method in the Early Royal Society of London*. Stanford: Stanford University Press.

Lyons, Anthony, and Kashima Yoshihisa. 2001. "The Reproduction of Culture: Communication Processes Tend to Maintain Cultural Stereotypes." *Social Cognition* Vol. 19, No. 3, pp. 372–94.

Lyons, Henry George. 1944. *The Royal Society, 1660-1940, A History of Its Administration under Its Charters*. Cambridge: Cambridge University Press.

Macaulay, Thomas Babington. [1837]. 1983. "Lord Bacon," *Edinburgh Review*, repr. ed., Kessinger Publishing.

Maclaurin, Colin. 1750. *An Account of Sir Isaac Newton's Philosophical Discoveries, in four books*. second ed. London: printed for A. Millar.

MacFarlane, Alan. 1978. *The Origins of English Individualism*. Cambridge: Cambridge University Press.

MacLean, Ian. 2006. "The 'Sceptical Crisis' Reconsidered: Galen, Rational Medicine and the *Libertas Philosophandi*." *Early Science and Medicine* Vol. 11, No. 3, pp. 247–74.

———. 2008. "The Medical Republic of Letters." *Intellectual History Review* Vol. 18, No. 1 (Special Issue: Humanism and Medicine in the Early Modern Era), pp. 15–30.

MacLean, Gerald, ed. 1995. *Culture and Society in the Stuart Restoration*. Cambridge:

Cambridge University Press.

MacLeod, Christine. 2007. *Heroes of Invention: Technology, Liberalism and British Identity*. Cambridge: Cambridge University Press.

Malcolm, Noel. 2004. "Private and Public Knowledge: Kircher, Esotericism, and the Republic of Letters." In Paula Findlen, ed., *Athanasius Kircher: The Last Man Who Knew Everything*. New York: Routledge, pp. 286–98.

Malherbe, Michel. 1985. "Bacon, l'Encyclopédie, et la Révolution," *Études Philosophiques* No. 3, pp. 387–404.

Mandelbrote, Scott. 2004. "Ray, John (1627–1705)." In *Oxford Dictionary of National Biography*. Oxford: Oxford University Press.

de Mandeville, Bernard [1724] 1755. *The Fable of the Bees*. ninth ed. Edinburgh: W. Gray and W. Peter.

Manuel, Frank E. 1963. *Isaac Newton: Historian*. Cambridge, MA: Belknap Press of Harvard University Press.

Margóczy, Daniel. 2014a. *Commercial Visions: Science, Trade and Visual Culture in the Dutch Golden Age*. Chicago: University of Chicago Press.

———. 2014b. "Certain Fakes and Uncertain Facts: Jan Jonston and the Question of Truth in Religion and Natural History." In Marco Beretta and Maria Conforti, eds., *Fakes, Hoaxes, Counterfeits and Deception in Early Modern Science*. Sagamore Beach, MA: Science History Publications, pp. 190–225.

Mason, Stephen F. 1992. "Bishop John Wilkins, FRS (1614–72): Analogies of Thought-Style in the Protestant Reformation and Early Modern Science." *Notes and Records of the Royal Society of London* Vol. 46, No. 1, pp. 1–21.

Mathias, Peter. 1979. *The Transformation of England*. New York: Columbia University Press.

Mayr, Ernest. 1982. *The Growth of Biological Thought*. Cambridge, MA: Harvard University Press.

———. 1989. "Speciational Evolution or Punctuated Equilibria." In Albert Somit and Steven A. Peterson, eds., *The Dynamics of Evolution*. Ithaca, NY: Cornell University Press, pp. 21–53.

———. 1991. *One Long Argument: Charles Darwin and the Genesis of Modern Evolutionary Thought*. Cambridge, MA: Harvard University Press.

Mayr, Otto. 1986. *Authority, Liberty & Automatic Machinery in Early Modern Europe*. Baltimore: Johns Hopkins University Press.

Mazzotti, Massimo. 2004. "Newton for Ladies: Gentility, Gender, and Radical Culture." *British Journal for the History of Science* Vol. 37, No. 2 (June), pp. 119–46.

McClellan, James E., III. 1979. "The Scientific Press in Transition: Rozier's Journal and the Scientific Societies in the 1770s." *Annals of Science* Vol. 36, No. 5, pp. 425–49.

McCloskey, Deirdre N. 1985. *The Rhetoric of Economics*. Madison: University of Wisconsin Press.

———. 2006. *The Bourgeois Virtues: Ethics for an Age of Commerce*. Chicago: University of Chicago Press.

———. 2010. *Bourgeois Dignity: Why Economics Can't Explain the Modern World*. Chicago: University of Chicago Press.

———. 2016a. *Bourgeois Equality: How Ideas, Not Capital or Institutions, Enriched the World*. Chicago: University of Chicago Press.

———. 2016b. "Max U vs Humanomics: a Critique of Neo-Institutionalism." *Journal of Institutional Economics*, forthcoming.

McDermott, Joseph P. 2006. *A Social History of the Chinese Book*. Hong Kong: Hong Kong University Press.

McElreath, Richard, and Joseph Henrich. 2007. "Modeling Cultural Evolution." In Robin Dunbar and Louise Barrett, eds., *Oxford Handbook of Evolutionary Psychology*. Oxford: Oxford University Press, pp. 571–86.

McGuire, J.E., and P.M. Rattansi. 1966. "Newton and the 'Pipes of Pan.'" *Notes and Records of the Royal Society of London* Vol. 21, No. 2, pp. 108–43.

McMains, H. F. 2000. *The Death of Oliver Cromwell.* Lexington: University Press of Kentucky.

Meisenzahl, Ralf R., and Joel Mokyr. 2012. "The Rate and Direction of Invention in the British Industrial Revolution: Incentives and Institutions." In Scott Stern and Joshua Lerner, eds., *The Rate and Direction of Innovation*. Chicago: University of Chicago Press, pp. 443–79.

Melton, James Van Horn. 2001. *The Rise of the Public in Enlightenment Europe.* Cambridge: Cambridge University Press.

Menand, Louis. 2010. *The Marketplace of Ideas: Reform and Resistance in the American University*. New York: W. W. Norton.

Merchant, Carolyn. 1980. *The Death of Nature*. New York: Harper & Row.

Merton, Robert K. [1938] 2001. *Science, Technology, and Society in Seventeenth-Century England*. New York: Howard Fertig Press.

———. 1973. *The Sociology of Science*. Chicago: University of Chicago Press.

Meskill, John. 1982. *Academies in Ming China: A Historical Essay*. Tucson: University of Arizona Press.

Mesoudi, Alex. 2011. *Cultural Evolution*. Chicago: University of Chicago Press.

Mesoudi, Alex, Andrew Whiten, and Kevin Laland. 2006. "Towards a Unified Science of Cultural Evolution." *Behavioral and Brain Science* Vol. 29, pp. 329–83.

Mesoudi, Alex et al. 2013. "The Cultural Evolution of Technology and Science." In Peter J. Richerson and Morten H. Christiansen, eds., *Cultural Evolution: Society, Technology, Language, and Religion*. Cambridge, MA: MIT Press, pp. 193–216.

Mill, John Stuart. [1845] 1967. "The Claims of Labor." In John M. Robson, ed., *The Collected Works of John Stuart Mill,* Vol. 4, *Essays on Economics and Society*, part I. Toronto: University of Toronto Press, London: Routledge and Kegan Paul, pp. 370–80.

———. [1848] 1929. *Principles of Political Economy,* edited by W. J. Ashley. London: Longmans, Green and Co.

Millar, John. 1790. *An Historical View of the English Government, from the Settlement of the Saxons in Britain to the Accession of the House of Stewart*. Dublin: printed for J. Jones.

Miller, Peter N. 2000. *Peiresc's Europe: Learning and Virtue in the Seventeenth Century*. New Haven, CT: Yale University Press.

———. 2015. *Peiresc's Mediterranean World.* Cambridge, MA: Harvard University Press.

Mitch, David. 1999. "The Role of Education and Skill in the British Industrial Revolution." In Joel Mokyr, ed., *The British Industrial Revolution: An Economic Perspective*, second ed. Boulder, CO: Westview Press, pp. 241–79.

Mitchell, Wesley Clair. 1974. "Bentham's Felicific Calculus." In Bhikhu Parekh, ed., *Jeremy Bentham: Ten Critical Essays*. London: Frank Cass, pp. 168–86.

Mokyr, Joel. 1990. *The Lever of Riches: Technological Creativity and Economic Progress.*

New York: Oxford University Press.
———. 1991. "Was There a British Industrial Evolution?" In Joel Mokyr, ed., *The Vital One: Essays Presented to Jonathan R. T. Hughes*. Greenwich, CT: JAI Press, pp. 253–86.
———. 1994. "Cardwell's Law and the Political Economy of Technological Progress." *Research Policy* 23, No. 5 pp. 561–74.
———. 2000. "Innovation and Selection in Evolutionary Models of Technology: Some Definitional Issues." In John Ziman, ed., *Technological Innovation as an Evolutionary Process*. Cambridge: Cambridge University Press, pp. 52–65.
———. 2002. *The Gifts of Athena*. Princeton, NJ: Princeton University Press.
———. 2005. "The Intellectual Origins of Modern Economic Growth." [Presidential address.] *Journal of Economic History* Vol. 65, No. 2, pp. 285–351.
———. 2006a. "The Great Synergy: The European Enlightenment as a Factor in Modern Economic Growth." In Wilfred Dolfsma and Luc Soete, eds., *Understanding the Dynamics of a Knowledge Economy*. Cheltenham, UK: Edward Elgar, pp. 7–41.
———. 2006b. "Useful Knowledge as an Evolving System: The View from Economic history." In Lawrence E. Blume and Steven N. Durlauf, eds., *The Economy as an Evolving Complex System* Vol. III: *Current Perspectives and Future Directions*. New York: Oxford University Press, pp. 307–37.
———. 2006c. "Mobility, Creativity, and Technological Development: David Hume, Immanuel Kant and the Economic Development of Europe." In G. Abel, ed., *Kolloquiumsband of the XX. Deutschen Kongresses für Philosophie*. Hamburg: Felix Meiner, pp. 1131–61.
———. 2007. "The Market for Ideas and the Origins of Economic Growth in Eighteenth Century Europe." [Heineken Lecture.] *Tijdschrift voor Sociale en Economische Geschiedenis*, Vol. 4, No. 1, pp. 3–38.
———. 2009a. *The Enlightened Economy*, New York and London: Yale University Press.
———. 2009b. "Intellectual Property Rights, the Industrial Revolution, and the Beginnings of Modern Economic Growth," *American Economic Review* Vol. 99, No. 2 (Papers and Proceedings), pp. 349–55.
———. 2014. "Culture, Institutions, and Modern Growth." In Itai Sened and Sebastian Galiani, eds., *Economic Institutions, Rights, Growth, and Sustainability: The Legacy of Douglass North*. Cambridge: Cambridge University Press, pp. 151–91.
Monod, Jacques. 1971. *Chance and Necessity: An Essay on the Natural Philosophy of Modern Biology*. New York: Alfred A. Knopf.
Montes, Leonidas. 2008. "Newton's Real Influence on Adam Smith and Its Context." *Cambridge Journal of Economics* Vol. 32, pp. 555–76.
Moore, James R. 1986. "Geologists and Interpreters of Genesis in the Nineteenth Century." In David C. Lindberg and Ronald L. Numbers, eds., *God and Nature: Historical Essays on the Encounter between Christianity and Science*. Berkeley: University of California Press, pp. 322–50.
Moran, Bruce T. 1991a. "Introduction." In Bruce T. Moran, ed., *Patronage and Institutions: Science, Technology and Medicine at the European Court, 1500–1750*. Rochester, NY: Boydell Press, pp. 1–4.
———. 1991b. "Patronage and Institutions: Courts, Universities, and Academies in Germany; an Overview 1550–1750." In Bruce T. Moran, ed., *Patronage and Institutions: Science, Technology and Medicine at the European Court, 1500–1750*.

Rochester, NY: Boydell Press, pp. 169–83.
Morris, Ian. 2010. *Why the West Rules—For Now*. New York: Farrar, Strauss and Giroux.
Mosse, George L. 1960. "Puritan Radicalism and the Enlightenment." *Church History* Vol. 29, No. 4, pp. 424–39.
Mote, F. W. 1999. *Imperial China: 900– 1800*. Cambridge, MA: Harvard University Press.
Muir, Edward. 2007. *The Culture Wars of the Late Renaissance*. Cambridge, MA: Harvard University Press.
Mulligan, Lotte. 1980. "Puritans and English Science: A Critique of Webster." *Isis* Vol. 71, No. 3, pp. 456–69.
Murphy, Daniel. 1995. *Comenius: A Critical Reassessment of His Life and Work*. Portland, OR: Irish Academic Press.
Musson, A. E. and Eric Robinson. 1969. *Science and Technology in the Industrial Revolution*. Manchester: Manchester University Press.
Nakayama, Shigeru. 1969. *A History of Japanese Astronomy: Chinese Background and Western Impact*. Cambridge, MA: Harvard University Press.
Nedham, Marchamont. 1665. *Medela Medicinæ: A Plea for the Free Profession, and a Renovation of the Art of Physick*. London: For Richard Lownds at the White-Lion in S. Pauls Church-yard, neer the little north-door.
Needham, Joseph. 1954. "Plan of the Work." In Joseph Needham, ed., *Science and Civilization in China*. Cambridge: Cambridge University Press, Vol. 1, pp. 18–41.
———. 1956. "The Fundamental Ideas of Chinese Science." In Joseph Needham, ed., *Science and Civilization in China*. Cambridge: Cambridge University Press, Vol. 2, pp. 216–345.
———. 1959. *Mathematics and the Sciences of the Heavens and the Earth*. In Joseph Needham, ed., *Science and Civilization in China*. Cambridge: Cambridge University Press,Vol. 3.
———. 1969a. *The Grand Titration*. Toronto: University of Toronto Press.
———. 1969b. *Within the Four Seas: The Dialogue of East and West*. London: Allen and Unwin
———. 1970. *Clerks and Craftsmen in China and the West*. Cambridge: Cambridge University Press, 1970.
———. 1986. *Chemicals and Chemical Technology*. In Joseph Needham, ed., *Science and Civilization in China*. Cambridge: Cambridge University Press Vol. 5 pt. 7.
———. 2004. *The Social Background*, Part 2, *General Conclusions and Reflections*. In Joseph Needham, ed., *Science and Civilization in China*. edited by Girdwood Robinson. Cambridge: Cambridge University Press,Vol. 7.
Neher, André. 1977. "Copernicus in the Hebraic Literature from the Sixteenth to the Eighteenth Century." *Journal of the History of Ideas* Vol. 38, No. 2, pp. 211–26.
Nelson, Richard R., and Edmund S. Phelps. 1966. "Investment in Humans, Technological Diffusion, and Economic Growth." *American Economic Review* Vol. 56, pp. 69–75.
Nelson, Richard R., and Sidney Winter. 1982. *An Evolutionary Theory of Economic Change*. Cambridge, MA: The Belknap Press.
Neusner, Jacob. 1980. "Scriptural, Essenic, and Mishnaic Approaches to Civil Law and Government: Some Comparative Remarks." *Harvard Theological Review* Vol. 73, No. 3/4, pp. 419–34.

Newton Isaac. 1721. *Opticks or A Treatise of the Reflections, Refractions, Inflections and Colours of Light*, third edition. London: Printed for William and John Innys.

———. 1729. *The Mathematical Principles of Natural Philosophy*, translated by Andrew Motte. London: Printed for Andrew Motte.

Ng, William Yau-nang. 2003. "Chen Xianzhang." In Antonio S. Cua, ed. *Encyclopedia of Chinese Philosophy*. New York: Routledge, n.p.

Nickerson, Raymond S. 1998. "Confirmation Bias: A Ubiquitous Phenomenon in Many Guises." *Review of General Psychology* Vol. 2, No. 2, pp. 175–220.

Nielsen, Rasmus, et al. 2010. "Sequencing of 50 Human Exomes Reveals Adaptation to High Altitude," *Science* Vol. 329, pp. 75–78.

Nisbet, Robert. 1979. "The Idea of Progress: A Bibliographical Essay." *Literature of Liberty: A Review of Contemporary Liberal Thought*, vol. II, no. 1, January/March. http://oll.libertyfund.org/ ?option=com _content&task = view&id=165&Itemid=259, accessed June 8, 2013.

———. [1994] 2008. *History of the Idea of Progress*, second ed. New Brunswick, NJ: Transactions Publishers.

North, Douglass C. 1981. *Structure and Change in Economic History*. New York: W. W. Norton.

———. 2005. *Understanding the Process of Economic Change*. Princeton, NJ: Princeton University Press.

Nowacki, Horst. 2008. "Leonhard Euler and the Theory of Ships." *Journal of Ship Research* Vol. 52, No. 4, pp. 274–90.

Nowak, Martin A. 2006. "Five Rules for the Evolution of Cooperation." *Science* Vol. 314, pp. 1560–63.

O'Brien, Patrick. 2009. "The Needham Question Updated: a Historiographical Survey and Elaboration." *History of Technology* Vol. 29, pp. 7–28.

Ochs, Kathleen. 1985. "The Royal Society of London's History of Trades Programme: An Early Episode in Applied Science." *Notes and Records of the Royal Society of London* Vol. 39, No. 2 (April), pp. 129–58.

Ogilvie, Sheilagh. 2014. "The Economics of Guilds." *Journal of Economic Perspectives* Vol. 28, No. 4, pp. 169–92.

Oldenburg, Henry. 1665. "The Introduction." *Philosophical Transactions of the Royal Society* Vol. 1.http://www.gutenberg.org/files/28758/28758-h/28758-h.htm.

O'Malley, C. D. 2008. "Vesalius, Andreas." In Charles C. Gillispie, ed., *Complete Dictionary of Scientific Biography*. Gale Virtual Reference Library. Detroit: Charles Scribner's Sons, Vol. 14, pp. 3–12.

O'Malley, M. 1990. *Keeping Watch: A History of American Time*. New York: Viking Books.

Ostrom, Elinor. 1990. *Governing the Commons: The Evolution of Institutions for Collective Action*. Cambridge: Cambridge University Press.

Ostrom, Elinor, and Charlotte Hess. 2007. "A Framework for Analyzing the Knowledge Commons." In Charlotte Hess and Elinor Ostrom, eds., *Understanding Knowledge as a Commons*. Cambridge, MA: MIT Press, pp. 41–81.

Pagani, Catherine. 2001. *Eastern Magnificence & European Ingenuity: Clocks of Late Imperial China*. Ann Arbor: University of Michigan Press.

Pagel, Walter. 1982. *Joan Baptista Van Helmont: Reformer of Science and Medicine*. Cambridge: Cambridge University Press.

Palissy, Bernard. [1580] 1957. *Discours Admirables* (*Admirable Discourses*) translated by Aurèle La Rocque. Urbana: University of Illinois Press.

Pancaldi, Giuliano. 2003. "Priority." In J. L. Heilbron, ed., *The Oxford Companion to the History of Modern Science*. Oxford and New York: Oxford University Press, pp. 676–77.

Parker, Samuel. 1666. *A Free and Impartial Censure of the Platonick Philosophie*. Oxford: Printed by W. Hall, for Richard Davis.

Parthasarathi, Prasannan. 2011. *Why Europe Grew Rich and Asia Did Not: Global Economic Divergence, 1600–1850.* Cambridge: Cambridge University Press.

Pascal, Blaise. [1651] 2007. "Preface to the Treatise on Vacuum." In *Thoughts, Letters and Minor Works*. New York: Cosimo Books, pp. 444–58.

Paterson, Timothy H. 1987. "On the Role of Christianity in the Political Philosophy of Francis Bacon," *Polity* Vol. 19, No. 3 pp. 419–442.

Perdue Peter C. 2007. "Chinese Science: a Flexible Response to the West?" *East Asian Science, Technology and Society: An International Journal* Vol. 1, No. 1, pp. 143–145.

Pérez-Ramos, Antonio. 1988. *Francis Bacon's Idea of Science and the Maker's Knowledge Tradition*. Oxford: Oxford University Press.

———. 1996. "Bacon's Legacy." In Markku Peltonen, ed., *The Cambridge Companion to Bacon*. Cambridge: Cambridge University Press, pp. 311–34.

Perkins, Merle L. 1959. *The Moral and Political Philosophy of the Abbé de Saint-Pierre*. Geneva: Librairie Droz.

Perkinson, Henry J. 1995. *How Things Got Better: Speech, Writing, Printing, and Cultural Change*. Westport, CT: Bergin and Garvey.

Peterson, Willard. 1975. "Fang-I-Chih: Western Learning and the 'Investigation of Things.'" In W. Theodore De Bary, ed., *The Unfolding of Neo-Confucianism*. New York: Columbia University Press, pp. 369–411.

———. 1979. *Bitter Gourd: Fang I-Chih and the Impetus for Intellectual Change*. New Haven, CT: Yale University Press.

Petty, William. 1647. *The Advice of W. P. to Mr. Samuel Hartlib. for the Advancement of Some Particular Parts of Learning*. London: n.p.

Pinker, Steven. 2011. *The Better Angels of Our Nature*. New York: Penguin.

Pocock, J.G.A. 1999. *Barbarism and Religion,* Vol. 1: *The Enlightenments of Edward Gibbon, 1737–1764.* Cambridge: Cambridge University Press.

Polanyi, Michael. 1962. "The Republic of Science: Its Political and Economic Theory." *Minerva* Vol. 1, pp. 54–73.

Pollard, Sidney. 1971. *The Idea of Progress: History and Society*. Harmondsworth, UK: Penguin.

Pomeranz, Kenneth. 2000. *The Great Divergence: China, Europe, and the Making of the Modern World Economy*. Princeton, NJ: Princeton University Press.

———. 2013. "Skills, 'Guilds,' and Development: Asking Epstein's Questions to East Asian Institutions." In Maarten Prak and Jan Luiten van Zanden, eds., *Technology, Skills and the Pre-Modern Economy*. Leiden: Brill, pp. 93–127.

Poni, Carlo. 1993. "The Craftsman and the Good Engineer: Technical Practice and Theoretical Mechanics in J.T. Desaguliers." *History and Technology* Vol. 10, pp. 215–32.

Poovey, Mary. 1998. *A History of the Modern Fact*. Chicago: University of Chicago Press.

Porter, Michael E. 2000. "Attitudes, Values, Beliefs, and the Microeconomics of Prosperity." In Lawrence E. Harrison and Samuel P. Huntington, eds.,

Culture Matters: How Values Shape Human Progress. New York, Basic Books, pp. 14–28.
Porter, Roy. 1982. "Was There a Medical Enlightenment?" *British Journal for Eighteenth-Century Studies* Vol. 5, pp. 49–63.
Porter, Roy, and Mikuláš Teich, eds. 1992. *The Scientific Revolution in National Context*. Cambridge: Cambridge University Press.
Poynter, F. N. 1973. "Sydenham's Influence Abroad." *Medical History* Vol. 17, No. 3, pp. 223–34.
Prak, Maarten, and Jan Luiten Van Zanden. 2013. "Introduction." In Maarten Prak and Jan Luiten van Zanden, eds., *Technology, Skills and the Pre-Modern Economy*. Leiden: Brill, pp. 1–22.
Priestley, Joseph. 1771. *An Essay on the First Principles of Government*. London: Printed for J. Dodsley.
Pritchett, Lant. 2001. "Where Has All the Education Gone?" *World Bank Economic Review*, Vol. 15, No. 3, pp. 367–91.
Qi, Han. 2001. "Astronomy, Chinese and Western: The Influence of Xu Guangqi's views in the Early and Mid-Qing." In Catherine Jami, Peter Engelfriet, and Gregory Blue, eds., *Statecraft and Intellectual Renewal in Late Ming China: the Cross-Cultural Synthesis of Xu Guangqi (1562–1633)*. Leiden: Brill, pp. 360–79.
Qian, Wen-yuan. 1985. *The Great Inertia: Scientific Stagnation in Traditional China*. London: Croom Helm.
Rawski, Evelyn S. 1979. *Education and Popular Literacy in Ch'ing China*. Ann Arbor: University of Michigan Press.
Reed Christopher A. 2004. *Gutenberg in Shanghai: Chinese Print Capitalism, 1876–1937*. Honolulu: University of Hawaii Press.
Rees, Graham. 2000. "Baconianism." In Wilbur Applebaum, ed., *Encyclopedia of the Scientific Revolution*. New York and London: Routledge, pp. 69–71.
Rescher, Nicholas. 1978. *Scientific Progress*. Oxford: Basil Blackwell.
Reston, James. 1994. *Galileo: A Life*. New York: Harper Collins.
Reynolds, Terry S. 1983. *Stronger Than a Hundred Men: A History of the Vertical Water Wheel*. Baltimore: Johns Hopkins University Press.
Ricardo, David. [1821] 1971. *Principles of Political Economy*, third ed., edited by R.M. Hartwell. Harmondsworth, UK: Pelican Classics.
Ricci, Matteo. 1953. *China in the Sixteenth Century: The Journals of Matthew Ricci, 1583–1610*. Translated by Louis J. Gallagher. New York: Random House.
Richardson, Philip. 1999. *Economic Change in China, c. 1800–1950*. Cambridge: Cambridge University Press.
Richerson, Peter J. and Robert Boyd. 2005. *Not by Genes Alone: How Culture Transformed Human Evolution*. Chicago: University of Chicago Press.
Richerson, Peter J. and Morten H. Christiansen, eds. 2013. *Cultural Evolution: Society, Technology, Language, and Religion*. Cambridge, MA: MIT Press.
Rider, Robin E. 1990. "Measure of Ideas, Rule of Language: Mathematics and Language in the 18th Century." In Tore Frängsmyr, J. L. Heilbron, and Robin E. Rider, eds., *The Quantifying Spirit in the 18th Century*, Berkeley: University of California Press, pp. 113–140.
Ridley, Matt. 2010. "When Ideas Have Sex." http://designmind.frogdesign.com/articles/and-now-the-good-news/when-ideas-have-sex.html, accessed Dec. 27, 2014.
Ringmar, Erik. 2007. *Why Europe Was First: Social Change and Economic Growth in Europe and East Asia, 1500–2050*. London: Anthem Press.

Roberts, Lissa and Simon Schaffer. 2007. "Preface." In Lissa Roberts, Simon Schaffer, and Peter Dear, eds., *The Mindful Hand: Inquiry and Invention from the Late Renaissance to Early Industrialization.* Amsterdam: Royal Netherlands Academy of Arts and Sciences, pp. xiii–xxvii.

Robertson, John. 2000. "Unenlightened England: A Review." *Prospect*, Dec. 21.

Rodrik, Dani. 2014. "When Ideas Trump Interests." *Journal of Economic Perspectives* Vol. 28, No. 1, pp. 189–208.

Roe, Shirley. 2003. "The Life Sciences." In Roy Porter, ed., *The Cambridge History of Science,* Vol. 4: *Eighteenth-Century Science.* Cambridge: Cambridge University Press, pp. 397–416.

Roetz, Heiner. 2010. "On Nature and Culture in Zhou China." In Hans Ulrich Vogel and Günter Dux, eds., *Concepts of Nature: A Chinese-European Cross-Cultural Perspective.* Leiden: Brill, pp. 198–219.

Roland, Gérard. 2004. "Understanding Institutional Change: Fast-Moving and Slow-Moving Institutions." *Studies in Comparative International Development* Vol. 38, No. 4, pp. 109–31.

Ronan, Colin A., and Joseph Needham. 1978. *The Shorter Science and Civilisation in China.* Cambridge: Cambridge University Press, Vol. 1.

———. 1981. *The Shorter Science and Civilisation in China.* Cambridge: Cambridge University Press, Vol. 2.

Rosen, Sherwin. 1981. "The Economics of Superstars." *American Economic Review* Vol. 71, No.5, pp. 845–58.

Rosenberg, Nathan. "Adam Smith on the Division of Labour: Two Views or One?" *Economica*, Vol. 32, No. 126, pp. 127–39.

Rosenberg, Nathan, and Birdzell, L.E. 1986. *How the West Grew Rich.* New York: Basic Books.

Rosenthal, Jean-Laurent, and R. Bin Wong. 2011. *Before and Beyond Divergence: The Politics of Economic Change in China and Europe.* Cambridge, MA: Harvard University Press.

Rossi, Paolo. 1970. *Philosophy, Technology and the Arts in the Early Modern Era.* New York: Harper Torchbooks.

———. 1978. *Francis Bacon: From Magic to Science.* Chicago: University of Chicago Press.

Rowe, William T. 2001. *Saving the World: Chen Hongmou and Elite Consciousness in Eighteenth-century China.* Stanford, CA: Stanford University Press.

———. 2009. *China's Last Empire: The Great Qing.* Cambridge, MA: Belknap Press.

Sandberg, Lars G. 1979. "The Case of the Impoverished Sophisticate: Human Capital and Swedish Economic Growth before World War I." *Journal of Economic History* Vol. 39, No. 1, pp. 225–41.

Saviotti, Pier Paolo. 1996. *Technological Evolution, Variety, and the Economy.* Cheltenham, UK: Edward Elgar.

Schäfer, Dagmar. 2011. *The Crafting of the 10,000 Things.* Chicago: University of Chicago Press.

Schaffer, Simon. 1983. "Natural Philosophy and Public Spectacle in the Eighteenth century." *History of Science* Vol. 21, No. 1, pp. 1–43.

Schaffer, Simon. 1994. "Machine Philosophy: Demonstration Devices in Georgian Mechanics." *Osiris* Vol. 9, pp. 157–82.

Schich, Maximilian, Chaoming Song, Yong-Yeol Ahn, Alexander Mirsky, Mauro Martino et al., 2014. "A Network Framework of Cultural History." *Science* No. 345 (Aug. 1), pp. 558–62.

Schliesser, Eric. 2007. "Hume's Newtonianism and Anti-Newtonianism." *Stanford Encyclopedia of Philosophy*. http://plato.stanford.edu/entries/hume-Newton/ accessed September 7, 2010.
Schoeck, R.J. 1982. "Sir Thomas Browne and the Republic of Letters: Introduction." *English Language Notes* Vol. 19, No. 4, pp. 299–312.
Schofield, Robert E. 1997. *The Enlightenment of Joseph Priestley: A Study of His Life and Work from 1733 to 1773.* University Park, PA: Penn State University Press.
Schumpeter, Joseph A. 1954. *History of Economic Analysis.* Oxford: Oxford University Press.
Schwartz, Shalom H., and Sipke Huismans. 1995. "Value, Priorities, and Religiosity in Four Western Religions." *Social Psychology Quarterly* Vol. 58, No. 2, pp. 88–107.
Scott, H. M., ed. 1990. *Enlightened Absolutism: Reform and Reformers in Later Eighteenth Century Europe.* Houndmills, UK: Palgrave Macmillan.
Seed, Patricia. 2001. "Jewish Scientists and the Origin of Modern Navigation." In Paolo Bernardini and Norman Fiering, eds., *Jews and the Expansion of Europe to the West, 1450–1800,* New York: Bergahn Books, pp. 73–85.
Seki, Motohide and Yasuo Ihara. 2012. "The Rate of Cultural Change in One-to-Many Social Transmission When Cultural Variants are Not Selectively Neutral." *Letters on Evolutionary Behavioral Science* Vol. 3, No. 2, pp. 12–16.
Sened, Itai and Sebastian Galiani, eds., *Economic Institutions, Rights, Growth, and Sustainability: The Legacy of Douglass North.* Cambridge: Cambridge University Press.
Settle, Jaime E., Christopher T. Dawes, Nicholas A. Christakis, and James H. Fowler. 2010. "Friendships Moderate an Association between a Dopamine Gene Variant and Political Ideology." *Journal of Politics* Vol. 72, No. 4, pp. 1189–98.
's Gravesande, Willem Jacob. 1720. *Mathematical Elements of Natural Philosophy Confirmed by Experiments, Or an Introduction to Sir Isaac Newton's Philosophy.* London: J. Sene and W. Taylor.
Shank, J. B. 2004. "The Abbé Saint-Pierre and the 'Quantifying Spirit' in French Enlightenment Thought." In Mary Jane Parrine, ed., *A Vast and Useful Art: The Gustave Gimon Collection on French Political Economy.* Stanford, CA: Stanford University Libraries, pp. 29–47.
———. 2008. *The Newton Wars and the Beginnings of the French Enlightenment.* Chicago: University of Chicago Press.
Shapin, Steven. 1988a. "Understanding the Merton Thesis." *Isis* Vol. 79, No. 4, pp. 594–605.
———. 1988b. "Robert Boyle and Mathematics: Reality, Representation, and Experimental Practice," *Science in Context* Vol. 2, No. 1, pp. 23–58.
———. 1991. "'A Scholar and a Gentleman': The Problematic Identity of the Scientific Practioner in early modern England." *History of Science* Vol. 29, No. 3, pp. 279–327.
———. 1994. *A Social History of Truth.* Chicago: University of Chicago Press.
———. 1996. *The Scientific Revolution.* Chicago: University of Chicago Press.
———. 2003. "The Image of the Man of Science." In Roy Porter, ed., *The Cambridge History of Science* Vol. 4: *Eighteenth-Century Science.* Cambridge: Cambridge University Press, pp. 159–83.

Shapin, Steven, and Simon Schaffer. 1985. *Leviathan and the Air Pump: Hobbes, Boyle, and the Experimental Life.* Princeton, NJ: Princeton University Press.

Shapiro, Barbara J. 2000. *A Culture of Fact.* Ithaca, NY: Cornell University Press.

Shariff, Azim F., Ara Norenzayan, and Joseph Henrich. 2009. "The Birth of High Gods: How the Cultural Evolution of Supernatural Policing Agents Influenced the Emergence of Complex, Cooperative Human Societies, Paving the Way for Civilization." In M. Schaller, Ara Norenzayan, Steven J. Heine, Toshio Yamagishi, and Tatsuya Kameda, eds. *Evolution, Culture and the Human Mind.* New York: Psychology Press.

Shaw, George Bernard. 1903. "Maxims for Revolutionists." http://www.gutenberg.org/cache/epub/26107/pg26107.html, accessed Sept. 1, 2012.

Shennan, Stephen. 2013. "Long-Term Trajectories of Technological Change." In Peter J. Richerson and Morten H. Christiansen, eds., *Cultural Evolution: Society, Technology, Language, and Religion.* Cambridge, MA: MIT Press, pp. 143–155.

Shiue, Carol H., and Wolfgang Keller. 2007. "Markets in China and Europe on the Eve of the Industrial Revolution." *American Economic Review* Vol. 97, No. 4, pp. 1189–216.

Silberman, Leon. 1960. "Hung Liang-Chi: a Chinese Malthus." *Population Studies* Vol. 13, No. 3, pp. 257–65.

Simonson, Tatum, Yingzhong Yang, Chad D. Huff, Haixia Yun, Ga Qin, David J. Witherspoon, et al. 2010. "Genetic Evidence for High-Altitude Adaptation in Tibet." *Science* Vol. 329, July 2, pp. 72–75.

Sivin, Nathan. [1973], 1995. "Copernicus in China or Good Intentions Gone Astray." *Studia Copernicana* Vol. 6, pp. 63–122, reprinted in Sivin, 1995, ch. IV.

———. 1975. "Wang Hsi-shan." In Charles Coulson Gillispie, ed., *Dictionary of Scientific Biography.* New York: Charles Scribner's Sons, Vol. 14, pp. 159–68.

———. 1995. *Science in Ancient China.* Aldershot, UK: Variorum.

———. [1984] 2005. "Why the Scientific Revolution Did Not Take Place in China —or Didn't It?" in Everett Mendelsohn, ed., *Transformation and Tradition in the Sciences.* Cambridge: Cambridge University Press, pp. 531–54. Revised version, 2005, http://ccat.sas.upenn.edu/~nsivin/scirev.pdf, accessed Nov. 30, 2013.

Skempton, Alec. 2002. *A Biographical Dictionary of Civil Engineers in Great Britain and Ireland,* Vol. 1: *1500–1830.* London: Thomas Telford Publishing.

Slack, Paul. 2015. *The Invention of Improvement: Information and Material Progress in Seventeenth- Century England.* Oxford: Oxford University Press.

Slezkine, Yuri. 2004. *The Jewish Century.* Princeton, NJ: Princeton University Press.

Sloane, Hans. 1707. *A Voyage to the Islands Madera, Barbados, Nieves, S. Christophers and Jamaica,* 2 vols. London: Printed by B.M. for the author.

Smith, Adam. [1759], 1976. *The Theory of Moral Sentiments,* edited by D. D. Raphael and A. L. Macfie. Oxford: Oxford University Press.

———. [1762–1763] 1978. *Lectures on Jurisprudence,* edited by R. L. Meek. Oxford: Oxford University Press.

———. 1799. "The History of Astronomy." In *Essays on Philosophical Subjects.* Edinburgh: Printed for the Editor of the Collection of English Classics, pp. 1–124.

Smith, Pamela H. 1994. *The Business of Alchemy: Science and Culture in the Holy Roman Empire.* Princeton, NJ: Princeton University Press.

Smith, Pamela H., and Schmidt, Benjamin. 2007. "Knowledge and Its Making in Early Europe." In Pamela H. Smith and Benjamin Schmidt, eds., *Making Knowledge in Early Modern Europe.* Chicago: University of Chicago Press, pp. 1–16.

Sng, Tuan Hwee. 2014. "Size and Dynastic Decline: The Principal-Agent Problem in Late Imperial China 1700-1850." *Explorations in Economic History,* Vol. 54, pp. 107–27.

Snobelen, Stephen D. 1999. "Isaac Newton, Heretic: the Strategies of a Nicodemite." *British Journal for the History of Science* Vol. 32, pp. 381–419.

———. 2012. "The Myth of the Clockwork Universe: Newton, Newtonianism, and the Enlightenment." In Chris L. Firestone and Nathan Jacobs, eds. *The Persistence of the Sacred in Modern Thought.* Notre Dame, IN: University of Notre Dame Press, pp. 149–84.

Song, Yingxing [Sung, Ying-Hsing]. [1637] 1966. *T'ien-Kung K'ai-Wu [Tiangong Kaiwu]: Chinese Technology in the Seventeenth Century.* University Park, PA: Pennsylvania State University Press.

Sorbière, Samuel. [1664] 1709. *A Voyage to England, Containing Many Things Relating to the State of Learning, Religion, and Other Curiosities of That Kingdom.* London: J. Woodward.

Sorrenson, Richard. 2001. "Dollond and Son's Pursuit of Achromaticity." *History of Science* Vol. 39, pp. 31–55.

Spadafora, David. 1990. *The Idea of Progress in Eighteenth-Century Britain.* New Haven, CT: Yale University Press.

Spence, Jonathan. 1990. *The Search for Modern China.* New York: W. W. Norton.

Sperber, Dan. 1996. *Explaining Culture: A Naturalistic Approach.* Oxford: Blackwell's.

Spolaore, Enrico, and Romain Wacziarg. 2013. "How Deep Are the Roots of Economic Development?" *Journal of Economic Literature* Vol. 51, pp. 1–45.

Sprat, Thomas. 1667. *History of the Royal Society of London.* London: Printed for J. Martyn.

Squicciarini, Mara P., and Nico Voigtländer. 2015. "Human Capital and Industrialization: Evidence from the Age of Enlightenment." *Quarterly Journal of Economics,* Vol. 130, No. 4, pp. 1825–83.

Stark, Rodney. 2003. *For the Glory of God: How Monotheism Led to Reformations, Science, Witch-hunts and the End of Slavery.* Princeton, NJ: Princeton University Press.

———. 2005. *The Victory of Reason: How Christianity Led to Freedom, Capitalism, and Western Success.* New York: Random House.

Starkey, George. 1665. *An Epistolar Discourse to the Learned and Deserving Author of Galeno-pale.* London: R. Wood, for Edward Thomas.

Stearns, Raymond Phineas. 1943. "The Scientific Spirit in England in Early Modern Times (c. 1600)." *Isis* Vol. 34, No. 4, pp. 293–300.

Stebbins, G. Ledyard. 1969. *The Basis of Progressive Evolution.* Chapel Hill, NC: North Carolina University Press.

Steele, Brett D. 1994, "Muskets and Pendulums: Benjamin Robins, Leonhard Euler, and the Ballistics Revolution." *Technology and Culture* Vol. 35, pp. 348–82.

———. 2004. "Robins, Benjamin (1707–1751)." *Oxford Dictionary of National Biography.* Oxford: Oxford University Press.

Stevin, Simon. [1585], 1608. *Disme: the Art of Tenths*, translated by Robert Norton. London: printed by S. S[tafford] for Hugh Astley.

Stewart, Dugald. [1793] 1829. *Account of the Life and Writings of Adam Smith ... from the Transactions of the Royal Society of Edinburgh.* In *The Works of Dugald Stewart.* Cambridge: Hilliard and Brown, Vol. 7, pp. 3–75.

Stewart, Larry. 1992. *The Rise of Public Science.* Cambridge: Cambridge University Press.

———. 1998. "A Meaning for Machines: Modernity, Utility, and the Eighteenth-Century British Public." *Journal of Modern History*, Vol. 70, No. 2 (June), pp. 259–94.

———. 2004. "The Laboratory and the Manufacture of the Enlightenment." Unpublished, University of Saskatchewan.

Stewart, M. A. 1994. "*Libertas Philosophandi*: From Natural to Speculative Philosophy." *Australian Journal of Politics and History* Vol. 40, No. 1, pp. 29–46.

Stigler, George J. 1965. "The Intellectual and the Marketplace." *Kansas Journal of Sociology*, Vol. 1, No. 2 (Spring) pp. 69–77.

Stigler, Stephen J. 1999. *Statistics on the Table: The History of Statistical Concepts and Methods.* Cambridge, MA: Harvard University Press.

Stone, Lawrence. 1969. "Literacy and Education in England 1640–1900." *Past & Present* No. 42, pp. 69–139.

Storr, Virgil Henry. 2011. "North's Underdeveloped Ideological Entrepreneur." In Emily Chamlee-Wright, ed., *Annual Proceedings of the Wealth and Well-being of Nations* Vol. 1, pp. 99–115.

Strasser, Gerhard F. 1994. "Closed and Open Languages: Samuel Hartlib's Involvement with Cryptology and Universal Languages." In Mark Greengrass, Michael Leslie, and Timothy Raylor, eds., *Samuel Hartlib and Universal Reformation.* Cambridge: Cambridge University Press, pp. 151–61.

Stubbe, Henry. 1670. *Campanella Revived or an Enquiry into the History of the Royal Society,* London: n.p.

Styles, John. 2016. "Fashion, Textiles and the Origins of Industrial Revolution." Unpublished ms., University of Hertfordshire.

Sutton, Robert B. 1953. "The Phrase *Libertas Philosophandi.*" *Journal of the History of Ideas* Vol. 14, No. 2, pp. 310–16.

Swedberg, Richard. 2006. "Social Entrepreneurship: the View of the Young Schumpeter." In Chris Steyaert and Daniel Hjorth, eds., *Entrepreneurship as Social Change.* Cheltenham, UK: Edward Elgar, pp. 20–34.

Swift, Jonathan. [1704] 1753. *A Tale of a Tub. Written for the Universal Improvement of Mankind. To which is added, An Account of a Battle between the Antient and Modern Books in St. James's Library,* thirteenth edition. Glasgow: printed by R. Urie.

Szostak, Rick. 2009. *The Causes of Economic Growth: Interdisciplinary Perspectives.* Berlin: Springer.

Tabellini, Guido. 2008. "Institutions and Culture." [Presidential Address]. *Journal of the European Economic Association* Vol. 6, Nos. 2–3, pp. 255–94.

———. 2010. "Culture and Institutions: Economic Development in the Regions of Europe." *Journal of the European Economic Association* Vol. 8, No. 4, pp. 677–716.

Tambiah, Stanley Jeyaraja. 1990. *Magic, Science, Religion, and the Scope of Rationality.* Cambridge: Cambridge University Press.

Teich, Mikuláš, and Roy Porter, eds. 1996. *The Industrial Revolution in National Context.* Cambridge: Cambridge University Press.

Tomory, Leslie. 2012. *Progressive Enlightenment: The Origins of the Gaslight Industry, 1780–1820.* Cambridge, MA: MIT Press.

Trail, R. R. 1965. "Sydenham's Impact on English Medicine." *Medical History,* Vol. 9, No. 4, pp. 356–64.

Trattner, Walter I. "God and Expansion in Elizabethan England: John Dee, 1527–1583." *Journal of the History of Ideas* Vol. 25, No. 1, pp. 17–34.

Traugott, John. 1994. "Review of Joseph Levine, *The Battle of the Books: History and Literature in the Augustan Age.*" *Modern Philology* Vol. 91, No. 4, pp. 501–8.

Triandis, Harry C. 1995. *Individualism and Collectivism.* Boulder, CO: Westview Press.

Turgot, Anne-Robert-Jacques. 1808. *Oeuvres de Mr. Turgot.* 9 vols. Paris: Imprimerie de Delance.

Tuschman, Avi. 2014. "Political Evolution: Why Do Young Voters Lean Left? It's in the Genes." *Bloomberg Business Week,* April 17. http://www.bloomberg.com/bw/articles/2014-04-17/liberal-or-conservative-brain-development-may-be-key-factor.

Ultee, Maarten. 1987. "The Republic of Letters: Learned Correspondence, 1680–1720." *Seventeenth Century* Vol. 2, pp. 95–111.

Unger, Richard W. 2013. "The Technology and Teaching of Shipbuilding." In Maarten Prak and Jan Luiten van Zanden, eds., *Technology, Skills and the Pre-modern Economy*. Leiden: Brill, pp. 161–204.

United States Department of Education. 2008. "1.5 Million Homeschooled Students in the United States in 2007." National Center for Education Statistics, *Issue Brief,* December.

Van Berkel, Klaas. 2013. *Isaac Beeckman on Matter and Motion: Mechanical Philosophy in the Making.* Baltimore: Johns Hopkins University Press.

Van Zanden, Jan Luiten. 2013. "Explaining the Global Distribution of Book Production before 1800." In Maarten Prak and Jan Luiten van Zanden, eds., *Technology, Skills and the Pre-modern Economy*. Leiden: Brill, pp. 321–40.

Vermeij, Geerat J. 2004. *Nature: An Economic History.* Princeton, NJ: Princeton University Press.

Vickers, Brian. 1992. "Francis Bacon and Progress of Knowledge." *Journal of the History of Ideas* Vol. 53, No. 3, pp. 495–518.

Vincenti, Walter G. 1990. *What Engineers Know and How They Know It.* Baltimore: Johns Hopkins University Press.

Voigtländer, Nico, and Joachim Voth. 2015. "Nazi Indoctrination and Anti- Semitic Beliefs in Germany." *Proceedings of the National Academy of Sciences* Vol. 112, No. 26, pp. 7931–36.

Voltaire. [1733–34] 2007. *Philosophical Letters or Letters Concerning the English Nation,* edited by John Leigh, translated by Prudence L. Steiner. Indianapolis, IN and Cambridge: Hackett Publishing.

———. 1738. *The Elements of Sir Isaac Newton's Philosophy*, translated from the French, revised and corrected by John Hanna. London: Printed for Stephen Austen.

———. [1751] 1785. *Siècle de Louis XIV*. In *Oeuvres Complètes de Voltaire.* Basel: Jean Jacques Tourneisen, Vol. 21.

Vries, Peer H.H. 2001. "The Role of Culture and Institutions in Economic History: Can Economics be of Any Help?" *NEHA Jaarboek* Vol. 64, pp. 28–60.

———. 2013. *The Escape from Poverty*. Vienna: Vienna University Press.

Wallace, Anthony F. C. 1982. *The Social Context of Innovation.* Princeton, NJ: Princeton University Press.

Wallis, John. 1643. *Truth Tried or, Animadversions on a Treatise Published by the Right Honorable Robert Lord Brook, Entituled, The Nature of Truth*. London: Printed by Richard Bishop for Samuel Gellibrand.

———. 1656. "Arithmetica Infinitorum." In John Wallis, *Operum Mathematicorum*. Oxford: Leon Lichfield, pp. 109–200.

Waquet, Françoise. 1989. "Qu'est-ce que la République des Lettres? Essai de Sémantique Historique." *Bibliothèque de l'École des Chartes*, Vol. 147, pp. 473–502.

Wason, P. C. 1960. "On the Failure to Eliminate Hypotheses in a Conceptual Task." *Quarterly Journal of Experimental Pscyhology* Vol. 12, pp. 129–40.

Watson, Foster. 1913. *Vives, On Education: A Translation of the* De Tradendis Disciplinis *of Juan Luis Vives*. Cambridge: Cambridge University Press.

Weber, Max. [1905] 1958. *The Protestant Ethic and the Spirit of Capitalism*. New York: Charles Scribner's Sons.

Webster, Charles. 1970. *Samuel Hartlib and the Advancement of Learning*. Cambridge: Cambridge University Press.

———. [1975] 2002. *The Great Instauration: Science, Medicine and Reform, 1626–1660*, second ed. Bern: Peter Lang.

Webster, John. 1654. *Academiarum Examen, or the Examination of Academies*. London: Giles Calvert.

Wesson, Robert. 1991. *Beyond Natural Selection*. Cambridge, MA: MIT Press.

Westfall, Richard S. 1980. *Never at Rest: A Biography of Isaac Newton*. Cambridge: Cambridge University Press.

———. 1985. "Science and Patronage: Galileo and the Telescope." *Isis* Vol. 76, No. 1 (March), pp. 11–30.

———. 1986. "The Rise of Science and the Decline of Orthodox Christianity." In David C. Lindberg and Ronald L. Numbers, eds., *God and Nature: Historical Essays on the Encounter between Christianity and Science*. Berkeley: University of California Press, pp. 218–37.

———. 2000. "The Scientific Revolution Reasserted." In Margaret J. Osler, ed., *Rethinking the Scientific Revolution*. Cambridge: Cambridge University Press, pp. 41–55.

Westman, Robert. 1986. "The Copernicans and the Churches." In David C. Lindberg and Ronald L. Numbers, eds., *God and Nature: Historical Essays on the Encounter between Christianity and Science*. Berkeley: University of California Press, pp. 76–113.

White, Andrew Dickson. 1896. *The Warfare of Science with Theology*. New York: D. Appleton and Company.

White, Lynn. 1978. *Medieval Religion and Technology*. Berkeley: University of California Press.

White, Michael. 1997. *Isaac Newton, The Last Sorcerer*. New York: Helix Books.

Wigelsworth, Jeffrey R. 2003. "Competing to Popularize Newtonian Philosophy: John Theophilus Desaguliers and the Preservation of Reputation." *Isis* Vol. 94, No. 3, pp. 435–55.

Wilkins, John.1648. *Mathematicall Magick, or, The Wonders That May Be Performed by Mechanicall Geometry*. London: Printed by M. F. for Gellibrand.

———. [1648], 1684. *A Discourse Concerning a New Planet*, fourth ed. London: Printed by T.M. & J.A. for John Gillibrand.

———. 1668. *An Essay towards a Real Character and a Philosophical Language*. London: John Martin.

———. [1641] 1984. *Mercury, Or, The Secret and Swift Messenger*, edited by Brigitte Asbach-Schnitker. Amsterdam and Philadelphia: J. Benjamins.

Williams, David. 2004. *Condorcet and Modernity*. Cambridge: Cambridge University Press.

Wilson, Andrew. 2002. "Machines, Power and the Ancient Economy." *Journal of Roman Studies* Vol. 92, pp. 1–32.

Wiseman, Richard. [1676] 1719. *Eight Chirurgical Treatises*, fifth ed. London: Printed for B. Tooke and others.

Withers, Charles W. J. 2007. *Placing the Enlightenment*. Chicago: University of Chicago Press.

Wojcik, Jan. 1997. *Robert Boyle and the Limits of Reason*. Cambridge: Cambridge University Press.

Woodside, Alexander and Benjamin A. Elman. 1994. "Afterword: The Expansion of Education in Ch'ing China." In Alexander Woodside and Benjamin A. Elman, eds., *Education and Society in Late Imperial China, 1600–1900*. Berkeley: University of California Press, pp. 525–60.

Woodward, Ezekias. 1641. *A Gate to Sciences Opened by a Naturall Key*. London: Printed for John Bartlet.

Wootton, David. 2015. *The Invention of Science: A New History of the Scientific Revolution*. London: Allen Lane.

Wotton, William. 1694. *Reflections Upon Ancient and Modern Learning*. London: Printed by J. Leake.

Wright, Thomas. 2012. *Circulation: William Harvey's Revolutionary Idea*. London: Vintage Books.

Wuthnow, Robert. 1989. *Communities of Discourse*. Cambridge, MA: Harvard University Press.

Yates, Frances. 1964. *Giordano Bruno and the Hermetic Tradition*. Chicago: University of Chicago Press.

———. 1967. "Vicissitudes." *New York Review of Books*, Aug. 24.

Zagorin, Perez. 1998. *Francis Bacon*. Princeton, NJ: Princeton University Press.

———. 2003. *How the Idea of Religious Toleration Came to the West*. Princeton, NJ: Princeton University Press.

Zak, Paul J., and Stephen Knack. 2001. "Trust and Growth." *Economic Journal* Vol. 111, No. 470, pp. 295–321.

Zelin, Madeleine. 2004. "A Critique of Rights of Property in Prewar China." In Madeleine Zelin, Jonathan K. Ocko, and Robert Gardella, eds., *Contract and Property in Early Modern China*. Stanford, CA: Stanford University Press, pp. 17–36.

Zilsel, Edgar. 1942. "The Sociological Roots of Science." *American Journal of Sociology* Vol. 47, no. 4, pp. 544–60.

Ziman, John. 2000. "Selectionism and Complexity." In John Ziman, ed., *Technological Innovation as an Evolutionary Process*. Cambridge: Cambridge University Press, pp. 41–51.

Zittel, Claus, Gisela Engel, Romano Nanni, and Nicole C. Karafyllis, eds. 2008. *Philosophies of Technologies: Francis Bacon and His Contemporaries*. Leiden and Boston: Brill.

Zurndorfer, Harriet T. 2009. "China and Science on the Eve of the 'Great Divergence' 1600–1800." *History of Technology* Vol. 29, pp. 81–101.

A Culture of Growth: The Origins of the Modern Economy
By Joel Mokyr

图书在版编目（CIP）数据

增长的文化：现代经济的起源/（ ）乔尔·莫基尔（Joel Mokyr）著；胡思捷译. —北京：中国人民大学出版社，2020.1
（当代世界学术名著. 经济学系列）
书名原文：A Culture of Growth：The Origins of the Modern Economy
ISBN 978-7-300-26291-8

Ⅰ.①增… Ⅱ.①乔…②胡… Ⅲ.①世界经济-现代经济-经济史-研究 Ⅳ.①F119.5

中国版本图书馆 CIP 数据核字（2018）第 224286 号

当代世界学术名著·经济学系列
增长的文化：现代经济的起源
乔尔·莫基尔　著
胡思捷　译
Zengzhang de Wenhua：Xiandai Jingji de Qiyuan

出版发行	中国人民大学出版社			
社　址	北京中关村大街 31 号	**邮政编码**		100080
电　话	010－62511242（总编室）			010－62511770（质管部）
	010－82501766（自营网店）			010－62514148（明德书店）
	010－62511173（销售部）			010－62515275（盗版举报）
网　址	http://www.crup.com.cn			
经　销	新华书店			
印　刷	涿州市星河印刷有限公司			
开　本	720 mm×1000 mm　1/16	**版**	**次**	2020 年 1 月第 1 版
印　张	23.25 插页 3	**印**	**次**	2025 年 11 月第 4 次印刷
字　数	423 000	**定**	**价**	88.00 元